GOTHAM UNBOUND

被解缚的哥特城

纽约黑帮兴衰史

詹姆斯·B.杰克布斯
科林·弗里尔
罗伯特·拉迪克 / 著

时延安 / 译

北京大学出版社

中文版作者序

很多人曾就本书书名问我:"为什么你将纽约市称作'哥特城'?"答案是,哥特是纽约市的昵称。小说家华盛顿·埃尔文(Washington Irving)在19世纪初第一次使用这个昵称。20世纪,著名系列漫画《蝙蝠侠》将虚构的城市称作"哥特",很多读者会将其与纽约联系起来。*

"黑手党"(Mafia)是一个西西里词汇,是指19世纪中叶深深根植于西西里社会的犯罪集团。这个词随着19世纪末、20世纪初的意大利移民潮而被传到美国。有趣的是,意大利裔美国人有组织犯罪的成员并不将他们的组织称为"黑手党",而是使用"科萨·诺斯特拉"这个词,意思是"我们的事业"或者也许是"属于我们的事业"。"科萨·诺斯特拉"第一次为人知晓是在20世纪60年代,约瑟夫·瓦拉齐作为第一个打破"沉默法典"的科萨·诺斯特拉成员,向美国国会提供了内容丰富的证言。

西西里黑手党集团与意大利裔美国人"科萨·诺斯特拉"集团之间并没有什么紧密联系,他们完全是相互独立的。一些人以为,在美国科萨·诺斯特拉只是一个单一的组织,和其他至少40多个美国城市中的犯罪组织一样。我不同意

---

* 有的《蝙蝠侠》系列电影中将Gotham译为"高达"、"高谭"。最近两部《蝙蝠侠》电影中将之译为"高谭"。——译者注

这种观点。我认为,证据显示整个20世纪,乃至21世纪以来,意大利裔美国人有组织犯罪至少在24个美国城市自主地从事活动。所有这些集团都按照同样的方式组织起来,他们称自己为"家族"。每个家族的一些成员相互之间是父子、兄弟或者堂兄弟、表兄弟关系,但那只是例外。只有男人,而且只有那些祖辈是意大利人的男人,才可能成为这些科萨·诺斯特拉有组织犯罪家族的成员。意大利裔美国人在美国当然并非唯一靠族裔因素组织起来的犯罪集团,但是他们却是最成功的。那些没有意大利人血统的人可以为科萨·诺斯特拉犯罪家族工作乃至成为重要的随从,但是他们不能成为完全意义上的成员。

科萨·诺斯特拉犯罪家族与美国其他有组织犯罪集团不同之处在于,他们在政治和合法经济活动中的影响。其他有组织犯罪集团从事地下经济活动,提供违禁物品或者服务(例如,海洛因、可卡因和大麻等)。科萨·诺斯特拉犯罪家族也经营违禁物品和服务,但是他们同样也在合法经济活动中来进行经营。如此,他们在政治上就表现得非常积极。

在20世纪,科萨·诺斯特拉培养并保持着与当地政客的紧密联系。他们向腐败的当地政客行贿以及用其他方法提供好处,以换取来自警方的保护。他们还渗透到很多工会当中,而后利用工会的力量从事或者接手生意,有时是整个行业。本书以材料说明了20世纪中科萨·诺斯特拉在纽约市的经济地位。这样的故事同样发生在很多其他美国城市里。

对科萨·诺斯特拉的打击确实非比寻常。直到20世纪70年代,科萨·诺斯塔拉好像仍是美国社会中恒久的组成部分。地方警察没有资源或能力来调查和起诉科萨·诺斯特拉,即便他们愿意这么做。直到70年代,联邦调查局还没有明确其在调查有组织犯罪集团中的作用。联邦调查局在70年代里发生改变,从一个主要关注政治性颠覆的组织转变为一个打击犯罪的组织。科萨·诺斯特拉成为其首要打击目标。执法活动方面的大规模胜利,通过运用电子监控、强有力的刑事法律和严厉惩罚而得以实现。数百名科萨·诺斯特拉成员及其随从被刑事起诉并被送进监狱。科萨·诺斯特拉在工会的权力基础被瓦解、削弱,在一些案件中被彻底终结。

打击科萨·诺斯特拉的意愿在今天仍被秉持着,而距离这场战役开始时已经超过30年。在这期间,进行着不断的逮捕、刑事起诉。几乎每个案子都以有罪和长期监禁而告终。在纽约市,曾一度被科萨·诺斯特拉占据的诸多行业获得解放,或者至少实质性地获得解放。是的,科萨·诺斯特拉仍旧存在,但是比它在30年前乃至10年前都要虚弱得多。科萨·诺斯特拉非常可能在10年或者20年后不复存在。

本书是我长期研究项目的组成部分,该项目用材料说明和分析了政府打击有组织犯罪的活动。1990年,我和纽约州打击有组织犯罪行动组的合著,以材料说明了科萨·诺斯特拉在纽约州建筑行业的统治地位。1994年,《美国诉科萨·诺斯特拉》一书中分析了20世纪80年代一些最重要的针对科萨·诺斯特拉的刑事起诉。本书英文版于1999年面世。2006年,《黑帮、工会与联邦:黑手党和美国工会运动》一书,则对科萨·诺斯特拉在工会中的渗透过程,以及美国政府对如何将其从工会中铲除所做出的努力作了全方位研究。我还计划就科萨·诺斯特拉与美国政治的关系以及20世纪90年代及本世纪以来的有组织犯罪审判方面的题目撰写几部著作。当然,还有很多工作需要去做。

詹姆斯·B.杰克布斯
纽约大学法学院

致 谢

本书的创意始自20世纪80年代末,当时我和纽约州打击有组织犯罪行动组合作,调查和分析纽约市建筑行业的腐败和勒索行为。显然,当时科萨·诺斯特拉在建筑行业的盘踞情形,同样发生在其他很多工商行业和经济领域。我当时想,以一部著作来展现科萨·诺斯特拉在纽约市经济中的地位,为科萨·诺斯特拉、纽约市以及美国地方历史描绘一幅重要的图景,我现在也是如此认为。从任何意义上讲,我对我的朋友和打击有组织犯罪行动组的前同事们怀有万分感激之情,感谢他们在有组织犯罪和行业领域中的勒索问题方面给我的启迪。为此,我再次衷心感谢乔·德鲁卡、罗·戈登施道克、威尔达·海斯、马迪·马科斯、罗比·马斯、托比·撒切尔以及打击有组织犯罪行动组的其他所有成员。在此尤其要感谢罗·戈登施道克。他在每一步都予我以鼓舞、激励,提供信息、批评并给予协助,他是一个非凡的朋友和同事。

本书是纽约大学刑事司法研究中心的一款产品。对于约翰·塞克斯顿不断、慷慨和热情的支持,我的感激之情无以言表。同时,我要向来自我的同事时时的支持表示感谢,尤其是戴维·加兰德、罗·诺贝尔和杰瑞·斯考尼克。

如此著作不可能由一个人独自完成,至少我做不到。幸运的是,在纽约大学的17年间,我出色的学生给予我帮助。他们中很多人为本书的写作作出重要贡献。在1994年的夏天,德雷克·布鲁默尔和罗伯特·特雷特对一些制造业中存在的问题进行了基础性研究。科林·弗里尔和罗伯特·拉迪克在1995年夏天作为研究助理给予了协助。在1995—1996年和1996—1997年两个学年,他们作为雷斯里·格拉斯刑事司法中心研究员继续参与该项研究,一直到他们毕业那一天。事实上,他们是作为我年轻的同事在发挥作用。他们不仅是出色的研究者,与他们一起工作也是令人愉悦的事情。1997年夏天,阿历克斯·霍提斯给予很大帮助。最后,在1998年的夏、秋两季,我得到了拉喏·巴扎隆、拉斐尔·李和戴维·桑托尔非常有力的协助。没有他们,我无法完成这个项目。纽约大学法学院的其他几位学生,也应为他们在该项目作出的贡献而得到我的感谢;他们是艾米·阿姆斯特、罗日内·古丁、寇特内·格罗夫、斯普林·霍利斯和马克·塔姆舒纳。

约翰·格里森、罗·戈登施道克、吉姆·考斯勒、马迪·马科斯和布莱恩·泰勒通读了初稿并给予了建议,从而避免了诸多错误并增加了重要的建议。很多"大忙人"为这个项目抽出时间来接受采访。我不想提及他们的名字,以免有所遗漏。但是对他们,应致以万分感谢。我希望通过对这个故事的完美叙述来回报你们的慷慨之情。

我的秘书,维吉尼亚·兴格尔塔里,称职地协助我一路将该项目向前推进。萨拉和艾略特·马科斯的计算机技术也为我提供了帮助。纽约大学出版社总编尼克·普芬德和他的团队,是令人愉快的合作对象。我的妻子,珍·苏维尼,一如既往,是恒久的爱的源泉,并给予我支持和鼓励。

詹姆斯·B.杰克布斯
纽约市

目 录

第 一 章　地点和角色介绍　001

● 上 卷　纽约市"黑帮"的变迁

第 二 章　科萨·诺斯特拉的装扮——对服装业地区长达70年的统治　018
第 三 章　充满鱼腥味的生意——黑手党和富尔顿鱼市　040
第 四 章　占领肯尼迪机场　058
第 五 章　腐败秀场——贾维茨会议中心　077
第 六 章　清运财富——科萨·诺斯特拉和废物清运业　095
第 七 章　建立科萨·诺斯特拉的封地——建筑行业　114
第 八 章　上卷结语　139

● 下 卷　纽约市的解放

第 九 章　解放服装业区　162
第 十 章　让富尔顿鱼市获得自由　176
第十一章　铲除肯尼迪国际机场里的黑帮　197
第十二章　让贾维茨会议中心摆脱有组织犯罪的控制　212
第十三章　打击废物清运行业中的科萨·诺斯特拉　230
第十四章　清理建筑行业　250
第十五章　下卷结语　274
姓 名 表　286
索　　引　304
译 后 记　323

第一章　地点和角色介绍

科萨·诺斯特拉(COSA NOSTRA)是美国历史上最大、最复杂、最强势、最典型的犯罪辛迪加。本书有诸多理由揭示，今后不太可能再有其他犯罪辛迪加，能够像科萨·诺斯特拉一样在我们国家社会、经济和政治生活中扮演那么重要的角色，至少在可预见的未来是这样。而且，本书也想澄清，科萨·诺斯特拉在新千年里能否以在20世纪存在的形式那样继续生存，这需要慎重地给以预测。

本书将叙述科萨·诺斯特拉在纽约市经济中的强大地位，以及在20世纪最后20年里，联邦、州和地方政府，将纽约市从科萨·诺斯特拉束缚中解放出来所付出的全方位的、空前的努力。本书上卷将集中介绍，纽约市六个主要商业或工业领域几十年里被黑帮控制的情况，有的行业甚至在20世纪大多数时间里被控制。下卷研究分析联邦、州和地方有组织犯罪控制战略，在将科萨·诺斯特拉清除出纽约市的社会、经济和政治生活方面所取得的重大成功。本书篇尾提供的名单，为读者提供便捷的途径，来认识本书中提到的所有罪犯和犯罪控制者。

有组织犯罪，并非纽约市所特有。虽然在不同城市科萨·诺斯特拉家族的名字和其他详细情况各不相同，不过，我们将要讲述发生在纽约市的故事中所涉及的主要情节，可能也发生在波士顿、布法罗、芝加哥、克利夫兰、新泽西城、堪萨斯城、拉斯维加斯、洛杉矶、迈阿密、新奥尔良、纽瓦克、费城和其他很多大大小小的美国城市。很长时间以来，在这些城市里，意大利裔有组织犯罪集团在工商业和劳工领域从事着广泛的勒索活动，并在城市政治和权力架构中扮演着重要角色。因而，我们相信，本书将折射出美国城市的历史，而不限于纽约市。

任何对20世纪美国城市经济或政治的研究，都应当给科萨·诺斯特拉留下主要章节，然而过去很多研究中并没有涵盖这一内容，或许是因为在犯罪学与政治科学之间有一道"砖墙"。我们要拆毁这道墙，并建起一座桥。我们希望，本书将使城市的学者们难以忽略20世纪美国城市历史中有组织犯罪的重要性，无论他们的研究领域是什么。

纽 约 市

纽约市几乎不需要介绍。[1] 自19世纪早期以来，在人口和城市经济规模方面，它过去是、现在仍是美国最大的城市。它有五个行政区：曼哈顿、布朗克斯、昆斯（皇后）、布鲁克林和斯塔滕岛。本书讲述的有组织犯罪活动就发生在这五个行政区。在每个行政区都有这些有组织犯罪人物生活、从事社会活动和操控生意的区域。五个扎根纽约市的黑手党家族，都在这五个行政区中从事活动。

纽约市有着庞大而多样的经济（1997年其城市生产总值高达惊人的3330亿美元）。在20世纪大部分时间里，它是一个工业巨人，一波又一波新移民被它的工厂吸纳。到20世纪80年代，纽约市工业基础实质上已经衰落了，它的经济已经变得后工业化，即由银行、金融和证券业占主导地位。纽约市不仅是这个国家的金融和法律中心，也是时尚和艺术中心。它拥有一个价值高达数万亿美元的巨大建筑群。直到20世纪50年代，它曾

---

[1] 参见 Kenneth T. Jackson 主编：《纽约市百科全书》（The Encyclopedia of the City of New York），New Haven: Yale University Press, 1995。

第一章 地点和角色介绍

拥有美国最繁忙的港口。迄今,纽约肯尼迪机场运输的货物比这个国家的其他任何机场都要多。食品批发市场吸引着整个大都会区域甚至整个地区的零售商们。它的服务业,例如废物清运,也是规模庞大、利润丰厚且纷繁复杂的。它的会议中心,即便不再是规模最大的,也仍是这个国家最重要和最有声望的之一。

政治上,纽约市是民主党的坚强阵地;民主党对共和党的比例超过6∶1。几乎所有经过选举的城市官员都是民主党人,不过,1994年上台的鲁道夫·朱立安尼(Rudolph Giuliani)是个明显例外。在20世纪很长的时间里,地方民主党都被坦慕尼协会(Tammany Hall)所把持,这是一个靠赞助和腐败*而兴旺发达起来的政治俱乐部。在20世纪四五十年代,科萨·诺斯特拉的老板弗朗克·哥斯代罗(Frank Costello)是坦慕尼协会和纽约市政治场上的主要政治掮客。自20世纪60年代坦慕尼协会终结以来,民主党已经不再那么有凝聚力了。政治不再由政治俱乐部和党魁们所掌控。就美国政治而言,从一般意义上,如果说党派已经没有以前那么重要的话,这就意味着利益集团的作用更大了。在纽约市,工会即是主要的利益集团之一。整个20世纪,纽约市已经成为"工会城",而且各个工会与民主党之间有着强有力的联系。工会始终如一地支持民主党候选人,并为他们的竞选提供财力和人力。

很长时间以来有组织犯罪对这个城市的劳工运动发挥着不良影响。很多工会的地方和区的委员会在几十年里被有组织犯罪掌控或者施以强大影响。虽然鲜有证据说明,有组织犯罪家族直接从政客那里接受腐败的关照,以换取对这些政客财政和其他方面的支持,但是我们揣测,城市政客们和市政府对科萨·诺斯特拉在地方经济中壮大和盘踞的现象表示漠不关心,如此至少表明一种让人惬意的妥协方式。在朱立安尼担任市长之

---

* 腐败,严格说,并非一个纯粹的法律用语,因为它的含义在法律上并没有给予界定,而其使用语境也很宽泛;但是,我们通常会把腐败与职务活动或利用职务谋取私利联系起来。英文corruption,我们通译为腐败,但是两者之间在使用习惯上,在译者看来略有差别。在中文里,腐败与一定的职务活动有联系;而英文中使用corruption、corrupt 或 corruptly,有些时候与职务活动相联系的意思并不明显。在阅读本书时,体会字里行间的"腐败"时可以体味其间的明显差别。——译者注

前,没有任何一个市长在任内(费奥罗·拉瓜迪亚 Fiorello LaGuarida 可能是个例外)将有组织犯罪控制置于重要且优先的地位。

纽约市大约有 31 万全职雇员,与美国其他城市相比,雇员占人口比例以及人均消费水平都要高得多。1998 财政年度,该市的经费预算是 340 亿美元,除加利福尼亚和纽约州以外,比其他任何一个州的预算都要庞大。与美国其他城市相比,它提供了更为广泛的服务,并致力于更大范围的管理。然而,在朱立安尼执政之前,规制的机器从没有集中在反对有组织犯罪方面,更不要说铲除它了。

纽约市有一个市长,一个一院制的城市参议会和一个单独的警察局。每个行政区都有自己独立的区检察官。在下卷中论及的大多数有组织犯罪刑事起诉和民事诉讼都是由联邦检察官提起的,有些案件则是地区检察官提起的,曼哈顿区的检察官到目前为止表现得最为积极。

执 法 架 构

纽约市是大量联邦、州和地方执法部门的所在地。美国司法部在每个联邦司法区都有一个联邦检察官办公室(U. S. attorney's office)。在纽约市有两个联邦司法区,因而有两个联邦检察官办公室:一个在纽约南区,位于曼哈顿;一个在纽约东区,位于布鲁克林。每个办公室都由一个美国联邦检察官来管理,而他则经美国参议院建议和同意并由总统任命。这些办公室的工作人员,则由几十个经这两个美国联邦检察官任命的助理检察官组成。

20 世纪七八十年代,司法部在全国范围内也曾运作着一些打击有组织犯罪行动组;联邦布鲁克林打击有组织犯罪行动组会在本书中经常提到。早先曼哈顿打击有组织犯罪行动组被合并到该区的美国联邦检察官办公室,从那以后该办公室在履行其职责的同时,也经手有组织犯罪的调查和起诉。

在国家层面上,联邦调查局(FBI),虽然隶属美国司法部,但是或多或少独立于司法部来运作,并领导着93名联邦检察官。换言之,联邦调查局负责刑事调查,而美国联邦检察官负责起诉这些案件;联邦调查局的探员们不会听从联邦检察官和他们助理的命令。为使有组织犯罪控制计划有效地运转,联邦调查局和纽约市这两个联邦检察官办公室都不得不心甘情愿地将之作为首要任务并彼此合作。20世纪80年代,由联邦调查局和纽约市两个联邦检察官组建了很多特别联合行动组,有时其他联邦机构和纽约市警察局也会参与其中。[2] 在纽约市范围内有三个联邦调查局办公室,分别在曼哈顿、昆斯和新罗谢尔(北部郊区)。直到20世纪70年代末,这些办公室都是相当独立地运作着,但是80年代有组织犯罪控制计划进入实施时,这些办公室有关有组织犯罪的调查活动在专一权力下被协调起来。

联邦调查局是一个积极主动的执法机构。它主要不是对被害人的控告作出反应。它调查犯罪和刑事问题,即那些以不同形式为公众所知的,那些破坏联邦法的,以及那些严重的、十分明显的,且超出地方执法机构能力,或者超过其他任何机构的管辖权限的犯罪。联邦调查局有能力通过使用高科技的法律科学技术、卧底侦查、便衣警探、线人、电子监控和金融资料分析来调查这些问题。

在调查那些它想要的犯罪或犯罪人时,联邦调查局有很大的行动自由。和城市警察局不同,它能够考虑轻重缓急,而且从必要性来讲也必须这么做。因为它有很大权限来确定哪些属于优先调查的犯罪问题,它就能够集中大量资源来调查特定犯罪问题。在很长时间里,有组织犯罪控制并非联邦调查局优先考虑的问题,但到了20世纪80年代,这已经成为首要任务。

联邦调查局调查和联邦检察官起诉的,都是违反联邦法的行为。20世纪初,美国国会仅制定了很少的联邦犯罪,而且联邦执法机构只发挥很小

---

[2] 参见James B. Jacobs, Christopher Panarella, and Jay Worthington:《击破有组织犯罪集团:美国对科萨·诺斯特拉》(Busting the Mob: United States v. Cosa Nostra), New York: New York University Press, 1994。

的作用。[3] 而后联邦刑法相当引人注目得快速扩张,从而使联邦调查局能够为调查大部分犯罪找到法律根据。"反受勒索影响和腐败组织法"(RICO)*,是于1970年制定的联邦反有组织勒索法,它规定联邦调查局有权在实践中调查所有被怀疑是由有组织犯罪成员及其同伙实施的涉嫌犯罪的行为。

在纽约市工作的联邦检察官和助理检察官,就他们的案件向纽约市南区(曼哈顿)或者东区(布鲁克林)的联邦法院提起诉讼。这些主持法庭的区法院法官们经美国参议院建议和同意并由总统任命;他们拥有终身职位。不服这些联邦法院判决的上诉案件由第二巡回上诉法院审理。如果再次上诉则要到联邦最高法院。

纽约市五个行政区的检察官,由他们所属政党提名,由该区居民选举后任期四年。他们独立于市长和纽约州总检察长。事实上,他们不接受任何上级权力机构的指令,无论是联邦的还是州的;也没有任何人强求他们彼此合作。据我们了解,这五个区检察官,哪怕是其中任何两个,都从未参与一个共同的有组织犯罪控制计划。合作,只是限定在个案的基础上进行。

纽约市区检察官就他们的案件向州法院提起诉讼。最高法院**是最高层级的初审法院;它的法官被称为"Justice"***。Justice 一般来说是选举产生的。但是被任命的"代理法官"(acting Justice)在数量上已经超过了他们被选举的同事。上诉案件由上诉法庭即中间上诉法院(Intermediate appel-

---

[3] 参见 John J. DiIulio Jr 等:《联邦在犯罪控制中的角色》(The Federal Role in Crime Control),载 James Q. Wilson、Joan Petersilia:《犯罪》,San Francisco: Institute for Contemporary Studies Press, 1995。

* RICO,英文全称是 Racketeer Influenced and Corrupt Organizations law,主要规定调查、控制、起诉有组织的犯罪行为的法律。RICO,有时也指有组织敲诈勒索的行为。其内容详见译后记。——译者注

** 纽约州的最高法院(Supreme Court)只是具有一般管辖权的法院,但并非终审法院,而美国其他大多数州的最高法院(Supreme Court)则指终审法院。参见《元照英美法词典》,法律出版社2003年版,第1315页。译者就这个问题曾经问过位于布朗克斯的最高法院的法官。他认为可能只是一个习惯法而已,可能是纽约市历史比较早而沿袭下来的说法。——译者注

*** Justice 也被译为法官,但是与 Judge(法官)有所不同。其实在美国,Justice 这个词用得比较乱。具体可参见《元照英美法词典》,法律出版社2003年版,第763页。——译者注

第一章 地点和角色介绍

late court)*审理。最终上诉则要交由纽约州上诉法院（Court of Appeals）**。

纽约市警察局有4万警官,是这个国家最大的警察局。和所有一线警察部门一样,它更多的是反应式的,而非主动出击。和联邦调查局不同,纽约市警察局必须对所有市民的犯罪告发以及很多服务请求作出回应。它的首要任务是打击街头犯罪和维护秩序,而不是打击白领犯罪或有组织犯罪,因为调查这些犯罪太耗费人力和财力了。然而,与美国其他城市警察局相比,纽约市警察局更有能力进行主动且复杂的调查。它的有组织犯罪局已经有很长历史,并拥有一些非常有经验的警探。在20世纪80年代,该局与联邦调查局曾史无前例地进行了合作。此外,它还和曼哈顿区检察官办公室一道,进行了一些富有开拓性且主动的调查活动。

1970年,纽约州创建了自己的打击有组织犯罪特别行动组（OCTF）。虽然早期它曾取得一些成绩,然而到了70年代末它实质上处于苟延残喘的状态。1981年,它由位于怀特普林斯（北部郊区）的总部以及布法罗、奥尔巴尼的分支机构重新组建。和联邦检察官办公室和纽约市区检察官办公室不同,经过重新组建,打击有组织犯罪行动组成为一个兼有调查和起诉职能的混合机构。20世纪80年代和90年代早期,在打击有组织犯罪行动组的全盛时期,这个机构大约雇用了20名检察官、50名调查员、分析员和会计,和其他专业职员一样,他们全都直接为该行动组主任工作。

打击有组织犯罪特别行动组,在全州范围内拥有管辖权;它可以在纽约州任何地方,包括纽约市,进行调查,以及在地方区检察官的同意下,向州法院提起诉讼。直到前不久,该行动组还独立于其他联邦、州和地方执法机构。然而,本书下卷提到的很多有组织犯罪调查,则涉及该行动组与联邦和地方调查和起诉办公室之间的重要合作。该行动组经常将其调查移交给联邦或市的检察官。有时,该行动组的律师自行提起诉讼,或者作为助理联邦检察官或助理区检察官而被"交叉指派"。

---

* 在两级上诉法院体系中,中间上诉法院是低级法院,其判决还可由更高一级法院复审。——译者注

** 在纽约州,上诉法院（Court of appeals）即指终审上诉法院;而在其他州,如加利福尼亚,则指中间上诉法院。——译者注

科萨·诺斯特拉

美国意大利裔有组织犯罪究竟是自意大利移植而来,或者不过是一个地地道道的美国现象?这在学者之间存在着激烈的争论。[4] 热衷移植论的人的根据是,意大利西西里岛有着非常浓厚的黑手党传统,而在20世纪前叶,在美国正在发展中的有组织犯罪集团中,西西里移民占据了重要地位。而热衷本土论的人则指出,意大利裔美国人有组织犯罪集团的活动方式与美国社会和经济联系在一起。没有理由将移植论与本土论视为对立的理论;完全有根据认为,意大利裔美国人有组织犯罪集团源自意大利,尤其是西西里的社会和文化,而经过多年,它已经适应了美国社会并具有典型的美国特征。

应当强调的是,美国的科萨·诺斯特拉和意大利黑手党现在不是,以前也不是同一个组织或者同一组织的两个分支。在20世纪,它们分别经营着各自独立且截然不同的组织,尽管在特定犯罪活动中它们会进行合作,尤其是贩运毒品,就像著名的"披萨连线"案那样。[5]

如今通常将现代意义上科萨·诺斯特拉的出现追溯到20世纪30年代早期。这段历史大部分由约瑟夫·法拉奇(Joseph Valachi)在1963年所披露,他是第一个面向公众的科萨·诺斯特拉成员,也是第一个解释为什么意大利有组织犯罪集团把自己称作"科萨·诺斯特拉"的人。[6] 本书中,我们交替着使用"科萨·诺斯特拉"、"黑手党"、"黑帮"和"意大利有组织

---

[4] 参见 Howard Abadinsky:《有组织犯罪》(Organized Crime),第四版,Chicago:Nelson Hall,1994;Alan Block:《有组织犯罪:历史和历史编纂》(Organized Crime: History and Historiography),载 Robert Kelly、Ko-lin Chin、Rufus Schatzburg 主编:《美国有组织犯罪手册》(Handbook of Organized Crime in the United States),Westport, Conn:Greenwood Press, 1994。

[5] 参见美国诉巴达拉门第案(United States v. Badalamenti),84 Cr. 236(S. D. N. Y. 1987),有罪判决被维持,载美国诉卡萨门特案(United States v. Casamento),F. 2d 1141(2d Cir. 1989);参见 Shana Alexander:《披萨连线案》(Pizza Connection),New York:Weidenfeld, 1988)。

[6] 参见 Peter Maas:《法拉奇文件》(The Valanchi Papers),New York:G. P. Putnam's Sons,1968;另见 Henry Zeiger:《水管工山姆》(Sam the Plumber),Bergenfield, N. J.:New American Library,1973。

犯罪家族"这些词汇。

　　按照约瑟夫·法拉奇的说法,在 30 年代早期,约瑟夫·马塞里亚(Joseph Masseria)和他的手下对来自西西里岛卡斯特拉迈尔·德·高尔佛(Castellammare de Golfo)地区的所有黑社会分子下达了处死令。这场冲突后来以"卡斯特拉迈尔战争"而闻名。一方以马塞里亚为首,另一方由萨尔瓦多·马让扎诺(Salvatore Maranzano)领导。其他帮派和黑社会头目分别投靠其中一方。维特·哲诺维斯(Vito Genovese)、鲁奇·路西亚诺(Lucky Luciano)、达齐·舒尔茨(Dutch Schultz)和阿尔·卡普内(Al Capone)支持马塞里亚。1931 年,就在马塞里亚准备实施他杀死马让扎诺的计划前,路西亚诺命令人刺杀了马塞里亚。马塞里亚的死结束了"卡斯特拉迈尔战争"。马让扎诺召集了将近 400 个黑帮人物参加的会议,希望创立某种机制并在有组织犯罪集团之间制定一些规矩。全美国各种有组织犯罪家族的势力范围均得以承认。在这次历史性的会议后仅仅几个月,马让扎诺自己也被人刺杀。

　　20 世纪 20、30 年代,在美国有许多以民族(比如,犹太人、爱尔兰人、德国人)为基础的犯罪辛迪加。像阿诺德·罗特施坦因(Arnold Rothstein)和达齐·舒尔茨这些黑社会人物,都位列于最强有力的有组织犯罪"领主"之中。除了像梅耶尔·兰斯基(Meyer Lansky)和其他一些犹太黑帮和少数美国爱尔兰裔辛迪加(例如波士顿的希尔黑帮和纽约市的威斯提斯)之外,非意大利裔有组织犯罪集团没有跨越到后禁酒令时代。

　　意大利裔美国人有组织犯罪集团,自 20 世纪 30 年代开始,甚至更早,就已经渗透到合法商业领域。它们在 30 年代的劳工斗争的双方中都积极活动,并在许多重要的工会中占据重要位置。[7] 到了 50 年代,科萨·诺斯特拉已经取得在有组织犯罪黑社会里实质性的霸权。意大利裔美国人有组织犯罪"家族",在美国 24 个大城市里盘踞,并在不同程度上弹压了其他犯罪人并给他们以"许可",而且提供非法物品和服务,如毒品、卖淫、高利

---

〔7〕 参见 Philip Taft:《劳工运动中的腐败和有组织性勒索》(Corruption and Racketeering in the Labor Movement), Ithaca: New York State School of Industrial and Labor Relations, 1970。

贷和色情出版物。或许更为重要的是,在大的城市区域它们渗透到工会、商业和工厂。此外,他们还参与(通常是民主党)政治;科萨·诺斯特拉的历史与城市政治机器的历史交织在一起。

本书的主题之一就是,意大利裔美国人有组织犯罪家族自20世纪早期就已经涉入工业领域的有组织性勒索,而正是这一有组织性勒索,与经济力量和社会、政治地位联系在一起,从而使这些有组织犯罪集团区别于美国其他有组织犯罪集团。

80年代中期,24个意大利有组织犯罪家族被确认在美国范围内活动。其中,每个城市只有一个家族,唯独纽约是个例外,它有五个家族:哲诺维斯(Genovese)、嘎姆比诺(Gambino)、鲁齐斯(Lucchese)、波拿诺(Bonanno)和科伦波(Colombo)。1983年,联邦调查局局长威廉·韦博斯特(William Webster)在"打击有组织犯罪总统委员会"(PCOC)前作证说,科萨·诺斯特拉有大约1700个头目,而其随从的人数则在十倍以上(也有人估计每个头目至少有4个随从)。

1967年打击有组织犯罪行动组宣称,科萨·诺斯特拉是一个全国性的辛迪加,由全国最强大家族的老板们组成的管理"委员会"控制。在约瑟夫·波拿诺(Joseph Bonanno)1983年出版的传记中,他也提到一个全国范围的委员会。[8] 然而,除了1956年在纽约阿巴拉契举行的,由全国科萨·诺斯特拉头面人物参加那个神秘而糟糕的会议外,我们认为,没有实际的证据证明这个委员会的存在。最好把科萨·诺斯特拉当作是盘踞地方的犯罪家族的混合体,每个家族在它的领域内享有独一无二的控制权。

这并不意味着在科萨·诺斯特拉家族之间没有合作。事实上,20世纪80年代早期的电子监控显示,盘踞在纽约市的五个意大利裔有组织犯罪家族,或者至少其中四个,有时会利用一个理事会或委员会。但是,这个委员会的管理范围和权限并不明确。它时而发挥作用,像法院一样用来解决偶然的纠纷。此外,有时来自纽约市之外的犯罪大亨们来到这个城市与托

---

[8] 参见Joseph Bonanno、Sergio Lalli:《一个光荣的男人:约瑟夫·波拿诺自传》(A Man of Honer: The Autobiography of Joseph Bonanno),New York: Simon and Schuster, 1983。

尼·萨勒诺(Tony Salerno)协商，以取得纽约市"委员会"的支持。托尼·萨勒诺是哲诺维斯犯罪家族名义上的老板*。

每个科萨·诺斯特拉犯罪家族都以一个"老板"为首，而他在这个家族内享有不可挑战的权威，他的地位使他有权力从所有成员的收入中取得丰厚的份额。当有需要时，老板会为其成员及家庭提供各种资源，有时还包括辩护律师。为了使其家族的活动运转顺利，他还要考虑给政客、警察和其他官员们以贿赂。此外，他可以同意或者反对他的家族成员提出有关从事新的犯罪冒险活动的建议。当然，老板也代表本家族参加家族之间的"座谈"和谈判。

家族中处于第二把交椅的，是老板的副手，俗称"二老板"(underboss)。家族中占统治地位的三巨头的第三位，是一个叫 Consigliere** 的高级顾问。老板选择有限的几个分支头目(Capos)，每个头目领导一伙人，并由"喽啰"和随从们组成。所谓"喽啰"，就是科萨·诺斯特拉的小头目，有时也称作"好家伙"(good fellow)或"聪明的家伙"(wise guy)。随从(associate)，通常指团伙成员，和科萨·诺斯特拉成员一起工作或者为他们工作，但是他们不具有成员资格所拥有的权利和特权。

实际上（正如罗·戈登施道克所指出的），科萨·诺斯特拉家族授权给他们的成员来从事不同的犯罪活动；老板和他的家族确保其他犯罪组织的犯罪人不会介入。当家族成员或随从发现自己陷入与其他的有组织犯罪人物的冲突时，家族会提供一个解决争端机制。而且，家族会使用武力和武力相威胁来强化其成员们的"合法"利益。最终，家族还提供一定的福利保障。

科萨·诺斯特拉是一个秘密组织，以誓言来约束其成员拒绝作证(omerta)，即保持沉默的铁律。科萨·诺斯特拉从不召开公开的会议或者发布收入声明。它没有社团总部或者办公室；它也从不保存有关细节的册

---

* 直到80年代末，执法机构相信萨勒诺是哲诺维斯家族的老板。到了90年代，越来越明显地，"大下巴"温森特·吉甘特(Vincent "the Chin" Gigante)已经事实上成为老板，不过他宁愿待在幕后。

** 即英文 counselor（顾问）的意思。——译者注

簿和记录。因而，直到1963年法拉奇背叛黑帮并出现在公众面前，没有一个科萨·诺斯特拉成员曾承认组织的存在，而有关它的历史、结构、规矩和行动的描述更少有涉及。除了爱尼（Ianni）和鲁斯-爱尼（Reuss-Ianni）之外〔9〕，社会学家和犯罪学家都还没有对科萨·诺斯特拉进行个案研究，也没有有助于定量分析的项目研究。

科萨·诺斯特拉的"长寿"可能归因于每个家族有能力寻找、开发和利用一系列犯罪机会，除了运用腐败手段和控制全国和地方的工会外，还包括通过贿赂和勒索方式创建和强化卡特尔*，提供非法物品和服务，以及实施盗窃、欺诈和劫持。科萨·诺斯特拉立足于犯罪的地下社会和合法商业、工会和政治的上层社会，从而使它区别于美国其他的有组织犯罪集团，而这些犯罪集团可能成功地打入非法市场，但是还没有兴趣或者没有能力渗透到劳工、商业和政治领域。

---

〔9〕 参见Francis Ianni、Elizabeth Reuss Ianni：《家族事业：有组织犯罪中的血缘关系和社会控制》（A Family Business: Kinship and Social Control in Organized Crime），New York：Russell Sage，1972。

* Cartel，就是指同一行业或同类商品的生产者和销售者为控制该行业或商品的生产和销售，以获得垄断地位，限制特定企业或商品间的竞争，并避免其相互之间的竞争和增加利润而组成的联合体。参见《元照英美法词典》，法律出版社2003年版，第196页。——译者注

上卷　纽约市"黑帮"的变迁

本书上卷包括七章。第二至七章分析科萨·诺斯特拉如何渗透到某一特定行业,如何在其中发挥力量,以及如何从中获取利润。第八章就前述各章进行概括,并对科萨·诺斯特拉行业性勒索活动进行总结。

我们并不想形成这样的印象,就是在纽约市仅仅有六个行业被黑帮组织的有组织性勒索活动所侵蚀。在20世纪的进程中,科萨·诺斯特拉将其触角伸向纽约市范围内数十个行业。一项关于20世纪30年代纽约有组织犯罪的调查发现,有组织犯罪在下列行业中普遍且严重地存在着:制珠、煤炭、布匹收缩、制衣、建筑、花卉商店、富尔顿鱼市、葬礼店、毛皮制衣、小工、制冰、肉类屠宰、洗衣店、皮革、活禽、男士理发、奶品、女帽、音乐、巡夜、颈部装饰、报摊、执业建筑设计、工装裤、纸箱、裱褙、T恤衫制造、出租车、防水和玻璃清洗。[1] 这些行业中很多已经不复存在了,有些仍旧存在但或许已经不再受有组织犯罪影响。然而,显而易见的是,有组织犯罪渗透入合法行业,波及广泛且延续了将近一个世纪。

关于科萨·诺斯特拉在国际码头工人协会(ILA)以及纽

---

[1] 参见 Alan A. Block、William Chambliss:《有组织犯罪》(Organizing Crime), New York: Elsevier, 1981,第14—15页。

约市海运货物装卸活动中恶名昭彰的形象,本书并没有提及,这里需要简单解释一下。本书中所考察的六个行业,为 80 年代纽约市有组织犯罪家族在该市经济中的地位提供了一个写照。简言之,我们适时地选择某一个点来集中地研究纽约市有组织性勒索,比为读者提供贯穿整个世纪不同时段有组织性勒索的"大杂烩"在效果上要好得多。第二至七章可能会被认为是行业性有组织犯罪活动的案例研究系列。不过,这几章应当作为整体来阅读,如此意在勾勒出 1980—1985 年前后纽约市五个有组织犯罪家族的地位和活动。

科萨·诺斯特拉在纽约市码头区臭名昭著的形象,也值得提一下。在 20 世纪四五十年代,纽约港比美国其他港口处理着更多吨位的货物。有组织犯罪对码头控制的顶峰时期是 30 至 50 年代。这段历史因著名影片《码头风云》而影响广泛(1954 年出品;山姆·斯皮格尔制片;马龙·白兰度主演)。此外,哈佛大学社会学家丹尼尔·贝尔(Daniel Bell)在他经典之作《被勒索驱使着的码头工人》[2]中就有组织犯罪对港口的控制进行了精彩的分析。

科萨·诺斯特拉在港口的权力基础就是国际码头工人协会。20 世纪四五十年代,全国最大的国际码头工人协会分会"布鲁克林分会 1814"(Brooklyn Local 1814),被科萨·诺斯特拉的分支头目"强悍的东尼"安东尼·阿纳斯塔西奥(Anthony *Tough Tony* Anastasio)所把持。他的兄弟就是嘎姆比诺犯罪家族的老板以及"布鲁克林主要码头区的犯罪老板"阿尔伯特·阿纳斯塔西亚(Albert Anastasia)[3][4] 1963 年阿纳斯塔西奥死时,"布鲁克林分会 1814"的控制权转给他的女婿安东尼·斯考特(Anthony

---

〔2〕参见 Daniel Bell:《被勒索驱使着的码头工人:经济和政治之网》(The Racket-Ridden Longshoremen: The Web of Economics and Politics),载 Daniel Bell 主编:《意识形态的终结》(The End of Ideology),New York: Collier, 1961。

〔3〕尽管是兄弟,安东尼·阿纳斯塔西奥和阿尔伯特·阿纳斯塔西亚选择了他们家族姓氏的不同拼法。参见 John H. Davis:《黑手党王朝》(Mafia Dynasty),New York: HarperCollins, 1993,第 58 页。

〔4〕参见 Virgil W. Peterson:《黑帮:美国纽约有组织犯罪 200 年》(The Mob: 200 Years of Organized Crime in New York), Ottawa, Ill: Green Hill, 1983,第 290 页。

Scotto)。安东尼·斯考特在工会里发达,并作为嘎姆比诺犯罪家族的分支头目在有组织犯罪中、在纽约市的政治圈里都十分活跃。科萨·诺斯特拉运用在国际码头工人协会中的影响来决定,谁在码头上工作,而更重要的是,哪些船只在什么时候卸货,以及哪些卡车在什么时候装货。船主们不得不向黑帮付钱,来确保他们的船能够被装卸货物,以及避免工人"捣乱"。此外,科萨·诺斯特拉还组织着从船运中进行的大范围且成系统的盗窃活动。

50年代中期,纽约和新泽西码头委员会成立,旨在把黑手党从码头铲除并着手清理其他各种弊端。[5] 但是,这个委员会并不成功。70年代联邦调查局调查发现有组织犯罪控制了东海岸沿岸的国际码头工人协会分会。今天,部分是由于科萨·诺斯特拉有组织性勒索的原因,在纽约市只剩下很少的船运贸易。

科萨·诺斯特拉在其他很多经济领域也行使着权力。历史学家约翰·H.戴维斯(John H. Davis),曾经写过大量关于有组织犯罪的作品。他认为,到1965年,嘎姆比诺犯罪家族的老板卡罗·嘎姆比诺(Carlo Gambino),已经在合法商业领域聚合了一个利益联合体:

> 嘎姆比诺赚钱的生意扎根于卡斯特罗(Castro)可变换家具(独占了卡斯特罗床专用的床垫,以及卡斯特罗家具从工厂、商品陈列室到零售商店的卡车运输)、普瑞德(Pride)肉类超级市场(由他的表弟兼妻弟保罗·卡斯德拉诺经营)、卡车燃油、披萨店设备企业、肉类包装公司,等等,这个名单是不能穷尽的。[6]

1979年,华尔街日报记者乔纳森·奎特尼(Jonathan Kwitny)出版了《邪恶的领域》一书[7],详尽地揭示了科萨·诺斯特拉在合法行业中的有组织性勒索活动。这些行业包括:在大都会地区的肉类包装、奶酪进口、午

---

[5] 同上注,第291—293页。
[6] 参见John H. Davis:《黑手党王朝》,第115页。
[7] Jonathan Kwitny:《邪恶的领域:市场中的黑手党》(Vicious Circles: The Mafia in the Marketplace),New York: Norton, 1979。

餐车、卡车运输、证券、酒类、港口、物流以及制衣。奎特尼描述了一个由暴力胁迫、经济强制和合作而构成的错综复杂的体系,它使科萨·诺斯特拉有组织犯罪家族有能力将他们自己组建成这个城市核心行业的主要参与者。

即便在80年代,本书第二至七章所介绍的六个行业,也非有组织犯罪在纽约市工商业区出没的全部行业领域。假如我们有无限的篇幅,而读者也有无穷的耐心,我们还可以利用一些章节来介绍搬运和存储业、亚麻品行业、餐馆和夜总会。最近,科萨·诺斯特拉在街头集市,甚至在证券市场上表现活跃。

圣哲纳罗节(San Gennaro)自1916年在"小意大利"*出现。它是纽约市最大、最有名的街头节日。[8] 1996年,在纽约市警察局和联邦调查局联合调查后,联邦大陪审团起诉哲诺维斯犯罪家族的19名成员,理由是他们参与了以犯罪活动为形态的企业(即家族)的事务。其从事的犯罪中包括的欺诈和勒索,就与每年一度的圣哲纳罗节有关。起诉书指控,被告们从卖主向街头市集组织者支付的租金中抽取钱财,以及在纳税方面欺骗市政府。[9] 在大陪审团起诉未决期间,朱立安尼行政当局强令这个节日唯一的主办者——圣哲纳罗协会——服从市政府任命的监督官员约翰·C.萨贝塔(John C. Sabetta)的调查。在萨贝塔给市长的正式报告中,他指控这个协会并不是真正的非赢利组织,而这违反了城市有关许可的规定,并且没有和它作为慈善组织的章程保持一致。[10] 1996年8月,市长以一个新的主办人替换了这个协会,并要求罗马天主教大主教管区(Roman Catholic Archdiocese)监督圣哲纳罗的经费状况,以确保收益能够用来捐助下曼哈顿地区的学校和教区。最终,哲诺维斯家族的顾问"小吉米"詹姆斯·艾达

---

* "小意大利"(Little Italy),是纽约市曼哈顿的一个地区,在中国城的北边。——译者注

[8] 参见 Vivian S. Toy:《小意大利街头市集上被期待着的生意》(Deal Expected on Street Fair in Little Italy),New York Times,1995年9月10日,A45。

[9] 参见美国诉巴拉莫案大陪审团起诉书(United States v. Bellomo),96 Cr. 430(LAK),以及美国诉巴拉莫案延期起诉决定,1997年4月23日。

[10] John C. Sabetta:《致市长有关圣哲纳罗协会和1995年度圣哲纳罗节的报告》(Report to the Mayor Concerning the Society of San Gennaro and the 1995 San Gennaro Feast),1995年12月9日。

(James "Little Jimmy" Ida)和该家族的喽啰尼古拉斯·弗拉斯扎西(Nicholas Frustraci),被判有罪并处以长期监禁。

90年代,一些科萨·诺斯特拉成员盯上了华尔街。波拿诺和哲诺维斯犯罪家族的高级成员敲诈一家小证券代理公司的职员,并从一个叫健康科技(HealthTech)的公司以低于正常水平的价格获得了大笔股份。按照指控所说,在健康科技首席执行官的配合和支持下,科萨·诺斯特拉成员进而哄抬证券的交易价格,而后将这些股票份额再卖给那些听从经纪人推荐股票、毫无疑虑的客户们。[11] 这个诡计被称作"哄抬与抛售"(Pump and dump),当股票价格急速下降时,它导致了7个州的投资者300万美元的损失。1997年,纽约市南区的联邦检察官起诉17个人,起诉书长达97页,共有25项罪名,起诉其犯有证券欺诈、银行欺诈以及勒索行为。[12]

上文已提到本书第二至七章不能穷尽科萨·诺斯特拉在纽约市经济领域中的各种活动,而我们在上卷重点研究科萨·诺斯特拉行业性有组织勒索活动中最为重要的事例。我们意在解释和评述,科萨·诺斯特拉如何涉入每一行业中的工会和工商企业,如何获取钱财,以及它的运作如何能够在几个时代繁荣且不受明显阻碍。

---

[11] Benjamn Weiser:《经纪人和黑帮合伙诈骗》(Brokers and Mob Linked to Swindle),载《纽约时报》(New York Times), 1997年11月26日,A1。
[12] 美国诉甘基等案(United States v. Gangi et al.),97 Cr. 1215。

第二章　科萨·诺斯特拉的装扮
——在服装业区长达70年的统治

在纽约庞大的服装产业中保持良好状态需要不断提高警惕——无论是公共官员还是劳工组织都应如此……即便有这些执法机构付出努力，部分服装贸易已经变成了有组织性勒索分子滋生的土壤，他们从这一行业谋取非法的生活来源。这类因素有时会牢牢扎根于一些特定区域。……有时，暴力和恐吓披上了体面的工会主义外衣，但是其目标却是背叛它。[1]

——塞缪尔·H. 霍夫施达特（Samuel H. Hofstadter）大法官在巴顿货运公司诉欧康奈尔案（1958）中的观点

编 年 表

1920年　有组织犯罪老板阿诺德·罗特施坦因作为一股主要势力出现在服装业区*。服装设计公司给他酬劳来对抗工会，而工会给他钱来阻止公司中的破坏罢工者。罗特施

---

[1] *Barton Trucking Corp. v. O'Connell*, 173 N. Y. S. 2d 464 (N. Y. Sup. 1958).

* 服装业区是位于纽约市曼哈顿区的一个区域，在第五到第九大街、第34到42街之间。早在20世纪初它就作为美国时装设计和制衣的中心，这个地区大约有一平方英里，贾维茨中心在西端，纽约邮政总局、麦迪逊广场在中间，东边是帝国大厦。——译者注

第二章　科萨·诺斯特拉的装扮

坦因在1928年被谋杀后,路易斯·布查尔特(Louis Buchalter)和雅科布·沙皮罗(Jacob Shapiro)接过他的生意并扩张他们的权势范围,包括对设计公司的所有权以及对同业公会和运输工人工会的控制。

20世纪50年代　美国司法部以反托拉斯指控为根据调查和起诉了几个货运公司。美国诉成衣货运联合会案以双方同意的裁定(consent decree)*告终,但是判决执行并未得到重视,且收效平平。

1957年　纽约市许可专员办公室的中层雇员拒绝了黑帮控制货运公司的更换新许可证的申请。市政府在其后的法庭诉争中取得了胜利,但是该机构并没有继续坚持这一行政规制上的先例。

1972年　纽约市警察局发动了一场针对货运卡特尔的、强有力的违章停车罚单"战役"。嘎姆比诺起诉纽约市侵犯了宪法第14章赋予其的正当程序的权利。作为和解的部分内容,这场罚单"战役"结束。

1973年　联邦和地方执法机构发起了克利弗兰计划(Project of Cleveland),即开展卧底行动以揭露"国际女装工人工会120分会"(the International Ladies Garment Workers Union Local 120)和"美国卡车司机先生"工会(the Master Truckmen of America)对维持科萨·诺斯特拉在服装产业的货运卡特尔中的作用。新泽西的黑帮成员安东尼·普罗万扎诺(Anthony "Tony Pro" Provenzano)被判有罪,但是其他案件失利。

1982年　纽约州参议员弗兰兹·雷切特(Franz Leichter)发表报告,详细描述了科萨·诺斯特拉对纽约市服装产业进行的控制。他指责嘎姆比诺犯罪家族的顾问乔伊·嘎罗(Joey Gallo),控制了"大衬衫、裙子及内衣协会"(the Greater Blouse, Skirt and Undergarment Association)。

---

* 双方同意的裁定是一项司法性裁定,是以双方当事人自愿达成协议来了解案件,尤其是被告同意停止政府认为是违法的活动以换取其停止指控。双方同意的裁定,可能是临时性的,也可能是终局性的,前者在未就主要部分问题达成妥协的情况下做出,后者则以解决了争议为前提,终局性的裁定在法律上和判决效果相同。协议一旦达成,该裁定对同意双方均有约束力,除非同意是通过欺诈或者存在错误认识而达成的,该裁定不会被重新审查。双方同意的裁定通常主要出现在刑法、家庭法,有时也包括美国联邦反托拉斯法。——译者注

1987年　乔伊·嘎罗因贿赂被判有罪,并处以长期监禁。

1988年　曼哈顿区检察官办公室以成立一个在服装业地区的货运公司和一个在中国城的承包公司的方式开展秘密侦查行动。调查员录听了嘎姆比诺兄弟间足以使他们入罪的谈话。

1992年　在审判过程中,约瑟夫·嘎姆比诺和托马斯·嘎姆比诺对一项单一的反托拉斯指控认罪。他们同意支付1200万美元的罚金,永久性地脱离该行业,并允许"特别官员"(Special Master)来管控他们公司的销售并监管行业。前纽约市警察专员罗伯特·麦克盖尔(Robert McGuire)被任命为特别官员,其任期为五年。他和迈克尔·斯拉特瑞(Michael Slattery)着手进行重要改革,建立被害人补偿基金,并密切监控服装产业的运作。

1993年　托马斯·嘎姆比诺在康涅狄格州因有组织性勒索、高利贷和经营非法赌博活动被判有罪并处以五年徒刑。

1997年　罗伯特·麦克盖尔五年特别官员任期结束。他因使服装产业货运成本显著降低而赢得赞誉。

1998年　纽约南区联邦检察官办公室提起两个独立的诉讼,指控服装业地区接连不断的由黑帮指挥的劳工有组织性勒索。一项起诉指控鲁齐斯犯罪家族代理老板"小乔伊"约瑟夫·德非得(Joseph "Little Joe" DeFede)和其他六个被告,包括纽约律师艾尔文·施拉克特(Irwin Schlacter),内容是对承包商和设计公司每年征收将近50万美元的"黑帮税"以换取劳工和平。第二项指控五个被告,包括一个哲诺维斯家族的分支头目和嘎姆比诺家族的分支头目,内容是自1991年到1994年从一个服装厂及其分部勒索钱财。

19世纪后半叶以来,服装产业已经成为纽约市经济的重要组成部分。"针线活儿"在过去一个半世纪里在吸收几千万移民方面发挥了关键的作用。成千上万的移民为了微薄的收入在血汗工厂里出卖苦力,他们中的很多人把在服装业地区的工作当成扎根美国社会和追求发财致富的机遇。随着时间的推移,劳动力的种族构成发生变化:在19世纪40年代,服装业

第二章 科萨·诺斯特拉的装扮

地区以爱尔兰裔和德裔的工人为主;到了19世纪中期,从德国和奥匈帝国来的犹太移民不断涌入这个行业。随后是俄罗斯人、波兰犹太人,再后则是意大利人、非裔美国人、波多黎各人、多米尼加人,以及华人。[2]

1890年,纽约市服装业区雇用了8.3万人,在该行业的投资累计达6.3亿美元;1914年,纽约市雇用了这个国家62%从事服装业的女工。[3] 20世纪中期,服装业区迎来了鼎盛时期,当时雇工达30万人。在以后几十年里廉价的进口服装充斥市场并蚕食了这个城市的主要支柱行业,不过,1993年这个行业仍有雇工8.6万人。[4]

从20世纪早期直到今天,服装业为有组织犯罪提供了肥沃的土壤。阿诺德·罗特施坦因是20世纪第一个占据显著位置的有组织犯罪人物,当服装设计公司邀请他的手下弹压新兴的工会时,他开始涉足这个行业。[5] 最终罗特施坦因通过向工会输送力量的方式操控这场比赛的两方。1928年他被谋杀后,路易斯·布查尔特和雅科布·沙皮罗接过他对工会的指挥棒,并最终取得了对同业公会、货运商工会和设计公司的控制。

布查尔特和沙皮罗的势力由托马斯·E.杜威(Thomas E. Dewey)带入公众视野。杜威在1935年至1937年担任纽约州的特别检察官,在1938年至1942年担任曼哈顿地区的特别检察官。杜威处理的最大案件之一就是起诉布查尔特和沙皮罗从一些工商企业勒索了好几千万美元。[6] 沙皮罗因在焙烤食品行业进行勒索而被判有罪,该行业是地方经济中被黑帮占据的另一个部分。在联邦检察官最初提起的诉讼中,布查尔特因在毛皮行业

---

[2] 参见Robert D. Parment:《服装》(Garments),载Kenneth T. Jackson主编:《纽约百科全书》,New Haven:Yale University Press,1995,第451—453页。

[3] 同上注,第452页。

[4] 同上注,第452页。

[5] 参见Franz S. Leichter:《血汗工厂到敲诈勒索——纽约服装业地区的有组织犯罪》(Sweatshops to Shakedowns: Organized Crime in New York's Garment Industry),未出版,1982年3月,第3,5页。

[6] 参见Parmet:《服装》,第450—453页;Jenna W. Joselit:《我们的帮派:犹太人犯罪和纽约犹太人社会1900—1940》(Our Gang: Jewish Crime and the New York Jewish Community, 1900—1940),Bloomington:Indiana University Press,1983,第128页。

进行有组织性勒索受到审判并被判决有罪;后来,杜威成功地起诉布查尔特在焙烤食品行业从事有组织性勒索。[7] 最终,在布鲁克林区检察官威廉·欧杜耶(William O'Dwyer)提起的诉讼中,布查尔特因谋杀约瑟夫·罗森(Joseph Rosen)而被判有罪,被害人是服装工厂的卡车司机,曾配合杜威进行调查。1944年布查尔特被处以死刑。[8]

布查尔特和沙皮罗死后,意大利裔有组织犯罪分子崛起并控制了纽约市的服装业地区。其中最重要的七个人物是托马斯·鲁齐斯、詹姆斯·普鲁莫里(James Plumeri)、多米尼克·迪达托(Dominick Didato)、那塔拉·艾沃拉(Natala Evola)、约翰·迪奥瓜第(John "Johnny Dio" Dioguadi)以及托马斯·嘎姆比诺和约瑟夫·嘎姆比诺。[9] 尽管杜威起诉普鲁莫里和迪奥瓜第向工作在服装业区的货运商勒索钱财,而且二人被判有罪,但是二人仅在监狱待了很短的时间。杜威把迪奥瓜第称为"年轻的歹徒"[10](young gorilla)*和"一个在有组织犯罪方面走向成功的漫漫长路上的勒索者"[11]。

科萨·诺斯特拉通过操纵一个货运卡特尔的方式来保持对服装业地区的权势,而这个卡特尔则通过控制货运同业公会、司机工会和承包商协会来进行活动;利益则来自勒索和在货运公司和服装设计公司中的所有权益。20世纪80年代,分支头目托马斯·嘎姆比诺和他的兄弟约瑟夫·嘎姆比诺是服装业地区最重要的科萨·诺斯特拉头面人物。最终(如我们将在第九章看到的),他们被纽约市的区检察官办公室实施的设计周密的秘密调查行动所击败。

---

[7] 参见 Jenna W. Joselit:《我们的帮派:犹太人犯罪和纽约犹太人社会 1900—1940》,第128页。

[8] 参见 Thomas E. Dewey:《对付黑社会的二十年》(Twenty Years Against the Underworld), Garden City, N.Y.: Doubleday, 1974,第476页。

[9] 同上注,第305页。

[10] 参见 Arthur A. Sloane: Hoffa, Cambridge: MIT Press, 1991,第81页。

* 可直译为"年轻的大猩猩",但 gorilla 在俚语中有"残暴的歹徒"的意思。——译者注

[11] 参见 Dewey:《对付黑社会的二十年》,第309页。

第二章 科萨·诺斯特拉的装扮

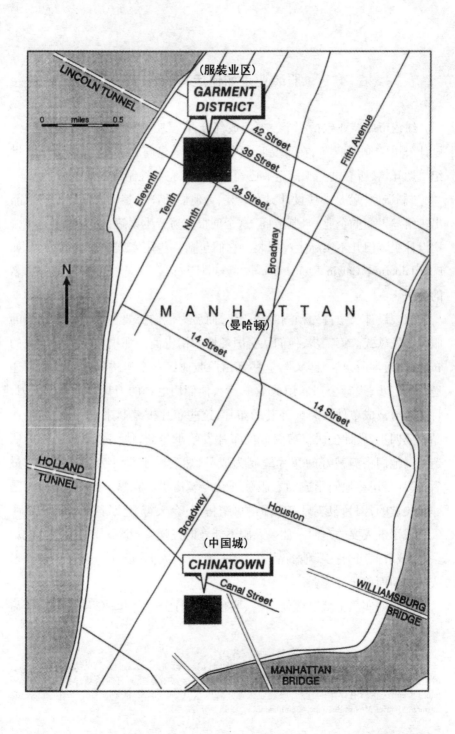

服装业是如何运转的？

纽约市服装业包括三个主要组成部分：在曼哈顿中城（即服装业区）的设计公司（"制造商"），在下曼哈顿中国城的承包商和货运公司。自20世纪早期开始，所有这些工商企业已经被有组织犯罪控制或影响着。

"制造商"就是那些设计男女时装、为他们的产品签订合同以及将成品出售给零售商的企业。"制造商"这个词很容易产生误解，因为大多这类公司设计服装但并不实际生产服装。它们包括一些用家族来命名的公司，如Liz Claiborne, Calvin Klein, Donna Karan[12]，以及大量的小规模且不出名的公司。

服装设计公司首先预测时尚趋势，而后为他们将要在那个季节销售的服装开发款式。第二步，他们从全国各地的销售商们那里购买大量成卷的布匹，即通常所说的"匹头"，这些都由服装业区一个机构里的推销商们递送。第三步，设计公司雇用剪裁工[13]，他们用电动的刀具或沉重的剪刀，将布匹剪裁成单件服装或外套的布片，这些布片被缝起来，就是最后的产品。第四步，设计公司将剪裁好的布片发给承包商，他们才应该被视为制造商。他们将剪裁好的布片缝制为成品，然后贴上设计公司的标志。最后，设计公司将他们制成的衣服陈列在专卖店里。在这一过程中，时间是非常关键的，因为服装只有很短的可销售期；今天符合流行趋势的服装，明天就成了没人要的东西。如果衣服不能及时发送，一个季节的生意可能就丢了，或者商店会把其他商品摆放到货架上。因而，设计公司在因延误形成的威胁面前十分脆弱。

承包商实质上就是缝纫工厂，它们从设计公司那里取得原材料，然后

---

[12] 参见 Parmet：《服装》，第453页。

[13] 随着时间的推移，剪裁业看来已经被推向边缘。最初，剪裁工们在第七大街的设计商公司的厂房内，但是现在更多的剪裁活要么在国外进行，要么在哈德逊河对面的新泽西进行。参见 James Traub：《在所有浮华的背后，服装业区意味着生意》(Behind All of That Glitz and Glitter, the Garment District Means Business)，Smithsonian，1985年8月，第36页。

第二章 科萨·诺斯特拉的装扮

将之制作为成品服装。在最近几十年,大部分承包商是位于中国城的"血汗工厂",在那里华人妇女,其中一些是非法移民,使用缝纫机来缝合布片。[14]

货运公司把布片从曼哈顿中城的设计公司处运到中国城的承包商那里。他们还将成品服装运送到服装业区来验货或者直接运到零售商那里。很多年里,嘎姆比诺犯罪家族将其在服装业的利益扩展到新泽西,在那里建立了新的血汗工厂、货运公司和仓储式商店。

作为银行家的科萨·诺斯特拉

科萨·诺斯特拉充当了很多服装产业参与者的银行。所有这五个纽约市科萨·诺斯特拉犯罪家族都从事高利贷行当。[15] 很多设计公司和承包商都投资不足。如果费用升幅太高,订货枯竭,或者时尚变化,这些公司都会发现自己现金短缺。[16] 由于这个行业不稳定的特性,以及当现金需要上升时这些公司出现的突发脆弱性,向银行借款常常并非作为可行的选择。此外,很多公司,尤其是中国城的承包商,被认为承担风险能力很差。

有组织犯罪在服装产业保持了稳定的流动资金供应,实质上充当了隐蔽的金融家和银行家的角色。分支头目将现金分配给"喽啰",并且每个星期收取大约0.5%的利息。而后这些"喽啰"们再把钱分配给街面上的高利贷者,他们按照每周大约3%—5%的利率把钱借出去。按照这样高的利率,利息(也称为"抽头")迅速累计,使得借款人每年要支付高达222%的利息。[17] 那些不能偿付欠款的公司有时会被强迫在工资簿上加上一些"不

---

[14] 参见 Franz S. Leichter:《血汗工厂的回归:呼吁州的行动》(The Return of the Sweatshop: A Call for State Action),载"纽约服装产业报告",未出版,1979年10月,第3—5页。

[15] 同上;新泽西州调查委员会:"新泽西服装业调查报告",1991年4月,第28页;另见Tony DeStefano, Thomas Moran 和 Allen Richardson:"高利贷者的血盆大口",Women's Wear Daily, 1977年8月23日,第1页。

[16] 参见 Franz S. Leichter:《血汗工厂到敲诈勒索——纽约服装业地区的有组织犯罪》,第3部分第42页。

[17] Tony DeStefano, Thomas Moran 和 Allen Richardson:"高利贷者的血盆大口",第1页。

用出勤（但白拿钱）的人"，或者把他们公司的所有权分股乃至转让给有组织犯罪头面人物。

金融服务通常是科萨·诺斯特拉与新的设计公司和承包商联系的第一步，其他服务随后而至。设计公司需要缝纫服务，承包商需要原材料，而双方都需要货运服务。科萨·诺斯特拉的货运公司通常提供了唯一的途径，使承包商能够从设计公司那里获得订单。一个新的承包商会请求一个货运商帮助他从曼哈顿中城的设计公司那里获得加工订单；货运商会从曼哈顿中城强行地运输一批布片到中国城。一旦接受这种帮助，那个缝纫工厂就终身地"嫁给"了那个货运商，而后者则提供今后全部货运服务。

设计公司有着同样的经历。例如，当阿荣·弗里德（Aaron Freed）开办他的运动衫公司时，嘎姆比诺兄弟们帮助他找到承包商来做"缝纫活儿"。当他有付账困扰时，嘎姆比诺兄弟们让他的信用运转了几个月。而当他偶尔雇用一个叫"gypsy"的货运商的时候，他仍不得不支付分配给他的货运商，好像后者完成了这趟差事一样。[18]

科萨·诺斯特拉的货运卡特尔和"财产—权利"体制

黑帮在服装业领域的权势，源自它对货运公司的控制及对其司机的影响。这个货运卡特尔的成员们为曼哈顿中城的设计公司和中国城的承包商提供基本的服务。承包商和设计公司被迫"嫁给"货运商，从而形成了设计周密的"财产—权利"体制，而这是由货运卡特尔来强制进行的。实际上，货运商自己决定哪个货运公司将为每个中国城的承包商和服装业区的制造商提供服务。科萨·诺斯特拉控制着的货运公司将他们的客户视为财产。[19] 这个"财产—权利"体制变得如此制度化以至于货运公司，通过

---

[18] 参见 Ralph Blumenthal："当黑帮运送货物时"，New York Times，1992 年 7 月 26 日，第 23 页。

[19] 参见新泽西州调查委员会："新泽西服装业调查报告"，第 26 页。

第二章 科萨·诺斯特拉的装扮

下面叙述的前线组织,签订分配辖区和客户的书面协议。[20] 通过实施财政性惩罚和暴力,固定的价格得以保持,而竞争行为被压制。

通过经济强制和时而进行的恐吓和暴力,这个"婚姻"的神圣性得以强化。例如,如果承包商试图终止与它的货运伙伴的联系,货运卡特尔就会保证这个公司从曼哈顿中城的设计公司那里拿不到订单——其效果就是,一个经济上的死刑判决。郁郁寡欢的承包商将毫无选择,只能重新回到它先前的合作伙伴那里。有时,某个承包商太渴望从它的货运商那里恢复自由,因而想法在一个地方关张而在另外什么地方再开张。如果这个"诡计"被发现,承包商将被强迫回到它原来"配偶"的怀抱。如果设计公司试图与它的承包商"离婚",那么,没有其他承包商或货运商会来向它"示爱";唯一的选择就是,与原来的货运商"复婚",或者关闭公司,或者上诉到科萨·诺斯特拉老板那里寻求解决办法。

除了固定价格外,货运商还有两个赚钱的手段:第一个涉及账单制度。设计公司不得不事先付清全部价款,而不是在运输服务完成后再付款。如此,当中国城的承包商从设计公司那里接收订单的时候,设计公司已经在它给承包商的付款中扣除了货运费用。[21] 承包商,被完全排除在定价过程之外,从来不可能确切地知道运输这些布片来回中国城的费用究竟是多少。

"往返里程定价"也使货运商发了财。做好的加工活还要从承包商的店铺运回服装业地区或者直接送到零售商那里。设计公司不得不支付来回的运费,而不管货运商是否实际上运送了服装成品。如果承包商需要抓紧把已经完工的货物发送给曼哈顿上城(的店铺),它可能不会等待指派给

---

[20] 参见 Moran, DeStefano 和 Richardson:"卡车到美元"(Trucks to Bucks It's All for Sale), Women's Wear Daily, 1977 年 8 月 22 日第 1 版;Tony DeStefano, Thomas Moran 和 Allen Richardson:"追求利益人的法典"(Wheeler-Dealers' Code of the Road), Women's Wear Daily, 1977 年 8 月 26 日第一版。

[21] 参见 Franz S. Leichter:《血汗工厂的回归:呼吁州的行动》(未出版,1981 年),第 2 部分第 6 页。

它的货运商。[22] 如果承包商自己发送了这些货物，或者雇了其他人，它仍不得不付钱给它的货运商。事实上，通过给设计公司而非承包商开账单，货运商可以保证，在付款结清之前，承包商没有任何机会予以反对。

作为卡特尔强力实施者的"美国卡车司机先生"（MTA）

科萨·诺斯特拉依靠同业公会来强制运作卡特尔。"美国卡车司机先生"，由科伦波家族控制，掌管和经营科萨·诺斯特拉的货运卡特尔。任何外来的货运商想要进入这个行业，都要遭遇大量反竞争的干扰。MTA 会告诉这个想要进入服装业区的家伙，不能在这里做生意；一些幸运的或者关联公司被允许加入这个卡特尔，但是除非他们出钱买下一个卡特尔成员，否则将没有一个客户。如果一个货运公司拒绝加入 MTA，或者未能支付它的会费，司机们——他们都是国际女装工人工会分会（the International Ladies Garment Workers Union Local）的成员——将会罢工。如果这还不足以使这个"反叛"的货运商加入他们的行列，它的卡车会被破坏或者偷走。卡特尔的货运商们也会参加"垄断性停车行动"[23]，堵在路边或者整个街道，进而令没有关联的公司不能发送它的货物。如此，货运卡特尔保障这种"婚姻"制度不会被搅乱，而科萨·诺斯特拉在服装货运业中的地位继续保持独一无二。

科萨·诺斯特拉对卡车司机的控制：
"国际女装工人工会 102 分会"

"国际女装工人工会 102 分会"，代表着卡车司机，是另外一个科萨·诺斯特拉控制服装产业的基地。国际女装工人工会总体上，在其历史上大

---

[22] 参见新泽西州调查委员会："新泽西服装业调查报告"，第 29 页；Franz S. Leichter：《血汗工厂的回归：呼吁州的行动》，第 2 章第 9 页。

[23] 参见 Franz S. Leichter：《血汗工厂的回归》，第 2 部分第 14 页。

多数时间里并没有受到有组织性勒索的影响,服装行业最主要的商业杂志"每日妇女着装"(Women's Wear Daily),称"102分会"在进行劳工有组织性勒索活动中表现积极。20世纪70年代国际女装工人工会的主席索尔·C.柴京(Sol C. Chaikin),承认"我们从来没有能力控制102(分会)"。[24]

"102分会"主要通过三个渠道为黑帮服务:帮助MTA维持科萨·诺斯特拉的货运卡特尔;确保科萨·诺斯特拉的货运公司不与国际女装工人工会其他分会发生劳工纠纷;防止任何其他工会进入该行业。[25] 如果一个货运商拒绝加入MTA或者不服从它有关反竞争的要求,MTA会为"102分会"安排有关工作行动。不顺从的货运商很快就会乖乖就范;对于试图就科萨·诺斯特拉在布片货运中虚高的费用进行削价的行为,科萨·诺斯特拉采取零容忍的态度。在雇主同业公会和雇工同业工会之间存在的这种反常的联盟关系,保证了科萨·诺斯特拉对这个行业的控制。在克利弗兰调查计划中曾出现的一个事件,揭露出"102分会"如何为MTA的利益进行服务。一个政府秘密探员购买了一家货运公司后,MTA的主席弗兰克·沃尔夫(Frank Wolf)以"102分会"的罢工相威胁,除非这个新货运商答应将购买价格的10%付给MTA。[26]

科萨·诺斯特拉对"102分会"的控制,确保了科萨·诺斯特拉的货运公司能够享有劳工和平。如果国际女装工人工会的某个分会针对一个黑帮控制的公司进行罢工,接替的司机会设法通过(罢工的)纠察线。一些司机实际上就是"102分会"的成员。或者是这样一种情形,当替代的司机到达的时候,工会的官员命令罢工者离开纠察线。在任何一种的情形下,工会都会输掉这场罢工。

显然,并非所有的司机都受雇于属于某一工会的由黑帮所有的货运公司。有时高层级的有组织犯罪成员,像托马斯·嘎姆比诺,会经营所谓"双

---

〔24〕参见 Allen Richardson, Tony DeStefano 和 Thomas Moran:"货运分会102:谁坐在司机的位子上"(Trucking Local 102: Who sat in the Drivers Seat?),Women Wear Daily,1977年8月29日,第1版。

〔25〕见美国诉第拉皮案(United States v. Dilapi),651 F. 2d 140, 第140—143页(2d Cir. 1981)。

〔26〕参见 Allen Richardson, Tony DeStefano 和 Thomas Moran:"货运分会102"。

排扣"式的商店,即雇员是由加入工会的司机和没有加入工会的司机混合构成。作为服装行业有权势的玩家,这些黑帮分子利用他们有利的地位来避免支付工会要求的最低薪水。

科萨·诺斯特拉还利用"102分会"来阻止其他工会代表服装业卡车司机。在一个曾被报道的案件中,马休·伊森(Matthew Eason),一个协会的组织者暨"联合储存工业及附属商业雇工协会"(the United Warehouse Industrial and Affiliated Trades Employees Union)的地方分支主席,向"国家劳工关系管理委员会"(the National Labor Relations Board)提出申请,希望由他的工会作为两个职业介绍所的雇工代表。然而,伊森陷入了复杂的处境,因为这两个职业介绍所将工人们交给了"州际服装运输者"(Interstate Dress Carriers),后者是一个与鲁齐斯家族有联系的、以新泽西为基地的货运公司。[27] 很快这家公司及其工会代表与伊森接触。他们向他行贿让他撤回申请,并威胁他:如果拒绝,他将受到肉体上的伤害。[28]

控制承包商:"大衬衫、裙子及内衣协会"

"大衬衫、裙子和内衣(雇主)协会"代表着大约上百家其成员为工会会员的承包公司的利益。科萨·诺斯特拉利用这个协会,控制了中国城的承包商们。[29] 该协会促成了承包商与国际女装工人工会之间缔结了集体性的谈判协议,而且常常会努力解决劳工问题。[30] 此外,该协会还参与和其他同业公会的协议,包括运输公司和第七大街上的设计公司。

1982年,纽约州参议员弗兰兹·雷切特就服装业区黑帮的作用作了报告。他指责嘎姆比诺家族利用"大衬衫、裙子及内衣协会"来巩固它对工会的控制并扩张它的渗透力。约瑟夫·N.嘎罗是这个领域的代表和该协会

---

[27] 参见 Franz S. Leichter:《血汗工厂的回归》,第2部分第14页。
[28] 见美国诉第拉皮案,651 F. 2d 140,第143页。
[29] 参见 Selwyn Raab:"嘎姆比诺案中的窃听证据将服装团体与黑帮联系在一起",New York Times,1989年4月30日,第38版(估计有500个会员加工商);参见 Franz S. Leichter:《血汗工厂的回归》,第3部分第38页(估计有700个加工商)。
[30] 参见 Franz S. Leichter:《血汗工厂的回归》,第3部分第38页。

第二章 科萨·诺斯特拉的装扮

事实上的头儿,也是嘎姆比诺犯罪家族的长期顾问。[31] 自从科萨·诺斯特拉牢牢控制该协会并进一步控制该行业的劳动合同后,承包商要么支付高额费用加入该协会,要么找其他的行当。

1983年5月一份被截取的嘎姆比诺家族老板保罗·卡斯戴拉诺与托马斯·嘎姆比诺[32]之间的电话通话显示,他们的家族与纽约另外两个犯罪家族分享对该协会的控制权。嘎姆比诺告诉卡斯戴拉诺:"你得到它的三分之一(指大衬衫、裙子及内衣协会),'西边'占三分之一,杰瑞占三分之一。"按照检察官的说法,"西边"是指哲诺维斯家族,而杰瑞是指科伦波家族的代理老板"杰瑞"詹内罗·朗格拉(Gennero "Jerry" Langella)。[33]

1976年,华人服装制造商协会在州初审法院提起诉讼,控告"大衬衫、裙子及内衣协会"官员与一个主要的设计公司同业公会达成协议,目的是将承包商的利润转到黑帮的银行账户里。[34] 该协议要求设计公司在应支付给承包商的费用中扣除超过7%,并直接给"大衬衫、裙子及内衣协会",表面上这个协会用这些钱来支付"行政性支出",之后如果还有剩余的话,则交给缝纫工厂。按照华人服装制造商协会的说法,所谓"行政性支出"就是黑帮的酬金。华人服装制造商协会声称,这个诡计甚至比看上去还恶劣,因为"大衬衫、裙子及内衣协会"通过以总实收金额(合同价格加上企业

---

[31] 约瑟夫·尼古拉斯·嘎罗(Joseph Nicholas Gallo)经常会和"疯子乔伊"约瑟夫·嘎罗(Joseph "Crazy Joe" Gallo)相混淆,后者也是嘎姆比诺家族的成员。约瑟夫·尼古拉斯·嘎罗担任保罗·卡斯戴拉诺和约翰·哥第手下的顾问,一直到他被判有罪并于1989年入狱为止。参见 James B. Jacobs, Christopher Panarella, and Jay Worthington 著:《击破有组织犯罪集团:美国对科萨·诺斯特拉》(Busting the Mob: United States v. Cosa Nostra), New York: New York University Press, 1994, 第226页。"疯子乔伊"是臭名昭著的暴力团伙"嘎罗帮"的主要人物,这个团伙由他和他的兄弟劳伦斯和小阿尔伯特经营,一直到他在1972年被刺杀时为止。参见 Virgil W. Peterson 著:《黑帮:美国纽约有组织犯罪200年》(The Mob: 200 Years of Organized Crime in New York), Ottawa, Ill: Green Hill, 1983, 第337、404—405、407—408页。

[32] 托马斯·嘎姆比诺是嘎姆比诺家族前老板卡罗·嘎姆比诺的儿子。他还娶了鲁齐斯家族前老板"三个手指的布朗"托马斯·鲁齐斯的女儿。参见如,John H. Davis 著:《黑手党王朝:嘎姆比诺犯罪家族的兴衰》(Mafia Dynasty: The Rise and Fall of the Gambino Crime Family), New York: Harper Collins, 1993, 第90—91页。

[33] 同上。另见 Tony DeStefano, Thomas Moran 和 Allen Richardson:"美国继续调查有组织犯罪与第七大街上的公司之间的联系"(U.S. Continues Probe of Organized Crime Links to SA Firms), Women's Wear Daily, 1989年5月2日, 第1版。

[34] 参见 Franz S. Leichter:《血汗工厂到敲诈勒索》, 第3部分第39—40页。

一般管理费用、运费和利润)为计算基础进而抬高了扣除的金额。按照承包商的说法,这个做法让该协会每年从承包商的店铺里吸走3000万美元。

华人服装制造商协会还控告,"大衬衫、裙子及内衣协会"拒绝会员运用该协会规则、程序和财务声明,以及承包商的权利被漠视且不能保护自己的利益。但是法官否决了这些控告,声称"受质疑的负责人选举方法并不违反州法"。[35]

科萨·诺斯特拉还利用其对"大衬衫、裙子及内衣协会"的控制,为成员公司谋取那些不露面的工作。这些"工作"为有组织性勒索提供了有价值的庇护和合法外衣。[36] 通过把承包商会员的会费转到自己的保险箱里,科萨·诺斯特拉进一步把"大衬衫、裙子及内衣协会"作为一个巨大财源。700个会员每月要交50美元,这些会费加起来就是每月35000美元,每年42万美元。

科萨·诺斯特拉的利润:在货运和设计公司中的权益

科萨·诺斯特拉犯罪家族从对货运公司的所有权益中获得利润。托马斯·鲁齐斯,从1953年开始到1967年他死时为止一直担任一个科萨·诺斯特拉犯罪家族的老板。他控制着"冠军货运",并把它交给他在鲁齐斯犯罪家族内的继承人。另一个鲁齐斯家族的主要人物詹姆斯·普拉莫瑞,拥有"艾尔基运输公司"和"巴顿货运公司"。那塔立·艾沃拉,波拿诺犯罪家族里一个有势力的成员,拥有"Ameity 服装发送公司",并在"垂尼提货运"、"贝利蒙特服装"、"ECCO货运"和"弥尔顿·芬堡货运"等公司里享有权益。[37]

---

[35] 同上注,第40页。

[36] 参见 Tony DeStefano, Thomas Moran 和 Allen Richardson:"美国继续调查有组织犯罪与卧底警探公司之间的联系";Leichter:《血汗工厂到敲诈勒索》,第3部分第38页。

[37] 参见 Tony DeStefano, Thomas Moran 和 Allen Richardson:"黑帮的统治:保持货运"(The Rule of the Mob: Keep on Truckin),Women's Wear Daily,1977年8月25日,第18版;另见同一作者,"舍伍德:躲在门后向外看"(Sherwood: A Look Behind the Door),Women's Wear Daily,1977年8月24日,第13版。

第二章 科萨·诺斯特拉的装扮

托马斯·嘎姆比诺在服装业区是众所周知的、最有势力的有组织犯罪人物。他在许多货运公司和设计公司拥有所有者权益。在不同的时间里他至少控制了八个服装货运公司："阿斯特罗运输"、"梅杰可信赖发送"、"动力发送"、"JHT 租赁"、"服装货运公司"、"格林博格速递"、"GRG 运送"和纽约市最大的服装搬运公司"统一货运"。[38] 1974 年，"每日妇女着装"指责，全部五个纽约科萨·诺斯特拉家族在服装货运业中拥有权益。[39]

一些科萨·诺斯特拉人物还在服装设计公司享有所有权益。早在 30 年代，托马斯·鲁齐斯就通过威胁和暴力渗透到服装设计公司中。他和他的女婿托马斯·嘎姆比诺一道，在"舍伍德时装"、"巴翟特服装公司"享有重大权益；在麦克兰伦委员会前作证时，鲁齐斯承认他在服装设计公司中的权益。[40] 1967 年，鲁齐斯死后，他的服装业公司都转给了鲁齐斯家族的新老板威托瑞奥·阿慕索，他让鲁齐斯家族的高层成员迈克尔·帕帕迪奥来监管和控制其家族的服装业权益，一直到 1989 年。[41] 其他在服装产业享有权益的、显赫的有组织犯罪人物还包括卡罗·嘎姆比诺（"阿琳服装公司"）[42]和保罗·卡斯戴拉诺（"G & I 服装公司"）。[43]

这些服装产业权益给科萨·诺斯特拉带来丰厚的回报。例如，在 1994 年一起针对安东尼·卡索的有组织性勒索、共谋和谋杀案中，两名证人证实，自 1987 年以来，卡索和阿慕索从鲁齐斯家族的服装产业生意中收获了数百万美元的现金。[44] 1993 年，当托马斯·嘎姆比诺因有组织性勒索、高利贷、非法赌博被处以 5 年监禁时，他的财产据估计有 1 亿美元[45]；他的财富多数来自他在服装业的权益。

然而，如果科萨·诺斯特拉决定，某一个服装设计公司不值得再经营

---

[38] 参见 Leichter：《血汗工厂到敲诈勒索》，第 3 部分第 10 页；人民诉嘎姆比诺案，起诉书 No. 11859-90，控辩协议：12—13 页。
[39] 参见 Moran，DeStefano 和 Richardson："卡车到美元"。
[40] 人民诉嘎姆比诺案，起诉书 No. 11859-90，控辩协议：13—14 页。
[41] 美国诉阿慕索案，21 F. 3d 1251，1254(2d Cir. 1994)。
[42] 参见 Moran，DeStefano 和 Richardson："卡车到美元"。
[43] Leichter：《血汗工厂到敲诈勒索》，第 3 部分第 13 页。
[44] 美国诉卡索，843F. Supp 829，835(E. D. N. Y. 1994)。
[45] 参见 Davis：《黑手党王朝》，第 290—298 页。

下去了，一项"宣告破产"（破产欺诈）会将公司的所有资产剥离，而不会给债权人留下什么好处。在1982年的报告中，弗兰兹·雷切特详细描述了迈克尔·帕帕迪奥所操纵的一次"宣告破产"的细节。帕帕迪奥与两个随从和合法的服装设计公司一道，组成了一家名为"时尚之页"的公司。1975年，当该公司的生意开始下滑时，据推测帕帕迪奥的朋友和随从们从公司借走27.5万美元。紧接着，两场大火毁掉了"时尚之页"。1975年5月，第一把火带来了30万美元的保险赔偿，但这笔钱大部分都用来偿还帕帕迪奥的借款，而不是清偿"时尚之页"众多的债权人。几个月后，另一把火烧毁了公司的全部册簿和记录。两周后，这个生意永久地关张了。[46]

美国司法部反托拉斯诉讼

1951年4月30日，美国司法部反托拉斯部门针对服装行业的货运商提起两项单独的民事反托拉斯诉讼。[47] 一项诉讼针对的是，在男式大衣和西装货运中起支配作用的"婚姻制度"；另一项针对女装的货运。[48] 这桩民事诉讼一直被冷落了四年多，直到1955年10月，当事人之间签订了双方同意的裁定，禁止一定范围的反竞争行为。服装业货运商们同意向司法部的检察官们开放所有册簿、分类账、账户、通信函件、备忘录以及其他记录和材料。同业公会同意向政府提交有关他们遵守该协议条款的书面报告。联邦法院保有管辖权，从而，如果被告们仍从事同样的违法行为，政府将不必再行提起新的诉讼。相反，反托拉斯部门可以仅仅是"在任何时候向法院申请这样的更多的命令或指令，从而可以是必要地或者适当地执行"这一判决。[49]

---

[46] 同上注，第22—23页。
[47] 参见如，美国诉思考内—瓦克姆石油公司案，310 U.S. 150, n.59(1940)。"无论特殊定价协议让人可以联想到什么样的经济上的正当理由，法律都不允许探询它们的合理性。它们全部被禁止了。"
[48] 美国诉外衣和套装货运协会案，Civ. No.66-141, 1955年10月24日，"1955年商业案件"中报导，Commerce Clearing House，第68、175页。
[49] 同上。

双方同意的裁定带来的指望并没有兑现,它不仅没有使有组织犯罪离开服装业区,反而促使黑帮变得更加隐蔽;正式说明公然非法行为的书面报告,被不成文的合作规矩所取代。[50] "婚姻制度"并没有变化。将近30年后,服装货运商们仍继续维持固定价格、分配客户、禁止设计公司和承包商选择托运人,以及骚扰竞争者并把他们挡在这个行业之外。

纽约市行政管理上的失败

在纽约市,普通货运公司进行营业历来都需要许可授权专员颁发执照。[51] 1957年,在理由并不明确的情形下,专员暂时性地行使其许可权限来反对有组织犯罪。巴顿货运公司是一家在服装业地区拥有5辆卡车的公司,它提出一项公共货运执照的例行申请。[52] 几十年来,专员对这种申请通常都会给予许可。立法规定,公民身份是公共货运商执照的唯一条件,而且法律似乎也没有赋予专员以自由裁量权。[53] 然而,"巴顿货运"由詹姆斯·普拉莫瑞控制,而他是布查尔特和沙皮罗的前随从,在服装行业中是众所周知的有组织性勒索分子。贝纳德·欧康奈尔专员指出,普拉莫瑞曾经因在服装业区进行勒索和实施与其他有组织性勒索相关犯罪而被判有罪,因而认为普拉莫瑞不适合担任公共货运商,从而否决了巴顿货运的执照申请。

该决定引发了一轮诉讼。普拉莫瑞起诉控告,该专员的否决是在违反法律正当程序的情况下剥夺了巴顿货运的一项颇有价值的财产权利;专员的决定是任意的,且超出了其权限;在服装货运行业的公共货运商都应免除对执照的要求。[54]

初审法庭驳回了原告的所有请求并确认了这起否决申请许可决定。

---

[50] 参见 Moran, DeStefano, Richardson:"卡车到美元"和"追求利益人的法典"。
[51] 参见巴顿卡车运输公司诉欧康奈尔案,173 N.Y.S. 2d 464, 466(1958)(引用纽约市行政法典第B32-93.0条)。
[52] 巴顿卡车运输公司诉欧康奈尔案,197 N.Y. 2d 138, 141(N.Y. Ct. of App. 1959)。
[53] 巴顿卡车运输公司诉欧康奈尔案,180N.Y.S. 2d 686,689 (App. Div. 1958)。
[54] 巴顿卡车运输公司诉欧康奈尔案,10 Misc. 2d at 719-720; 173 N.Y.S. 2d 467-478。

萨缪尔·H.霍夫施塔特法官的观点是谴责有组织犯罪对合法行业的渗透，他说："部分服装贸易已经变成了有组织性勒索分子滋生的土壤，他们从这一行业谋取非法的生活来源。"法官表示："许可授权专员，和其他公共官员一样，意识到这个'强盗帝国'已经扩展到很多领域。"[55]在支持否决普拉莫瑞执照申请决定的裁判中，法庭认为，当该专员行使其许可权限时，他有权考量申请人的品质（或者不具有这种品质）。

普拉莫瑞在第二轮中占了上风。1958年12月，上诉法庭（appellate division）推翻下级法院的裁决，认为按照公共货运执照法[56]，该专员超出了其权限。尽管上诉法庭注意到普拉莫瑞的犯罪背景可能使他不适合经营服装货运生意，但是法庭认为，该许可授权专员冒用了他并不应当行使的权力。[57] 然而，一年后，上诉法院（the Court of Appeals），即纽约最高层级的法院，推翻了上诉法庭的判决并重新确认了霍夫施塔特法官的裁决，从而普拉莫瑞和"巴顿货运"最终没有取得营业执照。上诉法院认为，尽管该专员没有明确的权限考虑申请人的品质，但是"颁发执照的权力必然意味着，取得执照应具有良好的动机"。[58] 因而，该专员"不仅拥有授权，而且实际上职责也要求他"对可能获得执照人的个人品质进行询问[59]，而普拉莫瑞的犯罪记录提供了完全充分的理由来否认"巴顿货运"的申请。[60]

遗憾的是，城市官员没有利用（法院）这一确认他们许可权限的重要裁决，以继续打击有组织犯罪。直到1994年朱立安尼上台后，这项行政管理权力才重新定位，从而把有组织犯罪人物从合法行业中清除出去。

---

[55] 同上注，718；466。
[56] 巴顿卡车运输公司诉欧康奈尔案，180 N.Y.S.2d 688，691。
[57] 同上注，691。
[58] 巴顿卡车运输公司诉欧康奈尔案，197 N.Y.S.2d at 144。
[59] 同上注，148。
[60] 同上注，149。

克利弗兰货运调查计划

1973年3月,在司法部设在曼哈顿的"联合打击行动组"的负责人威廉·阿然瓦尔特的配合下,纽约市警察局购买了一个名叫"哲罗货运"的服装货运公司,意图获取有组织犯罪涉入服装行业的证据。[61] 执法官员安排赫尔曼·高登法博(Herman Goldfarb),一个前罪犯,作为"哲罗货运"的负责人和所有人,并在他身上和他的办公室里安装了录音设备,并等着,看谁将落入这个陷阱。[62]

通过实施克利弗兰计划,从1973年一直到1974年8月左右,执法探员录下了数千小时的对话,包括可以控告许多货运行业人物的有罪证据。1975年10月,联邦大陪审团起诉八个人,指控他们共谋和勒索。在一项起诉中,联邦政府指控"美国卡车司机先生"负责人弗兰克·沃尔夫从"哲罗货运"勒索5000美元酬金。一个工会官员也被起诉,据称他与沃尔夫一起威胁举行针对"哲罗货运"的罢工,如果它不支付被勒索的酬金的话。马休·艾安尼劳也被起诉,他是诺维斯犯罪家族的一个头目、弗兰克·沃尔夫的随从,同时还是"国际女装工人工会102分会"的工人代表。克利弗兰计划最终导致了对新泽西"国际运输工人兄弟"官员暨科萨·诺斯特拉分支头目安东尼·普罗文扎诺[63]犯有工会非法活动的有罪判决。在该计划的范围内,地方和联邦层级的合作和开创,使这一卧底行动成为一次有希望的矫治性的尝试。

但是,克利弗兰计划并没有真正成为一次针对科萨·诺斯特拉服装业

---

[61] 参见Marcia Chambers:"在服装业地区八人因非法敛财被起诉"(8 Indicted for Graft in Garment District),New York Times,1975年10月16日,第1版。

[62] 在被称作的"底特律计划"中,一个叫哈罗德·威伦的大衣设计商也同意做一名线人并使用他的公司"威伦大衣公司",来发展联系并对与有组织犯罪人物的讨论进行录音。参见DeStefano,Moran和Richardson:"黑帮的统治"。"圣路易斯计划"据报告称包括一个出售盗窃的服装业货物的卧底行动。参见Martin Tolchin:"参议院质询:为什么犯罪调查到此为止"(Senate Unit Asks Why Crime Inquiry Here Was Ended),New York Times,1975年4月7日,第1版。

[63] 美国诉普罗文扎诺案,615 F.2d 37, 40(2d Cir. 1980)。

权益的严厉打击。服装业的大多数高层有组织犯罪人物并没有被触动。当然,对联邦检察官们来讲,安东尼·普罗文扎诺的有罪判决是一次重大胜利。然而,这个案件与黑帮在服装业地区的影响之间关系不大。在克利弗兰计划中直接涉及服装业地区的被告里,四个人(包括弗兰克·沃尔夫和马休·艾安尼劳在内)在1976年11月被判无罪。这对执法官员的努力来说是一个重大打击,因为"美国卡车司机先生"在科萨·诺斯特拉服装业经营中发挥着关键作用,而弗兰克·沃尔夫则是本案最重要的被告。

为了给予政府的努力一个积极的评价,阿然瓦尔特强调克利弗兰计划使几个黑帮分子被判处监禁刑,并且通过安排相似的卧底行动催生了额外的有罪判决。[64] 克利弗兰计划确实轻微地打断了服装业区有组织犯罪的活动,但科萨·诺斯特拉的主要人物——尤其是嘎姆比诺兄弟——毫发无损,而黑帮对服装业地区的控制稳如磐石。

结　　论

也许没有任何其他行业比服装行业更能与纽约市的历史和人民联系在一起。也许没有其他行业有组织犯罪分子能够如此公开地经营。这归因于这样的事实,即嘎姆比诺兄弟和其他有组织犯罪分子拥有自己的公司,而服装业的合法机构与黑帮操控的货运卡特尔交缠在一起。"美国卡车司机先生"、"国际女装工人工会102分会"和"大衬衫、裙子和内衣(雇主)协会"都与黑帮合作;每个组织都巩固和加强了货运卡特尔;每个组织都把钱汇总在一起送到有组织犯罪的保险箱里。货运公司与制造商和承包商的"婚姻"形成了一个科萨·诺斯特拉通过货运卡特尔强制推行的"财产—权利"体制。20世纪三四十年代托马斯·杜威提起的刑事诉讼和70年代克利弗兰计划的提起的刑事诉讼把一些有组织犯罪分子送进监牢,但

---

[64] 参见 Arnold H. Lubasch:"四人在勒索审判中被宣告无罪"(Four Are Acquitted in Extoration Trial), New York Times, 1976年11月21日,第36版。

是政府最有力的打击几乎不足以削弱科萨·诺斯特拉。

"巴顿货运"案可能为纽约市提供了一个强大而重要的工具,用以对付有组织犯罪。纽约市上诉法院支持政府可以将货运执照的否决决定建立在申请人品质的基础上。如果按照这个判例,被知名黑帮成员所拥有或操纵的货运公司也可以从该行业清除出去。逮捕、刑事诉讼和漫长的审判都是不必要的;黑帮控制的生意可能会因一个行政性的决定而被削弱。尽管对服装货运商拥有权限颁发执照,但是纽约市的官员们并没有尝试将科萨·诺斯特拉拥有的货运商驱逐出服装贸易。事实上,在随后的几十年里,有组织犯罪仅仅是更加深入地渗透到服装货运中。为什么当时市政府没有利用其行政管理和颁发执照的权力来对抗有组织犯罪呢?遗憾的是,我们不能令人信服地对这个问题给出答案。不过,我们相信,应该在城市政客和科萨·诺斯特拉之间的共生关系中去寻找可能的答案。

第三章　充满鱼腥味的生意
——黑手党和富尔顿鱼市

在一种边缘的氛围里营业……富尔顿鱼市是独立自治的实体。经济势力和肢体性暴力法则在这里盛行，而非纽约市的法律。[1]

——弗兰克·沃尔，法院指定的富尔顿鱼市行政官，1990年

编　年　表

1883年　富尔顿鱼市在曼哈顿下城开张。

1923年　"短袜子"约瑟夫·兰扎通过控制"联合水产品工人, 熏鱼和罐头工厂工会359分会"（the United Seafood Workers, Smoked Fish and Cannery Union），将自己确立为富尔顿鱼市事实上的老板。

1933年　纽约南区联邦检察官指控，在该市场进行活动的"359分会"、24个公司、3个同业公会和54个人从事勒索

---

〔1〕弗兰克·沃尔："行政官中期报告"（1990年8月8日），第11页，根据1988年4月5日"美国诉359分会案"双方同意的判决，87 Civ. 7351（S. D. N. Y. 1992）。

和操纵卡特尔而违反《谢尔曼法》(Sherman Act)*。被告之一就是"短袜子"约瑟夫·兰扎,他是哲诺维斯犯罪家族的分支头目,"359分会"的工会代表以及该市场的"沙皇"。许多被告包括兰扎都表示认罪,兰扎在监狱里服刑2年。

1938年　兰扎因触犯联邦法律规定的有组织性勒索罪受到指控并被判有罪;5年后,他被认定犯有勒索罪,并在监狱里一直待到1950年。他因与有组织犯罪人物联系违反假释条件,而被再次送回监狱。

1968年　兰扎死时,他的名字仍在工会的薪水名册上。他充当富尔顿鱼市无可争议的统治者长达40年。

1974年　兰扎的继任者卡民·罗曼诺,作为哲诺维斯家族在富尔顿鱼市的管理者,成为"359分会"的司库。

1975年　卡民·罗曼诺成立了"富尔顿巡逻协会",表面上是防范针对海产品的盗窃。为了这项"保护",批发商们每周要向经常偷他们货物的小偷们支付1300美元。

"359分会"的官员们从批发商那里榨取酬金,美其名曰"圣诞礼物"。用来支付给分会成员的这些钱,直接进入了哲诺维斯家族。

1979年　在纽约南区联邦检察官的指挥下,纽约市警察局、美国国内

---

* "谢尔曼法"是1890年美国国会为避免垄断资本的过度集中、反对市场垄断化而颁布的法律。该法共有8条,其中第1条(抑制贸易的托拉斯等是非法的;刑罚)规定:"任何契约、以托拉斯形式或其他形式的联合、共谋,用来限制州际间或与外国之间的贸易或商业,是非法的。任何人签订上述契约或从事上述联合或共谋,是严重犯罪。如果参与人是公司,将处以100万美元的罚款。如果参与人是个人,将处以不超过100万美元的罚款;如果参与人是个人,将处以10万美元以下罚款,或3年以下监禁。或由法院酌情并用两种处罚。"第2条(垄断贸易是一项重罪;刑罚)"任何人垄断或企图垄断,或与他人联合、共谋垄断州际间或与外国间的商业和贸易,是严重犯罪。如果参与人是公司,将处以不超过100万美元以下罚款;如果参与人是个人,将处以不超过10万美元以下的罚款,或三年以下监禁。也可由法院酌情并用两种处罚。"第3条(准州和哥伦比亚特区内的托拉斯是非法的;联合是一项重罪)规定:"任何契约、以托拉斯形式或其他形式的联合、共谋、用来限制美国准州内、哥伦比亚区内,准州之间、准州与各州之间、准州与哥伦比亚区之间,哥伦比亚区同各州间,准州、州、哥伦比亚区与外国间的贸易或商业是非法的。任何人签订上述契约或从事上述联合或共谋,是严重犯罪。如果参与人是公司,将处以不超过100万美元的罚款;如果参与人是个人,将处以10万美元以下的罚款,或三年以下监禁,或由法院酌情两种处罚并用。"——译者注

税务署和美国劳工部,在富尔顿鱼市开展了针对有组织犯罪的联合调查。该项调查导致44名被告被判有罪,罚金总额共计331000美元。

1980年 卡民·罗曼诺放弃了"359分会"司库的职位,并交给他的兄弟彼得·罗曼诺,他则成为"359分会"福利和养老金的保管人。

1981年 卡民·罗曼诺和彼得·罗曼诺,以及"359分会"作为一个实体,成为联邦执法官员在"美国诉罗曼诺"案中的打击目标,该案是1979年对哲诺维斯家族在富尔顿鱼市上活动情况进行调查后最为引人注目的案件。兄弟俩都被判有罪。卡民·罗曼诺被处以12年监禁;彼得被处以18个月监禁。

1982年 "联合水产品工人,熏鱼和罐头工厂工会359分会"被托管,卡民·罗曼诺和彼得·罗曼诺在工会的职务被剥夺,但是他们的兄弟文森特·罗曼诺被选入"359分会"的管理层,使哲诺维斯犯罪家族的影响继续存在。

市长爱德华·科赫将在富尔顿鱼市收取租金款的职责转给了"南街海港公司",但租金数额长达10年保持不变。

1987年 "海洋调查行动"(Operation Sea Probe)是一项联邦调查局和纽约市警察局联合调查行动。利用该行动所形成的证据,联邦检察官鲁道夫·朱立安尼针对29名被告、"359分会"及其官员和哲诺维斯犯罪家族提起有组织性勒索的民事诉讼(civil RICO)。* 一年后,大多数被告达成了同意诉讼和解的协议;一项缺席判决(default judgment)则针对其他人。法庭指定弗兰克·沃尔担任该市场的执行官。

1990年 沃尔在报告中引述了富尔顿鱼市中持续而猖獗的有组织性勒索活动。他对违反双方同意裁定的公司和个人施以罚款,并呼吁进行综合性的城市管理。

---

* 按照《美国法典》1694条规定,对于有组织性勒索(RICO)可以提起民事诉讼,其意义主要是获取民事赔偿。——译者注

第三章 充满鱼腥味的生意

通过向使用鱼市周围的市属地面停车的零售商收取过高价格的费用，8个装货公司每年能赚500万美元。

1995年 纽约市委员会通过了"地方法50"（Local Law 50），即市长朱立安尼的改革法案。该法授权市政府管理、调查、颁发执照、注册以及有权把公司和个人从富尔顿鱼市中驱逐出去。尽管遭到报复性罢工、法庭诉讼和抗议示威的干扰，该法案的许多改革都得以实施。市政府将与有组织犯罪之间相勾结的6个装货公司从鱼市里开除出去，然后代之以市政府批准的公司。

纽约市商业服务署（Department of Business Services）成为该市场的业主；纽约市经济发展公司（New York Economic Development Corporation）成为代理商。新租赁合约大大地提高了批发商的租金。城市在税收方面赚了130万美元。两个属于黑帮的搬运公司被赶出鱼市。

1996年 剩下的八个装货公司中的六个被从鱼市中开除出去。其余两个装货公司由市政府颁发许可，并同意减少大约七成的收费。

1997年 《地方法28》通过。该法将《地方法50》的改革扩展至城市其他食品批发市场，并扩大了市政府在管理富尔顿鱼市的权力。

鱼市是如何运转的？

富尔顿鱼市是美国历史最久、规模最大的鱼类批发市场。1833年，它被组建起来为停泊在靠近富尔顿街的东河码头的捕鱼船队提供服务。不过，最早在1924年，一些供应商才用卡车把海产品运到这个市场。今天，海产品不再直接从船上发送过来，而是由冷藏卡车从全世界用100磅或者不到100磅的箱子把海产品运到这个市场，其中有些是从国外运送来的。这个市场从晚上10点到上午10点、周日到周五运营。它有大约70个"货摊"，就是被隔开的有着柜台的铺面，大多数实际进行的销售都在这里进行。每到上午，这些柜台空空如也；市场建筑关门；只有一些零放的鱼和批发商僵硬的手势暗示着整夜的忙碌。五百多人在这个市场里工作。每年大约有2亿磅海产品被运到这个市场。据估计,每年海产品的销售金额在2亿到20亿美元之间波动。[2]

鱼市在曼哈顿下城南街占了两个街区,从富尔顿街向北一直延伸到派克滑,在"罗斯福高速"(FDR Drive)＊的高架桥下面。一半左右批发商的货摊"定居"在位于街边、市属的两个破败的、铁皮包裹的货栈里,即"1907锡大楼"(1907 tin building)或称为"老市场楼"和1939年的"新市场楼"。在南街对面,正对着两个主要货栈的地方,15个批发商在更新一点的、市属的建筑里租借了独立的、车库模样的货摊,其他人则从他们自己的楼出发来回运营。[3] 1998年底,大约60个批发商在富尔顿鱼市营业。

富尔顿鱼市里的海产品批发销售商,像在服装业区的公司一样,在延误所带来的威胁面前表现得极其脆弱。时间是卖鱼的关键因素。首先,捕鱼商将他们的捕获品卖给供应商。供应商用箱子将鱼包装,而后雇用货运公司将鱼运到富尔顿鱼市。西海岸和国外来的鱼从空港区用卡车运来。晚上10点开始,货运商开始运送冷冻的和新鲜的海产品,运输用的车辆有40英尺长的巨大的拖车,也有小货车。[4] 每周,属于几十个货运公司和供应商的大约400辆汽车把海产品运到市场。它们沿着市场北侧的南街(South Street)排队等候卸货。[5]

在90年代市政府改革之前,卸货商对货运商和供应商而言具有强大

---

〔2〕有关数字比较,参见如,"美国诉359分会"案,705 F. Supp. 894, 899 (S. D. N. Y. 1989),和Selwyn Raab:"应对鱼市犯罪中的延误"(Delay in Tacking Fish-Market Crime), New York Times, 1991年2月17日,第46版。

＊ FDR Drive,就是沿曼哈顿东河边上的高速公路桥。——译者注

〔3〕参见Selwyn Raab:"鱼市问题重回纽约市"(Fish Markets' Problems Revert to New York City), New York Times, 1994年3月27日, A1版。

〔4〕弗兰克·沃尔:"强制执行制裁通告"(Notice of Imposition of Sanctions)(1992年6月18日),第5页,根据1988年4月5日"美国诉359分会"案双方同意的判决,87 Civ. 7351 (S. D. N. Y. 1992)。

〔5〕有关市场运作情况的描述,以采访纽约市调查部门第一副专员弗兰克·马斯为基础,1995年10月31日。

第三章 充满鱼腥味的生意

的杠杆作用。〔6〕对货运商而言,坐着几个小时等待他们自己都可以干的服务,确实是浪费金钱而且令人疲惫和灰心丧气。卡车卸货时间直接影响到每日的收益,因为早上3点钟前摆在批发商货摊上的鱼,比在6点钟时摆上货摊的鱼能卖更高的价格。因而,货运商乐意为取得优先权而掏钱。

海产品卸货后被送到批发商的货摊上。批发商们雇用了大约800个工人,被称为"熟手",他们的工作包括为展示海产品作准备、销售海产品以及把海产品送到他们客户的汽车上。很多工人都是"联合水产品工人,熏鱼和罐头工厂工会359分会"的成员。〔7〕

凌晨3点钟,运来的货物被摆出来,从饭馆和零售海产品商店来的数百个零售商们开始赶到市场。直到最近的改革之前,11个装货公司(不同于卸货公司的实体)在11个指定的停车区内为每个零售商指定一个停车位,而这些停车区都位于公共地面上。对于被允许在哪里停车的问题,零售商没有发言权,而且常常不能更换位置。零售商离开没有上锁的汽车,在货摊之间来回走动,从不同的批发商的展柜上选择海产品。批发商的"熟手"们用杠杆式手推车和叉车把鱼送到零售商停放的汽车边。零售商每个晚上向装货商支付5至50美元的费用,以使他们的汽车和鱼免受污损或者被盗。

供应商在一定程度上也要依赖批发商的善意,批发商销售他们的捕获物主要是为了赚取现金,价格是当场与零售商和饭馆老板们协商达成。价格随着质量、数量和需求量而变化。批发商实质上是在经营寄售物或者说是在作代理,他们从每个零售商和饭馆老板的付款中抽取费用,把剩余的钱汇款给供应商。〔8〕因而,供应商事先不知道他的鱼的要价,因而必须依赖批发商的协商技巧和诚实。尽管这种情况在变化,但是大多数的市场销售还在用现金。

---

〔6〕参见 Brian Carroll:《打击富尔顿鱼市里的有组织性勒索》,载 Cyrille Fijinaut,James Jacobs 主编:《有组织犯罪及其遏制:一个横跨大西洋的首创》(Organized Crime and Its Containment: A Transatlantic Initiative),Boston: Kluwer, 1991, 第194页。

〔7〕美国诉罗曼诺案,684 F.2d 1057, 1060(2d Cir. 1982)。

〔8〕参见《富尔顿鱼市:在纽约市经济发展委员会作的听证》(The Fulton Fish Market: Hearings Before the New York City Council Committee on Economic Development),1992年5月4日。

科萨·诺斯特拉是如何控制富尔顿鱼市的？

自20世纪早期，富尔顿鱼市已经成为科萨·诺斯特拉的收入来源和势力范围。20年代开始，哲诺维斯犯罪家族已经影响到市场经营的每个角落。这一影响的形成是对"联合水产品工人，熏鱼和罐头工厂工会359分会"进行控制的结果，该分会代表了400名熟练工人和20个批发商、经理和监督人。不过，并非所有的熟练工人都是工会会员，而且以前的装货和卸货人员都没加入工会。哲诺维斯犯罪家族创建了装运和卸货的卡特尔，在一些批发公司保有权益，操纵"保安服务"，以及组织停车并收取费用。[9] 波拿诺犯罪家族在市场中居于次要地位，其获利方式包括拥有一些卸货公司和操纵高利贷、赌博、毒品买卖以及保护"地面"。

和本书所研究的其他为黑帮所控制的行业一样，科萨·诺斯特拉在这个市场发挥着类似于立法、法庭和警察机关的作用。这套规矩涵盖了竞争、价格、劳工关系、酬金和遵从。企业和个人违反这些规矩就会面临暴力威胁、财产损失和被驱逐出市场。[10]

哲诺维斯犯罪家族统治了两个批发商协会，它们代表着市场上很多批发商。在老市场楼货栈里的批发商们由"富尔顿鱼商协会"（Fulton Fishmongers Association）代表，位于新市场楼货栈的批发商们则由"纽约鱼类经销商协会"（New York Wholesale Fish Dealers Association）代表。这两个协会在市场管理上相互合作，并对外保障市场经营。例如，"富尔顿鱼商协会"的主席解释，从老市场楼设施的破旧情况来看，批发商们支付低额租金是正当的。[11]

当像偷鱼这样的问题发生时，两个协会知道与谁联系。1975年，"鱼类经销商协会"请求卡民·罗曼诺帮助防范盗窃，他是哲诺维斯犯罪家族的

---

[9] 参见"美国诉359分会"案，705 F. Supp. 894, 906 (S. D. N. Y. 1989)。
[10] 参见 Carroll：《打击富尔顿鱼市里的有组织性勒索》，第183、192页。
[11] 参见 Selwyn Raab："鱼市问题重回纽约市"。

随从和"359分会"的司库。科萨·诺斯特拉建立了一个看守人协会在市场地区巡逻;这究竟是一个保护性的服务还是一个保护性的勒索却不很清楚,甚至把钱给了谁都不清楚。很多年后,在罗曼诺因联邦有组织性勒索指控受到审判时,主席作证道:"如果小偷们知道工会照看着我们……他们不会骚扰我们……因为小偷们应该害怕工会。"[12]

科萨·诺斯特拉对"359分会"的控制

由于海产品容易腐烂,鱼市需要可靠的劳力。正像联邦检察官在一起涉及数名被判有罪的"359分会"官员的量刑程序中所说明的那样,"在鱼类批发行业里竞争激烈、时间宝贵,对工会和管理工会的人保持良好期待,对于企业来讲至关重要。有组织犯罪认识到这种力量并知道如何利用它。"[13]

科萨·诺斯特拉对富尔顿鱼市的影响,来自其对"359"分会的控制。这个工会只有850到900名成员,包括在鱼市为批发商安排海产品展示、销售和发送海产品的400名"熟手"。[14] 20年代哲诺维斯犯罪家族开始控制"359分会";几十年里,该家族的分支头目"短袜子"约瑟夫·兰扎利用他在"359分会"中工人代表的身份作为权力基础。作为众所周知的"富尔顿市场"的沙皇,从20年代到60年代,兰扎可以决定由谁来处理市场"地面"上任何种类、在任何地方的生意。[15] 兰扎经营"359分会"是为了哲诺维斯犯罪家族的利益。他接受贿赂,而提供的利益是不执行特定合同条款,以及不为工会成员增加工资和津贴。[16] 其效果就是劳工和平和一个平稳运

---

[12] 美国诉罗曼诺案,684 F.2d at 1061(2d Cir. 1982)。
[13] John S. Martin:"量刑备忘录"(1981年1月4日),第24页,美国诉罗曼诺案(81 Cr. 514, S. D. N. Y. 1981)后。1989年,包括一个巴拿诺犯罪家族的小头目在内的八个人,对有组织犯罪非法活动认罪,该非法活动与富尔顿鱼市里进行赌博和高利贷团伙有联系。参见 Paul Moses:"对敲诈指控认罪"(Guilty Pleas on Rackets Charges), Newsday, 1989年12月21日,第35页。
[14] 参见丹尼尔森诉359分会案,405 F. Supp. 396(S. D. N. Y. 1975)。
[15] "兰扎被处以6个月以上监禁",New York Times, 1938年3月19日,第10版。
[16] "塞缪尔·西贝里致尊敬的罗斯福州长关于建议撤销克莱恩指控的报告",New York Times,1931年9月1日。

作的市场。

兰扎发现在市场里有很多渠道可以把权力转换成金钱。在30年代早期,曼哈顿区检察官办公室揭露,捕鱼船船长被强迫支付保护费,从而使他们的捕获物能够不出问题地被卸下船。为了获得用来保存鱼的冰,船员们被迫将成袋子的扇贝送给卸船的工人们。[17]

1933年,曼哈顿的联邦检察官办公室提起一个大规模的刑事起诉,被告包括在鱼市的"359分会"、24个公司、54名个人(包括"短袜子"兰扎)和三个同业公会。[18] 起诉书指控,批发商们操纵一个卡特尔的行为违反了"谢尔曼反托拉斯法"。政府还指控,被告利用在该市场从事经营的特权向船长勒索"保护费"。兰扎和其他人表示认罪。兰扎在监狱里服了2年的刑。1938年,经过数次不成功的尝试,联邦政府最终使兰扎被判有罪。1943年,兰扎再次被判有罪,这次是因为向一个货运司机工会分会的主席勒索钱财。[19]

兰扎于1950年被假释,1957年又因赌博和结交有组织犯罪分子被再次逮捕。当违反假释的处理正有利于兰扎时,却发生了一件公共丑闻和两项针对工会官员的调查。结果假释决定被推翻,兰扎重回监狱。[20] 然而,兰扎的名字继续待在工会的薪水名册上,并继续统治鱼市一直到1968年他死时。

在一段时间里,兰扎都由他的兄弟"哈瑞"努兹奥·兰扎给予协助;整个60年代,努兹奥·兰扎一直担任"359分会"的官员,他也是哲诺维斯犯罪家族的分支头目。70年代,兰扎兄弟的一个妻弟担任了分会主席,兰扎的一个女婿则担任了工会律师。[21] 1974—1980年,卡民·罗曼诺作为哲

---

[17] 参见 Carroll:《打击富尔顿鱼市里的有组织性勒索》,第185页。
[18] 这些贸易协会包括"鱼类信用联合公司"、"布朗克斯和上曼哈顿鱼类经销商联合公司"和"布鲁克林鱼类经销商联合公司"。参见"鱼类生意中54人被起诉敲诈"(54 in Fish Trade Indicted in Racket),New York Times, 1931年9月1日,第14版。
[19] 参见 Howard Abadiinsky:"富尔顿鱼市",载《有组织犯罪》第4版,Chicago: Nelson-Hall, 1994,第14页。
[20] 参见 Virgil Peterson:《黑帮:美国纽约有组织犯罪200年》(The Mob: 200 Years of Organized Crime in New York),Ottawa, Ill: Green Hill, 1983,第314—315页。
[21] 参见 Martin:"量刑备忘录",第21页。

第三章 充满鱼腥味的生意

诺维斯犯罪家族在富尔顿鱼市的"管理人",担任"359 分会"的司库、事实上的头儿。联邦调查员认为卡民·罗曼诺是兰扎的继任者。他的弟弟彼得·罗曼诺接掌工会代表的职务。卡民·罗曼诺担任"359 分会"的司库,一直延续到彼得·罗曼诺于 1980 年 5 月接任这个职务为止;卡民·罗曼诺则是"359 分会"福利和养老金的保管人。

1979 年,纽约南区联邦检察官展开了一项联合调查,旨在查明富尔顿鱼市中有组织犯罪活动情况。这项调查催生了 40 多个有罪判决。其中最重要的刑事诉讼,即"美国诉罗曼诺"[22],指向一系列勒索行径。政府指控,被告们成立了"富尔顿巡逻服务公司"(Fulton Patrol Service),其实际功能是以提供保护为名进行有组织性的勒索,1975—1979 年间从批发商收取了超过 664000 美元(相当于 1996 年时的 170 万美元)。[23] 被告们还被指控,从批发商那里勒索"圣诞"付款,以及强迫他们每月支付 25 美元租用毫无用处的工会布告牌。一些企业停止展示这些标志后,多年来仍要一直为这些标志支付租金。[24]

罗曼诺兄弟们因有组织性勒索、共谋违反《反受勒索影响和腐败组织法》、帮助和教唆违反《塔夫特-哈特莱法》(Taft-Hartley Act)*,以及不正当使用工会养老基金而被判有罪。[25] 另外,卡民·罗曼诺还因不正当使用工会基金被判有罪,彼得·罗曼诺因妨害司法和伪证被判有罪。卡民·罗曼诺被处以 12 年监禁和 2 万美元罚金;彼得·罗曼诺被处以 18 个月监禁。两人都不得不放弃他们在工会中的职位。[26]

1981 年卡民·罗曼诺和彼得·罗曼诺被从工会领导层赶下来后,他们

---

[22] 美国诉罗曼诺案,684 F.2d 1057 (2d Cir. 1982)。

[23] 此处和其他涉及的美元价格以从布鲁姆博格有限公司取得的消费者物价指数(Consumer Price Index)为基础。在本案中,消费者物价指数是 1976—1977 年数字的平均值。

[24] 参见 Martin:"量刑备忘录",第 12—13 页。

* "Taft-Hartley Act",美国于 1947 年通过的一部联邦法律,意在增加工会义务,以与当时的劳资关系法——1935 年的《瓦格纳法》——中规定的工会权利相平衡,其中还包括要求工会领袖宣誓,不进行共产主义活动。参见《元照英美法词典》,法律出版社 2003 年版,第 1326 页。——译者注

[25] 其他被指控的同谋犯在该审判前已经服刑;罗曼诺兄弟俩审判时,起诉书中包含了 94 项指控。参见美国诉罗曼诺案,684 F.2d 1057,1059 (2d Cir. 1982)。

[26] 美国诉"359 分会",705 F. Supp. 894, 895 (S. D. N. Y. 1989)。

的兄弟文森特·罗曼诺开始控制市场经营。[27] 哲诺维斯犯罪家族通过为那些已经被判有罪的人精心挑选接班人的方式,形成了解决刑事追究不利后果的惯例。哲诺维斯家族通过接受贿赂的方式继续从市场榨取收入,作为交换,他们不再强制推行集体性议价条款。难以置信的是,这个家族仍继续推行它的勒索做法——保护性的敲诈、商铺使用工会标志以及"圣诞礼物"。

看守人协会的保护性勒索

早在20年代,兰扎就命令他的手下从批发商那里偷窃海产品,然后再劝说被害人们从他那里购买"保险"。[28] 1931年,曼哈顿区检察官托马斯·C.T.克莱恩估计,歹徒们恐吓鱼商们获得的钱财每年高达25000美元。[29] 一个批发商证实,他向兰扎的看守人协会支付了5000美元来寻求"保护"。1981年,"富尔顿巡逻协会"从富尔顿鱼市的商铺那里收取了70万美元(相当于1996年时的118万美元)。[30]

批发商们不会公开抱怨兰扎或市场的经营。他们认为,支付给兰扎的钱,比其他防范偷窃手段而造成的耗费要更便宜、更有效率。"富尔顿鱼商协会"(代表旧市场楼里批发商的同业公会)主席解释说,"几乎在每个例子中,如果有人遗失了一桶或一箱子鱼,我们向保护协会报告后,鱼会在几小时内被送回来。"[31] 批发商声称,他们不是受到勒索的被害人而是"偷窃险"的受益人。

哲诺维斯犯罪家族在很多年里一直进行着这项来钱容易的生意。例如,1975年,卡民·罗曼诺创建了"富尔顿巡逻协会",为新市场楼里的批发

---

[27] 1987年10月15日"美国诉359分会"中提交的原告诉状,87 Civ.7351(S.D.N.Y.1992)。

[28] 参见Carroll:《打击富尔顿鱼市里的有组织性勒索》,第185页。

[29] 参见"克莱恩谈恐怖主义"(Crian Tells of Terrorism),New York Times,1931年4月9日,第1版。

[30] 参见Martin:"量刑备忘录",第11页。

[31] 参见"市场上的人们'乐意'买保护",New York Times,1934年1月16日,第8页。

第三章 充满鱼腥味的生意

商们提供保护,以避免海产品失窃。为了这项"保险",新市场楼的批发商们每周要付1300美元(相当于1996年的3720美元)。尽管这个协会仅仅雇了两个看守人,盗贼的数量却明显下降了。[32] 或许是这个协会吓唬住了潜在的窃贼;但更可能是,从批发商们那里拿钱的人,就是从他们那里偷东西的人。由于被高失窃率弄得筋疲力尽,老市场楼的批发商们最终也购买了这个协会的服务。最赚钱的伎俩是该协会的特别服务,即整夜看管被保存的、尚未出售的鱼,而要价是每个批发商每周要支付2800美元。[33]

装货公司向零售商提供他们的保护服务。当饭馆和鱼店老板们卖鱼的时候,装货公司的人照看着他们没有上锁的汽车,并以此来收取费用。按照装货公司的说法,这并非什么保护性的骗局。"我们帮着堆放鱼,我们保证鱼不被偷,而且我们让零售商们去所有批发商的货摊,而不必操心他们小货车上价值几千美元的鱼。"然而,在一起逃税案中,一个装货商承认,他以暴力威胁来促使零售商们掏钱;不掏钱的人会发现他们的汽车会被毁损、他们的鱼会被偷走。换句话说,装货商们并非通常意义上的保安员。例如,1995年,一个装货商就是哲诺维斯家族的随从;另外两个装货商被指控实施了违反联邦法的武装抢劫银行和使用爆炸物,并正在等待法庭审判。

对有组织性勒索犯罪分子的刑事追究由于证人们的顾虑而受到阻碍,因为证人担心出庭作证会招惹针对他们本人和家人的强烈报复。三个批发商宁可在监狱里待六个月,也不愿为指控罗曼诺和他的随从们去出庭作证。[34] 其他一些人则触犯了伪证罪。[35] "359分会"中一个长期任职的会计承认,有关卡民·罗曼诺参与"富尔顿巡逻服务"谋划的事情,他对大陪

---

[32] 美国诉罗曼诺案,684 F.2d at 1060-1061.

[33] 参见 James Cook:"鱼的故事"(Fish Story),载 Forbes,1982年4月,第60页.

[34] 美国诉罗曼诺案,684 F.2d at 1062;另见 Arnold H. Lubasch:"有消息说有组织犯罪统治富尔顿鱼市"(Organized Crime Said to Rule Fulton Fish Market),New York Times,1981年8月23日,第46页.

[35] 参见如,美国诉努兹奥·李恩佐案,80Cr.808(S.D.N.Y.1981)(判处一家卸货公司的所有人2年监禁,因为其在大陪审团前作伪证).

审团撒了谎,因为他害怕哲诺维斯犯罪家族的报复。[36] 这次法庭审判不久,一个证人就在工会总部前被打了数枪。没人为此而被捕。在卡民·罗曼诺案的庭审期间,辩方拿出 350 封来自批发商们、工会成员们和其他市场参与者的信件,来证明他的正直和良好信誉。[37]

强制收取工会标志使用租金

直到 80 年代,"359 分会"的工会官员们仍在强迫批发商们"租用"纸质标志来声明他们雇用了工会劳工。罗曼诺兄弟从这个诡计中收取的租金超过 66000 美元(相当于 1996 年的 112000 美元)。[38] 实际上,收取标志租金违反了"359 分会"的章程。[39] 1981 年,一家联邦法院以违反"塔夫特-哈特莱法"为由取缔了这种行为。之后不长时间,"联合水产品工人,熏鱼和罐头工厂工会"对"359 分会"进行托管,并将卡民·罗曼诺和彼得·罗曼诺从他们的职位上赶下来。[40] 但是,哲诺维斯犯罪家族通过两人的继任者和兄弟文森特·罗曼诺,继续对"359 分会"施加影响。

勒索"圣诞节"付款

富尔顿鱼市的批发商们按例要给"359 分会"的人送"圣诞节"礼物。为避免承担因违反《塔夫特-哈特莱法》而产生的责任,工会官员们利用中间人来收取资金;有时他们也会直接索取。整个 70 年代,批发商们被迫向"工会的男孩们"作出节日捐献。工会会员们从未看到过这些钱,钱都直接进入了哲诺维斯犯罪家族的保险箱。

1975 年前,这项圣诞节"送礼"活动还是非正式、非常规的。1975 年

---

[36] 美国诉罗曼诺案,684 F.2d at 1065。
[37] 参见 Arnold H. Lubasch:"富尔顿市场酬金案中的工会头目被科刑"(Union Heads Sentenced in Fulton Market Payoffs),New York Times,1982 年 2 月 6 日,第 27 页。
[38] 参见 Martin:"量刑备忘录",第 13 页。
[39] 美国诉罗曼诺案,684 F.2d at 1062。
[40] 参见 Martin:"量刑备忘录",第 14 页。

第三章 充满鱼腥味的生意

后,它变成了一项制度性的勒索手段。[41] 在"美国诉罗曼诺案"中,政府指控,1975—1979年,工会官员们每个圣诞节从每个批发商那里收取300美元。[42] 1979年,"富尔顿鱼商协会"向工会支付了一次性总付的2400美元赠款,以替代个人的捐赠。批发商们显然是决定漠视这种付款的违法性质。

欺诈供应商

批发商们以寄售方式接收来自供应商的鱼,然后卖给零售商,在扣除一笔"佣金"后,把剩余的钱汇给供应商。[43] 当鱼被发送到批发商的时候,供应商并不知道卖鱼后最终的货款是多少,因为鱼的价格每天都在波动。因而,供应商就面临着被欺诈的风险。

寄售方式也使供应商在"幽灵"批发商面前表现得十分脆弱。这类不诚实的批发商会预订数量逐渐增多的海产品,最后他们接受巨大数量的鱼却根本不打算向供应商付钱。事后"幽灵"公司的主人经常会在同一地址,成立一个新的批发企业,利用另外的名字再次进行欺诈。尽管纽约市政府有权拒绝给不可靠的批发商颁发执照,但是它并没有选择这么做。[44]

80年代末,官员们估计,被欺诈的结果使供应商损失了600万美元。州以外的大多数供应商害怕寻求法律救济,因为这个市场素有被黑帮占据的恶名。况且,很难查到"幽灵"批发商的位置。鉴于证明刑事欺诈和发现不诚实的批发商困难重重,因而对这类事情的刑事追究也非常少。

卸货卡特尔

几十年里,哲诺维斯犯罪家族在鱼市场经营着一个赚钱的卡特尔。哲

---

[41] 同上。
[42] 美国诉罗曼诺案,684 F.2d at 1061。
[43] 参见"富尔顿鱼市:在纽约市经济发展委员会作的听证"。
[44] 参见沃尔:"行政官中期报告",第7—8页。

诺维斯的随从们保证，不属于该卡特尔的任何公司都不能在这个市场里工作。作为回报，卡特尔成员要把他们收入的一部分交给有组织犯罪家族。例如，整个70年代，卸货公司每个周五都在哲诺维斯的社交俱乐部附近的密室里，以现金的形式付款给卡民·罗曼诺。

卸货公司的工作就是把成箱子的鱼从卡车上卸下来，然后放在地上。这种简单的工作仅仅需要基本的设备和非熟练的劳动力。80年代末到90年代初，大约6个卸货公司在市场里营业；每个公司雇用了一群卸货员工或称作"帮"，规模从2个人到13个人不等，他们从供应商的卡车上把鱼送到批发商的货摊上。据估计，1992年卸货公司总收入加起来超过200万美元(相当于1996年的224万美元)。[45]

这个卡特尔把批发商、供应商和货运人分配给特定的卸货公司。正像将服装业地区制造商与货运公司绑在一起的"财产—权利"体制一样，富尔顿鱼市的货运公司实际上没有能力选择卸货公司。同样地，向卸货公司支付费用的批发商们在卸货员工的分配上也没有发言权。[46] 货运商、供应商和批发商都清楚，他们不能给自己的卡车卸货或者选择特定的一组卸货员工。事实上，无论其他卸货公司是否可以被雇用，货运商都不得不等待分配给他们的卸货公司来提供这种服务。卸货公司不能招揽"属于"其他卸货公司的客户。

卸货公司之间没有价格竞争；相反，他们向批发商们收费的价格是绝对一致的：通常是每个100磅的箱子收1.35美元，每个60磅的纸板箱收取0.65美元。[47] 卸货商们的势力允许他们额外提取每卡车10美元到60美元不等的收费。当一个卸货员工进入卡车卸货时，"跳上车的人"(Jump-up)或者"卡车上的人"(man-on truck)的收费必须以现金支付，不过，常常是即便卸货的人没有进入卡车，也要收这笔钱。其他城市的卸货公司从事这种服务，只收取基本的卸货费用。

---

[45] 参见沃尔:"强制执行制裁通告"，第6页。
[46] 参见 Carroll:《打击富尔顿鱼市里的有组织性勒索》，第193页。
[47] 参见沃尔:"行政官中期报告"，第16页。

第三章 充满鱼腥味的生意

偷窃海产品

卸货公司及其帮手有很多机会偷鱼。卸货公司不必为他们处理的货物签发收据。甚至,在货物被搬进市场时,都没有时间称重量。偷的鱼很容易被转手到与黑帮有联系的批发商那里。[48] 科萨·诺斯特拉将卸货公司偷窃海产品的一部分作为抽头。一个便衣探员估计,总体上,没有被黑帮把持的批发商们因为这种情况一晚上会丢失2000磅到3000磅的鱼。零售商不得不买115磅一箱子的海产品,但确信里面只有90磅。[49] 估计批发商每年的损失加起来达150万美元。[50]

装货公司利用停车进行敲诈

通过装货公司,科萨·诺斯特拉控制了在市场的停车。[51] 停车区大小不同,每块由一个不同的装货公司把持。有些公司或他们下属只付微不足道的钱就可以从市政府租赁到土地。其他公司只是挪用公共街道用来做他们私人的生意,而且不必交一分钱。装货公司获取了丰厚的收益。大约在1990年,装货公司的停车收费是一晚20美元或者更多,收费多少由多种因素决定,包括零售商汽车的大小,经常还要考虑到零售商的族群因素。单就停车一项,据估计,装货公司每年能赚取500万美元(相当于1996年的590万美元)。[52] 哲诺维斯犯罪家族从中收取了可观的一笔钱财。

---

[48] 参见"量刑备忘录"(1981年1月4日),第24页,美国诉罗曼诺案(81 Cr. 514, S. D. N. Y. 1981)。

[49] 访谈弗兰克·马斯。

[50] 参见 Cook:"鱼的故事",第60页。

[51] 参见 Martin:"量刑备忘录",第25页。

[52] 参见 Selwyn Raab:"打击富尔顿鱼市上的收费行为"(A Crackdown on Fees at Fulton Fish Market),New York Times, 1987年1月11日,第28页。

纽约市在行政管理上的失败

  1982年之前,纽约市港口与枢纽部门在富尔顿鱼市上收取租金。1982年,市长爱德华·科赫行政当局将收取租金的职责移交给了"南街海港公司"(the South Street Seaport Corporation),将其作为开发毗邻富尔顿鱼市的码头地区和历史性地标区协议的一部分。1982年,该公司承继了两个主要租约:一个是和"纽约鱼类经销商协会"之间的租约,该协会代表新市场楼的批发商们;另一个是和"富尔顿鱼商协会"之间的租约,该协会代表老市场楼里的批发商们。

  政府原本期望,将这项职责移交给该公司后会为"南街海港博物馆"增加收入。然而,这个目标落空了,因为当市场经营情况正在被调查时,科赫和狄金斯市政当局禁止南街海港公司提高租金。1992年,一个政府顾问报告称,纽约市每年从城市所有的建筑中收取的租金大约为268000美元(相当于1996年的30万美元),但是这些租约每年的实际价值接近300万美元。[53] 政客们对这一潜在的收入损失始终保持消极态度。

结　论

  从20世纪早期开始,富尔顿鱼市就成为哲诺维斯家族的势力和收入的基地。企业和工人如果不遵从黑帮的命令,他们会面对暴力和财产损失。哲诺维斯家族利用它对"359分会"的影响,通过征收圣诞节付款和工会布告牌使用费来勒索钱财。科萨·诺斯特拉建立了装货和卸货卡特尔,操控停车以及强迫批发商支付"保险"以防盗窃。

  城市管理事实上是不存在的。30年代,富尔顿鱼市里的企业被要求获

---

  [53] 参见 Selwyn Raab:"为打击黑帮,朱立安尼计划接管富尔顿鱼市"(To Fight Mob, Giuliani Proposes Takeover of Fulton Fish Market),New York Times, 1995年2月1日,A1版。

第三章 充满鱼腥味的生意

得市场管理部门的许可。[54]据说,只有获得"短袜子"兰扎的许可,才可能获得这一许可,而兰扎与坦慕尼俱乐部的许多政客有着亲密的朋友关系。[55]曼哈顿区检察官托马斯·C. T. 克莱恩,在 1931 年离职时作证称:他无法解释,在调查和追究市场中的有组织犯罪时他为什么表现得如此松懈。[56]

高层有组织犯罪人物与显赫的政客之间的关系持续几十年,而且毫无疑问,这种关系强烈暗示执法部门在打击黑帮对合法行业的控制方面采取消极行动。尽管 80 年代一些重要的黑帮分子因有组织性勒索被起诉并被判有罪,以及法庭指定的官员被安排以铲除市场里的腐败,然而全部效果都让人印象淡漠。在削弱哲诺维斯犯罪家族对市场控制方面,市政官员的不作为和执法机构的软弱无力促成了有组织性勒索活动的兴旺。供应商、批发商和零售商毫无选择而只能考虑将给黑帮的酬金作为做生意的成本,而这笔钱通过更高的海产品价格被转嫁到消费者头上。几十年里,黑帮的统治在富尔顿鱼市里是一个难以应付、无法更改的事实。

富尔顿鱼市的参与者们没有抱怨。一些观察家将参与者的沉默归因于,和科萨·诺斯特拉做生意的成本被转嫁到消费者头上。[57]黑帮的统治有一定优势。科萨·诺斯特拉避免了在卸货、装运和停车服务供给上的竞争。缺乏竞争使卡特尔成员能够确定比这个国家其他任何鱼市更高的价格,甚至控制着纽约市生活的高支出。由于有组织犯罪牢牢地控制着工会,因而劳工关系保持平和。除了 1987 年的罢工外,这里没有严重的营业中断或者在饭馆和零售商店的海产品供应方面出现危机。直到 90 年代中期,在朱立安尼当局发动的有组织犯罪控制战役下,这个城市才利用自己的管理权对鱼市场里有组织犯罪的勒索行为发起进攻。

---

〔54〕 鲁索诉摩根案,21 N. Y. S. 2d 637(1940)。据称,整个 30 年代,只有"短袜子"兰扎能够获得许可。参见 Rebecca Rankin:《纽约在前进:一条迈向自治政府的科学之路》(New York Advancing: A Scientific Approach to Municipal Government), New York: Gallery Press, 1936, 第 282 页。

〔55〕 参见"克莱恩谈恐怖主义"。

〔56〕 参见"克莱恩公开抨击原告作为警察官员承认城市范围内的有组织性勒索"(Crain Denounces Accusers as Police Official Admits Racketeering City-Wide), New York Times, 1931 年 4 月 14 日,第 1 版。

〔57〕 参见 Cook:"鱼的故事",第 60 页。

第四章 占领肯尼迪机场

货物进入纽约市周围不同的机场……货运商肯定要运载货物并把它们送到指定地点……货运商具有重要的、不可或缺的地位,在纽约地区发挥着关键作用,而通过这一事实,他们控制了……机场。如果机场落入坏人手中,当然,纽约市就被缚上了一道枷锁。[1]

——罗伯特·F.肯尼迪,美国参议院麦克莱伦委员会听证会首席法律顾问

我想他并不知道我们统治着这个机场。[2]

——弗兰克·曼佐,鲁齐斯犯罪家族在肯尼迪机场的监管人,《纽约时报》报道的一次窃听谈话中,他谈论到一个货物空运执行官拒绝支付酬金以换取劳工和平

编 年 表

1948年 艾德威尔得机场(Idlewild Airport)在昆斯区开始营业;1963年,它被更名为肯尼迪机场(JFK Airport)。从

---

〔1〕劳动管理领域不正当活动特别委员会,85th Cong., 1st sess., 1957, 3597。
〔2〕参见 Stanley Penn:"黑帮的统治:黑手党如何控制肯尼迪机场的货运行业"(Mob Rule: How Mafia Controls Air-Cargo Businesses at Kennedy Airport),Wall Street Journal, 1985年5月1日,第1版。

第四章 占领肯尼迪机场

一开始,机场就受到黑帮组织实施的货物盗窃活动的骚扰。

1956 年 "国际运输工人兄弟 295 分会"成立,代表在机场营业的货物转运公司和货运公司的文书类职员、发送工人、卡车司机和仓库工人。鲁齐斯犯罪家族控制了该分会。

1958 年 鲁齐斯家族的分支头目"约翰尼·迪奥"约翰·迪奥瓜第和"295 分会"的主席约翰·麦克那马拉,因共谋和勒索被判有罪。麦克莱伦委员会报告查明,吉米·霍法怂恿"295 分会"和其他几个"纸糊的工会"向鲁齐斯犯罪家族支付酬金,以换取这个家族支持霍法竞选"国际运输工人兄弟"的主席职务。

1968 年 纽约州调查委员会(SIC)对机场的有组织性勒索活动进行调查并进行公开听证。

1969 年 即将成为嘎姆比诺犯罪家族老板的约翰·哥第,对肯尼迪机场实施的劫持卡车指控表示认罪并在监狱服刑三年。

1970 年 鲁齐斯犯罪家族支持成立"国际运输工人兄弟 851 分会",以代表 200 个卡车司机、仓库工人和 1400 名文书类职员、发送工人,他们都是前"295 分会"的成员。

1971 年 美国联邦总检察长约翰·米切尔宣布针对 13 个货运公司、6 名个人和"全国空运协会"(National Association of Air Freight)提起两个反托拉斯刑事起诉。大多数被告没有提出异议,并达成了一个双方同意的裁定:解散"全国空运协会"以及禁止将空运价格固定化。

1978 年 劫犯从"汉莎航空公司"一个货运库内掠走 580 万美元现金和证券;这是当时美国历史上最大的抢劫案。只有 10 万美元被追回,只有一个人被判有罪;证据隐约指向鲁齐斯犯罪家族。

1983 年 联邦布鲁克林打击有组织犯罪行动组发起了"肯尼迪有组织性勒索"调查行动,收集到贿赂、盗窃和劳工有组织性勒索方面的证据,从而导致"295 分会"和"851 分会"中与黑帮有联系的官员被判有罪。

1985年　"肯尼迪有组织性勒索"调查行动以11个人因贿赂和劳工有组织性勒索被起诉而告终。在一个独立的刑事起诉中，7个人被指控犯有勒索和共谋。"851分会"的副主席哈瑞·戴维道夫，被处以12年监禁和125000美元罚金。其他被告表示认罪，包括鲁齐斯犯罪家族在机场的工头弗兰克·曼佐、"295分会"的主席弗兰克·卡立瑟和鲁齐斯分支头目保罗·瓦里奥，他们分别被处以12年、9年和6年监禁。

1989年　按照"美国诉国际运输工人兄弟"案达成的协议，弗雷德里克·B.拉塞法官被任命为独立行政官。拉塞一开始就永久性地开除了"国际运输工人兄弟295分会"主席安东尼·卡拉哥纳，并暂停了其他5名官员的工作。

1990年　纽约东区联邦检察官针对"295分会"和"851分会"提起了一个有组织性勒索的民事诉讼。民事诉状指向14名个人，包括鲁齐斯犯罪家族的几名成员。1992年，联邦区法院法官决定对"295分会"进行临时托管。

1991年　1987年发起的第二次"肯尼迪有组织性勒索"调查活动终结，以贿赂和劳工有组织性勒索起诉了7名个人，包括安东尼·卡拉哥纳和嘎姆比诺家族的分支头目安东尼·圭瑞里。所有人都被认定有罪；卡拉哥纳被处以监禁并被禁止在13年内从事任何工会活动。

1992年　"295分会"被托管。尼克尔森法官指定托马斯·帕西奥作为托管人，他曾是前美国联邦助理检察官，布鲁克林打击有组织犯罪特别行动组前首席官员。

1993年　9月，纽约东区检察官提起一个有组织性勒索的刑事起诉，被告有7个人，包括"851分会"的司库安东尼·拉扎和"295分会"的前主席安东尼·卡拉哥纳。起诉指控他们犯有敲诈、劳工有组织性勒索以及相关犯罪。被告们表示认罪，拉扎被处以21个月监禁并终身禁止在"国际运输工人兄弟"中活动。

6月，托管人托马斯·帕西奥向尼克尔森法官申请，将其托管权限扩展

第四章 占领肯尼迪机场

到"851分会"。

拉扎被起诉后,"国际运输工人兄弟"的主席罗纳德·卡瑞接手管理"851分会",并指派库尔特·奥斯特朗德担任临时托管人。

1994年 纽约东区联邦检察官办公室和"851分会"、"国际运输工人兄弟"签署了双方同意的裁定,为"851分会"建立一个双轨式的监管机制。前联邦检察官让·迪皮垂斯被指派担任"851分会"的独立监督员,而库尔特·奥斯特朗德被指派继续担任工会的托管人。

1995年 让·迪皮垂斯代表"851分会",针对两个货物转运公司提起有组织性勒索的民事诉讼。

1997年 83名被告因参与空运货物盗窃团伙而被起诉。

1998年 两个被告货物转运公司与"851分会"达成和解。

帕西奥和迪皮垂斯继续分别担任"295分会"的工会托管人和"851分会"的独立监督员。在这些分会举行自由选举且法院确认结果后,这两个人的任期应在60天后结束。

12月,作为"雨林行动"(Operation Rain Forest)的战果,56名个人和8个公司被起诉。被告们被指控犯有盗窃、销赃和分配肯尼迪机场的空运货物。

约翰·F.肯尼迪国际机场(肯尼迪机场),在1948年开始营业时叫做艾德威尔得机场[3],坐落于昆斯区的东南部,濒临牙买加湾,距离曼哈顿区中心15英里。1993年,它的货物吞吐量占美国进口空运货物总价值和总吨位的大约30%,和出口货物总价值和总吨位的24%—31%。[4] 肯尼

---

〔3〕肯尼迪机场于1948年7月1日开始营业,当时叫做艾德威尔得机场;1963年被更名为肯尼迪机场。参见Paul Barnett:"约翰·F.肯尼迪国际机场",载《纽约市百科全书》,Kenneth Jackson主编,New Haven: Yale University Press, 1995,第623页。

〔4〕参见经济与政策分析办公室:"纽约和新泽西港务局国际空运货物分析:截至1993年",1994年,第1页。

迪机场"本身就相当于一个城市"[5],它占地5000英亩,包括飞机跑道、航站楼、停机棚、仓库、安全系统很高的储存库、集装箱站和卡车站。机场雇用了4000多人。纽约和新泽西港务局(the Port Authority of New York and New Jersy)经营这个机场,而其收入来自航空公司、货物转运公司和报关行。土地由纽约市所有,并租借给港务局。

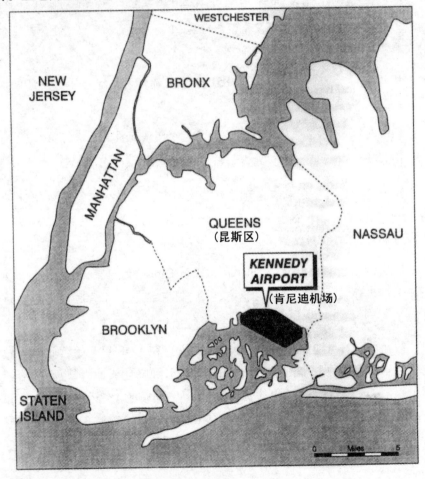

---

[5] 与纽约市"国际卡车司机兄弟851分会"首席调查官戴维·卡拉苏拉的访谈,1997年4月16日。

第四章　占领肯尼迪机场

20世纪50年代,当货运行业开始从轮船转向飞机的时候,鲁齐斯犯罪家族就把它的生意从纽约市的码头转向了肯尼迪机场。[6] 它在肯尼迪机场最初的势力根基包括"国际运输工人兄弟"工会的两个分会,即"295分会"和"851分会",代表着货物转运公司和卡车货运公司。鲁齐斯家族控制货运服务行业的方式,还包括利用"大都会进口商卡车司机协会"(the Metropolitan Importer Truckmen's Association)以及在几个卡车货运公司里掌握所有权益。

货物的数量和价值,使在肯尼迪机场的偷窃活动成为对有组织犯罪极具吸引力的生意。通过在机场的盘踞地位,鲁齐斯犯罪家族从盗窃空运货物和取得货物转运公司支付的贿金中获得收益。工会分会也为科萨·诺斯特拉成员及其随从们提供了工作岗位;工会官员由鲁齐斯家族精心挑选,用来操纵黑帮控制的卡车货运公司。科萨·诺斯特拉通过货运卡特尔成员支付的酬金和在卡车货运公司里享有的所有权益,将对货运服务的控制转化为自己的收入来源。

空运产业是如何运作的?

全美国的进口商、制造商和批发商,依赖空运业通过肯尼迪机场把货物运到纽约市大都会区域及周边地区。这个行业涉及托运人、航空公司、货物转运公司和"国际运输工人兄弟"的"295分会"、"851分会"。"295分会"有200多名成员,代表着货物转运公司雇用的卡车司机、帮手、发送工人、站台工人、起重机操作工、技工、车库雇员和加油工。"851分会"代表货物转运公司雇用的办公室文书类员工和调度工,估计有1400名成员。

货物转运公司协调、安排和管理货物运转所需要的操作工作。一般来说,货物转运公司受雇于一个制造商或其他托运人,并负责确保安全,将货物存放进仓库;如果需要,还负责安排重新打包、作标记以及称重工作。[7]

---

[6] 同上。
[7] 犯罪对小行业影响特别委员会,91st Cong., 2d sess. 1970, 545。

大约有300个转运公司在肯尼迪机场营业；大多数公司使用自己的卡车和司机。大多数公司都是庞大的、全国性的公司，在机场设有办公室和仓库。如果货物转运公司不能提供自己的地面运输，它则会与一个卡车货运公司签订合同，由卡车货运公司来运输货物进出机场。在机场营业的卡车货运公司，在规模上既有"夫妻"（mom-pop）公司，也有拥有几百名雇员的公司。

下面这个例子勾勒出一个货运交易是如何进行的：制造商雇用货物转运公司从迈阿密郊区的工厂把鞋运到新泽西州的泽西城。首先，转运公司雇用佛罗里达的一家卡车货运公司，从托运人的工厂里运出几百个装鞋的箱子，然后送到转运公司在迈阿密机场的仓库里。转运公司将鞋和从其他托运人接收的货物一起装入集装箱，如此装运可以使转运公司享受航空公司的更低费率。转运公司雇用的卡车司机们，将集装箱运到货物中转站，航空公司的雇员们在那里将它们装入飞机。在肯尼迪机场，航空公司雇员们卸下集装箱。最后，卡车司机将集装箱运到转运公司的仓库里，并在那里将货物分开。卡车货运公司，或者货物转运公司的卡车将鞋运到泽西城。

科萨·诺斯特拉对"国际运输工人兄弟295分会"和"851分会"的控制

科萨·诺斯特拉在空运业中的影响被充分地证实了。[8] 几十年里，鲁齐斯犯罪家族通过对"国际运输工人兄弟"的"295分会"和"851分会"的控制，在空运经营的许多关键环节发挥作用。分会的成员包括负责文书类工作、货运、装卸货物的男人和女人们。对这些工会的控制，使黑手党控制了肯尼迪机场的货物营运。

霍法和"纸糊的工会"的建立

自1956年成立伊始，"295分会"就充斥了腐败。吉米·霍法，作为中

---

[8]《纽约时报》和其他报纸大量说明了城市经济中有组织犯罪的存在。

第四章　占领肯尼迪机场

西部主要分会的中部领导人在"国际运输工人兄弟"中取得了地位,而后又取得了管理纽约市"295 分会"和该工会其他分会的权力,从而将其势力基础扩张到东北部。[9] "美国参议院劳动管理领域不正当活动特别委员会"(the U. S. Senate's Select Committee on Improper Activities in the Labor of Management Field,即"麦克莱伦委员会")的首席法律顾问罗伯特·肯尼迪,负责调查霍法和"国际运输工人兄弟"。他轻蔑地将几个新工会分部称为"纸糊的工会"。[10]

在听证会上,麦克莱伦委员会播放了窃听电话录音,通话双方是霍法和"约翰尼·迪奥"约翰·迪奥瓜第,后者是鲁齐斯犯罪家族的喽啰暨一个臭名昭著的劳工有组织性勒索分子。[11] 录音通话显示了霍法与迪奥瓜第之间的一个阴谋:利用"295 分会"和其他 6 个分会来确保,他们精心挑选的候选人约翰·J. 欧尔克选举"国际运输工人兄弟"联合委员会的主席成功,这个庞大组织代表了纽约市大都会地区 12500 多名"国际运输工人兄弟"普通成员的利益。[12] 委员会主席、参议员约翰·L. 麦克莱伦评价道:"一个全国最有影响的工会领袖,詹姆斯·R. 霍法,……在他设法攫取纽约市的'国际运输工人兄弟'的控制权时,利用[约翰]迪奥瓜第和[安东尼]科

---

[9] 参见 Arthur A. Sloane 著:《霍法》(Hoffa), Cambridge: MIT Press, 1991, 第82—83,86—87 页;Stephen Brill 著:《运输工人工会》,New York: Simon & Schuster, 1978, 第 204 页;Robert D. Leitner 著:《运输工人工会:经济影响研究》(The Teamsters Union: A Study of Its Economic Impact), New York: Bookman, 1957,第 122—123 页。

[10] 参见众议院 1417,85th Cong., 2d sess., 1958 年,第 168—172 页;Ralph C. James 和 Estelle Dinerstein James:《霍法与运输工人工会:工会权力研究》(Hoffa and the Teamsters: A Study of Union Power),Prinston: D. Van Nostrand, 1965, 第 18—21 页。

[11] 鲁齐斯犯罪家族长期的喽啰"约翰尼·迪奥"约翰·迪奥瓜第,曾是一个重罪犯,因向服装行业的卡车营运人勒索钱财被监禁 20 年。参见 Sloane 著:《霍法》,第 81 页。1956 年,联邦检察官起诉保罗·威廉姆斯,指控迪奥瓜第密谋将硫酸泼到劳工记者维克多·里塞尔的脸上,当时迪奥瓜第恶名为全国所知。最终,该指控没有成功。参见 Virgil W. Peterson 著:《黑帮:美国纽约有组织犯罪 200 年》(The Mob: 200 Years of Organized Crime in New York), Ottawa, Ill: Green Hill, 1983, 第 310—311 页。

[12] 参见 Sloane 著:《霍法》,第 82—83 页。

拉罗[13],而这一举动却只能有助于突出黑帮分子渗透到劳工运动的重要性。"[14]

霍法和迪奥瓜第攫取权力的伎俩获得全面成功。1957 年,在"国际运输工人兄弟"南部、西北部以及关键性的东北部的地区分会的支持下,霍法当选为"国际运输工人兄弟"工会的主席,约翰·J. 欧尔克当选为副主席。[15] 科萨·诺斯特拉的影响现在进入了该工会的上层。在纽约市,科萨·诺斯特拉利用它在该工会的势力,渗透到空运行业;"295 分会"充当了鲁齐斯犯罪家族的傀儡,一直到 90 年代早期它被托管时为止。[16]

1970 年,鲁齐斯犯罪家族通过成立"851"分会扩张了它的势力范围。当"295 分会"官员们就鲁齐斯犯罪家族向转运公司索取、收受贿赂和实施各种劳工有组织性勒索伎俩的问题进行调查时,这个分会充当了其避难所。

腐败的工会官员们

自从 1956 年被选举为"国际运输工人兄弟"的主席,霍法就开始为鲁齐斯家族支持他成功当选该工会主席来向该家族还债,其方式就是通过任命该家族的亲密随从哈瑞·戴维道夫来领导"295 分会"。在戴维道夫统治的两个年代,参议院常设调查委员会形容他是"一个残忍的纽约暴徒,一个使工会运动堕落的歹徒,不为别的就是想从中窃取"。[17] 当他下台时,他的儿子马克和弗兰克·卡立瑟开始操纵这两个分会。1985 年,当卡立瑟因劳

---

[13] 安东尼·科拉罗是鲁齐斯犯罪家族的高层成员,最终成为该家族的老板。1986 年,他因有组织性勒索被判有罪,理由是以有组织性勒索的形式参与了科萨·诺斯特拉老板们的"委员会"。他被判 100 年监禁。参见 James B. Jacobs, Christopher Panarella, and Jay Worthington 著:《击破有组织犯罪集团:美国对科萨·诺斯特拉》(Busting the Mob: United States v. Cosa Nostra), New York: New York University Press, 1994,第 81、86 页。

[14] 劳工管理领域不正当活动特别委员会,85th Cong., 2nd sess., 1958, 12819,引自 Peterson:《黑帮:美国纽约有组织犯罪 200 年》,第 339 页。

[15] 参见 Ralph C. James 和 Estelle Dinerstein James:《霍法与运输工人工会:工会权力研究》,第 21、131 页。

[16] 参见美国诉 295 分会,784 F. Supp. 15(1992)。

[17] 参见 Penn:"黑帮的统治:黑手党如何控制肯尼迪机场的货运行业"。

第四章　占领肯尼迪机场

工有组织性勒索被判有罪并被处以9年监禁时，鲁齐斯家族成员安东尼·卡拉哥纳和几个亲戚开始控制这些分会。

首席代理和卡车抢劫

首席代理职位在货物转送行业中具有关键作用。他们为卡车司机、仓库工人、文书类工人和发送工人们分配工作任务。机场里的很多首席代理都是"851分会"的成员，有些还是鲁齐斯犯罪家族的随从和朋友。除了首席代理事实上发挥着重要的管理职能之外，货物转运人也没有能力选择他们。

首席代理能够安排卡车"暂时停车"和抢劫，这是肯尼迪机场里两种最为常见的货物盗窃*形式。[18] 在"暂时停车"中，运输货物进出肯尼迪机场的卡车司机停下卡车，而钥匙还在点火开关上，而后离开汽车"一会儿"喝杯咖啡或上趟洗手间。当他不在的时候，按照事先安排好的计划，卡车就会被盗。抢劫卡车，则要求一个首席代表向肯尼迪机场里鲁齐斯家族的代表们，泄露有关贵重货物的运输及其预定路线的情况。鲁齐斯家族的卡车劫持团伙中途拦下刚刚离开机场地界的卡车，使用暴力或者以暴力相威胁的手段将卡车从司机手中抢过来。[19]

很多高层有组织犯罪分子刚出道时都在肯尼迪机场从事过卡车抢劫和"暂时停车"。例如，1969年，后来成为嘎姆比诺犯罪家族老板的约翰·哥第，因抢劫来自肯尼迪机场的运输服装的卡车而被送进监狱。[20]《聪明的家伙》一书和电影《好家伙》的主角亨利·希尔，其犯罪职业中的大部分时间都花在了实施与机场相关的货物盗窃上。希尔经常协助吉米·伯尔克；而伯尔克是一个臭名昭著且残忍的、鲁齐斯犯罪家族的随从，他以在机

---

* 在英美法中，盗窃（theft）的含义很广，包括我们通常所说的偷盗、诈骗、侵占和抢劫。——译者注

[18] 参见 Nicholas Pileggi：《聪明的家伙：黑手党家族里的生活》（Wiseguy：Life in a Mafia Family），New York：Simon and Schuster，1985，第181页。

[19] 与联邦调查局特别监督员斯蒂芬·卡伯内的访谈，1997年3月7日。

[20] 参见 Roy Rowan："50个最大的科萨·诺斯特拉老板"，Fortune，1986年11月，第24页。

场外"最好"的从事货物抢劫者而闻名。伯尔克和他的团伙抢劫了价值数百万美元的货物,其对象从珠宝、武器、证券到家用器具、肉、鞋和玩具,应有尽有。[21] 按照希尔的说法,伯尔克成功的秘密是他的线人小组:内部消息来自机场各个角落,如货物处理者、卡车司机和航空公司雇员,他们会因协助盗窃而分一杯羹。为了保证行动安全,伯尔克贿赂腐败的警察,让他们提示有关政府卧底和潜在证人的消息。希尔评论道,当伯尔克开始与卡车抢劫活动发生联系后,"从没有一个司机针对他出庭作证。很少几个试图这么做的人都死掉了。"[22]

"汉莎抢劫"

1978 年 12 月,从肯尼迪机场汉莎航空公司货运库里抢劫现金和证券的案件,在当时是这个国家有史以来数额最大的抢劫案。小报将之称作"世纪犯罪",并催生了几部书和电影。事先,汉莎公司的一个叫路易斯·维尔纳的雇员(同时还是该公司的货物监管员),泄露了复杂保安系统的详细信息;7 个蒙面枪手闯入处于高级戒备的汉莎公司大楼。抢劫者将保安们围拢在一起,强迫他们打开货物存放的保险库。在 1 个多小时里,他们盗走了据估计达 500 万美元无标记的钱款和价值 87.5 万美元的珠宝。

抢劫者对大楼的布局图十分熟悉,他们还说出了几名汉莎雇员的名字,以使联邦调查局怀疑这是一起内部人员实施的抢劫。按照指挥调查的联邦调查局探员的说法,抢劫案中的四个抢劫者和主谋只拿了赃物的一小部分,其余部分都交给了鲁齐斯的分支头目保罗·瓦里奥。[23] 按照亨利·希尔所说,该案的主谋是吉米·伯尔克。但是该案中只有一个人被起诉,就是"汉莎"的货物监管员路易斯·维尔纳,他最先把货物的情况泄密给黑帮。1979 年,维尔纳被判有罪并被处以 15 年监禁。[24] 被抢的将近 600 万

---

[21] 参见 Pileggi:《聪明的家伙:黑手党家族里的生活》,第 84、92 页。
[22] 同上注,第 90 页。
[23] 与斯蒂芬·卡伯内的访谈。
[24] 参见美国诉维尔纳案,620 F. 2d 922(2d Cir. 1979)。

美元，只有 10 万被追回。[25]

出售劳工和平

鲁齐斯家族利用在"295 分会"和"851 分会"的影响所获取的利益，要远远多于那些赚钱丰厚的抢劫机会。一个有利条件就是向转运公司"兜售"劳工和平的能力。示威、停止工作、怠工和错误发送都可能给货物转运商造成惊人的开支，因为他们的生意所依赖的就是空运货物的快速发送。例如，1989 年"295 分会"和"851 分会"的成员在肯尼迪机场针对"艾默瑞世界"（Emery Worldwide）公司进行了长达 5 个月的罢工，该公司损失了 2000 万美元收入并最终导致破产。[26] 1984 年，布鲁克林打击有组织犯罪行动组估计，科萨·诺斯特拉每年从货物转运公司那里收到的数百万美元，就是这些公司寻求劳工和平而支付的贿金。[27]

在肯尼迪机场营业的货物转运公司和卡车货运公司，还要向科萨·诺斯特拉付款，以避免因合同条款的强制实施而导致昂贵的成本支出，再有就是提出闲职要求。例如，1992—1993 年，"库纳 & 那格尔空运"（Kuehne & Nagel Air Freight）向安东尼·拉扎支付了 10 万美元以上的贿赂，以换取条款有利的一揽子议价合同；安东尼·拉扎是"851 分会"的司库，鲁齐斯犯罪家族的一名随从。新合同中有利的条款中有一项就是，一年内冻结"库纳 & 那格尔空运"支付给"851 分会"雇员们的养老金捐助。[28] 贿金买到了额外的利益。例如，工会官员们帮助转运公司从竞争者那里招揽客户，以及保证他们的货物免于失窃。

---

［25］参见 Richard Haitch："500 万美元的武装抢劫"（$5 Million Holdup），New York Times, 1983 年 10 月 2 日，第 49 版；另见 Pileggi：《聪明的家伙：黑手党家族里的生活》，第 179—181 页。

［26］参见 Ira Breskin："运输工人工会在纽约针对艾默瑞设备进行罢工"（Teamsters Strike Emery Facilities in New York），Journal of Commerce，1989 年 7 月 20 日，第 4B 版。

［27］参见 851 分会诉 Thyssen Haniel 后勤公司案，1996WL 5252-48，(E.D.N.Y. 1996 年 9 月 5 日)；Selwyn Raab："联邦政府查明，歹徒们控制了肯尼迪机场的货物"（U.S. Inquiry Finds Gangsters Hold Grip on Kennedy Cargo），New York Times, 1984 年 9 月 30 日，第 1 页。

［28］851 分会诉库纳 & 那格尔空运联合公司案，1998WL178873，*1 (E.D.N.Y. 1998 年 3 月 6 日)。

几十年里，货物转运公司向"295分会"和"851分会"的官员们支付酬金；而钱款却被转到鲁齐斯的高层成员手中。当联邦调查员们对肯尼迪机场空运业中的有组织犯罪加强调查的时候，货物转运公司开始利用中间人，通常是腐败的工会官员们将钱交给鲁齐斯家族。转运公司的执行官们会以向劳动顾问公司（由鲁齐斯家族的随从们经营）支付服务费用的形式来掩盖贿赂。[29]

鲁齐斯犯罪家族利用"295分会"和"851分会"，向朋友和随从们提供卡车司机、仓库工人和文书类职员之类的工作。为了保住工作，一些工会成员不得不掏钱给工会官员们。工会官员们，以通常的方式，将这些钱转交给鲁齐斯犯罪家族的高层成员。

科萨·诺斯特拉在卡车货运业中的所有权益

科萨·诺斯特拉成员和随从们在肯尼迪机场空运业中的卡车货运公司享有所有权益。"295分会"与货物转运公司的合同包括一个条款，即禁止使用机场里没有工会书面许可的卡车货运公司。通过这种方式，工会操纵货物转运公司与黑帮控制的卡车货运公司，而这些公司比竞争者享有更大的优势。科萨·诺斯特拉拥有、经营或者从中拿钱的卡车货运公司至少有12个。例如，科萨·诺斯特拉的随从、鲁齐斯犯罪家族在肯尼迪机场的利益监管人弗兰克·曼佐，就有两个卡车货运公司，即"LVF空中货物有限公司"和"LVF机场服务有限公司"。[30]

大都会进口卡车司机协会的作用

在二十年里，鲁齐斯犯罪家族控制着大都会进口卡车司机协会。这个协会是由12个科萨·诺斯特拉随从们操纵的卡车货运公司组成的同业公

---

[29] 与让·迪皮垂斯的访谈。
[30] 与戴维·卡拉苏拉的访谈。

第四章 占领肯尼迪机场

会,这些人在公司中充当卡车运输顾问和解决争议专家(这些职位并不如该协会高层职位那么引人注意)。按照执法官员的说法,1965年,几乎每个该协会的高层官员都听命于黑帮。[31] 通过几十年对该同业公会的控制,以及在"295分会"的支持下,鲁齐斯犯罪家族在肯尼迪机场强制推行着一个卡车货运卡特尔。

卡车货运卡特尔的成员们向这个同业公会支付高额的费用,而钱都转到了鲁齐斯家族手中。航空公司起先声称,它们应该自由地与任何卡车货运公司协商卡车运输服务事宜,而不考虑它是不是大都会进口卡车司机协会的成员;但是,他们最终默许了该同业公会关于会员身份的要求。强迫是一个明显的因素:不属于该协会的卡车货运公司,如果在没有卡特尔的同意下试图营运,会发现它们按计划在肯尼迪机场转运的货物,到达时已经受到严重损坏或者根本到达不了目的地。

政府的反应

港务局

纽约和新泽西港务局是负责监管肯尼迪机场营运的政府机构,它采取了一些补救性的措施来增加机场安全力量,但这不足以有效地打击科萨·诺斯特拉的活动。1987年,港务局警察部门的负责人承认,机场里的盗窃和勒索活动,在上一年导致300万美元的损失,而且还在继续恶化。[32] 5年后,针对1991年机场失窃货物数量报告,港务局官员坚持认为,劳工有组织性勒索和盗窃并非明显问题,因为报告所说的540万美元损失只占每年价值大约800亿美元转运货物的一小部分。[33]

---

[31] 纽约州调查委员会:"纽约市运输行业里的有组织性勒索",载《纽约州有组织犯罪委员会报告》(1968),第41页。

[32] 威廉·法兰第是肯尼迪机场港务局警察首席官,引自 Roy Rowan:"黑手党是如何劫掠肯尼迪机场的"(How the Mafia Loots JFK Airport),Fortune,1986年11月,第24页。

[33] 参见 Joseph P. Fried:"机场犯罪处于联邦政府打击之下",New York Times,1992年5月17日,第33版。

1994年,货物转运公司报告了218起货物失窃案,损失接近500万美元。[34] 同年,即昆斯县区检察官办公室发起的长达2年时间调查之后,22个抢劫犯被逮捕,他们属于嘎姆比诺犯罪家族的一些低层随从们率领的团伙。尽管由这些团伙实施的单独抢劫案还不足以引起调查者的注意,但是可以肯定的是,这些团伙活动的总和效应所导致的经济损失,比臭名昭著的汉莎抢劫案所导致的损失要大得多。[35] 90年代中期,港务局官员们在肯尼迪机场加强了保安。相应地,在科萨·诺斯特拉指挥下的窃贼们,则将目标锁定在货物转运公司位于机场地界之外的仓库。

司法部的动议

60年代,一个卡车货运公司的全国性组织即"全国空运联合协会"(National Association for Air Freight, Inc),收编了"大都会进口卡车司机协会"。而后,联邦政府试图打破科萨·诺斯特拉在肯尼迪机场空运行业的卡车货运卡特尔。三项反托拉斯案(两项刑事的和一项民事的)被提起,其被告包括全国空运联合协会、几家卡车货运公司及其官员们。1974年,12个卡车货运公司、3名个人和全国空运联合协会达成一个双方同意的裁定:除其他内容以外,解散全国空运联合协会,并禁止为肯尼迪机场进口空运货物的地面运输确立固定价格。[36] 然而,这个双方同意的裁定仅仅迫使黑帮分子们通过其他手段来控制机场内卡车运输服务。鲁齐斯犯罪家族通过"295分会"和"851分会",以及通过直接或间接地控制几个卡车货运公司,继续在卡车货运行业占据支配地位。科萨·诺斯特拉对机场货物营运的牢牢控制,一直持续到80年代。

"肯尼迪有组织性勒索"调查行动

1983年,设在布鲁克林的联邦打击有组织犯罪行动组,发起了代号为

---

〔34〕参见Selwyn Raab:"肯尼迪机场:黑帮的糖果商店"(Kenndy Airport: Mob's Candy Store), New York Times,1994年8月3日,B2版。

〔35〕参见David Firestone:"盗窃肯尼迪机场货物案中22人被逮捕"(22 Are Arrested in Thefts of Kennedy Airport Cargo), New York Times,1994年8月3日,A1版。

〔36〕参见美国诉NAFA,1974 WL903, *1(E.D.N.Y., 1974年8月29日)。

第四章 占领肯尼迪机场

"肯尼迪有组织性勒索"(Kenrac)的调查行动。该项调查持续了五年,其成果是数个重要的有罪判决;它在深度和广度上描绘了一幅黑帮渗透到空运业的令人担忧的图景。1985 年,联邦调查局收集到足够的认定有罪的证据,包括通过放置在鲁齐斯犯罪家族的随从暨机场监管人弗兰克·曼佐家里和电话上的窃听装置收集到的 500 盘录音谈话,据此逮捕了曼佐以及"295 分会"的主席弗兰克·卡立瑟和"851 分会"的副主席哈瑞·戴维道夫。

以"肯尼迪有组织性勒索"行动查明事实为根据,纽约东区联邦检察官办公室针对曼佐、卡立瑟、戴维道夫和其他 8 个人提起一个包含 23 项内容的刑事起诉,指控他们参与共谋通过有组织性勒索方式实施敲诈,包括恐吓肯尼迪机场的转运公司和卡车货运公司。[37] 面对针对他们的压倒性证据,曼佐和卡立瑟都表示认罪,并被分别处以 12 年和 9 年监禁。哈瑞·戴维道夫因一个包含有 5 项指控的起诉而在联邦区法院接受审判。*[38] 他被认定有罪,但是几年后该判决在第二巡回上诉法院被推翻。不过,戴维道夫最终被再次审判并被判有罪,并被处以 10 年监禁。[39]

尽管政府针对科萨·诺斯特拉在肯尼迪机场权力代理人的胜利看起来令人瞩目,但是该项行动所提起的刑事起诉并没有对黑帮在机场的统治形成重大打击。对戴维道夫、卡立瑟、曼佐的刑事起诉,有效地终止了这些人的个人犯罪职业生涯,但是却没有揭示黑社会与上层之间的伙伴关系,而这恰恰使科萨·诺斯特拉在这些有罪判决后仍旧能够继续展开活动。[40]

---

[37] 参见美国诉萨塔罗案,Cr. No. 85-100(S)(E. D. N. Y. 1986 年 11 月 7 日)。Joseph Fried:"机场勒索案中 11 人被起诉",New York Times, 1982 年 2 月 22 日, B3 版。

* 在美国刑事法制中,如果被告人认罪(plea guilty),那么将不再对他进行审判,法官根据认罪的事实定罪并裁量刑罚,一般而言,在这种情形下,量刑会轻一些;如果被告人不认罪,即要进行陪审团审判,如果陪审团认定有罪,那么法官在量刑时以前者要选择更重的刑罚。——译者注

[38] 人民诉戴维道夫案, Cr. No. 85-100(SS)(E. D. N. Y. 1986 年 12 月 12 日)。

[39] 美国诉戴维道夫案, 845 F. 2d 1151 (2d Cir. 1988)。

[40] 参见如,美国诉 295 分会案, 784 F. Supp. 15, 21-22 (E. D. N. Y. 1992)。

科萨·诺斯特拉控制肯尼迪机场的后果

　　黑帮控制肯尼迪机场的空运业，对纽约市的经济产生了明显且长期的不利后果。通过肯尼迪机场进入美国的空运货物份额从1977年的41%跌落到1987年的33%。[41]一些评论家把这一下降情况（至少是部分地）归因于：由于有组织犯罪的存在，那些公司不愿意在这个机场营业或者扩展空运货物业务。[42]至少有一个大型的货物转运公司就明确表示拒绝处理如皮毛、手表之类的高价值的货物，如果该项运输是通过肯尼迪机场转运的话。[43]80年代，包括IBM在内的几个托运人，开始把货物转向其他机场。即便劳工有组织性勒索和货物失窃并非肯尼迪机场的特有现象，但是在这儿，这些问题被认为最为严重。[44]

　　令人惊讶的是，在肯尼迪机场营运货物的航空公司通常并不抱怨有组织犯罪；一些航空公司甚至拒绝承认这个问题的存在。对这种沉默最有力的解释是，对公开不利信息的恐惧。航空公司在保持严密保安的公众形象方面具有重要的利益，并以此吸引并保持旅行者的信任。

　　几十年里，一些官员在调查黑帮对肯尼迪机场的货物转运公司进行恐吓的情况后，报告称：科萨·诺斯特拉针对的商人们也同样保持沉默。被害人不愿意主动站出来的原因，常常是出于人身安全的考虑。[45]另一个因素是黑帮通过"限制竞争、固定价格和划分市场"起到稳定这个行业的作用。[46]事实上，如果他们不得不支付工会确定的工资和津贴的话，很多货物转运公司不会继续从事这个生意。相反，和科萨·诺斯特拉合作的公司

---

　　〔41〕参见James Cook："大苹果里的蛀虫"（The Worms in the Big Apple），Forbes，1987年9月，第102页。
　　〔42〕参见Selwyn Raab："联邦政府查明，歹徒们控制了肯尼迪机场的货物"（U. S. Inquiry Finds Gangsters Hold Grip on Kennedy Cargo），New York Times，1984年9月30日，第1页。
　　〔43〕参见James Cook："大苹果里的蛀虫"。
　　〔44〕参见Joseph P. Fried："机场犯罪处于联邦政府打击之下"。
　　〔45〕参见美国诉萨塔罗案，647 F. Supp. 153, 158（1986）；Raab："联邦政府查明，歹徒们控制了肯尼迪机场的货物"。
　　〔46〕参见Rowan："黑手党是如何劫掠肯尼迪机场的"。

第四章 占领肯尼迪机场

繁荣起来。货物转运公司通过避免严格执行合同条款而省下的工会支出——有时自身工会化——远远超过为获得优惠待遇而要求支付的钱。公司向工会代表们支付贿金,以便获许使用不属于工会的劳工,而这样获得的劳工就更加廉价。货物转运商不可能把省下来的钱转移给他们的客户,或者间接地转移给公众。不过,这样的伎俩让人联想起"黑帮税"的存在。[47]

机场上的工会成员是有组织犯罪的真正受害者。他们的领袖通常不会强迫雇主们确保支付正常的利益捐助,而且有时为接收(和索取)贿赂而故意睁一只眼闭一只眼。此外,工会官员们自己也时常贪污和滥用资金。

"295分会"和"851分会"的成员们也不会抱怨科萨·诺斯特拉对工会的控制。很多成员进入工会是通过亲戚或朋友,而后者常常和鲁齐斯犯罪家族有联系。与有组织犯罪有联系的成员们招揽其他人以长久保持这种联系。极少有人敢于在机场或在工会里抱怨非法活动。对他们来说,最好保持缄默,因为如果惹上麻烦会危及他们的"饭碗"和人身安全。那些与工会官员合作的人则受到良好的照顾,比如得到更多的工作时间和好的工作安排。[48]

"肯尼迪有组织性勒索"调查行动将三个最有地位和最有势力的科萨·诺斯特拉分子驱逐出这个行业,这样做看似会大大减少黑帮在机场组织的盗窃和勒索。但是,事实并非如此。戴维道夫、卡立瑟、曼佐很快被其他有组织犯罪随从们替代。此外,嘎姆比诺犯罪家族利用这些人被判有罪后引发的剧变,占领了鲁齐斯犯罪家族的部分势力范围。在"肯尼迪有组织性勒索"行动中的被告们被判有罪和处刑的五年后,联邦政府官员们寻求将"295分会"置于托管之下。在准予政府该项请求中,联邦区法院法官欧歌内·H. 尼克尔森阐明:"关于'295分会'现在不受有组织犯罪团伙影响的辩解是不真实的。……证据显示,'295分会'的官员们紧密联合以对

---

[47] 与布鲁克林打击有组织犯罪特别行动罪负责人爱德华·迈克唐纳的访谈,载 Raab:"联邦政府查明,歹徒们控制了肯尼迪机场的货物"。

[48] 295分会:"空运管理骚扰问题"(The Problem of Airborne Management Harassment), #295 News, 1993年2月,第7页。

抗政府的调查。"[49]

结　　论

科萨·诺斯特拉成员和随从们、记者们以及其他熟悉空运业的人，长期以来把肯尼迪机场称作黑帮的"糖果商店"。[50] 由《聪明的家伙》一书的主角亨利·希尔说明，并由一系列起诉和调查所确认的事实是，自1948年机场开始营业一直到至少是80年代末，机场的空运货物经营都被科萨·诺斯特拉牢牢地控制着。

黑帮的势力基础是"国际运输工人兄弟"的"295分会"和"851分会"。前者（和其他几个"纸糊的"分会）由吉米·霍法在鲁齐斯犯罪家族的帮助下于50年代创立，以增强他觊觎"国际运输工人兄弟"主席的野心；后者在1971年创立，作为受政府调查的"295分会"官员们的避难所。通过控制这些分会，鲁齐斯犯罪家族建立并掌管着一个卡车货运卡特尔。卡特尔成员们以劳工和平为砝码来赚取酬金。科萨·诺斯特拉在机场财源的扩大还来自对工会官员们的精心挑选，从而有力量利用他们对贵重货物的详细了解，来实施"暂时停车"和卡车抢劫。

黑帮统治导致的损害及于，普通的工会成员、非从属的卡车货运公司、依赖接收运输货物的企业和一般大众，他们被迫交纳黑帮税，即经机场运输的货物中因支付给黑帮酬金而增加了消费支出。尽管自50年代开始，高级别的调查再三揭露出肯尼迪机场空运业中有组织犯罪的存在，但是执法官员在清除，甚至打破有组织犯罪的卡特尔方面都没有取得成功，直到90年代中期才有所改观。

---

[49] 美国诉295分会案, 784 F. Supp. 15, 21-22 (E. D. N. Y. 1992)；另见 Fried: "机场犯罪处于联邦政府打击之下"。

[50] 参见如, Raab: "肯尼迪机场: 黑帮的糖果商店"。

第五章 腐败秀场
——贾维茨会议中心

你在买一张进出这里的通行证。你不能那样做。你知道,如果我们正在打击其他每个人,你知道,我们让他们做些特别的事情……你怎样拿到一个通行证?那怎么可能?你知道我在谈什么?你知道我在说什么吗?[1]

——贾维茨中心总工头老罗伯特·拉贝特(Robert Rabbit Sr.)和货运公司负责人罗纳德·穆勒(Ronald Muller)之间被窃听的通话

编 年 表

1986年 雅科布·贾维茨会议中心开始营业。

哲诺维斯家族名义上的老板安东尼·萨雷诺,因联邦指控其操纵贾维茨中心的投标和抬高该中心的建筑费用高达约1200万美元而被判有罪。朱利叶斯·拿索混凝土公司和S&A混凝土公司也被暗指涉入非法的混凝土卡特尔。

---

[1] "国际运输工人兄弟"工会独立检查委员会:"关于提议指控807分会会员老罗伯特·拉贝特报告",1993年12月。

1987年　联邦检察官针对运输工人工会分会提起了有组织勒索的民事诉讼,控告波拿诺犯罪家族控制分会及其官员。根据一项双方同意的裁定,法院委任的托管人被指派来清除分会里的有组织犯罪。

1988年　联邦检察官针对"国际运输工人兄弟"及其执行委员会提起了一个有组织性勒索民事诉讼。按照双方同意的裁定,成立了一个独立检查委员会(IRB),由三名法院委任的官员组成,负责监督纪律程序和选举程序。该委员会着手将黑帮分子从腐败的工会分会里清除出去,其中即包括"807分会",它已经变成了从"814分会"中赶出去的官员们的避难所。"807分会"的会员们从事装卸汽车工作。

1990年　纽约南区联邦检察官针对"木工工会区委员会"(the District Council of Carpenters)及其主要官员们提起有组织性勒索的民事诉讼。

1991年　贾维茨中心的总干事拉尔夫·寇帕拉(Ralph Coppla)被确定是哲诺维斯犯罪家族的代理人,并被剥夺了职务。

1992年　在贾维茨中心工作的木工工会、运输工人工会和展览雇工工会的27名工会会员,因盗窃、勒索和暴力指控而被起诉。24人认罪,其余3人被宣告无罪。

"807分会"的总工头老罗伯特·拉贝特,因收受贿赂、偷窃、持有被盗财物、共谋和伪造营业记录而被起诉。他对最后一项指控认罪,并在监狱里服刑一年。同样针对他儿子迈克尔·拉贝特的指控,以他与控方达成的认罪协议和迈克尔承诺从事一年社区服务(community service)而告终。

1994年　针对木工工会及其主要官员们的案件以双方同意的裁定终结,其内容是责令被告永久性地不得从事有组织性勒索活动,或者在明知的情况下与任何有组织犯罪分子来往。法院指定肯尼斯·孔保艾负责监督该判决条款的遵守情况。

作为与独立检查委员会协议的一部分,老罗伯特·拉贝特从"807分会"辞职5年。他的儿子迈克尔接替了他的位置。

第五章 腐败秀场

木工工会区委员会主席弗雷德里克·德维(Frederick Devine),指派黑帮随从安东尼·费奥里诺(Anthony Fiorino)和雷奥纳德·西蒙(Leonard Simon)担任在贾维茨中心的区委员会代表。

1995 年 纽约州审计官 H. 卡尔·麦克卡尔(H. Carl McCall)发布一项审计报告,指责贾维茨官员们疏于管理和忍受腐败。

纽约州参议会就贾维茨中心的有组织性勒索举行听证会。

"国际运输工人兄弟"工会主席罗纳德·卡瑞(Ronald Carey),根据该工会的报告,撤销"807 分会"的领导层并对该分会进行托管。

州长乔治·S. 帕塔基(George S. Pataki)任命罗伯特·波义耳担任贾维茨中心的主席和首席执行官,任命格拉德·麦克奎恩担任该中心的总巡视员。

按照木工工会案达成的双方同意的裁定,安东尼·费奥里诺第一个接受纪律性听证。在联邦调查官员证明其与嘎姆比诺犯罪家族代理老板之间有紧密联系后,费奥里诺被从工会中开除。

1996 年 曼哈顿区检察官罗伯特·摩根陶取得了针对展览会雇工工会"829 分会"几个成员的大陪审团起诉书,理由是这些人在受雇于贾维茨中心期间不正当使用工会津贴。

1997 年 格拉德·麦克奎恩成为贾维茨中心的主席和首席执行官。

1969 年,纽约市长约翰·林德塞提议,成立一个新的展览暨会议中心以取代纽约大体育馆(New York Coliseum)。市长和其他支持者承诺,新的中心将在全国范围内商业展览竞争中获得更大成功,以及通过增加就业和商业机会来激励纽约市的经济。另外一个好处是,将会给占地 26 英亩的破败地区带来新生,这块地在曼哈顿西边,11 大道到 12 大道之间以及 34 街到 39 街之间。

建设这个占地 180 万平方英尺会议中心的计划得到了议会的批准,并在1979年获得3.75亿美元的初始建设预算。[2] 该中心后来以著名的美国前共和党参议员来命名。建设和发展的任务被分派给"纽约会议中心发展公司"(New York Convention Center Development Corporation)。这个当时最大规模的会议中心于1980年底破土动工,并于1986年4月开始进行商业活动。

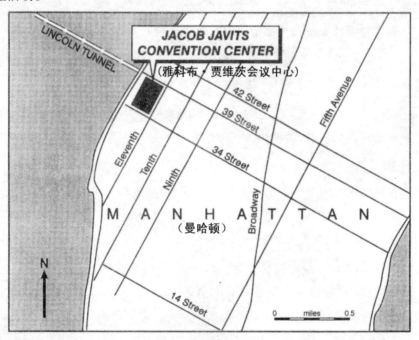

从为建设该中心而灌注第一罐混凝土开始,贾维茨中心就陷入有组织犯罪腐败和有组织性勒索的泥沼中。科萨·诺斯特拉家族的老板和成员们拥有混凝土公司,并控制着灌注混凝土工会。纽约会议发展公司将贾维茨中心的主要建筑合同交给了朱利叶斯·拿索混凝土公司和S&A混凝土

---

〔2〕 参见纽约州审计管理分部:"关于雅科布·贾维茨会议中心管理活动和监管情况的评估报告"(1995年5月);Philip Lentz:"迟延、超预算……值吗? 纽约会议中心遭到猛烈批评"(Late, Over Budget…and Worth it? N. Y. Convention Center Draws Flak), Chicago Tribune, 1986年4月13日,C6。

第五章 腐败秀场

公司,拨款3000万美元用作设施的混凝土上层结构。[3] 这两个公司后来都与科萨·诺斯特拉的"委员会"[4]操纵的混凝土卡特尔联系在一起。哲诺维斯家族名义上的老板"胖东尼"安东尼·萨雷诺,因其操纵贾维茨中心的投标和抬高该中心的建筑费用高达约1200万美元而被判有罪。[5] 很少有承包商愿意提出控告,因为报复将是迅速而残忍的。例如,欧文·施夫,一家在该中心建设期间从事工作的电气承包公司的所有人,在向联邦调查局控告有关该中心的腐败和盗窃后,在曼哈顿的一家饭馆里被谋杀。[6]

通过在运输工人工会、木工工会和展览雇工工会里建立势力基础,科萨·诺斯特拉犯罪家族渗透进该中心,控制其经营并每年从中榨取数百万美元。[7]

会议中心的经营情况

法律和行政架构

贾维茨中心是州属设施,由纽约会议发展公司来经营,该公司是一个公共性营利公司。[8] 该公司负责为中心招揽展销者,并从1991年开始负责该中心的管理。该公司由13名成员组成的董事会管理,其中州长指定7人,州立法机关负责人指定6人。[9] 被指定的人在该中心不带薪工作,任

---

[3] Brett Pulley:"参议会对贾维茨中心经营情况举行听证会"(Senate to Begin Hearings on Operation of Javits Center),New York Times,1995年3月16日,B4。

[4] 参见James B. Jacobs, Christopher Panarella, and Jay Worthington:《击破有组织犯罪集团:美国对科萨·诺斯特拉》(Busting the Mob: United States v. Cosa Nostra),New York:New York University Press,1994。

[5] Pulley:"参议会对贾维茨中心经营情况举行听证会"。

[6] George James:"法庭记录说,施夫是线人"(Court Records Say That Schiff Was Informant),New York Times,1989年6月10日,A30。

[7] "雅科布·贾维茨中心的管理和经营",纽约州参议会的调查听证,1995年3月16日,州长乔治·帕塔基的发言,第8—15页。

[8] 城区发展公司(UDC)是个公共福利公司,为全州的人民的利益、公共的目的而成立,它履行着政府职能。这一地位使公司免除了所有城市、州和地方的税。

[9] 在参议会指派的董事会成员中,两个由参议会主席挑选,一个由参议会少数党领袖挑选、两个由州议会下院发言人挑选,一个由州议会下院少数党领袖挑选。

期3年且相互在时间上有所交叉。他们主要负责制定贾维茨中心的经营政策和指定主要行政管理人员。州长推荐董事会主席，而董事会通常会同意州长的推荐。

80年代初州长马立奥·科奥默在提升该中心地位方面发挥了极为重要的作用，使曼哈顿西部重现生机。然而，到了80年代中期，他主持的行政当局因高额开支和其他地方的腐败而备受指责。

董事会的几个成员是州内政客们的朋友和大的竞选赞助者。[10] 例如，马立奥·科奥默指定的一个董事会成员，据说曾为他再次竞选提供资助24000美元。[11] 出于策略上的考虑，以及因为董事会的职位都是既没有薪水，又不引人关注，因而董事会成员缺少将自己心思放在中心的管理上的动力。科奥默州长主管下市区发展公司的负责人威廉·斯戴恩（William Stern），发现"董事会在那里是为了确保每个人的政治利益能够实现"。[12]

安排展览

商业展出和会议通常提前几年安排日程并进行宣传。在1995年贾维茨中心进行改革前，商业组织的代表与展览经理联系展览的时间。[13] 展览经理安排展览的时间，从该中心租赁场地，从委托展览者那里收取费用，并雇用装饰公司来为中心展览做准备。装饰公司会利用工会工作推荐制度，来雇用工人为展览进行安装和拆除。* 工人们铺设地毯，装卸卡车，安装电

---

〔10〕"雅科布·贾维茨中心的管理和经营"听证会，雷切特参议员的发言，第21页；Wayne Barrett："高层丑闻中没有负责人的中心"（Headless Center in Top-led Scandal），Village Voice，1995年3月28日，Metro sec. 12。

〔11〕Barrett："高层丑闻中没有负责人的中心"。

〔12〕Brett Pulley："贾维茨中心主管们的画像：专横、漠视规则"（Portrait of Javits Center's Chief: Autocratic, Disdainful of Rules），New York Times，1995年，A1版。

〔13〕纽约汽车展由该中心和"大纽约汽车协会"（一个代表500个新车特许经销商的同业公会）合办，为该中心如何工作提供了一个范例。参见"雅科布·贾维茨中心的管理和经营"听证会，Mark Schienberg的发言，第82—106页。

* 1995年前，贾维茨中心直接雇用大约300人进行日常工作，比如活动管理（包括预订展览、营销和管理设施）、行政管理、维修和保安。1995年后，中心增加了固定员工，这些人原来受雇于装饰公司，由此它的薪金名册上膨胀到2000名雇员。

第五章　腐败秀场

气设备以及从事其他各种体力劳动。*

如果展览日程安排紧密,该中心就会经营得更加有效率且获得更多利润。因而,演出结束后能否及时拆除展览设施和用品并将之打包,是贾维茨中心管理的重要利益所在,如此下一个展览才能进行;所以,由于时间紧迫,大多数展览的安置和拆除都是在晚上进行。展览开始前,主要是非熟练工或半熟练工连续不停地工作,装卸卡车和小货车,将商品搬进和搬出会议大厅,以及安装和拆除展览用的支架、桌子和座位。

框架性集体协议

在贾维茨中心,有数个工会代表着贾维茨中心的男人和女人们。"国际运输工人兄弟"工会("807分会")代表那些装卸运送展览商产品和设备的卡车和小货车的工人们。几个木工工会分会的会员们则负责安装展览间和电气站;在1995年7月之前,展览会雇工工会("829分会")代表着一般劳动者。

90年代中期以前,每个工会与装饰公司都协商签订了框架性集体协议。这些协议规定,为准备一次特定展览,50%的人力由装饰商挑选,而另外的50%则由工会通过"雇用大厅"(hiring hall)来选择。整个80年代,这些合同还特别规定了不同工作任务所需要的工人人数,而且通常要比实际需要的多一些。额外雇工(featherbedding)费用在会议开支所占比重,是同样情形下芝加哥的2.5倍,是亚特兰大的4倍。[14]

额外雇工

以在贾维茨中心工作为内容的集体议价合同,要求额外雇工和高价的人工费用。工会工作规则要求,一个有执照的电工为一个灯安装电源应获

---

*　中心给展览经理开列租金、清扫和电气服务的账单。装饰公司给展览经理开列展览商的账单。同业公会向中心付钱,而中心的管理者向为展览工作的装饰商付钱。工人花费单独列账单;每个展览商承担其展览所用的人工费。同业公会还按照使用场地空间大小向每个展览商付钱。

[14]　参见"雅科布·贾维茨中心的管理和经营"听证会,州长乔治·帕塔基的发言,第15页。

报酬80美元。[15] 卸运一叉车的物品要9个人，而这一工作在芝加哥只需要3个人。展览商向贾维茨中心的普通工人每小时支付70.50美元，而对周末和超时工作最少也要付每小时127.50美元，而这在亚特兰大和芝加哥分别只要每小时33美元和48美元。

和装饰公司签订的协议也是对展览商的榨取。1994年纽约汽车展中，展览商成为"冤大头"：一夸脱橙汁要付10美元，一加仑咖啡要27美元而一壶要12美元，16盎司一包的薯片要付10美元。贾维茨中心订约规则，通过禁止同业公会和展览商自行提供任何货物和服务，把令人难以容忍的价格强加到商业展览上。纽约汽车展的组织者声称，纽约一个展览的耗费比在底特律、芝加哥或洛杉矶展览要高六成以上。[16]

科萨·诺斯特拉在贾维茨中心的影响

科萨·诺斯特拉通过控制企业和工会，对贾维茨中心施加控制、榨取钱财。哲诺维斯、嘎姆比诺、科伦波犯罪家族的成员和随从们，在工会分会内占据了重要位置。他们获利的方式有，让展览商答应他们安排的条件，以摆脱负担沉重的合同条款，以及在该中心高薪岗位上安插他们的成员、随从和朋友们。

木工工会和贾维茨中心

20世纪90年代末之前，"国际木工和细木工兄弟"（the International Brotherhood of Carpenters and Joiners）（简称"木工工会"）在纽约市地区大约有20个分会，它们处在区委员会的管理之下；该委员会为各分会制定主要政策和协商集体性议价合同。从60年代开始，哲诺维斯犯罪家族通过控制木工工会来影响贾维茨中心的经营。"大鱼"文森特·卡法罗是哲诺维斯家族的成员，后来成为政府的"告密者"。他曾解释说：哲诺维斯家族

---

[15] 同上注，市长鲁道夫·朱立安尼的发言，第43—45页。
[16] 同上注，Mark Schienberg的发言，第86页。

第五章 腐败秀场

"控制了木工工会会员的聘用活动,起先在纽约市大体育场,后来在贾维茨中心"。[17] 尽管其他科萨·诺斯特拉家族在该中心也发挥影响,但是哲诺维斯家族却成为占支配地位的力量。[18]

木工工会的工作安排规则要求,除有限例外的情形,工作必须按照一个失业名单上的安排来分派给其会员。承包商可以特别要求安排某个工会会员,但是这一要求必须符合特别要求。[19] 如果一个承包商需要一个具有特殊技能的人,工会将把这项工作分派给这个名单上具有这样技能的第一个失业工人。理论上,未被雇用的工会会员在他们当地的工会办公室登记,该办公室按照时间先后将他们登记在名单上,而后依次分派工作任务。

但事实上,哲诺维斯犯罪家族无视这些规则,而代之以它自己的标准来填补贾维茨中心的木工职位。典型的事例如,一个哲诺维斯家族的随从给工会官员们一个优先雇用的名单,从中选择30—40个人为在该中心营业的装饰公司工作。数年里,卡法罗在雇用问题上一直都亲自行使最终决定权。

在协商解决针对木工工会提起的有组织性勒索民事诉讼之后,对贾维茨中心雇工问题的调查披露了一个大约包含100个工人名字的"候选名单",这些人可以比其他工会会员优先得到工作。[20] 这个"候选名单"上的很多人都与有组织犯罪有着为人所知的联系,尤其是和哲诺维斯家族之间。名单中60个人有犯罪记录,包括因纵火和谋杀而被判有罪。名单上几乎所有人都是意大利裔美国人;没有一个女人或者少数族裔的人。1994年,这些人中一半左右的人赚了4万多美元,三分之一的人赚了5万多美元,有6个人赚了10万多美元。[21]

---

[17] 肯尼斯·孔保艾:"调查及核查官第二份中期报告",向法官海特报告,1995年3月13日,第18页。卡法罗是哲诺维斯家族名义上的老板"胖东尼"安东尼·萨雷诺的得力助手。美国诉区委员会案,90 Civ. 5722(CSH)。

[18] 孔保艾:"调查及核查官第二份中期报告",第5页。

[19] 订约人的要求必须以书面形式提出。要是要求一个特定的工会会员,订约人必须是过去三个月内曾经雇用过该会员。

[20] 孔保艾:"调查及核查官第二份中期报告",第8—24页。

[21] 肯尼斯·孔保艾:"调查及核查官第一份中期报告",向法官海特报告,1994年9月,第28页。美国诉区委员会案,90 Civ. 5722(CSH),1990。

在联邦调查局搜捕哲诺维斯家族社交俱乐部过程中，探员发现一个有14个人的名单，除一人外其余的人都曾经在（或者正在）贾维茨中心作木工，其中8个人出现在工会的"候选名单"上。[22] 科伦波家族的前分支头目证实："木工工会优先考虑安排在贾维茨中心工作的大多数人是哲诺维斯家族的成员和随从，或者是哲诺维斯家族成员和随从的亲友。"[23] 哲诺维斯家族牢牢把持着决定谁在该中心工作的权力，以至于其他科萨·诺斯特拉家族的成员们在那里有时也找不到工作。[24]

区委员会与科萨·诺斯特拉的联系

木工工会区委员会在贾维茨中心的代表总是与有组织犯罪保持着紧密的联系，尤其是和哲诺维斯家族。代表们利用他们的权力，把科萨·诺斯特拉的成员和亲友安排到装饰公司的工作岗位上。一些工作是作为好处进行奖赏，其他的则为获假释的家族成员提供合法的工作。很多职位被当作"不露面的工作"（no-show jobs），就是说，那些从不去工作的人也在花名册上并可以拿薪水。

拉尔夫·寇帕拉是哲诺维斯家族的一个重要随从。他从1987年开始在贾维茨中心工作，那时他刚从监狱里出来，他曾因纵火在监狱里服刑。[25] 当时的区委员会主席帕斯卡尔·迈克奎尼斯（据说是一个科萨·诺斯特拉的随从），安排他在中心工作。寇帕拉很快就被提拔为区委员会的代表，而且据说正式成为哲诺维斯家族的成员。[26] 按照嘎姆比诺家族的二老板、后来成为政府合作证人的"公牛"萨米·格拉瓦诺（Sammy "the Bull" Grava-

---

[22] Tom Robbins："在'大下巴'总部的贾维茨名单"，Daily News，1995年3月22日，第38页；另见 Kennth Crowe："贾维茨听证会里的烟幕名单：名字可能将木工工会代表与哲诺维斯犯罪家族联系在一起"（Smoking List in Javits Hearings；Names May Link Carpenters Rep to Genovese Crime Family），Newsday，1995年3月22日，商业版，A34。

[23] 科伦波的分支头目是塞尔瓦托·米西奥塔（Salvatore Micialtta）。参见"调查及核查官第二份中期报告"，第13页。

[24] 塞尔瓦托·米西奥塔试图给他儿子在该中心找份工作，但是失败了。同上注，第4页。

[25] 肯尼斯·孔保艾："调查及核查官第三份中期报告"，向法官海特报告，1995年10月31日，第45页。美国诉区委员会案，90Civ. 5722（CSH）。

[26] 孔保艾："调查及核查官第二份中期报告"，第6页。

第五章　腐败秀场

no)的说法,寇帕拉代表哲诺维斯家族操纵该中心。[27]

1991年8月,一篇新闻报道揭露寇帕拉是哲诺维斯家族的一个代理人,而后寇帕拉在中心的职位被替换。[28] 在撤换寇帕拉过程中,木工工会区委员会主席弗雷德里克·德维(Frederick Devine)说明了寇帕拉与有组织犯罪的关系。[29] 然而,据说德维本人与科萨·诺斯特拉也有联系。格拉瓦诺告诉调查员,德维是科伦波家族的傀儡,而另一个政府线人称,他曾经看见德维和科伦波犯罪家族的成员在区委员会办公室里会面。[30] 联邦调查员指控,德维与新泽西的德卡瓦康特(DeCavalcante)犯罪家族和哲诺维斯家族合作。(1998年,联邦检察官起诉成功,德维因5项重偷盗罪*被判有罪,并被处以15个月的监禁。)[31]

1994年4月,德维指派安东尼·费奥里诺和雷奥纳德·西蒙担任贾维茨中心的区委员会代表。[32] 当年,他们分别赚了10.6万多美元和14.4万多美元。1995年纽约州参议会就贾维茨中心经营情况举行的听证会,揭露费奥里诺和西蒙重要的背景信息,以此证明有组织犯罪在该中心盘踞的情况。

1982年在哲诺维斯家族一个随从的强烈要求下,费奥里诺成为"257

---

[27] Damon Stetson:"清运行业有着使用暴力策略的历史"(Carting Trade Has History of Strong-Arm Tactics),New York Times,1975年12月11日,第55页。

[28] Jerry Capeci:"工会老板打造黑帮链条"(Union Boss to Hammer Mob Link),Daily News,1995年3月16日,新闻版第5页。告密者就是"小阿尔"阿方斯·达尔科,鲁齐斯犯罪家族的前代理老板。

[29] 孔保艾:"调查及核查官第二份中期报告",证据5,第1页。

[30] 同上注,第4、17页。

* 在美国大多数司法区,把偷盗罪分为重偷盗罪和轻偷盗罪。区分标准有两种:一是按被盗物品的价值区分;另一种是非价值性的标准,即从行为人本人的情况、被盗物品的性质、偷盗方式来区分。——译者注

[31] 参见 Selwyn Raab:"木工工会前高官因盗窃基金被判有罪"(Former Chief of the Carpenters Union Convicted of Stealing Funds),New York Times,1998年3月25日,B3版;Barbara Ross 和 Bill Hutchinson:"等着坐牢的木工工会前老板"(Jail for Ex-Carpenter Boss),Daily News,1998年8月18日,新闻版第11页。

[32] 孔保艾:"调查及核查官第一份中期报告",证据13:弗雷德里克·德维的信,写于1994年4月25日。

分会"的会员。[33] 1988年,区委员会指派他做在该中心里属于管理职位的"计时员"。3年后,他被提拔为该中心里木工的头儿;1994年,他接替寇帕拉担任区委员会代表。执法机关相信,费奥里诺如此之快的晋升,可以用他与有组织犯罪之间的关系来解释,尤其是与他妻弟"巴尼"里波瑞奥·贝罗莫之间的关系,后者是哲诺维斯犯罪家族的分支头目,而且号称在一段时间里担任该家族的代理老板。

雷奥纳德·西蒙在贾维茨中心工作前并没有木工手艺。他曾是一个失业的出租车司机,当他向工会提交一份内容虚假的申请时,他信誓旦旦地称在这个行当已经有5年经验。然而,西蒙有很重要的关系人:他的妻弟拉尔夫·寇帕拉。[34] 在寇帕拉的推荐下,他在该中心得到了长期工作。[35] 后来,西蒙晋升为区委员会代表。

有关费奥里诺和西蒙被任命的详情存在不同说法。德维在纽约州参议会上证实,他只是知道这两个人,选择他们是基于贾维茨中心的主席和首席执行官费边·帕洛米诺(Fabian Palamino)的推荐。[36] 在同一听证会上,帕洛米诺否认认识这两个人,并说德维指派他们时并没有得到他的推荐。

其他科萨·诺斯特拉家族

当哲诺维斯犯罪家族在贾维茨中心成为最有势力的科萨·诺斯特拉家族时,其他有组织犯罪家族也占据一席之地。鲁齐斯犯罪家族的前代理老板"小阿尔"阿方斯·达尔科(Alphonse "Little Al" D'Arco),曾解释其家族在控制木工工会官员们方面的作用,即"恐吓那些雇用工会会员的企业,

---

〔33〕 这个随从就是阿提里奥·比童多,他于1990年因共谋和贿赂工会官员被判有罪。孔保艾:"调查及核查官第二份中期报告",第11页。

〔34〕 参见Jerry Capeci和Tom Robbins:"贾维茨中心:一个哲诺维斯的'秀'"(Javits Center a Genovese Show),Daily News,1995年3月15日,新闻版,第24页。

〔35〕 孔保艾:"调查及核查官第二份中期报告",第10—11页。

〔36〕 参见"雅科布·贾维茨中心的管理和经营"听证会,弗雷德里克·德维的发言,第117—118页。

第五章 腐败秀场

为其家族成员收取'幽灵薪酬',以及窃取雇员们的津贴和福利基金。"[37]科伦波犯罪家族前分支头目塞尔瓦托·米西奥塔(Salvatore Miciotta)声称:如果每年付给鲁齐斯、科伦波和哲诺维斯家族6万美元,他的展览公司就能在贾维茨中心做生意。

运输工人工会与贾维茨中心

"国际运输工人兄弟807分会"(商业展览分部)对于贾维茨中心的经营具有重要作用。"807分会"的会员们主要负责为准备商业展览装卸汽车。

在中心雇用运输工人

在贾维茨中心的运输工人职位,每小时能赚21美元至43美元不等,还有丰厚的补贴。[38] 1994年10月的合同规定,周六、日工作每小时会获得双倍的报酬;假日,则高达三倍。装饰商们还要向受雇于该中心的卡车司机们支付高达5000美元的圣诞节奖金。

"国际运输工人兄弟"的商业展览分部,通过其雇用大厅,只将贾维茨中心的工作分派给那些被优先考虑的会员们。这些工作岗位按照地位优先名单来分配,这个名单有47个享有特权的成员。如果按照这个名单排完后仍有空余,工作岗位会按照"安排"名单来安排,这个名单包括30名成员。[39] "安排"是指一个程序,即工会会员要么在分会办公室要么在受雇地点集合后被挑选进行工作。工会会员通常被他们的分会召集,并告知在一个工作地点参加这个程序。总工头从这个程序中挑选会员并给他们派活。

---

[37] 孔保艾:"调查及核查官第二份中期报告",证据11,第3页。
[38] Kenneth Crowe:"家族里的所有人"(All in the Family),Newsday,1995年6月19日,C1版。
[39] 肯尼斯·孔保艾:"调查及核查官第四份中期报告",向法官海特报告,1996年3月15日,第5页。美国诉区委员会案,90Civ. 5722(CSH)。一些运输工人工会的会员说明,他们在成为工会会员前,就到贾维茨中心并加入"安排"名单。

不在地位优先名单和"安排"名单上的运输工人不能在该中心工作。地位优先名单中的很多人是运输工人工会官员们的亲友和科萨·诺斯特拉的成员[40];在该中心工作前,他们中一些人并不属于运输工人工会。地位优先名单中至少有 11 名会员是总工头的亲友;至少 15 名会员是"807 分会"其他成员的亲友。[41] 据说"807 分会"的地位优先名单中三分之一的人与有组织犯罪有联系。[42]

拉贝特父子和"运输工人工会 807 分会"

将近 30 年里,运输工人工会商业展览分部都是由老罗伯特·拉贝特和他的儿子迈克尔·拉贝特、小罗伯特·拉贝特来领导。拉贝特父子首创了运输工人工会的地位优先名单,从而使他们能够指令贾维茨中心的雇工活动。[43]

老罗伯特·拉贝特 17 岁时就成为运输工人工会"807 分会"的会员。[44] 1967 年,他被任命为工会代表(shop steward),1970 年成为"807 分会"的官员,后来被提拔为负责与雇主交涉的工会代表(business agent),并负责代表大体育馆的"807 分会"商业展览分部。[45] 在贾维茨中心开始营业前,装饰商和"国际运输工人兄弟"工会执行的集体议价协议明确地为老罗伯特·拉贝特安排了总工头的位置。[46] 作为总工头,拉贝特监管在贾维茨中心的所有会员,并充当装饰公司与中心管理层之间的联络人。

---

[40] "有关 807 分会的托管建议","国际运输工人兄弟"独立检查委员会报告(1995 年 3 月),第 26—37 页。

[41] Ron Scherer:"揭开运输工人工会 807 分会的面纱"(A Look Under the Hood of Teamsters 807),Christian Science Monitor,1996 年 5 月 24 日,第 1 版。

[42] 美国诉"国际运输工人兄弟"等,708F. Supp. 1288(S. D. N. Y. 1989);参见"有关 807 分会的托管建议",第 1 页。关于该案的讨论,参见 James B. Jacobs, Christopher Panarella, and Jay Worthington 著:《击破有组织犯罪集团:美国对科萨·诺斯特拉》,第 167—210 页。

[43] Crowe:"家族里的所有人"。

[44] "国际运输工人兄弟"工会独立检查委员会:"关于提议指控 807 分会会员老罗伯特·拉贝特报告"(1993 年 12 月),老拉贝特宣誓后的发言,他是贾维茨中心的总工头。

[45] Crowe:"家族里的所有人"。

[46] "国际运输工人兄弟"工会独立检查委员会:"关于提议指控 807 分会会员老罗伯特·拉贝特报告",老拉贝特宣誓后的发言。他是贾维茨中心的总工头,证实他的位子是由订约人们和"807 分会"设立的。

第五章 腐败秀场

1985年，老罗伯特·拉贝特因刺死一个服装商店经理，被判构成二级非预谋杀人罪，并被送进监狱。法院禁止其在5年内参与工会活动。[47] 然而，在他出狱前，总工头的位置都为他空缺着。[48] 1992年2月，纽约州一个大陪审团起诉他共谋、收取贿赂、实施重偷盗罪、篡改营业记录以及持有被盗窃财产。[49] 拉贝特对篡改工资账簿记录进而使工人能够非法收取工人补偿金表示认罪，并在监狱服刑一年。[50] 后来，他重新担任了贾维茨中心总工头的职务。1994年，"国际运输工人兄弟"工会调查员威胁拉贝特，将要指控其收受贿赂进而纵容雇主在贾维茨中心使用非工会的卡车和劳工。面临如此紧迫的指控，以及可能因失于与工会调查进行合作而受到控告，拉贝特同意5年内暂时脱离工会。[51] 他的工作职责转由他的儿子迈克尔接替。[52]

运输工人工会与装饰商们的集体议价协议于1994年9月终止，当时老拉贝特正在监狱里。迈克尔·拉贝特领导谈判组与装饰公司进行协商。[53] 作为新合同的一部分，该中心运输工人工会总工头的位置被调整为管理岗位，不再由工会委派；从而，犯罪记录将不再是丧失资格的条件。因为总工头不属于工会职位，运输工人工会的改革就没有权力暂时性剥夺任何拥有该职务的腐败分子。总工头仍旧管理着运输工人工会分会事务，但是不再承担会员责任。总工头的合同规定每年薪水为15万美元，而如果无正当理由解除其职务应支付23.6万美元的解雇工资。

迈克尔·拉贝特在他父亲进监狱后离开工会，并占据了总工头的位

---

[47] 人民诉拉贝特案,506 N. Y. S. 2d 983(1986)。
[48] "国际运输工人兄弟"工会独立检查委员会:"关于指控807分会会员迈克尔·拉贝特、约翰·霍曼、詹姆斯·唐塞、唐纳德·罗扎、布莱恩、里特豪斯、詹姆斯、皮罗内、安东尼·弗里诺和文森特·迈克尔斯(1995年5月)";Crowe:"家族里的所有人"。
[49] 纽约诉老罗伯特·拉贝特报告,大陪审团起诉书245-249/292。
[50] 认罪协议,大陪审团起诉书245-249/292,于1992年11月9日;Crowe:"家族里的所有人"。
[51] "国际运输工人兄弟"工会独立检查委员会:"关于指控807分会会员迈克尔·拉贝特、约翰·霍曼、詹姆斯、唐塞、唐纳德、罗扎、布莱恩、里特豪斯、詹姆斯、皮罗内、安东尼·弗里诺和文森特·迈克尔斯";Crowe:"家族里的所有人"。
[52] 认罪协议,大陪审团起诉书245-249/292,于1992年11月9日。
[53] Crowe:"家族里的所有人"。

子。尽管拉贝特家族被指责与黑帮有联系,但是这一关系的细节并不清晰。父亲和儿子们的权势所暗含的故事,令人好奇但是不能提供确切事实。例如,1988年老拉贝特从监狱出来不久,他与一个自称是波拿诺家族成员的运输工人工会会员斗殴。对于和有组织犯罪缺乏有力联系的人来说,这样的攻击通常会引发严重后果。但是,老拉贝特并没有遭到报复。此外,作为工人总代表,迈克尔·拉贝特选择阿曼德·瑞(Armando Rea)作为助理工人总代表;这项决定中他父亲有否介入令人怀疑。针对"国际运输工人兄弟814分会"的一个有组织性勒索民事诉讼,揭露阿曼德·瑞是波拿诺家族的"喽啰",并禁止他担任运输工人工会会员。迈克尔·拉贝特说,他并不知道阿曼德·瑞和有组织犯罪有联系。[54]

展览会雇工工会与贾维茨中心

"展览会雇工工会"(the Exhibition Employees Union)的"829分会",与美国劳工联合会—产业工会联合会的"剧场与州雇员国际联盟"(the International Alliance of Theatrical and State Employees)有联系。曼哈顿区检察官办公室的调查发现,在贾维茨中心工作的"展览会雇工工会829分会"60%以上的工人都有重犯罪记录。[55]尽管该工会显然没有一个在贾维茨中心优先受雇用的候选名单,但是它确实在执行选择标准。便衣警察调查揭露,要想在该中心得到一个报酬丰厚的岗位(每年10万美元),一个普通工会工人不得不从工会官员们那里以1.3万—2.2万美元的价格购买一个会员登记册。与有组织犯罪有联系的个人买会员册要便宜一些,而且在中心工作安排上享有优先权。[56]

---

[54] "国际运输工人兄弟"工会独立检查委员会:"关于指控807分会会员迈克尔·拉贝特、约翰·霍曼、詹姆斯·唐塞·唐纳德·罗扎、布莱恩、里特豪斯、詹姆斯、皮罗内、安东尼·弗里诺和文森特·迈克尔斯";Crowe:"家族里的所有人"。

[55] 参见Tom Robbins:"斩断黑帮与贾维茨联系的命令"(Bid to Cut Mob from Javits),Daily News,1995年6月21日,第8版。

[56] 参见Tom Robbins:"一个勇敢的便衣警察"(A Daring Undercover Cop),Daily News,1995年3月15日,第3版。

第五章 腐败秀场

据说展览工会官员们还虚报工资账簿，一个小型展览虚报 6 个"幽灵"雇员，而一个大型展览则虚报多达 20 个"幽灵"雇员。一般来说，一些"幽灵"雇员是假释犯，他们用在该中心的雇工证明使自己待在监狱外。"幽灵"雇员们与工会代表和哲诺维斯犯罪家族一起分享他们的"薪水"。这个诡计每年会造成几十万美元的支出。

展览会雇工工会的工人总代表，和运输工人工会的总工头差不多，负责监管贾维茨中心的工会会员。"本塞"史蒂文·德拉卡瓦（Steven "Beansy" Dellacava）和保罗·科西亚（Paul Coscia）一直到 1995 年上半年，在贾维茨中心担任该工会的首席工会代表。他们一起决定谁可以在什么时间、什么地方工作。科西亚还是"829 分会"的副主席；德拉卡瓦 1990 年从监狱里被释放出来后就开始在贾维茨中心工作，他曾因贩卖海洛因被关进监狱。两个人都以哲诺维斯犯罪家族的随从而闻名。

展览会雇工工会的官员们明显地组织了针对该中心的欺诈性法律索赔。非工作期间伤害被作为在职期间伤害来提出，从而使受伤者向该中心提出工人赔偿申请。这个工人要付钱给保罗·科西亚，后者指挥其他人上演这个事故并充当证人。获得的赔偿在受伤的工人、工人代表和黑帮老板们之间分配。

结　　论

从贾维茨中心开始建设那天起，科萨·诺斯特拉就在该中心的日常活动中扮演着重要角色。黑帮，尤其是哲诺维斯犯罪家族，牢牢控制着代表着该中心工人们的三个工会，并且利用这一权力将高薪职位分配给它的成员和亲友。

运输工人工会"807 分会"，由老罗伯特·拉贝特和他两个儿子把持，可能也被科萨·诺斯特拉控制着。尽管拉贝特父子与有组织犯罪的联系的具体细节从未得到证实，但是很少有人怀疑，实际上科萨·诺斯特拉在操纵着贾维茨中心的运输工人工会权益。工作由总工头——老罗伯特·

拉贝特或迈克尔·拉贝特——按照一个优先考虑的名单分派,这个名单包括了许多与有组织犯罪有联系的个人。

尽管展览会雇工工会并没有像运输工人工会和木工工会那样的候选名单,但是他们也是有选择地分配中心的工作。工人们不得不以最高达2.2万美元的价格购买会员册,从而得到报酬丰厚的中心工作岗位。在该中心的展览会雇工工会普遍存在"幽灵雇员"、个人伤害欺诈和滥用保安特权的情形。

尽管科萨·诺斯特拉的影响被在该中心做生意的企业广为知晓,也被记者们大量报导,但是很多年里,政客们和执法官员们在改变这种现状方面做出的努力微乎其微。在90年代中期以前,黑帮在雅科布·贾维茨中心的势力似乎是不可动摇的。

第六章　清运财富
——科萨·诺斯特拉和废物清运业

我们发现,垃圾清理业的人们组织在一起形成协会,它最终导致垄断,并通过建立惩罚行动不一致的成员的制度来限制营业安排……在文森特·斯圭兰特案中,我们给出了这个人的概貌:他以明显的黑社会特征和他"管理""国际运输工人兄弟工会813分会"的能力来经营这个协会,成功地使自己成为大纽约地区私营性环境卫生行业中绝对的沙皇。

——麦克莱伦委员会听证会,1957年

编　年　表

大事纪

1947年　纽约市官员们解散了雇主商业—废物协会;协会很快再次以其他名字出现。

1958年　麦克莱伦委员会揭露,"国际运输工人兄弟813分会"的老板伯纳特·阿德尔施泰因(Bernard Adelstein)与有组织犯罪有联系。

1986年　州议会下院议员汉齐(Hinchey)就纽约废物清

运卡特尔发表报告。

1992年 "国际运输工人兄弟813分会"的长期负责人伯纳特·阿德尔施泰因,被托管人清除该工会。

1994年 同业公会的负责人"吉米·布朗"詹姆斯·费拉,对共谋谋杀表示认罪。

纽约市卡特尔

1974年 布鲁克林区检察官欧歌内·高尔德(Eugene Gold)起诉45个卡特尔成员公司和9名官员,包括科萨·诺斯特拉成员;最终他们当中数个被告人被判有罪,但是没有引发结构性的改革。

1977年 约瑟夫·嘎姆比诺和卡罗·康第(Carlo Conti)因有组织性勒索被判有罪并被处以监禁。

1985年 联邦检察官鲁道夫·朱立安尼起诉马休·艾安尼劳(Matthew Ianniello)在清运业实施有组织性勒索;后来他被宣告无罪。

1987年 市长爱德华·科赫(Edward I. Koch)宣布,支持一项创建一个与清运卡特尔进行竞争的公司的计划;该计划从未被实施。公共发言人马克·格林后来提出该计划的新版本,但是也没有被实施。

1989年 在联邦检察官奥托·欧伯麦耶尔(Otto Obermaier)指控下,嘎姆比诺犯罪家族成员安格鲁·帕西奥内被判有罪;他被处以12年监禁和2200万美元罚款。

1990年 马克·格林和理查德·施拉德成为消费者事务部的正、副专员,并利用他们的机构对抗有组织犯罪和卡特尔。

1993年 在试图打入纽约市废物清运市场失败后,保福工业有限公司(Browing Ferris Industries)同意协助纽约市区检察官罗伯特·摩根陶(Robert Morgenthau)进行调查。

第六章 清运财富

1995 年 摩根陶宣布了针对 23 个清运公司及其协会提起有组织性勒索的大陪审团起诉书。

到 1997 年,所有被告要么被认定实施犯罪,要么表示认罪。

1996 年 "地方法 42"通过;商业废物委员会(Trade Waste Commission)成立,并发布综合性规定,包括降低最高清运费率。

1998 年 当"废物管理"(Waste Management)公司和"美国废物"(USA Waste)公司的合并可能强制合并纽约市地区三个转运站的时候,有关法人垄断性控制纽约市废物清运业的担心引起关注。

长岛卡特尔

1984 年 有组织犯罪特别行动组主任罗·戈登施道克(Ron Goldstock)起诉 16 个长岛地区的清运公司、个人和公职官员,指控他们触犯反托拉斯法。几个被告被判有罪,但只被科以很轻的刑罚。

1986 年 鲁齐斯家族分支头目塞尔瓦托·阿威利诺(Salvatore Avellino)对纽约州指控其犯有胁迫罪表示认罪。

1989 年 罗伯特·库贝卡(Robert Kubecka)和他的妻弟因与执法官员合作,被科萨·诺斯特拉暗杀。

联邦检察官安德鲁·J.马兰内针对长岛卡特尔提起有组织性勒索民事诉讼;112 个被告包括 64 个嘎姆比诺和鲁齐斯家族的成员和随从,44 个清运公司,清运商同业公会和"国际运输工人兄弟 813 分会"。该诉讼导致了联邦的监管。

1994 年 联邦检察官扎查瑞·卡特接到了对整个长岛地区的废物清运行业进行监管的命令。

前检察官迈克尔·切尔卡斯基(Michael Cherkasky)被指派为行业监督官。

纽约市居民和企业每天产生1300吨的垃圾,这还不包括建筑项目产生的废物。[1] 垃圾一旦产生,要经过两个步骤处理,即收集和处置。收集通常是处置之外的一个单独行业;处置主要是为垃圾提供最终的搁置地点,例如进行垃圾掩埋或用焚化炉焚烧。[2] 在纽约市,卫生清洁部门收集生活垃圾。商业性的废物清运——也就是垃圾收集——是这一章的重点。这类废物处理主要由大约300个小公司(1辆到20辆卡车不等)来营运,这个行业每年的经营利益达15亿美元。[3] 司机和垃圾收集人都由运输工人工会813分会代表。大多数公司则是四个同业公会中某协会的会员。

尽管这个卡特尔的雏形如何形成并不清楚,但是早在1947年纽约市官员们就接到控告,指控非法行为正在限制废物清运行业中的自由竞争。[4] 当时,这个卡特尔仅仅收集商业性纸制品(纽约市清洁部门收集其他大部分的商业性废物和所有的居民垃圾)。1956年,纽约市决定将商业性废物行业私有化,由此为有组织性勒索提供了一个赚钱的机会;突然间,私营清运商有了大约5.2万新客户,比原来扩大了70%。[5] 饭店、商店、办公楼和轻工业工厂都成了新客户。

类似的卡特尔也出现在纽约市以北的长岛和西切斯特县。在长岛,卡特尔由鲁齐斯犯罪家族创建和把持。西切斯特县的清运卡特尔则由哲诺

---

〔1〕"废物再利用的警示"(Ringing in Recycling),New York Times,1996年12月30日,A14版。

〔2〕Peter Reuter:"纽约的清运行业"(The Cartage Industry in New York),Michael Tonry 和 Albert J. Reiss 主编:《法律之外:联合组织体里的犯罪》(Beyond the Law: Crime in Complex Organization),Chicago Press, 1993,第151—152页。

〔3〕William Bunch:"打击一个垃圾似的影像"(Fighting a Trashy Image),Newsday,1995年4月12日,A24版。

〔4〕"城市结束了废物收集行业的垄断"(City Ends Monopoly in Waste Collection),New York Times, 1947年3月15日。

〔5〕市政府终止为居住区的商业性组织提供收集服务,是因为它认为这样服务对一类企业来讲是不适当的补助金。参见 Peter Reuter:《合法行业的有组织性勒索:胁迫的经济学研究》(Racketeering in Legitimate Industries: A Study in the Economics of Intimidation),Santa Monica: Rand, 1987,第8—9页;James Cook:"垃圾游戏"(The Garbage Game),Forbes,1985年10月21日,第122—123页。商业废物委员会:"降低清运商业废物最高收费标准的报告",1997年3月25日,第6页。

第六章 清运财富

维斯犯罪家族的随从们操纵。*

一些大公司控制了这个行业。在纽约市,与"巴瑞第清运"(Barretti Carting)有联系的几个公司,和与"V. Ponte & Sons"有联系的几个公司占有这个城市的大部分份额。同样,在长岛地区,塞尔瓦托·阿威利诺的"萨勒姆卫生清运公司"和艾美迪奥·法兹尼的"牙买加垃圾"公司控制了该行业。但是,纽约市和长岛的大多数清运公司只有不到5辆卡车、不足10个雇工,关系密切的公司或者合伙人之间也是以父传子的形式来进行的[6];传统上,大多数的所有人都是意大利裔美国人。[7] 在对纽约市和长岛清运业的有组织性勒索进行的深入调查中,彼得·罗依特(Peter Reuter)提出假设:"族裔同质性"特征,使清运公司易于让黑手党渗透到该行业,并创建一个卡特尔体制。

在嘎姆比诺和鲁齐斯犯罪家族的影响下,商业性废物清运公司,和服装业中心的卡车货运公司一样,运作着一个"财产—权利"体制,将每个商业客户和一个清运商终身绑在一起。这个行业也以操纵标价、抬高定价机制和暴力威胁为特征。[8]

---

* 1996年,在联邦长达10年调查后,针对7名个人和14个企业提起有组织性勒索和其他犯罪指控(包括61项内容)。检察官指控,被告们保持着一个财产—权力体制并分享利润,并通过虚假交易和虚假税务申报来掩盖。1997年9月30日,5名被告和13个废物清运公司对多项指控认罪。在认罪的人中有,哲诺维斯家族的老板"大下巴"温森特·吉甘特的兄弟马里奥·吉甘特和全国最大的私营废物清运公司"郊区清运公司"的唯一所有人托马斯·米罗。吉甘特和米罗分别被处以42个月和33个月的监禁。作为认罪协议的一部分,被告公司同意由前联邦助理检察官沃尔特·马克进行监督。最终,所有被告都表示认罪,总共被处罚金大约1700万美元。西切斯特县由此要求所有投标本县合同的清运企业进行彻底的背景调查。参见"美国诉吉甘特等"案,948 F. Supp. 279(S. D. N. Y. 1996)(提供有关起诉书的一些信息);Benjimin Weiser:"清运商对暴力控制垃圾运送线路表示认罪",纽约时报,1997年10月1日,B5版;"废物清运商因欺诈被处以33个月监禁",纽约时报,1998年2月24日,B2版;"吉甘特因税务欺诈被处刑",U. P. I.,1998年9月4日;Alex Philippidis:"马罗耐克清运可能对前合伙人提起民事诉讼",西切斯特商业杂志,第41期,1997年10月13日。

[6] Reuter:《合法行业的有组织性勒索:胁迫的经济学研究》,第8—9页。

[7] Reuter:"纽约的清运行业",第154页。在芝加哥,大多数的废物清运商都有丹麦人血统;在洛杉矶,这些公司历史上主要是以亚美尼亚人和犹太人为主。

[8] 参见美国诉哥案案,1997 WL 157549, *15(E. D. N. Y.,1997年4月3日);美国诉拿骚/萨福克私营卫生清洁产业联合会案,995 F. 2d 375, 376(2d Cir. 1993);美国诉卡索案,843F. Supp. 829, 837(E. D. N. Y. 1994)。

"财产—权利"体制

"财产—权利"或客户划分体制,是由嘎姆比诺、哲诺维斯家族和鲁齐斯犯罪家族发展和强制推行的。在这一体制中,每个客户(或者更准确地说,每个"站点"(stop))都属于一个特定的卡特尔成员;其他清运商不允许拉拢或者接受该客户的生意。[9] 清运商有自己永久的站点。当一个商户易手或者终止后,同一地点上接手的商户继续负责保养该站点的清运商的财产。这些站点合在一起被称作"线路"(route)[10];站点可以被卖给卡特尔的其他公司,但是不能以其他方式易手。[11] 当有关一个特定站点的所有权属发生纠纷时,同业公会则负责出面解决。客户如果试图转向其他清运公司,很快就会发现自己得不到任何服务。最终,心怀怨恨的客户被迫重新回到指派给他们的清运商那里,通常还要交纳惩罚性的"回家消息"费(在一些情况下,如果接替的清运商对他的前任做出补偿的话,卡特尔会允许调换清运商)。

掌控卡特尔:科萨·诺斯特拉和同业公会

通过纽约市和长岛的同业公会,科萨·诺斯特拉掌控着废物清运卡特尔。其他公司不能加入该行业,而卡特尔成员之间也不能相互竞争。全国性的废物清运公司在纽约市和长岛的市场上找不到生意。这样的公司在这些利润丰厚的市场上的缺席,按照罗依特的说法,是"该行业有组织性勒索恶名的效果……以及客户分配协议"的结果。[12]

早在1947年这些同业公会就被进行审查,当时纽约市调查专员发现:

---

[9] Reuter:《合法行业的有组织性勒索:胁迫的经济学研究》,第7页。
[10] "纽约和科萨·诺斯特拉:干净的街道"(New York and Cosa Nostra), Economists, 1994年3月12日,第33页。
[11] Reuter:《合法行业的有组织性勒索:胁迫的经济学研究》,第10页。
[12] Reuter:"纽约的清运行业",第155—156页。

"除通过划分辖区和确定非竞争性价格来限制竞争之外,这些协会掌控着该行业以保持其垄断地位"。[13] 为打击这些协会对该行业的严格控制,该专员命令解散"大纽约商业废物联合会"(the Greater New York Trade Waste Association, Inc),"布鲁克林商业废物清运人联合会"(Brooklyn Waste Removers' Association, Inc)和"昆斯商业废物清运协会"(the Queens Trade Waste Removal Association)。这一努力并没有取得成功,因为这些协会很快就改头换面重新出现了。

在有组织犯罪权力鼎盛时期,"大纽约商业废物清运商协会"(the Association of Trade Waste Removers of Greater New York)控制着该行业。嘎姆比诺家族的分支头目"吉米·布朗"詹姆斯·费拉(James "Jammy Brown" Failla)担任该协会的主席长达30年。费拉每周在协会办公室或在布鲁克林俱乐部召开会议分配路线、解决纠纷以及处理例行事务。[14] 其他与科萨·诺斯特拉联系的同业公会还有"金斯县商业废物协会"(Kings County Trade Waste Association)(哲诺维斯家族),"大纽约废纸协会"(Greater New York Waste Paper Association)(哲诺维斯家族)和"昆斯商业废物协会"(Queens County Trade Waste Association)(嘎姆比诺家族)。长岛清运业由"拿骚/萨福克私营清洁产业联合会"掌握,而鲁齐斯家族成员塞尔瓦托·阿威利诺控制该协会多年。[15]

通过保持"财产—权利"体制和卡特尔,有组织犯罪为该行业的小公司提供了有价值的服务。卡特尔成员们收取高额的费用,并致力于不合理的经营活动,比如虚报收集废物的数量进而证明高收费的合理性。他们不必为了生意而竞争,而且能够向客户要很高的价,而最终这些客户们会把这些开支转嫁到所有纽约市和长岛地区居民们的头上。即便低效率对于一个处在竞争性行业里的公司来讲是致命性的,清运商们却能兴旺发达。

---

[13] "城市结束了废物收集行业的垄断",第11版。
[14] Selwyn Raab:"他用沉默和点心来经营垃圾清运"(He Runs Trash Hauling with Silence and Pastry), New York Times,1993年2月20日,第21版。
[15] John Rather:"美国(联邦政府)试图将犯罪家族们赶出清运行业"(U. S. tries to Bar Crime Families from Carting), New York Times,1989年6月18日,第1版。

所有者权益

一些科萨·诺斯特拉的成员们在清运行业拥有所有者权益。例如,昔日嘎姆比诺犯罪家族老板卡罗·嘎姆比诺的儿子约瑟夫·嘎姆比诺,拥有布朗克斯数个废物清运公司,包括"P&S 清洁公司"[16];鲁齐斯家族的分支头目以及老板安东尼·科拉罗的亲密随从塞尔瓦托·阿威利诺,控制着"萨勒姆清洁清运公司"[17];嘎姆比诺犯罪家族成员安格鲁·帕西奥内拥有"布鲁克林全国清运公司"[18];在其他公司中,哲诺维斯家族的二老板马休·艾安尼劳操纵着"统一清运"。[19]

强制推行卡特尔

黑帮的强制推行机制防范着卡特尔成员们的欺骗行为和来自非成员们的竞争。监管并不需要费太大的力气,因为客户划分体制能够很容易地禁止对某个地点的竞争。有组织犯罪分子和卡特尔成员们利用经济压力、巧妙的胁迫手法和公然的暴力,来惩罚那些企图拿走多于他们应得"蛋糕"份额的人。

最常见的惩罚是经济制裁。如果某个清运商从一个卡特尔的伙伴那里抢走了一个客户,那么,科萨·诺斯特拉作为同业公会的执行者,会命令做错事的人通过交付一个客户的形式来补偿给被害人相当的或者更大的利益。[20] 有时,"造反者"不得不向被损害的清运商支付"罚金",相当于每

---

[16] Arnold H. Lubasch:"垃圾案中的秘密调查",New York Times,1977 年 5 月 20 日,A26 版。

[17] "21 人在长岛被起诉:被指控清运业中存在阴谋"(21 Are Indicted on Long Island:Carting Plot Is Alleged),New York Times,1984 年 9 月 14 日,B2 版。

[18] Kevin Flynn:"市长将归还好笑的钱"(Mayor to Return Funny Money),Newsday,1991 年 1 月 11 日,第 3 版。

[19] 参见 James B. Jacobs 和 Alex Hortis:"纽约市成为为有组织犯罪的斗士"(New York City as Organized Crime Fighter),New York Law School Law Review 42,nos. 3-4(1998):第 1069—1092 页。Arnold H. Lubasch:"在城市有组织性勒索调查中 19 人被指控",New York Times,1985 年 2 月 20 日,B3 版。

[20] 侦探 Joseph Lentini:"关于大纽约废纸协会的搜查令",向纽约州最高法院所作的搜查令宣誓陈述书,1995 年 6 月,第 4—5 页。

第六章　清运财富

月从被"偷走"的客户那里取得收入的 65 倍。事实上，同业公会的功能就像一个法庭，运用特殊的权力来强制推行它的"命令"。清运商如果拒绝接受同业公会的控制，就会发现自己成为"国际运输工人兄弟"813 分会组织的罢工或变相罢工的目标，而该工会是唯一代表卡车司机的工会。[21]

由于卡特尔管理严格，其成员的欺骗活动不太可能奏效，因而暴力行动很少被使用。然而，有时，"造反"清运商的行动会触发暴力性惩罚。他们的司机会被殴打，卡车会被损坏，而他们自己也会被威胁和袭击。[22] 至少有一个"造反"的清运公司的所有者为此搭上性命。

1982 年，长岛地区的一个"造反"的废物清运商罗伯特·库贝卡，开始与执法官员们合作。库贝卡拒绝遵守卡特尔的"财产—权利"体制，并且记录下了卡特尔成员们之间的谈话来协助一系列的主要调查活动。1989 年，库贝卡和他的妻弟唐纳德·巴斯托被暗杀。1993 年，塞尔瓦托·阿威利诺对共谋实施这些谋杀表示认罪，后来被处以 3 年半到 10 年半的不确定量刑。* 两年后，卡民·阿威利诺(塞尔瓦托的兄弟)、安东尼·巴拉塔、弗兰克·费德里奥和罗科·威图里因涉嫌库贝卡和巴斯托的谋杀案而被起诉。除费德里奥下落不明以外，其他所有被告人对较轻的罪行表示认罪。1998 年，前鲁齐斯家族的二老板安东尼·卡索(Anthony Casso)因共谋实施谋杀和其他罪行被处以终身监禁，其中包括谋杀库贝卡和巴斯托。[23]

---

[21] Jonathan Rabinnovitz:"分工会同意法院监督,任何协会不得与黑帮分子有联系"(Union Local Agrees to Court Monitor to Bar Any Association with Mobsters), New York Times,1994 年 1 月 12 日,B4 版。

[22] 同上。

* Indeterminate Sentence(不确定量刑,也被译为不定期刑),是指法官可以宣告相对确定幅度的量刑,即有上限刑期或下限刑期或两者兼有。在犯人限定服完最低刑期后,其余刑期由假释委员会或其他执行机构根据法律和犯人的表现来确定。参见《元照英美法词典》,法律出版社 2003 年版,第 683 页。——译者注

[23] John Mcquiston:"被杀告密者的家属们被判给 1080 万美元"(Families of Slain Informers Awarded $10.8 Million), New York Times,1998 年 7 月 22 日,B7 版。

强制推行"财产—权利"体制

必要的时候,科萨·诺斯特拉会让客户们保持一致。每个企业,从最小的酒店到最大的百货商店,都被"嫁"给了某一个清运公司。即便"婚姻"难以维系,离婚也是很困难的;试图把自己从清运商那里解脱出来的企业,会面临威胁和恶意破坏。[24] 当一个商人取消了他的废物清运合同并开始搬走自己的废物时,垃圾就会被倾倒在他的门口,旁边的字条上威胁道:如果不继续付钱给他的清运商,就炸掉他的生意。[25]

大多数的客户,无论多么不满意他们的清运商,都不必被警告第二次。当一个全国性清运公司试图打入纽约市市场,并提议削减一半的清运收费标准时,几乎没有一个企业表现出兴趣。[26] 一个银行执行官解释说:他之所以拒绝接受在废品处理上一个能节省50%支出的机会,是因为他害怕银行的自动取款机被恶意损坏。

科萨·诺斯特拉对"国际运输工人兄弟813分会"的控制

科萨·诺斯特拉通过对"国际运输工人工会813分会"的控制,强化了对废物清运行业的影响;该分会代表着受雇于清运商的司机们。[27] 几十年来,该分会一直都由伯纳特·阿德尔施泰因操纵,1958年麦克莱伦委员会称其为有组织犯罪的"卑鄙的工具"。[28] 阿德尔施泰因在"813分会"的统

---

[24] Alan A. Block 和 Frank R. Scarpetti:《为利润而毒害:科萨·诺斯特拉和美国的有毒废物》(Poisoning for Profit: Cosa Nostra and Toxic Waste in America),New York: Morrow, 1985,第89页。

[25] Damon Steson:"清运行业有使用暴力策略的历史"(Carting Trade Has a History of Strong-Arm Tactics),New York Times,1975年12月11日,第55版。

[26] Allan Meyerson:"垃圾之战:打破卡特尔",New York Times,1995年7月30日,C1版;Greg Goeller:"保福工业有限公司试图留在纽约:垃圾公司面临来自有组织犯罪的热量"(BFI Intent on Staying in NYC: Garbage Company Facing Heat from Organized Crime),Houston Post,1995年3月18日,C1版。

[27] Raab:"他用沉默和点心来经营垃圾清运",第21页。

[28] 参议院劳工管理领域不正当活动特别委员会,第1417号报告,85th Cong., 2d sess. (Washington, D.C.: Government Printing Office, 1958) 第328页。

第六章　清运财富

治一直延续到1992年他被赶出该工会时为止。[29] 麦克莱伦委员会特别注意到阿德尔施泰因与"吉米"文森特·斯圭兰特之间的联系,后者是"纽约市清运商协会"的高级官员,一个知名的黑帮分子。按照该委员会的说法,"813分会"是阿德尔施泰因的个人封地,而且"非但不对斯圭兰特进行抗争……当[斯圭兰特]成为垃圾行业残忍的沙皇时,[阿德尔施泰因]却提供了主要的合作。"[30] *

在阿德尔施泰因的掌管下,"813分会"为有组织犯罪支持的卡特尔提供服务。如果一个清运商失去了与科萨·诺斯特拉合作的兴趣,分会的成员们将拒绝为这个公司工作。1989年,罗伯特·库贝卡报告称,他的卡车的轮胎被扎破,挡风玻璃被砸碎;嘎姆比诺犯罪家族的一个随从为解决他的工会难题要价2万美元。[31] 遭谋杀的罗伯特·库贝卡的父亲杰瑞·库贝卡也是一家"造反"清运公司的所有者,他控告"813分会"以劳工问题和暴力来威胁他的客户,除非这些客户同意由卡特尔指派的公司提供服务。

几年后,即1989年,在调查有关阿德尔施泰因的有组织犯罪关联的听证会上,原嘎姆比诺家族的二老板"公牛"萨米·格拉瓦诺(后来成为政府的证人)证实,嘎姆比诺的分支头目"吉米·布朗"詹姆斯·费拉实际上控制着"813分会",而阿德尔施泰因"直接听命[32]于费拉。"813分会"的一个前雇员证实,阿德尔施泰因和费拉每两周至少会面一次,并一起工作来"控制和操纵纽约市大都会地区的私营环境清洁行业"。[33]

政府对垃圾清运业中有组织性勒索的反应

对麦克莱伦委员会有关垃圾清运业中黑帮活动情况的报告,执法机关

---

〔29〕同上。
〔30〕同上注,第310页。另见 Reuter:"纽约的清运行业",第157页。
* 麦克莱伦委员会听证会后,阿德尔施泰因和斯圭兰特因勒索指控被起诉。阿德尔施泰因被认定有罪,但是他的有罪判决后来被推翻。斯圭兰特在审判前失踪,据推测是死掉了。参见 Robert E. Kessler 和 Phil Mintz:"联邦诉长岛清运商",Newsday,1989年6月8日,第2版。
〔31〕Tom Renner 和 Michael Slackman:"他们公然挑战科萨·诺斯特拉",Newsday,1989年9月24日,第5页。
〔32〕美国诉"国际运输工人兄弟",998 F. 2D 120, 122(2D Cir. 1993)。
〔33〕同上。

最初的反应雄心勃勃,然而最终收效甚微。纽约州总检察长试图针对"813分会"、三个同业公会和大约 400 名个人和参与废物清运生意的公司实施禁止令。[34] 他试图禁止被告们加入同业公会和从事反竞争的活动。1959年,经过漫长的法庭较量,针对不同被告的禁止令被准许。然而,这只是一个出征时的胜利,因为州官员们并没有大力强制执行这些禁止令。[35]

麦克莱伦委员会披露的信息还导致了对斯圭兰特、阿德尔施泰因和其他人的刑事指控。阿德尔施泰因勒索被判有罪,但是有罪判决在上诉阶段被推翻了。[36] 斯圭兰特失踪,据说被谋杀了。[37] 总之,尽管政府的听证会成功地揭露并带出了纽约废物清运业中存在着一个每年获利高达数百万美元的有组织性勒索的丑闻,但是执法部门在打击科萨·诺斯特拉的腐蚀和勒索方面的努力,在很大程度上并没有产生效果。

气息奄奄的管理者:纽约市消费者事务部

纽约市负责管理清运行业的机构是消费者事务部(Department of Consumer Affairs),1956 年由市长罗伯特·瓦格纳(Robert Wagner)创建,用来发挥市政府在管理废物处理方面的作用。[38] 消费者事务部在颁发执照方面是如此混乱随意,以致在 1980 年的一次面谈中,一个长期雇员不能回忆起,在该机构历史上一例拒绝颁发执照的情况。[39] 此外,消费者事务部设定了最高清运收费标准,而且非常之高——远远超过美国任何其他城市一般的收费标准;而卡特尔成员们将最高收费标准视为唯一的收费标准。消费者不能够提出抗议,并被告知高额的账单归因于城市强行的收费标准。

---

[34] Alan A. Block 和 Frank R. Scarpetti:《为利润而毒害:科萨·诺斯特拉和美国的有毒废物》。
[35] 同上注,第 74 页。
[36] 人民诉阿德尔施泰因,8 N.Y.2d 998(N.Y. App. Div. 1960)。
[37] 同上;另见 Reuter:"纽约的清运行业",第 157 页。
[38] 同上注,第 186—187 页。
[39] 同上。

第六章　清运财富

因而,消费者事务部的规章实际上有助于维持科萨·诺斯特拉支持的卡特尔。[40]（90年代初,消费者事务部确实降低了最高收费标准,但是一场诉讼结果还是将最高收费标准重新确定为一立方码*14.75美元。）

一直到1990年,消费者事务部都失于有效地行使其行政管理权力,况且如此结论只是一个非常保守的说法。例如,在确定最高清运收费标准方面,消费者事务部关于废物清运支出的考量,使其作为一个独立管理者的作用让人感到失望。为计算支出,该机构不得不将把为处理废物进行掩埋的费用数额计算在内。然而,处置公司将他们的价格建立在压缩后的废物的体积上,而清运商向客户收费是按照没有压缩废物的立方码数。[41] 价格监管很困难,因为清运公司的不同设备压缩废物的紧密程度是不确定的。如果一个清运商从一个客户那里收集来了3.5立方码松散的垃圾,而在交给垃圾掩埋地前可能已经压缩到1立方码,如此清运商只应该要求处理1立方码的费用。或者,如果清运商能将3.5立方码的垃圾压缩到半个立方码,那么客户应交纳的处置费用应当减半。但是清运商一贯是收集3.5立方码松散的垃圾并压缩到半个立方码,要求他们的客户支付整立方码的费用,如此要求相当于其垃圾掩埋费用的两倍。

废物清运商也常常向被他们控制着的客户多要钱,方法是给客户们按照比实际收集的垃圾更松散的体积来开账单。由于客户们很少会测量他们的废物,因而清运商很容易夸大清运走的数量。[42] 而作为结果,为清运废物而收取的费用与为收集和运到掩埋地点的支出关系很小。

不甘心的客户们有两个选择:(1)与清运公司进行对抗;(2)向消费者事务部投诉。第一个选择要求控告人聘请一个垃圾核计员,这种人员很

---

〔40〕同上注,第159页。

* 码是美国习惯体系和英国皇家体系中的一种基本长度单位,等于3英尺或36英寸(0.9144米);一立方码等于0.7645259立方米。——译者注

〔41〕Nicholas Gage:"布鲁克林的清运业与犯罪有联系"(Carting in Brooklyn Is Linked to Crime),New York Times,1974年3月19日,第1版。

〔42〕参见 James B. Jacobs, Alex Hortis:"纽约市成为反有组织犯罪的斗士",第5页。I. Jeanne Dugan:"年轻清运人的审计员"(The Auditor of Young Dumpster),Business Week,1996年5月13日,第14页;另见 Roy Rowan:"50大媒体老板",Fortune,1986年11月10日,第24页。

少;然后是面对一个以与黑帮有联系而闻名的公司——几乎没有一个令人期待的前景。消费者事务部确实有一个投诉程序和少量的调查员。在一些案件中,客户们确实得到了赔偿。但是在大多数情况下,消费者事务部完全不愿意或者不能够挑战体制化的腐败和有组织性勒索。[43]

纽约市的一个小企业,例如一个街头杂货店或熟食店,每年因清运垃圾要支付15000美元。饭馆最少要交5万美元,而大型办公楼的收费多达每年100万美元。[44]当洛杉矶和波士顿的企业为运走垃圾每立方码只需分别支付9美元和5.30美元时,他们在纽约市的同行要支付14.70美元。[45]

清运商之间操纵投标的事情在长岛地区经常发生,在那里市政当局会为清运全部的居民垃圾进行招标。[46]不过,纽约市几乎也无法幸免。当一个大客户进行竞争性招标时,废物清运公司会共同预谋决定最低的标价和最低投标人。例如,1996年11月,州检察官起诉几个清运公司,理由是他们在14个联邦大楼的废物收集上固定标价,包括办公楼、法院大楼和肯尼迪国际机场的联邦航空局控制塔。

1990年,马克·格林成为消费者事务部的专员。他和他的副专员理查德·施拉德(1993年格林当选公共发言人后,他继任专员)努力调动消费者事务部来反对卡特尔。他们提议吊销了帕西奥内的执照,指控他价格欺诈、合同欺诈以及恐吓客户和竞争者。当帕西奥内的公司进入破产管理时,消费者事务部和托管人巴灵顿·帕克一起工作。接着,消费者事务部发起了一场花销巨大、范围宽广的执法行动,意图使非法的废物清运合同失效。几千个传票被签发,而且年度报告要求内容也明显增加。最后,格林提出计划,创建一个新的颁发执照的单位,向各公司进行招标来保养城

---

〔43〕 Dugan:"年轻清运人工的审计员"。
〔44〕 Selwyn Raab:"对检察官们来说,历时5年的详细审查后终于有了突破"(To Prosecutors, Breakthrough After 5 Years of Scrutiny), New York Times,1995年6月23日,B3版。
〔45〕 "纽约市的法案寻求削弱黑帮对商业性垃圾清运的影响", Integrated Waste Management, 1995年4月26日,第5页。
〔46〕 John T. McQuiston:"寻求清运商(卡特尔)的终结"(Break-Up of Carters Sought), New York Times,1985年1月27日,第8版。

第六章 清运财富

市的广大地区。每个公司将不得不雇用一个独立私营部门总监督员(Independent Private Sector Inspector General)来监管其营运并向政府报告。

零星的执法活动

1973 年到 1974 年间,布鲁克林区检察官欧歌内·高尔德(Eugene Gold)在他的辖区开展了长达 6 个月的针对私营清运行业的秘密调查活动。[47] 他的办公室在康尼岛上成立了一个由便衣探员组成的清运公司。尽管政府清运公司的价格比它的竞争者低 30%,而且积极地向 2000 个企业招揽生意,但是只吸引来 19 个客户。[48] 最终,高尔德获得了大陪审团的起诉书,针对布鲁克林 45 个清运公司和 9 名清运行业官员进行刑事性商业限制,其中包括嘎姆比诺、哲诺维斯和科伦波犯罪家族的成员。被告们认罪以换取较轻的量刑。[49] 没有一个被告被处以监禁;他们中的大多数被处以无关痛痒的罚金。消费者事务部也强制性地进行了微不足道的处罚:每辆卡车 500 美元。

同时,纽约州总检察长路易斯·J. 莱夫卡威茨取得了法院命令解散布鲁克林商业废物协会的决定。布鲁克林一个大陪审团建议,纽约市应接管住宅楼附近商务单位的废物收集工作。[50] 考虑到这一建议,在大陪审团起诉书未决期间,消费者事务部临时性停止向清运公司发放新执照,但是这次行政性规制力量的展示只持续了很短时间。最终,每个要求更换执照的申请都被批准了。[51]

---

[47] Gage:"布鲁克林的清运业与犯罪有联系"。
[48] Reuter:"纽约的清运行业",第 180 页。Frank J. Prial:"55 个清运商被指控在布鲁克林搞垄断"(55 Carters Are Charged with Brooklyn Monopoly),New York Times,1974 年 3 月 29 日,第 1 版。
[49] Reuter:"纽约的清运行业",第 164 页。Damon Steson:"清运行业有使用暴力策略的历史"。
[50] "州努力限制布鲁克林的清运商",New York Times,1974 年 11 月 21 日,第 38 版。Damon Steson:"清运行业有使用暴力策略的历史"。
[51] Peter Reuter:"纽约的清运行业"(The Cartage Industry in New York),载 Michael Tonry 主编:《犯罪与法制:年度研究评论》(Crime and Justice:An Annual Review of Research),1994 年,第 149—201 页。

消费者事务部的经历反映了市政官员们的普遍看法，即按照要求颁发执照的政策促进了清运行业的稳定。消费者事务部商业废物分部的负责人里奥·普洛克（Leo Pollock）解释说："我们不想（引发）价格战和该行业里的混乱。我们不认为那样会保护公众。"[52]尽管某个卫生专员支持一个计划，就是将私有公司控制的 50000 个站点转交给卫生清洁部门，但是他的继任者不同意这个想法，而其他城市官员们也同样对改变现状不感兴趣。[53] 按照一个高层市政官员的说法，市长亚伯拉罕·毕默（Abraham Beame）"希望这一情形会销声匿迹"。[54] 因而，区检察官高尔德的努力没有取得体制上的改变。如果有什么收获的话，就是他雄心勃勃地努力进行刑事追究却遭到夭折的经历，在一定程度上说明，政治上和行政管理上的惯性妨碍了摧毁废物清运卡特尔的努力。

对长岛卡特尔的调查和反托拉斯诉讼

70 年代末，"造反"的清运商罗伯特·库贝卡长期拒绝加入长岛卡特尔，而且多年里向不同的执法部门投诉；他同意协助纽约州打击有组织犯罪行动组（OCTF）致力于破除黑帮对清运行业的束缚。打击有组织犯罪行动组，在库贝卡的协助下，发动了为期 18 个月的调查。1982 年，打击有组织犯罪行动组获得法院授权，对安东尼·科拉罗（后来成为鲁齐斯犯罪家族负责人）的汽车安装了窃听装置。"汽车窃听"证明是 80 年代最有效的电子监控手段之一。*

许多有名的黑帮分子和该行业中的知名人物被政府网络监控，包括科拉罗，他的二老板塞尔瓦托·萨托罗（Salvatore Santoro），塞尔瓦托·阿威利诺以及私营卫生清洁产业联合会的负责人詹姆斯·寇瑞甘（James Corrigan）。根据电话窃听获得的信息，纽约州打击有组织犯罪行动组的负责人

---

〔52〕 David Bird："市政府可能接手被控告的清运商线路"（City May Take Indicted Carters' Routes），New York Times，1974 年 7 月 22 日，A1 版。

〔53〕 同上。

〔54〕 同上。

* 从对科拉罗的汽车窃听获得的证据，对 38 个有组织犯罪分子、公共官员和清运公司的有罪判决发挥了作用，并对"委员会"案也产生作用，该案是美国历史最重要的有组织犯罪案件。

第六章　清运财富

罗·戈登施道克起诉了21个人，包括卡法罗和16个废物清运公司[55]，指控他们共谋通过划分管区以及利用威胁和协议抑制竞争的方式，操纵长岛地区的私营垃圾收集行业[56]，和共谋在商业性清运合同上操纵投标。[57]按照打击有组织犯罪行动组的说法，这一有组织性勒索行为的效果就是，仅在萨福克县每年多收的费用就超过1000万美元。

被告们被指控多项犯罪，其中最重要的就是维持一个客户分配体制以及共谋侵害库贝卡。戈登施道克指称，塞尔瓦托·阿威利诺通过"拿骚/萨福克私营卫生清洁产业联合会"掌控卡特尔，并将超过40万美元的钱转移给鲁齐斯犯罪家族。[58]当几个被告在1987年对州的指控表示认罪[59]，以及其余被告在1988年被陪审团判定有罪时[60]，这些有罪判决的影响力却被轻缓的量刑给大大削弱了。[61]法官约翰·旺贡（John Vaughn）命令被告们在监狱服刑6个月，或者在长岛地区的城镇以收集废物的方式提供840小时的社区服务。有罪的清运商被处以每个公司6000美元或者1万美元的罚金。也许是对过轻量刑的指责作出反应，1988年旺贡法官在审判后对被认定有罪的两个清运公司处以100万美元罚金。

打击有组织犯罪行动组的负责人罗·戈登施道克，对过轻的量刑感到沮丧，并声明：他不相信传统的刑事追究能够铲除清运行业中的黑手党。1985年1月，总检察长罗伯特·艾布拉姆斯（Robert Abrams）提起了一项联邦反托拉斯民事诉讼，以寻求永久性改变清运公司在长岛地区从事商业活

---

[55]　参见人民诉维斯普西, 553N. E. 2d 965, 966（N. Y. 1990）；"21人在长岛被起诉：被指控清运业中存在阴谋"。

[56]　"21人在长岛被起诉：被指控清运业中存在阴谋"。

[57]　人民诉维斯普西, 553N. E. 2d 966, 967（N. Y. 1990）。

[58]　"21人在长岛被起诉：被指控清运业中存在阴谋"。

[59]　人民诉拿骚/萨福克私营卫生清洁产业联合会案, 136 Misc. 2d 612, 613（萨福克县 Ct. 1987）。

[60]　人民诉"航行清运 & 循环利用联合公司"案, 158 A. D. 2d 724（N. Y. App. Div. 1990）。

[61]　"9个垃圾清运商面临坐牢或者做工", New York Times, 1987年1月13日, B5版；Don Smith："法官对清运公司处以101万美元罚金"（Judge Fines Carting Firms $1.01M）, Newsday, 1988年1月26日, 第25版。

动的方式。[62] 起诉称:24个长岛地区的清运公司及其总执行官中25人违反了克莱顿法(Clayton Act)*,该法旨在禁止不公平的商业行为。[63] 该起诉为共谋罪的被害人主张3倍的损失赔偿——被害人包括市政当局、学校区以及个人商户——这些人几十年来都支付着虚报的废物清运费用,而且主张被告们应当支付数百美元的罚金。[64]

戈登施道克要求私营清运行业进行广泛的变革。他申请法院下达命令,要求被告们按照标准计量单位给客户开账单——比如一个标准的容器——这样客户们就能够比较不同清运商的收费标准。他还请求法院命令清运商公布他们的收费标准和他们的公共机构客户的名字,以及给客户提供书面声明,即他们可以用10天前通知的方式取消废物清运合同。其目标是"在市场上放开竞争性力量,允许自由、公开的竞争"。[65] 1989年,纽约州总检察长办公室以区区300万美元罚款和责令社会服务的方式了结了这一反托拉斯民事诉讼。被提议的结构性调整没有实现。然而,在将卡特尔定位为犯罪企业,并促使对一个腐败的行业进行结构性改革以及集中力量限制商业违法行为方面,戈登施道克却为执法机构提供了一个模式,促使这些执法机构在后来按照这个模式继续打击长岛地区的科萨·诺斯特拉操纵的废物清运卡特尔。

1989年8月,罗伯特·库贝卡和他的合伙人唐纳德·巴斯托在他们清运公司的办公室里被暗杀。1993年,鲁齐斯家族在长岛地区废物清运业务的负责人和清运商同业公会事实的负责人塞尔瓦托·阿威利诺,对共谋实

---

[62] 纽约州诉"萨勒姆卫生清洁清运公司",1989WL111597(E.D.N.Y.1989年8月9日),第1页。John T. McQuiston:"寻求清运商(卡特尔)的终结"。

* 克莱顿法,作为规定反垄断规则和不公平贸易行动的《谢尔曼反垄断法》的修正而于1914年颁布的一部联邦法律。该法禁止在实质上减损竞争或意图在任何商业领域导致垄断价格歧视、搭售、独占性交易、兼并、互兼董事职位等行为。——译者注

[63] 15 U.S.C.12—27。

[64] 纽约州诉"萨勒姆卫生清洁清运公司",1989WL111597(E.D.N.Y.1989年8月9日),第1页。

[65] John T. McQuiston:"寻求清运商(卡特尔)的终结"。

施上述谋杀案表示认罪。[66]

结　　论

自20世纪50年代中期以来,纽约市地区的清运行业就被卡特尔和"客户分配"体制所支配。纽约市和长岛的两个卡特尔,被同业公会和"国际运输工人兄弟813分会"管理和掌控着。"813分会"的负责人伯纳特·阿德尔施泰因和"纽约清运商协会"的官员暨黑帮分子文森特·斯圭兰特勾结在一起,进一步增进了科萨·诺斯特拉在清运行业的利益。同业公会和工会成为鲁齐斯和嘎姆比诺犯罪家族滋生繁衍的场所。这些卡特尔在如此长的时间里是如此强大,以致任何来自客户或者清运商的挑战都被经济制裁轻易打败,而且很少需要诉诸人身暴力。

多年来,纽约市消费者事务部似乎在行使着它的行政规制权力,但是其方式却与卡特尔成员们和它们所面对的有组织分子们利益完全一致。消费者事务部基本上是给申请人颁发执照、确定最高收费标准以及对财产—权利体制给予默许。1988年,专员安格鲁·阿邦第(Angelo Aponte),批准上调废物清运收费标准,幅度高达38%。他说道,任何相信"自由企业"是一个理性地形容商业废物清运行业特征的术语的人,都是在虚幻中从事经营。对商业共同体而言,废物清运卡特尔及其背后撑腰的黑帮分子仅仅是纽约市生活中的一个事实。

---

　　[66] 参见Jerry Kubecka, Inc. 诉阿威利诺案,898 F. Supp. 963, 966(E. D. N. Y. 1995)。库贝卡和巴斯托的家属对阿威利诺、鲁齐斯犯罪家族成员安东尼·卡索和阿威利诺拥有的两个清运公司提起了民事性违反"反受勒索影响和腐败组织法"和不正当致死民事诉讼。这些家属而后又对纽约州提起民事诉讼,称纽约州打击有组织犯罪行动组和库贝卡和巴斯托二人合作,但是失于保护两人而遭暗杀。参见Kubecka 诉纽约州,1996WL766553, *1(N. Y. Ct. Cl. 1996年12月20日)。纽约索赔法院(New York Court of Claims)裁决,认定打击有组织犯罪行动组失于职守,没有为死者提供适当的保护。1998年,纽约州被命令支付库贝卡和巴斯托的家属1080万美元。参见John Mc-quiston:"被杀告密者的家属们被判给1080万美元"。

第七章 营造科萨·诺斯特拉的封地
——建筑行业

但是我们将拥有力量,这样,一个傻瓜过来投标[一个应该被限定在科萨·诺斯特拉所支持的卡特尔成员范围内的合同],明天四个金牙[有组织犯罪成员]出现在他面前,说"现在[你已经得到合同]所有的工人在哪里?"这就是力量。*

现在,作为协会,我们控制着[雇主们]。当我们控制着这些男人时,我们会更好地控制[雇主们],因为他们会他妈的更加害怕。

你理解我说的话吗?当你碰到一个越界的[雇主]时,你就得到了鞭子。你得到了他妈的鞭子。这就是他(一个犯罪家族的老板)一直告诉我的。一个强大的工会为每个人弄钱,包括聪明的家伙。这些聪明的家伙用一个强大的工会甚至赚更多的钱。[1]

——鲁齐斯家族的喽啰塞尔瓦托·阿威利诺

---

* 方括号为作者所加。——译者注

[1]. 纽约市打击有组织犯罪行动组:"纽约市建筑行业的腐败和有组织性勒索"(以下称OC-TF 最终报告),New York:New York University Press,1990,第83页。

第七章 营造科萨·诺斯特拉的封地

编 年 表

20世纪70年代 联邦调查局实施了"长岛劳工有组织性勒索和敲诈"（LILREX）调查行动，其结果是起诉了石膏板*行业非法活动分子暨哲诺维斯家族的分支头目文森特·迪纳波里（Vincent DiNapoli）。

1981年 布鲁克林打击有组织犯罪行动组对迪纳波里、木工工会主席塞奥多尔·马瑞塔斯（Theodore Maritas）和其他人操纵石膏板卡特尔的行为进行指控。一年后，在审判因陪审团无法达成一致意见结束时**，马瑞塔斯"失踪"，而其他人都表示认罪。

1985年 州长马立奥·科奥默（Mario Cuomo）要求纽约州打击有组织犯罪行动组对纽约市建筑行业的腐败和有组织性勒索展开一次全面的调查。

1986年 "打击有组织犯罪总统委员会"就全国范围的劳工有组织性勒索活动作出报告，提倡更多地运用民事性违反"反受勒索影响和腐败组织法"条款进行追究。

联邦检察官起诉纽约市五个科萨·诺斯特拉犯罪家族中四个家族的老板，指控他们将科萨·诺斯特拉"委员会"作为一个有组织性勒索的企业（enterprise），联邦检察官取得胜利，被告们获得了总计长达100年的科刑。

联邦检察官在科伦波家族有组织性勒索案中证明该家族首要成员有罪，主要是他们在混凝土卡特尔中所起的作用。

纽约市建立了市政府资助的混凝土配料工厂。

1987年 州长马立奥·科奥默创建了"建筑行业行动组"，由来自打击

---

* 石膏板（Drywall），按照维基百科网站的解释，全称是石膏灰质纸胶板，主要用于建筑墙板。——译者注

** 这种情形属于无效审理（Mistrial）的一种，无效审理等于没有进行审理；因而在一般情况下，应另行组成陪审团进行审理，不过，如果被告人表示认罪，则不需要进行陪审团审理。——译者注

有组织犯罪行动组(OCTF)和曼哈顿区检察官办公室的检察官、调查员、会计和其他支持人员组成。

"水泥和混凝土工人"(Cement and Concrete Workers)的"6A 分会"和区委员会(与控方)达成双方同意的裁定。法院指派欧歌内·R. 安德森(Eugene R. Anderson)担任托管人。他的托管职位一直延续到 1993 年。安德森认为，由于权力、资金和支持有限，托管治理并没有取得明显成效。

1988 年　联邦检察官在哲诺维斯家族有组织性勒索案中，证明其主要成员有罪，理由是他们从参与混凝土卡特尔的混凝土公司那里攫取利益。

1989 年　学校建筑局(School Construction Authority)成立，其部分原因是对有关纽约市教育委员会建筑活动的腐败问题作出反应。托马斯·撒切尔是第一任总巡视员。该局创立了一个资格预先审查程序，来防范与黑帮有联系的建筑公司获得学校建筑合同。

1990 年　纽约市开始运行 VENDEX 系统，它是政府承包人的一个计算机数据库。

联邦检察官对窗户更换卡特尔的组织者提出指控。审判还涉及了谋杀、妨害大陪审团和脱逃，法院只作出了 3 项有罪判决。不过，其他指控事实后来也被定罪。

曼哈顿区检察官办公室成功指控了由鲁齐斯犯罪家族经营了 12 年之久的油漆工卡特尔。

打击有组织犯罪行动组对纽约市的建筑行业腐败发表最终报告。它的建议大多被忽视。

1993 年　曼哈顿区检察官长达 4 年的调查结束，其成果是对水暖工行业中制度化的贿赂和不正当酬金行为启动了刑事追究。政府试图对工会进行监管，但被法院否决，因为当时全国总部开始实施自己的托管治理。但是该托管并没有解除鲁齐斯家族对工会的掌控。

1994 年　作为解决民事性违反"反受勒索影响和腐败组织法"案的民

第七章 营造科萨·诺斯特拉的封地

事诉讼协议内容之一,肯尼斯·孔保艾被指派担任木工工会区委员会的托管人。他的努力导致国际工会罢免了该区委员会主席弗雷德里克·德维。

劳伦斯·潘多维茨(Lawrence Pedowitz)和迈克尔·切儿多夫(Michael Chertoff)被分别指派担任"砖瓦工区委员会"的监管人和调查官员,这是对联邦检察官提起的民事性违反"反受勒索影响和腐败组织法"和违反雇工退休收入保障法(ERISA)的指控而达成协议的一部分。1998年,该工会国际组织的总法律顾问称赞托管治理成功地清除了区委员会的腐败。

1995年 "国际卡车司机兄弟282分会"同意,设立由一个法院指派的"查处腐败官员",而他将与来自该工会国际组织并经法院同意的托管人一起工作。

1998年 朱立安尼市长提议对总承包商们实施行政规制性的许可制度。

纽约市的建筑行业是城市经济中的一个独立部分,由无数个分支行业组成,比如拆除、混凝土、钢筋、水暖、石膏板和砖石等行业。和我们研究的其他行业相比,它在规模上要大得多。而且,和其他行业不同的是,它不是按地域划分的,其工作散布在这个城市的各个地方。在任何时间点里,有上千个建设项目在进行,从小的修缮到大的公共建设工程乃至摩天大楼。在20世纪的大多数时间里,科萨·诺斯特拉盘踞在这个产值高达数十亿美元的行业里。

纽约市建筑行业是一个巨大而分散的、由碎片一样的部分组成的集合体,包括数千个建筑公司和原料供应商,数百个总承包商,几十个大开发商以及许多曾经或偶尔从事的、从大公司到小企业规模不等的施工商。这个城市是一个工会城;几乎有100个工会代表着这个城市建筑行业里几十万熟练或非熟练工人。建筑师、工程师、银行家、保险经纪人、律师、会计师、公共行政官员和承包人也扮演着重要的角色。

大的建筑项目需要特殊的合作。为进行建筑施工,必须取得建筑地点,并获得资金(建筑贷款)。律师和顾问们必须取得有关指定地区和建造的许可。建筑师和工程师必须提出计划。一旦工程开始,时间通常是最关键的因素。拖延可能为项目增加巨大的开支,甚至可能导致承包商和开发商的破产。

在大多数大型建筑项目中,承包商与来自几个不同工会的工人们之间事先需要进行协调,这样做有助于解决工程中断和拖延等行业性敏感问题。让我们做一个典型的高层建筑项目的假设:首先资金和法律上的障碍要被清除,随后被选好的地点上的现有建筑必须被拆除,而后对该地点进行清理和挖掘。接着,为地基灌注混凝土。而后,开始使用钢铁、钢筋混凝土、砖或者这些材料的组合物来建造地面建筑。然后是安装内部的电梯、楼梯、管道、电气系统、石膏板墙和冷热系统。最后是木工活、油漆活和安装门、窗和其他固定设施,这样,这个项目就最终完成了。[2]

劳工和材料供应问题在每个阶段都是潜在的麻烦,而且每个有能力阻挠建设进程的个人或组织都有能力来榨取好处。50多年来,科萨·诺斯特拉对建筑工会的统治使他能够开发、利用这一潜在的力量。

劳工关系框架

工会和承包商在一个集体性协议所形成的复杂的网络中被联系起来。某个承包商可能是几个雇主协会的成员,他们会为了自己的利益与一个工会进行协商。反过来,一个工会可能会和十几个承包商协会讨价还价。此外,各工会分会之间通常会就某个建筑点上作业的管理权问题进行争论。

很多劳工合同强加了超额雇工的条款(即比从事工作实际需要安排更多的工人)。有时这些合同包含一些禁止高效率工艺的条款(例如,油漆活不许用喷涂的方式)。一些合同要求雇主雇用一些工人,但是他们并非为雇主工作而是执行工会的规则和利益(例如,运输工人工会的工头要保障进入施工地点的卡车司机都是工会会员)。

建筑公司只保留少量由经理和工头组成的全职工作人员。当他们得

---

[2] 同上注,第16—17页。

到一个合同时,他们会联系工会的雇用大厅来雇用工人。如果工会对某个雇主不满意,它会为那个雇主安排不能胜任的工人。另外,每个工会实际上都有能力通过罢工和示威封锁以及怠工使一个施工点停工。基本上,建筑工会决定哪个公司可以开工,而哪个公司不行。

为了应对这些工会在设定不利合同条款和从事勒索方面的行为,承包商和施工商寻求有能力的代理人来控制工会,以确保劳工和平,并把他们从负担过重的集体性协议条款中解脱出来,科萨·诺斯特拉恰恰具有这样的能力。

就像我们在前面的章节所看到的,有组织性勒索分子能够利用工会的力量创建并推行雇主卡特尔。如果工会控制住一个特殊建筑领域中的承包商们,它就能建立和强制推行卡特尔,即只允许特定的公司做生意。在20世纪大多数时间里,纽约市的建筑行业都以科萨·诺斯特拉影响或控制的工会所强制推行的雇主卡特尔作为特征。

科萨·诺斯特拉和纽约市的建筑工会

科萨·诺斯特拉在纽约市建筑行业的主要势力基础就是建筑业工会。"打击有组织犯罪总统委员会"1986年的报告查明,十多个建筑业工会分会"与一个或多个[科萨·诺斯特拉犯罪]家族之间具有可以被证实的关系,这些犯罪家族往往通过把持工会办公室的方式来进行有组织性勒索行为"。[3] 纽约州打击有组织犯罪行动组于80年代实施的、对纽约市建筑行业的腐败和有组织性勒索进行的全面调查发现,该行业存在更为广泛的劳工有组织性勒索行为,包括以下事例[4]:

运输

● 运输工人工会第16联合委员会是该工会最大的联合委员会,有数名成员与哲诺维斯和鲁齐斯犯罪家族有联系。例如,黑帮的随从约瑟夫·

---

[3] 同上注,第225—226页。
[4] 参见OCTF最终报告。

垂佛托拉（Joseph Trefotola），就是第 16 联合委员会的主席兼国际运输工人工会的副主席。[5] 1991 年，垂罗托拉因被指控容忍黑帮而离开工会。[6] 担任该委员会副主席多年的帕提塞·卡拉帕扎诺（Patsy Crapazano）与哲诺维斯犯罪家族有联系，而他本人则是个被判有罪的勒索犯。

- 代表装运混凝土卡车司机的"国际运输工人兄弟 282 分会"的官员们，几十年里与科萨·诺斯特拉成员有着紧密联系或者受其控制。早在 1954 年，曼哈顿区检察官弗兰克·霍甘（Frank Hogan）就报告称：歹徒以劳工问题威胁混凝土供应商。约翰·欧朗克（John O'Rouke）在 1931—1965 年期间担任"282 分会"的主席，他与鲁齐斯家族约翰·迪奥瓜第和安东尼奥·科拉罗联系紧密。1976—1984 年，纽约市最有势力的工会人物之一、"282 分会"的主席约翰·考第（John Cody）也是嘎姆比诺家族的紧密随从。一项调查显示，考第每年给家族老板卡罗·嘎姆比诺 20 万美元。1982 年，考第被判有罪，其犯罪事实就是他通过勒索、收取回扣和贿赂把"282 分会"作为一个有组织性勒索的企业。[7] 考第的继任者罗伯特·萨索于 1994 年对有组织性勒索表示认罪，同样的情况也发生在"282 分会"另一位主席迈克·布尔嘎尔（Mike Boorgal）身上。[8]

建筑工地的准备工作

- "劳动者工会爆破工和钻机操作工 29 分会"（Blasters and Drill Runners 29 Local of the Laborers Union）长期以来受一些鲁齐斯犯罪家族成员控制或者影响。在调查主席路易斯·萨佐（Louis Sanzo）是否收受非法酬金，以及非工会会员的鲁齐斯的喽啰塞尔瓦托·卡瓦里瑞（Salvatore Cavalieri）是否事实上控制 29 分会并与萨佐分享酬金的时候，司库阿马迪奥·佩提

---

[5] 约瑟夫·垂罗托拉当时已经 80 岁了，当年晚些时候他去世。Jerry Seper: "被组织起来的劳工抗击家族联系"（Organized Labor Fights Family Ties），Insight on the News, 1994 年 11 月 21 日, 第 6 版。

[6] 参见 OCTF 最终报告, 第 81 页。

[7] 参见美国诉考第案, 722 F. 2d 1052 (2d Cir. 1983), 调卷令被拒绝, 467 U. S. 1226 (1984)。

[8] 参见美国诉萨索案, Cr. 92-1344; Robert Kessler: "工会老板被处刑"（Union Boss Sentenced）, Newsday, 1994 年 9 月 10 日, A13 版。

第七章 营造科萨·诺斯特拉的封地

托(Amadio Petito)因在大陪审团前作伪证以及试图拒绝作证而被判有罪。政府提出的证据证明,萨佐把卡瓦里瑞看作他的老板,而卡瓦里瑞的儿子是"29分会"津贴和福利基金的管理人。萨佐因逃税和共谋欺诈而被判有罪,因为他收取的钱财部分是从与黑帮相联系的公司所涉及的洗钱阴谋中所得。[9]

- "劳动者工会拆屋人工会95分会"(Housewreckers Union Local 95 of the Laborers Union)由哲诺维斯犯罪家族的老板"大下巴"温森特·吉甘特控制。1984年,"95分会"的主席约瑟夫·谢尔曼(Joseph Sherman),营业管理员斯蒂芬·马克耐尔(Stephen McNair)和司库"钉子腿"约翰·罗舍茨基(John "Pegleg" Roshetski)因劳工有组织性勒索被判有罪。[10]

混凝土

- 很长时间以来,科萨·诺斯特拉就涉足"劳工者工会水泥和混凝土工人6A分会"。一直到80年代末,科萨·诺斯特拉通过科伦波犯罪家族的喽啰拉尔夫·斯考普(Ralph Scopo)控制着该分会和区委员会。斯考普被起诉实施违反联邦法的有组织性勒索行为后,于1985年辞去区委员会主席的职务,后来他因该指控被判决有罪。[11]斯考普的儿子约瑟夫和拉尔夫继续被区委员会和"6A分会"接纳,约瑟夫还担任了"6A分会"的主席,一直到1987年他们辞去职务。[12] 1987—1992年,一个由法院指派的监管人被安排监管"6A分会"和区委员会。[13]

- 多年来,劳动者工会"66分会"一直由"黑猩猩"彼得·瓦里奥控制,他是保罗·瓦里奥的侄子,曾经担任该分会的副主席,是鲁齐斯家族的成

---

[9] 参见美国诉佩提托案,671 F.2d 68(2d Cir),调卷令被拒绝,459U.S.824(1982);美国诉萨佐案,673 F.2d 64 (2d Cir),调卷令被拒绝,459U.S.858(1982)。

[10] 参见OCTF最终报告,第21、81页(援引美国诉谢尔曼案,84 Cr.205(S.D.N.Y.1984))。

[11] 拉尔夫·斯考普1993年死于狱中。参见美国诉LIUNA案,起诉书草稿第15页。

[12] 1987年3月,根据纽约南区联邦检察官提起的民事性违反"反受勒索影响和腐败组织法"诉讼,"水泥和混凝土工人区委员会"的"6A分会"同意更换其领导人并接受法院指派的托管人的监督。参见美国诉"水泥和混凝土工人6A分会",86 Civ.4819(S.D.N.Y.1986)。

[13] 参见同上;美国诉"水泥和混凝土工人6A分会",832 F. Supp. 674(1993)(说明应于1990年结束的监管,被延长至1992年);另见OCTF最终报告,第79页。

员。1988年12月,彼得·瓦里奥(Peter "Jocko" Vario)、营业管理员小迈克尔·拉巴拉拉(Michael LaBarbara Jr.)和副营业管理员詹姆斯·阿巴提罗(James Abbatiello)受到指控。指控内容是他们将"66分会"作为一个犯罪企业,并与鲁齐斯犯罪家族的老板和二老板一起分享通过有组织性勒索获得的收益。他们最终被判有罪,并辞去了他们的工会职务。[14]

砖瓦工行业

- "劳动者工会砖瓦工23分会"被路易斯·吉阿迪纳(Louis Giardina)控制,一直到1986年他因劳工有组织性勒索被判有罪时为止。他是"23分会"的前主席,嘎姆比诺犯罪家族的成员。[15]

- "劳动者工会砖瓦工59分会"被哲诺维斯犯罪家族帕嘎诺派系控制了很多年。在一次被窃听的电话通话中,小约瑟夫·帕嘎诺(哲诺维斯家族)的成员,声称"59分会"已经"归属于他的家族50年了"。[16]

- 彼得·A.瓦里奥(上面提到的彼得·瓦里奥的堂兄弟)[17],是鲁齐斯犯罪家族的成员和"劳动者工会砖瓦工49分会"的营业管理员。1988年他因实施劳工有组织性勒索和以劳工和平为筹码收取承包商的贿赂行为而被判有罪。[18] 同一刑事追究还导致对巴西尔·瑟沃内(Basil Cervone)的有罪判决,他是"砖瓦工13分会"的营业管理员,同时也是工会官员以及工会信托基金的管理人。

- 1994年,砖瓦工工会区委员会及其数名官员受到民事性有组织性勒索起诉,砖瓦工工会区委员会被指责是个腐败的企业,与哲诺维斯、鲁齐斯和嘎姆比诺犯罪家族联系紧密。20多年里,砖瓦工工会区委员会一直被

---

[14] 1989年9月,拉巴拉拉和阿巴提罗对从长岛的承包商那里获得总计1.8万美元的多项贿赂指控表示认罪。阿巴提罗还以指示证人向大陪审团说谎方式实施妨害司法的指控表示认罪。1988年12月,瓦里奥辞去工会职务。1990年3月,他因违反联邦法的38项指控而被判有罪。参见美国诉瓦里奥案,88 Cr. 719 (E. D. N. Y. 1988)。

[15] 参见美国诉嘎罗案,671 F. Supp. 124 (E. D. N. Y. 1987);美国诉达利案,842 F. 2d 1380 (2d. Cir. 1988);Kevin Flynn 和 Michael Weber:"摧毁纠缠公司的黑帮绳索"(Blast Firms' Tangled Mob Ties), Newsday, 1983年4月9日,新闻版第3页。

[16] 人民诉帕嘎诺案,大陪审团起诉书第120/89号(罗克兰县1989)。在该案中,丹尼尔和他的儿子约塞夫对高利贷和赌博指控表示认罪。

[17] 参见美国诉LIUNA案,起诉书草稿,第13页。

[18] 参见美国诉瑟沃内案,907 F. 2d 332 (2d. Cir. 1990)。

第七章 营造科萨·诺斯特拉的封地

怀疑勒索贿赂、贪污信托基金、从公司那里收取回扣以及纵容下面的分会做同样的事情。[19] 其前任主席弗兰克·鲁普(Frank Lupo)承认,科萨·诺斯特拉利用其对雇用大厅的控制,来挑选他担任"选举产生的"主席职位,而他的父亲(哲诺维斯犯罪家族的成员)和他的祖父也曾占据这个职位。作为主席,鲁普的作用包括使用工会基金以高价买入房地产,如此大概可以使科萨·诺斯特拉获利。[20] 1995年,当事人双方达成一个双方同意的裁定,要求从工会中清除科萨·诺斯特拉以及消除腐败的影响。[21]

木工业

- "木工工会纽约市及周边地区区委员会",很长时间以来一直被科萨·诺斯特拉利用来控制这个城市的石膏板行业。哲诺维斯家族的分支头目文森特·迪纳波里,在协调该区委员会实施有组织性勒索的谋划中发挥了主要作用。该委员会最近的三任主席,被指控实施与科萨·诺斯特拉有关的犯罪行为,他们任期加起来超过30年。[22] 政府官员们相信,哲诺维斯犯罪家族的成员们,对这些区委员会的主席们直接加以控制。塞奥多尔·马瑞塔斯(Theodore Maritas)曾于1977—1981年期间担任主席;在针对他进行的劳工有组织性勒索的审判后,有人怀疑他被谋杀身亡。对同案中其他的科萨·诺斯特拉成员的审理,因陪审团无法形成一致意见而中止。帕斯查尔·迈克奎尼斯(Paschal McGuinness)被指控实施与科萨·诺斯特拉有联系的犯罪活动,但被宣告无罪。[23] 弗雷德里克·德维(1991—1996

---

[19] 参见美国诉大纽约砖石工区委员会案,94 Civ. 6387 (RWS), 1997WL97836 第1页(S. D. N. Y. 1997年3月16日)。

[20] 参见美国诉大纽约砖石工区委员会案,94 Civ. 6487 (RWS), 1995WL679245(S. D. N. Y. 1995年11月15日);Richard Bernstein:"文件图示黑帮对一个工会的掌控"(Papers Diagram Mob's Grip on a Union), New York Times, 1994年11月2日, B1版。

[21] 参见美国诉大纽约砖石工区委员会案,1997WL97836 第1页。

[22] 参见美国诉区委员会案,90Civ.5722(CSH)。有关支持初步性免除之申请的政府备忘录(以下称"政府备忘录"),第1—15页;Selwyn Raab:"木工工会前领袖因盗窃基金被判有罪"(Former Chief of Carpenter's Union Convicted of Stealing Funds), New York Times, 1998年3月25日, B3版。

[23] 为了响应联邦对马瑞塔斯的调查,国际工会在1981—1984年间对区委员会实行托管。参见美国诉迈克奎尼斯案,764 F. Supp. 888,891 (S. D. N. Y. 1991);Jerry Gray:"工会领袖在贿赂案中赢得无罪宣告"(Union Leader Wins Acquittal in a Bribe Case), New York Times, 1991年7月25日, B1版。

年担任主席)因被指责与黑帮有牵连而被国际木工工会罢免,1998 年他因盗窃工会基金被判有罪,并被处以 15 个月监禁。[24]

● 木工工会 17、135、257、902 和 608 分会的很多官员因与科萨·诺斯特拉有牵连的犯罪活动而被判有罪。[25]

● 哲诺维斯家族的分支头目文森特·迪纳波里曾多次被判有罪。和几个承包商取得一致意见后,他负责成立了"泥水工 530 分会",在石膏板安装工会之外提供可供替代的劳动力。[26] "530 分会"多年来一直被哲诺维斯家族的随从路易斯·莫斯卡戴罗(Louis Moscatiello)操纵。1989 年,莫斯卡戴罗因收受贿赂和其他罪行被判有罪,但是对其利用企业实施腐败的指控被驳回。[27]

安装水暖管道业

● "水暖工工会锅炉装配工 638 分会",多年来都由其工会代表乔治·达利(George Daly)代理,而他是嘎姆比诺家族老板保罗·卡斯戴拉诺和托马斯·毕罗提的随从。达利担任"638 分会"的工会代表一直到 1987 年,当时他因以保证劳工和平为条件索取贿金而被判有罪。[28]

● 水暖工工会"2 分会"是这个国家最大的管道行业分会,1993 年它受到企业腐败以及相关犯罪指控。[29] 一个前主席和四个前工会代表表示认

---

〔24〕肯尼斯·孔保艾:"调查及核查官第五份中期报告",向法官海特报告,1996 年 9 月 30 日,第 18 页;美国诉区委员会案,90 Civ. 5722 (CSH); Selwyn Raab:"木工工会前高官因盗窃基金被判有罪"。德维后来被处以 15 个月监禁。Barbara Ross 和 Bill Hutchinson:"等着坐牢的木工工会前老板"(Jail for Ex-Carpenter Boss), Daily News, 1998 年 8 月 18 日, 新闻版, 第 11 页。

〔25〕OCTF 最终报告,第 50—51 页。

〔26〕与詹姆斯·迈克纳马拉的访谈,他曾是"建筑行业关系市长办公室"的主任和曼哈顿检察官办公室和 OCTF 的前顾问。1998 年 9 月 8 日。

〔27〕参见 Selwyn Raab:"水暖工工会的纽约官员们因贿赂被指控"(New York Officials of Plumbing Union Charged in Bribery), New York Times, 1993 年 10 月 15 日, A1 版;美国诉莫斯卡戴罗案,566 N. Y. S. 2d 823。

〔28〕美国诉达利案,842 F. 2d 1380 (2d. Cir. 1988);参见美国诉嘎罗案,671 F. Supp. 124 (E. D. N. Y. 1987), Cr. 86-452(S);参见 Selwyn Raab:"法庭助手和其他 15 个人被起诉,指向嘎姆比诺集团"(Court Aide and 15 Others Indicted in Move Against Gambino Group), New York Times, 1998 年 6 月 21 日, A1 版。

〔29〕参见美国诉萨尔扎儒罗案,639 N. Y. S. 2d 885(1996)。

罪。尽管对其指控尚在判决中,保罗·马戴罗仍被选为工会代表。[30]

油漆涂刷业

• 1990 年,"国际油漆工及联盟贸易兄弟第九区委员会"(the International Brotherhood of Painters and Allied Trades District Council 9)及其所属分会被指控在 1978 年至 1990 年间利用油漆工工会实施企业腐败犯罪。[31] 包括当时区委员会的负责人保罗·卡曼在内的几名官员表示认罪。卡曼承认他受到鲁齐斯犯罪家族的直接控制。[32] 卡曼的继任者吉米·毕绍普(Jimmy Bishop)(1973—1989 年间任主席),据称也是由鲁齐斯家族精心挑选。1990 年,他中弹身亡。[33]

窗户安装业

• 1994 年,"建筑和装饰铁架工人工会"(Architectural and Ornamental Ironworkers Union)("580 分会")的官员托马斯·麦克格温(Thomas McGowan),因参与收受劳工贿赂被判有罪。[34] 该分会代表着在大都会地区从事提供窗户更换服务的工人们。"580 分会"还被暗指,在窗户更换工程项目中广为所知的操纵投标阴谋中充当"发动机"。[35]

在 90 年代法院指定进行托管治理之前,一旦有组织性勒索分子渗入并进而取得对工会的控制,就不可能再把他们赶出去。建筑工会的腐败官员们控制着选举程序,有权以"不正当行为"为由驱逐会员,并决定谁来干

---

[30] 参见曼哈顿区检察官:新闻稿,1996 年 4 月 22 日;Selwyn Raab:"前水暖工工会官员们因勒索被认定有罪"(Ex-Plumbers' Union Officials Guilty in Extortion),New York Times,1996 年 4 月 23 日,B4 版。保罗·马戴罗后来被宣告无罪。与詹姆斯·迈克纳马拉的访谈,1998 年 9 月 8 日。

[31] 参见人民诉卡帕尔多案,572 N. Y. S. 2d 989(1991)。

[32] 参见 Selwyn Raab:"油漆工工会官员们承认与黑帮有联系"(Painters Union Officials Admit Links to Mob),New York Times,1991 年 3 月 10 日,A31 版。

[33] 工会民主协会:"吉米·毕绍普在油漆工工会第 9 区委员会被谋杀",工会民主评论,第 77 号(1990 年 8 月),第 4 页。

[34] 参见美国诉麦克格温案,58 F.3d 8(2d Cir. 1995)。

[35] 参见美国诉吉甘特案,39 F.3d 42(2d Cir. 1994);美国诉麦克格温案;美国诉曼嘎诺案,90 Cr. 0446(E.D.N.Y.)。

什么类型的工作。* 此外,工会官员们还充当各种福利基金的管理人,从而能够利用这些基金增强他们的力量,并改善他们的生活方式。最终,如此众多知名的有组织犯罪分子出现在该行业,这种情形使人相信,直接的暴力威胁肯定存在,而隐性的威胁常常就足以发挥作用。[36]

经特许在纽约市建筑行业成立分会的那些全国性和国际性工会组织,要么是不愿意要么是没有能力来驱逐这些有组织性勒索分子们。美国劳工部没有能够积极有效地处理有关腐败和有组织性勒索的投诉。同样,《兰德勒姆—格里芬法》(Landrum-Griffin Act)**,其本来意在确保工会民主,却被狭窄地解释并软弱无力地执行着。从而,在20世纪大半时间里,黑手党在纽约市建筑工会的影响是无所顾忌且无所不在的。

传统犯罪和有组织性勒索

多年来,科萨·诺斯特拉已经彻底地渗透到纽约市建筑行业里,因而,当它的成员们从事各种各样与这个行业有关的犯罪行为和有组织性勒索活动时,人们丝毫不感到惊讶。例如,建筑场所提供了受限制的区域,并不为公共视野所关注,而科萨·诺斯特拉的成员们,通过工会提供的现成途

---

* 因为建筑工人们通常被雇主们短期雇用,所以雇用大厅被用来作为工作介绍系统,为没有工作的工会会员提供空缺的工作岗位。如此在理论上是成立的:在这样的官员控制下,滥用权力的可能性是显而易见的;一个会员想得到工作,就必须支持他们并与他们保持融洽。参见纽约州打击有组织犯罪行动组:"纽约市建筑行业的腐败和有组织敲诈勒索",纽约:纽约大学出版社1990年版,第52页,引自Robert M. Bastress:"工会雇用大厅公平代表性之以宪法为基础的义务适用",西弗吉尼亚法律评论第82期(1987年秋季号),第31、36页。

[36] 参见OCTF最终报告,第31—51页。

** 又称为《劳资关系报告法(Labor-Management Reporting Act)》,1959年通过的一部联邦制定法。它规定所有工会组织均须向劳工部递交年度报告,并规定被判定犯有贪污、受贿、勒索或谋杀罪的人在被定罪或监禁期满后五年内不得担任工会管理职务。此外,该法还保证所有工会成员享有平等权利,可采取措施防止对工会成员的歧视待遇,并规定全国工会成员应在每5年内、地方工会应在每3年内,以秘密投票方式选举工会管理人员。引自《元照英美法词典》,法律出版社2003年版,第774页。——译者注

第七章 营造科萨·诺斯特拉的封地

径,在这些场所经常通过赌博和高利贷活动而获利。[37] 这里也存在系统化的盗窃和诈取工会福利基金的情况。工会官员们经常挑选福利基金管理人来控制高达数亿美元的基金。腐败的官员们和保管人以接受雇主们贿赂的方式来欺诈基金,而雇主们希望如此来免除强制性的福利捐助。他们还操纵福利计划服务合同(例如,医疗、牙科和法律方面的服务),即把这些合同交给同道的有组织性勒索分子们控制的公司,或者交给那些愿意支付回扣来获得这些利润丰厚合同的合法公司。[38] 例如,纽约木工工会地区委员会前主席弗雷德里克·德维从其工会的资产(据估计超过10亿美元)[39] 中提钱,来支付个人消费,例如包租飞机、豪华轿车和娱乐服务。[40] 他还操控着将很多牙科合同交给一个新泽西的牙医,以换取大量的个人牙科服务。[41]

或许最为重要的是,科萨·诺斯特拉对工会的控制,使得向承包商进行勒索和收取贿赂变得更为容易。由于有关劳工动荡和怠工的威胁确实可能发生,因此有组织性勒索分子可以从承包商们那里勒索钱财,因为对于他们来讲,工程延误意味着灾难。接着,承包商将这些超支费用转嫁到消费者头上。当一些承包商成为科萨·诺斯特拉威胁的被害人时,其他人就会心甘情愿地做犯罪辛迪加的伙伴,如此确保平稳的工作环境。[42] 同样,因为有权力选择不去执行耗费巨大的集体性议价规定(例如,超时付款、福利基金捐助、施工点上委派工会代表),有组织性勒索分子从寡廉鲜耻的承包商那里索取贿赂,因为这对后者也有利。

---

[37] 参见OCTF最终报告,第64、93—94页。援引打击有组织犯罪总统委员会,"美国的有组织犯罪和劳资关系有组织性勒索"(Organized Crime and Labor-Management Racketeering in the United States),第五次听证记录,芝加哥,伊利诺伊(Washington, D.C.: Government Printing Office, 1985年4月)。

[38] 参见OCTF最终报告,第28页。

[39] Rich Blake:"据报告称,纽约木工工会的审核批准总计13亿美元"(NY Carpenter's Reportedly Reviewing Mandates Totaling $1.3 Billion),Money Management Letter,1997年5月5日,第1页。

[40] 参见Tom Robbins:"木工工会前主席因盗窃基金遭到打击"(Carpenters' Ex-Prez Hit Fund Theft),Newsday,1996年10月25日,新闻版第2页。

[41] 参见美国诉区委员会案,90 Civ. 5722(CSH),Jesse Hyman 的声明,第9页。

[42] 参见OCTF最终报告,第23页。

控制纽约市建筑工会,不仅使科萨·诺斯特拉获益,而且也为科萨·诺斯特拉的成员及其随从带来政治上和经济上的影响力,如此使这个有组织犯罪辛迪加获得独一无二的地位。工会的职位和与承包公司有关的职位,为他们提供了纳税身份和合法的商业伪装。例如,约翰·哥弟曾是"APC水暖工程公司"的管道安装推销员,而"公牛"萨米·格拉瓦诺是"JJS建筑公司"的主席。[43] "接受一个科萨·诺斯特拉成员并使他成为工会官员的能力……可以说,给了一个'犯罪毛虫'某种能力,使他能变成一只非常美丽却危险的蝴蝶。如此即赋予他直接的合法身份,一个无限的开销账户,可以用来缴纳所得税的合法收入,加上他从工会会费中偷出的所有的钱,进入工商业界的入场券以及那些热衷于政治办公室的入场券。"[44] 无论是在势力方面还是在利益方面,都很难全面叙述建筑行业对科萨·诺斯特拉的重要性。

科萨·诺斯特拉和雇主卡特尔

科萨·诺斯特拉一旦在某个建筑工会里建立了势力基础,就很容易组织和掌控建筑行业某个领域的雇主卡特尔,并使之与那个工会分会的管辖范围相适应。例如,控制了代表浇注掺水即用混凝土工人们的分会,就会导致一个掺水即用混凝土制造商卡特尔的出现。同样,控制了代表安装建筑内石膏板工人的分会,就会形成一个石膏板加工商的卡特尔。

科萨·诺斯特拉通过控制雇主协会来控制雇主们,进而强制推行这些卡特尔,一些拥有从属于卡特尔的公司的黑帮分子们也参与其中,而正是科萨·诺斯特拉在工会中的势力建立并维系了这些卡特尔。

混凝土卡特尔

混凝土是物质环境中的基本建筑材料,为高层建筑地基和地面建筑所

---

[43] 同上注,第84—85页。
[44] 关于有组织犯罪和北美劳动者国际工会的听证会,在众议院司法委员会犯罪专门委员会,1996年7月24日,第47页(联邦调查局犯罪调查分部前副助理主任James E. Moody的证词)。

第七章　营造科萨·诺斯特拉的封地

必须*。用于混凝土的开支几乎要占高层建筑总开支的25%。80年代末，纽约市建筑行业每年用于混凝土的开支在3亿到5亿美元之间。[45] 科萨·诺斯特拉占据整个行业长达数年。

在"哲诺维斯家族"案和"委员会"案审理中提出的证据显示[46]，科萨·诺斯特拉通过对"水泥和混凝土工人"的"6A分会"和区委员会以及运输工人工会"282分会"的支配能力[47]，控制了掺水即用混凝土供应商和承包商。科伦波犯罪家族控制着"6A分会"和区委员会。1977年，一个显赫的科伦波家族成员拉尔夫·斯考普成为区委员会的主席。运输工人工会"282分会"代表着水泥搅拌卡车司机们。[48] 嘎姆比诺家族的随从约翰·欧朗克(John O'Rouke)于1931—1965年期间担任"282分会"的主席。1976—1984年，嘎姆比诺家族通过约翰·考第控制着"282分会"。在考第控制的那几年里，一些观察家称其为纽约市最有势力的工会领袖。[49]

科萨·诺斯特拉通过哲诺维斯家族的随从爱德华·哈罗仁(Edward

---

*　混凝土是由沙子、砂砾、粉碎的石头和其他粒料与水泥一起形成的混合物，当与水结合时，这些粒料粘合在一起。混凝土变得坚硬，是因为水和水泥之间化学反应的结果。混凝土有两种使用方式。第一种是掺水即用的混凝土。掺水即用混凝土公司是供应商和运输商。他们从地方供应商那里买来粒料和水泥。当一个混凝土承包商需要时，他们将粒料和水泥、水在一个掺水即用或"搅拌"设备里混合，然后他们用自己的混凝土搅拌卡车将其运走。这种卡车上旋转着的鼓形圆桶延缓了混凝土凝固。就地搅拌设备是绝对需要的，因为混凝土在90分钟内就会凝固，甚至在搅拌卡车里。第二种混凝土是预制混凝土，它是由供应商事先浇注成型的。参见John Sedgwick：《强壮却敏感：混凝土建筑》，Atlantic，1991年4月，第70页。

[45]　参见Michael Orekes："腐败被唤作纽约建筑行业中一种生活方式"（Corruption Is Called a Way of Life in New York Construction Industry），New York Times，1982年4月25日，A1版。

[46]　美国诉萨雷诺案，86 Cr. 245 (S. D. N. Y. 1986)；美国诉萨雷诺案，85 Cr. 139 (S. D. N. Y. 1985)。

[47]　M. A. Farber："混凝土承包商讲述向一个工会官员行贿以换取劳工和平"（Concrete Contractors tell of Payoffs to a Union Leader for Labor Peace），New York Times，1985年12月18日，B1版；M. A. Farber："科伦波案件的陪审团听取1983年有关贿赂的谈话录音"（Colombo Jury Hears Tapes of '83 Conversations about Payments），New York Times，1985年4月21日，A31版；Ronald Smothers："陪审团被告知，犯罪家族们控制着混凝土行业"（Jury Is Told Crime Families Control Concrete Business），New York Times，1986年1月15日，B3版。

[48]　Roy Rowan："黑手党咬了一口大苹果"（The Mafia's Bite of the Big Apple），Fortune，1988年6月6日，第128页。

[49]　Selwyn Raab："运输工人工会的主要负责人因从事劳工有组织性勒索被长岛陪审团认定有罪"（Key Teamster Leader Is Convicted of Labor Racketeering by Long Island Jury），New York Times，1982年10月9日，A1版。

Halloran)垄断着纽约市掺水即用混凝土供应商。[50] 1981年,科萨·诺斯特拉帮助哈罗仁,取得了大都会地区三个最大的混凝土制造商和曼哈顿唯一拥有搅拌设备公司的全部或者相当大部分的股权和控制权,即"保证合格混凝土公司"(Certified Concrete Company)、"运输混合混凝土有限公司"(Transit Mix Concrete Corp.)和"大苹果混凝土公司"(Big Apple Concrete Company);"大苹果混凝土公司"后来与"运输混合混凝土有限公司"合并。科萨·诺斯特拉,通过哈罗仁控制了整个纽约市掺水即用混凝土的供应。作为对混凝土生产形成垄断的回报,每浇注一立方码混凝土,哈罗仁给科萨·诺斯特拉的"委员会"3美元的回扣。[51]

　　由于拥有对产品和劳工的支配力量,控制经营混凝土浇注的承包商就是很容易的事情。* 对于所有金额达到200万美元的浇注混凝土合同,科伦波家族要拿1%的回扣。200—500万的合同只能由科萨·诺斯特拉的"委员会"挑选的一些承包商来履行。得到好处的承包商被要求按照合同价款给"委员会"2%的回扣。价值超过500万美元的合同则完全由"S&A混凝土公司"履行,据称"胖东尼"安东尼·萨雷诺(哲诺维斯家族的老板)和保罗·卡斯戴拉诺(嘎姆比诺家族的老板)在该公司享有隐形的权益。[52] 因此,科萨·诺斯特拉通过回扣和所有权益从卡特尔中获利。整个

---

[50] 参见美国诉哈罗仁案,86 Cr. 245, 1989 WL 2691(S.D.N.Y. 1989)。

[51] Rowan:"黑手党咬了一口大苹果"。

* 尽管科萨·诺斯特拉并没有同样地控制预制混凝土的供应,这种混凝土在大都会地区的使用却是有限的。按照一个施工商的说法,预制混凝土供应商萨姆·勒福拉克(Sam LeFrak)与运输工人工会"282分会"的约翰·考第有某种协议。在造价2.5亿美元的"盖特维广场"公寓综合楼的项目中,勒福拉克使用预制混凝土让考第及其随从们感到不安。利用科萨·诺斯特拉在其他建筑地区的力量,考第说服勒福拉克使用掺水即用混凝土。参见 Roy Rowan:"黑手党咬了一大口苹果",财ургуж,1988年6月6日,第128页;Selwyn Raab:"专家说,混凝土行业的无规则哄抬了建筑开支",纽约时报,1981年4月26日,A1版。

[52] 参见 OCTF 最终报告,第87页;美国诉萨雷诺案,937F 2d 797 (2d Cir. 1991),被推翻,505 U.S.317(1992);美国诉萨雷诺案,974 F. 2d 231(2d Cir 1992),部分被推翻;美国诉迪纳波里,8F.3d 909(2d Cir. 1993)(全院庭审);美国诉米格里奥瑞案,104 F.3d 354(2d Cir. 1996)(说明剩下的5个被告到1995年均表示认罪)。

第七章　营造科萨·诺斯特拉的封地

80年代,纽约市的混凝土价格比美国其他主要城市要高70%。[53]

科萨·诺斯特拉以"劳工者工会66分会"作为势力基础,在长岛组建了第二个混凝土卡特尔。这个卡特尔向工会官员们行贿,从而让承包商在雇用工人时可以选择非工会工人,避免雇用属于工会的工人代表,低于最低薪金给工会工人发放工资以及使雇主免于向工会福利和救济金基金捐款。[54] 这个卡特尔由鲁齐斯犯罪家族通过"66分会"的副主席"黑猩猩"彼得·瓦里奥来组织,并操纵投标和分派合同。作为对会员利益的回报,卡特尔的承包商们要支付特定合同价款的1%给瓦里奥。[55]

石膏板卡特尔

70年代末,联邦调查局"长岛劳工有组织性勒索和敲诈"(LILEX)调查行动,揭露了一个由哲诺维斯家族的分支头目文森特·迪纳波里控制的石膏板承包商组成的俱乐部。[56] 作为石膏的廉价替代品,石膏板被用在很多建筑项目中。1993年,在纽约市建筑合同价款中,这个分支行业累计超过1亿美元,其中大部分合同交给了俱乐部成员们。[57]

和混凝土卡特尔不同,石膏板卡特尔并没有明显地对石膏板制造商施以控制。然而,科萨·诺斯特拉控制着木工工会,拥有或者控制着大部分的纽约市石膏板的承包商,并操纵着"大都会纽约石膏板承包商协会"(the Metropolitan New York Dry Wall Contractors Association)和该行业的主要雇

---

[53] 参见Selwyn Raab:"纽约混凝土企业面对的麻烦"(Trouble for New York's Concrete Venture),New York Times,1993年5月30日,A29版;Selwyn Raab:"专家说,混凝土行业的无规则哄抬了建筑开支"(Irregularities in Concrete Industry Inflate Building Costs, Experts Say),New York Times,1981年4月26日,A1版。

[54] 参见美国诉瓦里奥案,88 Cr. 719(E. D. N. Y. 1988)。

[55] 关于该共谋的详细描述,参见Robert W. Greene:"劳动者工会分会之混凝土案审判"(The LI Concrete Trial),Newsday,1990年3月11日,长岛编,第3页;Tom Morris:"劳动者工会分会定价最高"(LI Prices among Highest),Newsday,1990年3月11日,长岛编,第3页;Steve Wick:"一个小公司如何成为长岛的最大供应商"(How a Small Firm Became the Island's Largest Supplier),Newsday,1990年3月11日,长岛编,第27页。

[56] 参见政府备忘录,第12页。

[57] 参见Selwyn Raab:"调查者指控,承包商组成'俱乐部'来进行税务欺诈"(Investigators Charge Contractors Formed "Club" for Tax Fraud),New York Times,1983年7月6日,A1版。

主协会。

这个俱乐部有20个公司,都是"大都会纽约石膏板承包商协会"的成员。70年代末到80年代初,他们取得了大多数的公共和私营石膏板合同;仅仅少数承包商控制着这个城市所有超过35万美元的石膏板合同。[58] 在一次被窃听的谈话中,哲诺维斯的随从路易斯·莫斯卡戴罗解释说,"大都会纽约石膏板承包商协会"已经归属哲诺维斯家族45年了。[59] "长岛劳工有组织性勒索和敲诈"调查行动还发现,迪纳波里及其随从们不仅从腐败性酬金中获利,而且还从"市中心石膏板公司"(Inner City Drywall Corporation)和"剑桥石膏板及木工工艺公司"的所有权益中获利,而这两个公司是当时最大的石膏板承包商。[60]

这个卡特尔由纽约市木工工会的地方分会及其区委员会强制推行。区委员会由执行董事会及其下属分会的代表组成,负责协商、监督以及授权他人执行集体性议价协议;它还授权进行示威抗议活动。哲诺维斯犯罪家族至少自70年代就开始控制着这个区委员会,当时哲诺维斯家族的两个分支头目文森特·迪纳波里和彼得·德法奥(Peter Defeo)对区委员会主席塞奥多尔·马瑞塔斯施加着强有力的影响。[61] 哲诺维斯家族对区委员会的控制,由其对几个工会分会的直接控制来完成。[62]

迪纳波里利用其工会势力,形成了一个石膏板承包商付费俱乐部,并通过操纵投标伎俩来分派纽约市大部分的石膏板生意。俱乐部成员为每个通过操纵投标获得的生意,要支付迪纳波里合同价款的2%的钱,而他们则通过抬高合同价款来消化这笔支出。迪纳波里并不享有权益的那些公司,每周还要额外被要求支付1000美元以换取劳工和平。通过支付额外的

---

[58] 与詹姆斯·迈克纳马拉的访谈,1998年9月8日;有关迈克尔·哥德尔谈话的备忘录。
[59] 参见政府备忘录,第1—15页。
[60] 参见OCTF最终报告,第84页;参见美国诉区委员会案,90Civ.5722(CSH),斯威德塞宣誓后的书面陈述,第7页。
[61] 参见政府备忘录,第12页;美国诉区委员会案,90Civ.5722(CSH),格拉瓦诺的声明,第3页,斯威德塞宣誓后的书面陈述,第4—6页。
[62] 参见OCTF最终报告,第50—51页。

第七章 营造科萨·诺斯特拉的封地

贿赂,承包商们可以规避集体性议价协议中的某些条款。[63]

1981年3月,布鲁克林打击有组织犯罪行动组获得了针对文森特·迪纳波里、塞奥多尔·马瑞塔斯和其他几个人的大陪审团起诉书,指控他们从事有组织性勒索活动。[64] 在审判因陪审团无法达成一致意见而中止后不久,马瑞塔斯"失踪",据猜测他被谋杀,以防止其与政府合作。[65] 1982年4月,其他被告,包括迪纳波里,在表示认罪后被判有罪。[66] 迪纳波里在监狱里服刑5年的期间,哲诺维斯家族的其他成员接管了其劳工有组织性勒索活动和对卡特尔的管理权限。[67]

此后两个继任的区委员会主席,帕斯查尔·迈克奎尼斯和弗雷德里克·德维都被指控实施与科萨·诺斯特拉有联系的犯罪活动。[68] 1996年,德维因被指责与黑帮有牵连而被木工工会的全国性组织罢免,1998年他因盗窃工会基金被判有罪。[69]

窗户更换卡特尔

1991年,有着广泛影响的"窗户"案揭露了纽约市建筑行业另一主要的卡特尔。联邦检察官提起的刑事起诉揭示,纽约市的5个科萨·诺斯特拉家族中四个家族(波拿诺家族没有参与)的高层成员建立了一个窗户更换公司的俱乐部,1978—1990年期间支配着该行业的公共项目部分。[70] 在那12年期间,纽约市房管局(NYCHA)就为窗户更换合同提供1.91亿美

---

[63] Rowan:"黑手党咬了一口大苹果";政府备忘录,第12页;OCTF最终报告,第85页。
[64] 参见美国诉马瑞塔斯案,81 Cr. 122(E. D. N. Y. 1981);另见Selwyn Raab:"在布朗克斯实施联邦支持项目的承包商与有组织犯罪有联系"(Contractor on U. S. -Backed Projects in Bronx Is Tied to Organized Crime),New York Times, 1981年3月1日,A1版。
[65] 政府备忘录,第15页;美国诉区委员会案,90Civ. 5722(CSH),文森特·卡法罗的声明。
[66] 参见OCTF最终报告,第84页。
[67] 参见政府备忘录,第16—17页。
[68] 参见美国诉迈克奎尼斯案,764 F. Supp. 888,891(S. D. N. Y. 1991);Jerry Gray:"工会领袖在贿赂案中赢得无罪宣告"。
[69] 肯尼斯·孔保艾:"调查及核查官第五份中期报告",第21—24页;美国诉区委员会案,90Civ. 5722(CSH);Selwyn Raab:"木工工会前高官因盗窃基金被判有罪"。
[70] 参见美国诉吉甘特案,39 F. 3d 42(2d Cir. 1994)。

元。这个俱乐部操控了其中大约1.5亿美元总价款的合同。[71]

鲁齐斯犯罪家族控制着"建筑和装饰铁架工人工会580分会",该分会通过它的两个工会代表[72]对大都会地区提供窗户更换业务的工人们负责。[73]科萨·诺斯特拉利用其影响和"580分会"的力量来勒索腐败性酬金,索取贿赂并掌控卡特尔。

联邦检察官指控,科萨·诺斯特拉在纽约市对大多数公共和私营窗户更换合同,强行收取每一合同交易1%~2%的钱款。这些收益填满了工会官员、住房局官员和科萨·诺斯特拉老板们的口袋。而窗户安装公司操纵投标、享有劳工和平以及使用非工会的工人。[74]"窗户"案中的检察官们指称,俱乐部的成员们自愿提供合作,因为卡特尔允许他们把抬高的价格转嫁到纽约市房管局和私人消费者那里。[75]那些挑战卡特尔的人会面临暴力威胁或暴力行动以及劳工麻烦。[76]

彼德·萨维诺,曾经是黑帮分子,后来转变为线人,秘密录制了几个小时有关卡特尔运作的谈话。[77]审判中,他证实了有关利用工会来掌控卡特尔的情况。竞争者们被强迫以最高工资标准来雇用工会会员,而俱乐部成员们可以使用非工会的工人,且他们只需付很低的报酬。[78]而且,工会(通过雇用大厅)给那些负担已经很重的竞争者们分派低素质的工人。[79]萨维

---

[71] 参见Pete Bowles:"'窗户'案审判获悉敲诈增强"("Windows" Trial Gets Rackets Buildup),Newsday,1991年4月24日,新闻版,第21页。

[72] 参见美国诉麦克格温案,854 F. Supp. 176, 182 (E. D. N. Y. 1994),被维持,58 F. 3d 8 (2d. Cir. 1995)。托马斯·麦克格温,在"窗户"案中被宣告无罪,但在1994年因相关的共谋被判有罪。参见美国诉麦克格温案,58 F. 3d 8, 11 (2d Cir. 1995)。确信约翰·莫瑞斯可能作为政府的证人,因而1989年(在审判开始前)他被"窗户"案的另一名被告谋杀。彼得·切奥多,后来也成为政府的证人,承认对此负责。参见美国诉吉甘特案,39 F. 3d 46 (援引美国诉法提克案中切奥多的证词,579 F. 2d 707 (2d Cir. 1978))。

[73] 参见美国诉吉甘特案,39 F.3d 44。

[74] 美国诉法提克案,579 F. 2d 707 (2d Cir. 1978);美国诉吉甘特案,39 F. 3d 45。

[75] Arnold H. Lubasch:"联邦说黑帮取得了对窗户贸易的掌控"(U. S. Says Mob Gained Grip on Window Trade),New York Times, 1991年4月24日,B3版(援引检察官的开场陈述)。

[76] 参见美国诉吉甘特案,39 F.3d 45。

[77] 同上。

[78] 参见Pete Bowles:"黑帮分子:我贿赂市政府住房局高官"(Mobster: I bribed City Housing Chief),Newsday, 1991年5月8日,新闻版第33页。

[79] Newsday报导,工会把"酒鬼和不尽职守的人"分派给竞争者。参见同上。

第七章　营造科萨·诺斯特拉的封地

诺在法庭上解释道,"30 个公司工人一天能装 300 个窗户。如果使用工会的人,30 个人一天能装 50 个窗户。那样就会使一个家伙破产。"[80]

科萨·诺斯特拉成员还对俱乐部里的一些公司享有所有者权益,由此从公司利润中获利,就和收取腐败性酬金及回扣一样。萨维诺证实,鲁齐斯家族给他提供了 50 万美元来开办"阿瑞斯塔窗户公司"(Arista Windows),而"580 分会"接着帮助他的公司获得合同。[81]

通过所有者地位或者所施加的影响而对安装公司加以控制,科萨·诺斯特拉进一步通过设置其他进入市场障碍来妨害竞争。例如,"格拉汉姆建筑制品联合公司"(Graham Architectural Products, Inc)是一个窗户制造商和供应商,当它试图扩展进入安装行业时,它的客户们威胁着要找其他的供应商。而且,当格拉汉姆试图逃避科萨·诺斯特拉的影响,而向其他安装公司寻找生意时,它发现这些公司也被有组织犯罪控制了。[82]

12 年里,科萨·诺斯特拉从窗户生意中获取了大量利益,在窗户更换合同上消费者和纳税人大约支付了 10% 的"黑帮税"。

油漆涂装卡特尔

1990 年,由美国劳工部、曼哈顿区检察官办公室、纽约市警察局进行的联合调查,促成了纽约州提起的有组织性勒索指控,被告包括鲁齐斯的二老板"煤气管子"安东尼·卡索、鲁齐斯的分支头目彼得·切奥多(Peter Chiodo)、"油漆工工会第九区委员会"及其下属几个分会的高级官员和两个油漆涂装公司的执行官,案由是,在 1978—1990 年期间操纵所有重要的油漆涂装合同的投标。[83] 油漆涂装承包商俱乐部的成员们,从黑帮分派给

---

[80] 同上(援引萨维诺的证词)。
[81] 参见 Pete Bowles:"按照被声称的黑帮诡计,窗户被打开了"(Window Opened on Alleged Mob Scam),Newsday,1991 年 5 月 7 日,新闻版第 23 页。
[82] 参见美国诉吉甘特案,39 F.3d 45。
[83] Selwyn Raab:"12 人作为油漆行业的黑帮统治者被起诉"(12 Indicted as Mob Rulers of Painting),New York Times,1990 年 6 月 22 日,B1 版;人民诉卡帕尔多案,572 N. Y. S. 2d 989 (1991)(认为有关有组织性勒索的规定并不违反宪法有关禁止模糊不清条款的规定);美国劳工部新闻稿,1990 年 6 月 26 日。

他们的合同而获得的收入中拿出10%作为回扣,以换取劳工和平和允许他们破坏集体性议价协议而获得可心的"待遇"。[84]

油漆工工会的腐败官员们强化了鲁齐斯家族对该分支行业的控制。吉米·毕绍普对"第九区委员会"的领导和被害,可以说明黑手党对工会的控制。1973年,毕绍普在科萨·诺斯特拉的支持下当选为委员会主席。16年后,当鲁齐斯的老板开始其100年的监狱生活时,他被迫辞职。接管鲁齐斯家族的派别希望自己的人控制工会,并用保罗·卡曼(Paul Kamen)替换掉毕绍普[85]。后来毕绍普被开枪打死,据报告称,他是在同意与政府合作之后被害的。[86]

1991年,油漆工工会"第九区委员会"主席保罗·卡曼,和其他8个工会官员一起,对纽约州有关企业腐败指控表示认罪,由此证实了执法机关有关工会执行领导层由鲁齐斯家族挑选的指控。在一次被窃听的谈话中,卡曼描述了黑帮税:

> 你握了某个人的手,那是我决定的。……你先拿5%～10%,稍微高一些,然后就按这个来。这就是你所要做的一切。我这个人很有同情心,10%。这并不困难。[87]

12年里,重要的油漆涂装合同价款的10%,尤其是地铁里和钢铁上的油漆涂装合同[88],装满了腐败的官员们和鲁齐斯犯罪家族的腰包。

管道行业里的有组织性勒索

曼哈顿区检察官办公室实施的长达5年的一项调查于1993年结束,它

---

[84] Raab:"12人作为油漆行业的黑帮统治者被起诉"。
[85] 参见工会民主协会:"吉米·毕绍普在油漆工工会第9区委员会被谋杀"。
[86] 参见Selwyn Raab:"油漆工工会官员们承认与黑帮有联系"。
[87] Robert E. Tomasson:"文件说明油漆工工会存在腐败"(Documents Describe Corruption in Painter's Union), New York Times, 1991年4月21日, A1版。
[88] "油漆工工会官员们在金钱交易中两头得好处"(Painters Union Double Dipped in Green Deals), Engineering News Record,第15期(1993年10月11日),第18页; Arnold H. Lubasch:"13人在联邦打击黑帮行动中被起诉"(13 Indicted in U.S. Drive Against Mob), New York Times, 1992年11月1日, A64版。

第七章 营造科萨·诺斯特拉的封地

揭露了整个城市管道行业中广泛存在的一个腐败性酬金和贿赂体系。科萨·诺斯特拉、水暖工工会"2分会"腐败的官员和20多个管道承包商在1983—1993年期间[89],卷入了腐败性酬金的一个合作系统。在那段时间里,"2分会"的水暖工们涉足曼哈顿和布朗克斯的每个重要工程工作;他们的广泛存在引发了操纵投标阴谋、勒索和总计超过100万美元的贿赂,以及数百万截留的福利付款。[90] 哲诺维斯家族的随从老路易斯·莫斯卡戴罗,被怀疑组织实施了这个计划。小路易斯·莫斯卡戴罗(1991年,在他父亲因在石膏板行业中实施劳工有组织性勒索被判有罪后,成为他父亲的接班人),作为一系列管道行业敲诈案的协调人而被起诉。[91] 检察官指控,莫斯卡戴罗父子和工会官员们创建了"2分会控制集团",利用黑帮的力量和在工会的势力来实施管道行业的有组织性勒索。[92]

每个承包商要支付数千美元的酬金,以换取与黑帮有联系的工会官员们提供的劳工和平,以及破坏集体性议价协议的机会。承包商雇用非工会的水暖工(腐败的官员们经常为其提供虚假的工会会员卡),借此规避津贴和福利捐助以及逃税。[93] 此外,科萨·诺斯特拉成员在几个水暖工程公司里享有所有权益。一个主要的水暖工程公司即"德康机械"(De-Con Mechanical)与黑手党联系十分紧密,以致它根本无需支付贿金来规避负担沉重的集体性议价合同规定。同时,"2分会"官员们阻止新公司进入市场,其手段就是选择性地对他们执行集体性议价协议。[94]

---

[89] Raab:"前水暖工工会官员们因勒索被认定有罪"。
[90] Selwyn Raab:"顶级水暖工程公司在偷税案中被提及"(Top Plumbing Company Cited in Tax Evasion Case), New York Times, 1994年4月14日, B3版;Raab:"前水暖工工会官员们因勒索被认定有罪"。
[91] 摩根陶诉萨尔扎儒罗案案,关于支持原告提出的临时性禁止令申请、预防性禁止令请求和指定临时财产监管人的确认;Raab:"水暖工会的纽约官员们因贿赂被指控"小路易斯·莫斯卡戴罗后来被宣告无罪。
[92] 摩根陶诉萨尔扎儒罗案案,关于支持原告提出的临时性禁止令申请、预防性禁止令请求和指定临时财产监管人的确认。
[93] 水暖工和管道安装工全国养老金基金管理人诉环球机械有限公司案,886F. Supp. 1134, 1138(S. D. N. Y. 1995)。
[94] 与曼哈顿前区助理检察官佩瑞·卡伯内的访谈。

结　　论

　　黑手党积极活动并影响纽约市建筑行业长达 50 年之久。有组织犯罪家族控制着许多工种和商业中主要的工会分会和区委员会,例如劳动者工会、运输工人工会、木工工会和砖瓦工工会。工会的势力使他们建立了雇主卡特尔,正如那些在浇注混凝土、石膏板和窗户更换分支行业所建立的那样。科萨·诺斯特拉的成员们,包括像保罗·卡斯戴拉诺(嘎姆比诺家族)、"公牛"萨米·格拉瓦诺(嘎姆比诺家族)和文森特·迪纳波里(哲诺维斯家族)这些老板,在承包公司里还享有所有权益。黑帮能够在赚钱的工作和"不露面"的岗位上安排自己的成员、随从和亲友。工会工人被威胁所控制,而且经常在工作、合同性福利和工资上受到欺骗。科萨·诺斯特拉的成员们通过充当工会领袖、商人和政治掮客获得社会和政治地位。承包商适应了黑帮的存在,并经常从中获益。纽约市的纳税人和市民们为此支付着沉重的"黑帮建筑税"。

第八章 上卷结语

无论是通过暴力还是通过有效的相互理解,市场稳定是工商业所高度期待的。……歹徒们通过非法手段来施加影响,这在合法行业里是一个正常的趋势。[1]

——约瑟夫·兰德斯克(Joseph Landsco):《芝加哥的有组织犯罪》(芝加哥:芝加哥大学出版社,1968年;1929年初版印刷)

但是黑手党成员,无论他穿什么以及无论他坐着什么来回游荡,都是个拿枪的、令人恐怖的家伙,他极有可能按照命令杀死或者打算杀死某个人,而且几乎肯定地利用武力和欺诈的手段劫取无辜人的钱财。

——约拿丹·奎特尼:《邪恶的领域:市场里的黑手党》(纽约:诺顿,1979年)

本章将从第2—7章的案例研究引申一些普遍性的观察结论。我们首先研究前几章已经清晰说明的,科萨·诺斯特拉本质上就是一个犯罪辛迪加;而后,探讨有关科萨·诺斯特拉的行业有组织性勒索方面可以得出的教训;最后说明我们对20

---

[1] 参见 Joseph Landsco:《芝加哥的有组织犯罪》(Organized Crime in Chicago)(Chicago: University of Chicago Press,1968年;1929年初版印刷)。

世纪城市政治经济的理解。

冲突与合作

科萨·诺斯特拉给人的印象是,它被家族之间在管辖区域和控制生意上的冲突所困扰,但是,这不符合现实。[2] 三四十年代黑帮之间曾经有着明显的冲突,第二次世界大战后,纽约市五个科萨·诺斯特拉家族的关系总的来说是和平的。实际上,我们的研究发现,只有很少的家族间暴力事件发生。而且,经济领域中没有一个单独部分由一个特定的有组织犯罪家族所独占;我们研究的那些行业中的任何一个,都至少是两个犯罪家族在发挥作用。

和流行的传奇故事相反,纽约五个科萨·诺斯特拉家族在行业有组织性勒索活动中相互合作的记录,令人印象深刻。这种合作如何得以实现,仍是今后研究要关注的一个问题。或许行业有组织性勒索就是需要大量的合作,而大量涉足行业有组织性勒索的犯罪辛迪加,首先而且最为关心的是保持生意运作平稳顺畅。第二次世界大战之后发展起来的科萨·诺斯特拉家族之间,可能有一个在全国范围内发挥作用的委员会[3],不管怎样,毫无疑问的是,嘎姆比诺、哲诺维斯、鲁齐斯和科伦波犯罪家族,参与了在纽约市建立的家族间委员会。波拿诺家族的人,至少在80年代的一段时间里,被拒绝参与这个"委员会",据说是因为他们广泛参与毒品交易,或许也可能是因为他们允许他们的组织被联邦调查局的秘密探员乔·皮斯

---

〔2〕 Cf. Peter Maas:《二老板:"公牛"萨米·格拉瓦诺在黑手党里人生经历》(Underboss: Sammy "the Bull" Gravano's Story of Life in the Mafia),New York:HarperCollins,1997年,第43、65—66页。

〔3〕 是否存在一个全国性的"委员会"存在一定的争议,表面上由主要意大利犯罪家族最有势力的代表组成的"委员会"曾存在过。比较Maas:《二老板:"公牛"萨米·格拉瓦诺在黑手党里人生经历》,第34页,和James B. Jacobs, Christopher Panarella, and Jay Worthington 著:《击破有组织犯罪集团:美国对科萨·诺斯特拉》(Busting the Mob: United States v. Cosa Nostra),New York:New York University Press,1994,第79—91页。

第八章 上卷结语

透内(Joe Pistone)(化名东尼·布拉斯克)进行渗透。[4] 四个老板举行会议解决纠纷并协调有组织性勒索行动。有着复杂的战利品分配规则的混凝土卡特尔,就是一个家族间合作组织体的最好例证。

关于科萨·诺斯特拉如何成功的说明

意大利裔美国人有组织犯罪家族如何能够在工商业界获得如此大的势力?如何解释他们非凡的成功?尤其是考虑到科萨·诺斯特拉的老板们,在经济学、会计、法律、劳工关系和其他与成功经营企业的学科方面,都缺乏正规的教育。此外,为避免被察觉,科萨·诺斯特拉成员们不得不在没有详尽的账簿和记录的情况下从事他们的经营,而从70年代末起,他们开始逐渐地不使用电话。此外,通过法院系统来寻求救济也非一个选择项。

部分关于黑帮在工商业界影响的解释是,黑帮从其暴力名声中获得了优势。[5] 尽管我们仅仅揭示了很少的针对合法商人的严重身体性伤害事件,但是暴力威胁无处不在。有组织犯罪家族行使残忍暴力的名声,确保每个人和公司都会屈从于它们的命令。

彼得·罗依特(Peter Reuter)对纽约市废物清运卡特尔进行的研究,提供了一个科萨·诺斯特拉运用胁迫力量的惊人事例。罗依特解释道,在一个黑手党成员坐在纽约市商业废物协会"苦情委员会"的20年里,没有一个清运商曾经拒绝接受委员会对某个客户"所有权"争议的解决方案。按照罗依特的说法,"这意味着,暴力威胁是接受委员会裁决的根本诱

---

〔4〕 其他报告认为,在80年代早期,波拿诺家族退出"委员会"是因为内部冲突所致。波拿诺家族的头领们在一个单独的有组织性勒索刑事追诉中被起诉,理由是其通过一系列敲诈勒索行为来操纵一个犯罪企业(犯罪家族)。参见 James B. Jacobs, Christopher Panarella, and Jay Worthington 著:《击破有组织犯罪集团:美国对科萨·诺斯特拉》,第81页。

〔5〕 参见 Peter Reuter:《合法行业的有组织性勒索:胁迫的经济学研究》(Racketeering in Legitimate Industries: A Study in the Economics of Intimidation), Santa Monica: Rand, 1987.

因。"[6]同样,暴力威胁还针对那些不满意的工会会员,使他们不敢抗议黑帮对他们工会的控制;而那些可能的竞争者也不敢去尝试挑战由黑帮控制的企业俱乐部所形成的垄断。实际上,科萨·诺斯特拉通过暴力来实施其意愿的能力,和政府要求警察、法院和监狱来实施其法令的权力是很类似的。

科萨·诺斯特拉第二个重要资产是可靠性,至少和其他帮派和歹徒比较而言确实如此。科萨·诺斯特拉保护其生意合伙人,避免来自其他稳定性和可靠性比较差的犯罪分子和机会分子的勒索和骚扰。在意大利,黑手党称自己是"有荣誉的人",这也为人所知。这种自我形象和名声也传到美国。生意人们知道或者至少有理由希望,有了科萨·诺斯特拉,生意归生意,尽管事实上存在着很多欺骗和出卖的例子。

科萨·诺斯特拉第三项资产可以被称作"全面的商业敏锐"。意大利裔美国人有组织犯罪家族拥有企业家的世界视野和从事商业活动的天赋。他们从事经营的观念是,一般来说对生意好的事情对科萨·诺斯特拉就是好事情。科萨·诺斯特拉不去接管合法企业,而一般是更喜欢占有一定的份额,然后提供可心的服务。这里可以采用在对西西里黑手党进行研究中广为所知的一种表达方式,科萨·诺斯特拉的商业战略就是在尽可能多的不同的企业中"蘸湿它的嘴"(就是切走一份)。一般而言,黑帮只拿走一片,而不是整个馅饼。

描述科萨·诺斯特拉最恰当的形容词是,企业家式的、机会主义的和适应性强的。科萨·诺斯特拉的老板和成员们有一个诀窍,用来发现可以利用市场的脆弱性以及满足商人们寻求稳定和有可预测性愿望的途径。嘎姆比诺家族的二老板"公牛"萨米·格拉瓦诺本人就是一个很好的范例,可以勾勒出意大利裔美国人有组织犯罪家族的活力、想象力和作为企业家的能力。

萨米·格拉瓦诺只受过小学教育,却在合法行业中赚取了数百万美

---

[6] Peter Reuter:《整治敲诈行为》(Regulating Rackets), American Enterprise Institute Journal on Government and Society,1984年9—10月号,第34页。

第八章 上卷结语

元。他是一个"完美"的黑帮分子兼企业家:充满活力、想象丰富、足智多谋。他从一个卑贱的皮条客发展成为夜总会和管道、石膏板、地毯和油漆涂装公司的老板。[7] 最后,格拉瓦诺在建筑行业的几个领域取得权益:混凝土浇注、石棉材、安装地板和钢架装置公司。[8] 他在黑帮的地位使他能够完成合同,并确保合作的次承包商们的劳工和平,而后者则以每个合同1.5—2万美元不等的回扣作为回报。1989年,他把从操纵建筑投标中获取的将近120万美元的利润上交给嘎姆比诺家族的老板约翰·哥第。[9]格拉瓦诺,像许多科萨·诺斯特拉分子一样,在一个接着一个的商业谋划和生意中不断寻找赚钱的机会。他从他的科萨·诺斯特拉成员的名声和科萨·诺斯特拉成员们提供他的联系网络中获取利益。此外,像许多他的黑社会同道一样,他友善的甚至超凡魅力的人格是与生意人打交道的一种优势,而生意人们显然会得出结论,格拉瓦诺不是歹徒,而只是和他们有同样热情从事商业活动的"黑社会"人物而已。

科萨·诺斯特拉克制的野心

读过第 2—8 章后,读者可能会想:为什么科萨·诺斯特拉不完全地接管服装、建筑和废物清运行业,以及富尔顿鱼市、肯尼迪机场和贾维茨中心呢?既然它有力量来决定哪个公司能够参与到这些行业,为什么它不从这些行业清除所有的非科萨·诺斯特拉的参与者呢?假设如你所想,五个有组织犯罪家族可能已经拥有了清运业所有的废物清运公司、肯尼迪机场所有的货物转运公司以及富尔顿鱼市里所有的鱼类批发商们;他们可能已经利用他们的控制来接管供应公司,并且可能继续成长和扩张,就像许多全国性和跨国性的联合企业那样。

令人不可思议的是,科萨·诺斯特拉拥有对价格的实际判断能力,且

---

[7] Maas:《二老板:"公牛"萨米·格拉瓦诺在黑手党里人生经历》,第 61—63、105、135—136、167 页。
[8] 同上注,第 232—233、277 页。
[9] 同上注,第 283 页。

从未超出市场所能承受的限度来确定商品和服务的价格。没有事例显示黑帮做出自不量力的事情:价格很高,但是并非过于昂贵,否则大量的消费者会拒绝支付而寻求替代性的市场。例如,为什么科萨·诺斯特拉给在富尔顿鱼市停车的定价是一天12美元,而不是这个数字的2倍或3倍呢?尽管浇注混凝土和商业性废物清运的价格是全国最高的,但是它们很稳定且足以承受。换言之,科萨·诺斯特拉不会表现出,正在寻求市场可以承受的最高价格,或者集中在利润最大化上。混凝土卡特尔确定的较高价格几乎不会阻碍高层建筑的建设,而较高的废物清运费率几乎是确定地不会引发工商企业的反抗。彼得·罗依特相信,如果建立在复杂的经济分析基础上,则黑手党并没有充分利用其在纽约市废物清运行业中的垄断力量,这一结论同样适用于黑帮控制的其他行业。似乎可以公平地说,科萨·诺斯特拉在充分利用其经济力量方面不断地保持着克制。

意大利裔美国人有组织犯罪家族没有计划或者战略来全面"接管"这些行业。不像许多"合法"公司,科萨·诺斯特拉的目标并非变得越来越大。事实上,科萨·诺斯特拉根本没有一体化或集体化的目标。科萨·诺斯特拉应该被看作是一个松散的联盟,由个体的企业家和企业家集团组成,并由高高在上的老板们赋予特权和提供保护。当然,黑帮在发展其成员方面并不野心勃勃:那些有兴趣加入组织的人,必须给"成功"的成员们当学徒。每年只接纳很少的新成员;有时,组织连续多年都不招收新成员。此外,招募的新成员仍旧限于意大利裔美国人。所有这些都引出这样的结论:科萨·诺斯特拉犯罪家族并不像公司那样运作。

保持一个组织严密和"近亲繁殖"的组织,会在很大程度上提高成员保持忠诚和秘密的概率,这就如一张处于展期的支票。[10] 科萨·诺斯特拉和它最熟悉的事情一起存在:劳工有组织性勒索、盗窃和欺诈。当然还有,家族们也将重要的精力和资源投入到非法生意和传统犯罪中,由此扩张力量在其他领域进入合法行业并建立势力基础。

应当承认的是,也有像托马斯·嘎姆比诺那样的反面例子。作为嘎姆

---

[10] 许多新近成功的科萨·诺斯特拉成员与家族联姻,或者与黑帮有血缘联系。参见同上。

比诺家族的分支头目,他将大部分时间和精力用来经营他的四个卡车运输公司,并从中积累了估计达1亿美元的财富。[11] 而且肯定地,科萨·诺斯特拉通过黑帮拥有和经营的卡特尔而对混凝土行业的绝对支配,说明一个极其强烈地想垄断经济中的一个完整部分的举动。但是这些只是例外;绝大多数科萨·诺斯特拉的领导人似乎满足于与合法的商人们一起分享"他们"的行业。

行业性有组织性勒索

上卷用材料说明,纽约市五个意大利裔美国人有组织犯罪家族在20世纪里积攒起来的、令人印象深刻的行业有组织性勒索记录。很多读者可能为黑帮涉足纽约市核心经济领域的程度感到惊讶,甚至震惊,不过,这本书的目的并非将这些事情曝光。头脑精明的工商业参与者们很容易意识到黑帮在台前幕后的重要性。公共听证会及报告、报纸和杂志的记述以及起诉书,为一般公众提供如此多可供利用的信息。在精明的纽约人和感兴趣的局外人看来,这是一个常识,例如,码头、服装业中心和鱼市都在黑帮控制之下。我们的贡献是描绘科萨·诺斯特拉半个世纪以来在纽约市从事行业有组织性勒索的宏观图景。

在20世纪的很长时间里,意大利裔美国人有组织犯罪家族在这个国家最大城市里的许多主要产业中,形成一支强有力的力量,对这些产业施加着巨大的影响并事实上进行着支配。谈及"影响"和"支配",我们是指,科萨·诺斯特拉在工会和公司里发挥着明显的作用,并通过利用无数的阴谋诡计来挑选职员和强索钱财形成他们的产业。黑帮分子充当工会官员或者实质性地渗透到这种官员的任命活动中,从而极大地影响工会官员们的决定。工会代表、工人代表和津贴、福利基金的管理人一般都会把自己拥有这份工作归功于黑帮。科萨·诺斯特拉的影响能够从上到下被感受

---

[11] 参见如,John H. Davis:《黑手党王朝:嘎姆比诺犯罪家族的兴衰》(Mafia Dynasty: The Rise and Fall of the Gambino Crime Family),New York: HarperCollins, 1993,第114页。

到,如此许多普通雇工为他们的工作和其他好处而对有组织犯罪分子心存感激。黑手党成员及其随从们能够决定,谁可以工作,谁可以待家里拿薪水,谁可以得到保护以及谁应该进入黑名单。

第2—7章中的每一章都有一部分叙述劳工有组织性勒索的问题。科萨·诺斯特拉涉足工会有很长的历史,这一历史自二三十年代资方雇佣街头黑帮分子打击罢工就开始了。[12] 不久,工会就用科萨·诺斯特拉的成员及其随从来反击资方雇佣的暴徒。而这些黑帮分子们一旦进入到纽约市地区的工会里,他们就再也没有离开。他们强行或者巧妙地运用自己的方式进入领导层,并且通过暴力和恩惠来巩固其控制。工会办公室和好的工作岗位都由科萨·诺斯特拉的成员、随从和亲友占据着。朋友乃至朋友的朋友取得工会卡;合作的那些人能够优先获得最好的、最容易的工作,以及被指派担任工会代表和工人代表。因而一点也不奇怪,黑帮支持的官员们能够占据他们的工会。在80年代末和90年代初,数个民事性违反"反受勒索影响和腐败组织法"诉讼,导致法院指派监督人负责清除各个工会里的有组织犯罪;而此前,我们从未听说过,一个已经被黑手党接管的工会曾被解放出来。[13] 有组织犯罪对地方工会或区委员会的控制,为他们渗透到合法企业和建立卡特尔提供了跳板。掌握地方工会、区委员会乃至国际"母"工会的办公室,为科萨·诺斯特拉的成员及其随从们提供了权力和地位。这些人有现成的路径来接触政客,并拥有成批的工作机会用来分派给成员们、随从们和朋友们。

有趣的是,一些与黑帮有联系的工会官员们在工会会员中很有人缘。事实上,一些法院指派的监督员发现,普通会员对民主改革看起来并不感

---

[12] 对于严重的有组织犯罪涉足美国劳工运动历史尚没有专门的研究。但可参见 Philip Taft:《劳工运动中的腐败和敲诈勒索》,Ithaca: New York State School of Industrial and Labor Relations Press,1970;John Hutchinson:《不完美的工会》(The Imperfect Union),New York: Dutton,1970;Stephen Fox:《鲜血与权势:20世纪的有组织犯罪》(Blood and Power: Organized Crime in the 20th Century),New York: Morrow,1989。

[13] 特别是,1967年工会改革者弗兰克·绍非尔德(Frank Schonfeld)赢得了油漆工工会第九委员会的控制,但是没有政府在根除腐败方面的支持,他六年的任期没有成功地将工会从有组织犯罪影响中解放出来。参见工会民主协会:《油漆工工会、屋顶工工会和鱼市场》(Painters, Roofers, Fish Market),Union Democracy Review 90(1992年10月),第6页。

第八章 上卷结语

兴趣,而当有机会在自由选举中投票时,他们甚至会支持科萨·诺斯特拉指定的候选人。[14] 其中一些普通会员对黑帮的庇护制度心存感谢。其他人毫无疑问则被一些有组织犯罪分子的"超凡魅力"所迷惑。一些处在工会高层位置的黑帮分子具有磁铁一般吸引人的人格特征,这对被嘎姆比诺家族老板约翰·哥第称作"我们的公众"[15]来说,会产生强有力的影响。哥第这种人常常像电影明星和体育英雄一般,不仅仅在他们自己的地盘上,而且还在全国性媒体上受到关注和尊敬。[16]

并非每个人都从黑帮的涉足中获利。受到损失的人是那些被排斥在竞争之外的公司和为商品、服务支付更高价格的消费者们。在黑帮控制的工会中,那些普通会员也是受害者。科萨·诺斯特拉剥夺了他们拥有一个民主工会的权利,并将最好的工作给了科萨·诺斯特拉成员的随从们。从属于黑帮的工会大佬们出卖他们的下属,其方式是同与黑帮有良好关系的公司签订可行的劳动合同,或者为了换取贿赂,允许这些公司不雇用工会工人或者雇用部分非工会工人。对于黑帮控制的工会中的官员们来说,科萨·诺斯特拉是一个有关联的支持者,而非成员。腐败的工会官员们从雇主那里收取贿赂,允许他们逃避合同义务,这个义务就是向他们工人的福利和退休基金支付钱款。就像谚语中鸡舍里的狐狸,科萨·诺斯特拉的成员和随从们就负责掌管津贴和福利基金。

如果一个公司拒绝服从科萨·诺斯特拉的意愿、拒绝遵守它的规则,那么这个公司很快发现自己被劳工问题、失去可靠的工人或者受到怠工的削弱所困扰。不可避免地,一个个难以对付的公司会接踵而至。这是一个对科萨·诺斯特拉势力的生动写照,即不需要动用武力就可以对付合法企业。不断诉诸武力只能显示虚弱,而不是强大。

---

[14] 参见 James B. Jacobs, Christopher Panarella, Jay Worthington:《击破有组织犯罪集团:美国对科萨·诺斯特拉》,第81页。

[15] Maas:《二老板:"公牛"萨米·格拉瓦诺在黑手党里人生经历》,第279页。

[16] 或许普通会员对可能进行的改革不感兴趣的原因,可以解释为,事实上工会民主对大多数会员们并不重要。参见 James Coleman, Seymour Martin Lipset Marion A. Trow:《工会民主:国际印刷工会的内部政治》(Union Democracy, The Internal Politics of the International Typographical Union), Glenco, Ill.: Free Press, 1956。

作为理性化力量的科萨·诺斯特拉

黑帮利用恐吓的力量,虽然令人印象深刻,但是这并非使其"地上社会"商业伙伴们服从的唯一原因,他们几乎都不是无辜的被害者。相反,正如社会学家约瑟夫·兰德斯克(Joseph Landesco)在1929年所指出的那样,"有组织性勒索分子并非经常强行加入一个产业或者一个协会。他经常被邀请参与,因为他的服务是受欢迎的。"[17] 事实上,恐惧之外的事情促使合法商人们与黑帮合作。在科萨·诺斯特拉支持的雇主卡特尔中的成员资格,有着很多诱人的利益。虽然他们要从自己的利润中提取一定比例作为回扣给黑帮,但是卡特尔成员们得到了对抗竞争者方面的保护和执行固定价格方面事实上的执照,分派合同,并把他们的客户们当作财产。

在其综合性研究中,纽约州打击有组织犯罪行动组得出结论:科萨·诺斯特拉在纽约市建筑行业中扮演着"理性化的角色"。这段话准确地把握了现实。在上卷所研究的行业中,黑帮像半个政府一样发挥作用,提供反竞争的保护,解决争议,维持秩序以及提供规避沉重合同义务的途径。此外,科萨·诺斯特拉的老板们还充当着"调停者"的作用,即把完全不同的参与者组织到一起,作为中间人安排合伙关系和交易,以及确保当事人实现他们的承诺。

这些行业有什么独特之处?

科萨·诺斯特拉在行业有组织性勒索中的成功,难道是那些它选择渗透进入的纽约市特定行业的组织和结构所促成的吗? 在对这个问题的说明上,必须谨慎对待"因为发生它的后面,它因此就是原因"(post hoc ergo propter hoc)*的谬误。那就是,首先只选择已经被黑帮控制的行业,然后寻

---

[17] Landsco:《芝加哥的有组织犯罪》,第152页。
* *post hoc ergo propter hoc*,其直译比较拗口,如果举例子说明的话,就比如说,公鸡打鸣是天亮的原因。——译者注

第八章 上卷结语

找这些行业的一般特性来解释为什么它们被黑帮控制。严格进行的研究会列出所有这些行业的各种特征,有些行业为科萨·诺斯特拉所控制,有些则没有受到控制,进而来观察这两组在被选定的特征方面是否有明显的不同。即便如此,推导因果关系仍旧是个问题,因为黑帮的渗透可能促使特定行业具有了某些一般性特征,而非这些一般性特征是黑帮渗透的原因。

即便如此,在表面上,黑帮控制的行业之间存在的特定共性还是惊人的。比较显著的是,在我们研究的这样行业中,及时性是最关键的因素:服装必须按时交货,否则就没有它们的市场;鱼会腐烂;建筑中的延误会让开发商破产。因而,一个有能力造成延误的参与者,就能够以不实施这种力量为条件来进行勒索。但是,及时性这一特征仍存有疑问,因为几乎所有的行业都有某种程度的"时间就是生命"的特征。例如,几乎所有的制造商都必须及时运出产品,否则就面临他们的买主的愤怒乃至抛弃。

此外,即便及时性很重要,也没有理由特别关注它;它只是一个变量,为用损失和损害来威胁公司提供了一个机会。潜在的力量能够造成经济上的损失,无论是何种手段——罢工、劳工骚乱、怠工。

纽约州打击有组织犯罪行动组认为,黑帮控制的行业非常"容易感染"上有组织性勒索,就是说,这类公司拥有的结构和组织,促成了行业参与者从事有组织性勒索,或者为行业以外的人提供机会来控制和影响行业中的关键组成部分。打击有组织犯罪行动组还得出结论,认为黑帮控制的行业有很高程度的"从事有组织性勒索的潜质"。那就是,通过利用它们的易感染性,可以很容易地从这些行业中吸走大笔大笔的钱。尽管这种解释看起来抓住某种实质,但是它也犯了循环论证的毛病。毫无疑问,有组织犯罪成功渗透的行业,具有使它们容易被渗透的特性。但是,尽管打击有组织犯罪行动组提出了有说服力的解释,例如,建筑行业在整个工程建设期间非常害怕中断和延误;然而,在确定所有行业是否曾经历过黑帮渗透之前,将这一粗糙的概念化解释适用于这些行业是不妥当的。了解这一事实之后,我们还能够演绎出一个简单的故事来进行解释"为什么某个行业容易被有组织犯罪所利用"吗?

在试图解释为什么某个行业成为有组织犯罪辛迪加的猎物,而其他行业却没有这样时,第二个问题出现了,即黑帮究竟涉足到哪些行业,这个问题还令人不安地缺少确定答案。我们不能完全确切地断言,有组织犯罪没有或者从来没有涉足到某一特定行业。正像我们已经看到的,有组织犯罪在20世纪的进程里出现在纽约市大量的行业中。

城市政治和经济

对于经济学家、政治学家和都市问题专家来说,有组织犯罪并非独一无二的犯罪课题,但却应是最让人感兴趣的课题。不过,除了一些引人关注的例外,都市问题专家们并没有在描述美国城市的经济、政治和物质环境中研究科萨·诺斯特拉的作用。这种疏忽是难以理解的。在布法罗、芝加哥、新奥尔良、波士顿、克里弗兰、堪萨斯城、费城、拉斯维加斯、普罗维登斯和其他许多城市中,科萨·诺斯特拉老板们无疑是有权势的"精英"的组成部分。整个20世纪,黑手党大佬们,作为工商业执行官们的朋友、顾问和财政支持者、工会领袖和政党老板,融入到工商业、劳工和政治圈子里。他们与纽约市政治的和经济的掮客们之间私人和职业上的联系,需要全面地用材料加以说明。*

有组织犯罪与地方政治之间的联系在四五十年代最为强大。例如,纽约市有组织犯罪老板弗朗克·哥斯代罗与坦慕尼协会有着紧密联系,并发挥资助人的作用。纽约市市长威廉·欧得叶尔(William O'Dwyer)1950年被迫辞职,指控内容中就包括与有组织犯罪存在私人联系。他的继任者,文森特·艾姆佩里特瑞(Vincent Impellitteri)也被指责与黑帮有联系。然

---

* 例如,有关20世纪中期纽约市大的公共建设项目的讨论就是不完善的,因为缺乏对五个家族所发挥作用的详尽分析。因为科萨·诺斯特拉控制着建筑业工会,难以想象,如果没有首先利用金钱上的引诱来取得黑帮老板们的同意和合作,这些庞大建筑的计划能够被完成。罗伯特·卡罗(Robert Caro)精彩撰著的有关罗伯特·莫西(Robert Moses)的传记曾获普利策奖,莫西作为纽约市的首要城市规划者,高高在上统治了几十年。在这部传记中也没有提及科萨·诺斯特拉或有组织犯罪。参见罗伯特·卡罗:《政治掮客》(The Powerbroker),New York, Knopf, 1974。

第八章 上卷结语

而,按照纽约市历史学者罗伯特·西尼德(Robert Snyder)的说法,到"60年代中期,有组织犯罪与城市政治机器之间长期存在的链条已经被打破"。[18]用"被削弱了"的表述可能更为准确。尽管从60年代起,没有指责再把纽约市市长们与有组织犯罪联系在一起,但是这并不能说明,黑手党没有对其他城市政客和官员们施加影响。

能够反映黑帮分子与政客之间共生关系的一个惊人的例子,涉及黑手党高层人物安东尼奥·卡拉罗(Antonio Corallo)、丹尼尔·莫托(Daniel Motto)和市政府官员詹姆斯·马奎斯(James Marcus),这些人因多个犯罪行为被起诉,而这些罪行是因决定一个城市100万美元的合同而引起的。[19] 1966年9月,马奎斯被市长约翰·林赛指派为供水局局长。[20] 作为一名局长,马奎斯负责分派五个区的有关引水管建设或者恢复水供应的合同。

由于拙劣的证券投资而负债累累并且急需钞票,马奎斯从莫托和卡拉罗那里接受了贿赂;作为回报,他安排了一个100万美元的合同,内容是来清除布朗克斯区杰洛姆公园的贮水池。这个合同发包给了黑帮控制的一个叫"S.T.格兰特"的建筑公司。马奎斯在1966年11月决定这个合同,仅仅在他被任命为局长2个月后,作为交换他从莫托那里获得了数千美元的私人贷款,以及合同价款中一定比例的回扣。[21] 在通过电子监听获得的、足以显示其罪责的通话记录面前,马奎斯辞去了局长的职务。[22] 最终,他对较轻的罪行表示认罪,并在对卡拉罗、莫托和弗里德的审判中充当主要证人,他们最终因共谋违反纽约州有关反贿赂法律而被判有罪。[23]

马奎斯的故事只是黑手党涉足城市政治中许多事例中的一个。然而,科萨·诺斯特拉与纽约市政治精英之间的联系从未被全面地研究。美国

---

[18] Robert W. Snyder:《有组织犯罪》(Organized Crime),载《纽约市百科全书》,Kenneth Jackson主编(New Haven: Yale University Press, 1995),第866—868页。
[19] 美国诉卡拉罗案,413 F2d 1306(2d Cir. 1969)。
[20] 同上注,第1312页。
[21] 同上注,第1315、1319页。
[22] 同上注,第1318页。
[23] 同上注,第1306—1307页。

很多城市,黑手党在政治生活中表现积极,其方式是组织附近地区居民支持推选出来的候选人和集中大量金钱、组织草根阶层投入到政治性竞选中。难以相信,五个家族在如此长的时间里经营得如此公开,而城市政治精英们却一无所知。除了执法部门进行零星且大多不成功的刑事追究以外,城市官员们缺少认真执行的决心来打击有组织犯罪。这些事实支持这样的假设:对于很多政客来说,科萨·诺斯特拉至少是可以接受的生活现实。对于一些政客来说,有组织犯罪还不限于此:它是一个极其重要的同盟。[24]

结　论

至少对科萨·诺斯特拉而言,如果把犯罪辛迪加当作非法物品和服务的主要提供者,在合法企业中充当利益的投资者和洗钱者,那么关于这种模式的说法是不准确的。从30年代起(在全国性禁酒令被废止后),纽约市有组织犯罪集团大规模地涉足行业有组织性勒索,而这并非副业而是被当作主要活动来看待。行业有组织性勒索必须被看作是科萨·诺斯特拉的基本特征,这使它在美国同时代的有组织犯罪集团中独树一帜。其他犯罪集团从事运输毒品、色情出版、卖淫、赌博和系统化的盗窃;但是,在50年代,没有其他任何犯罪组织控制工会、有组织的雇主卡特尔,在主要产业中作为一个"理性化力量"从事经营,以及在地上社会和黑社会之间发挥桥梁的作用。[25] 如果要找一个合适的对照物,那么必须在美国之外观察,如意大利的黑手党组织、日本匪帮,或许还有俄罗斯所谓的"俄罗斯黑手党"。

二三十年代,曾经有非常强大的犹太人、爱尔兰人和德国人有组织犯

---

[24] 参见 George Walsh:《公共敌人:市场、黑帮和犯罪》(Public Enemies: The Mayor, the Mob and the Crime That Was), New York: Norton, 1980。

[25] 20世纪早期,其他以种族为基础的有组织犯罪集团确实曾从事过行业有组织性勒索。例如,30年代,恶名昭著的犹太帮派大佬里皮克·布查尔特,在他暴力伙伴雅科布·沙皮罗的协助下,在服装行业实施敲诈,直到州法院因谋杀判其有罪,并执行了死刑为止。参见约拿丹·奎特尼:《邪恶的领域:市场里的黑手党》(Vicious Circles: The Mafia in the Marketplace), New York: Norton, 1979,第65、236、267页。

第八章 上卷结语

罪集团。整个20世纪里,非洲裔美国人有组织犯罪集团在赌博、卖淫和其他类型的敲诈活动表现得很活跃,其活动范围主要是城区周边地带。当20世纪快要结束的时候,我们看到了新的有组织犯罪集团的出现,如俄罗斯人黑手党、中国人的三合会、哥伦比亚的毒品贩运者和牙买加人的犯罪团伙(Jamaican Posse),还可以列举一些。像这样的犯罪集团无疑地拥有能力来实施复杂的犯罪行动,以及在必要时使用致命的暴力来促成其目标的实现。然而,科萨·诺斯特拉却站在一旁。没有其他任何一个有组织犯罪集团,在生意的复杂和精明程度上与意大利裔美国人有组织犯罪家族相媲美。没有任何一个集团,显示出控制工会的能力,更不要说充当和平维护者、卡特尔推行者和整个行业调停者的角色。其他集团也没有能力通过为竞选给予财政支持以及控制底层党派组织而成为一股政治势力。科萨·诺斯特拉是与众不同的,甚至是独一无二的,因为它成功地渗入到工会中,进而取得了对合法行业的控制。决定性的经济实力创造了较高的社会地位,并在商人们和政客当中赢得了尊重、顺从和恐惧,由此确保科萨·诺斯特拉家族能够在地上社会和黑社会两面发挥重要影响。科萨·诺斯特拉各种各样且成功的事业,和它决定性的力量和声望,证明这个有组织犯罪辛迪加有资格以自己的名义作为犯罪学的一个课题。

下卷　纽约市的解放

下卷将用材料说明联邦、州和地方执法部门以及纽约市政府针对科萨·诺斯特拉的行业有组织性勒索所采取的特别打击行动;到20世纪末,其行动已经终结了或者严重震慑了科萨·诺斯特拉在我们上卷所研究的那些行业的影响和控制。我们将逐个行业讲述它们被解放的故事,因而会将重点集中在纽约市的经济。但是,这些故事讲起来会有所不同,比如在科萨·诺斯特拉历史的最后一章,或者是联邦、州和地方控制有组织犯罪的历史中的某一章。

将意大利裔美国人有组织犯罪家族从每个行业中清除出去的战斗是在这一背景下发生的,即联邦调查局和美国司法部,在州和地方执法机构努力提供后备力量和协助下,在全美国范围内摧毁意大利裔美国人有组织犯罪家族。一直到大约80年代,联邦、州和地方有组织犯罪控制的行动都是零星的而且效果不佳。当然,也曾有过成功,例如托马斯·E.杜威成功起诉了"里皮克"路易斯·布查尔特(谋杀)和鲁齐·鲁西阿诺(Lucky Luciano)(强迫卖淫)[1],前者是唯一被执行死刑的有组织犯罪的重要人物;又如联邦政府成功将

---

[1] 参见 Thomas E. Dewey 著:《对付黑社会的二十年》(Twenty years against the Underworld), Garden City, N. Y: Doubleday, 1974, 第475—476页。

阿尔·卡朋内(Al Copone)送进监狱(偷逃所得税)。[2] 此外,我们还看到有势力的黑帮分子像"短袜子"兰扎(鱼市场)[3]和约翰·迪奥瓜第(运输工人工会和肯尼迪机场卡车运输)[4]被判有罪并处以长期监禁。然而,即便是这些重要的刑事追诉也没有能够打破科萨·诺斯特拉的经营和势力基础。

有组织犯罪因缺少严厉的抗制而兴旺发达。地方警察部门和检察官们缺乏资源和手段,对有势力的有组织犯罪分子发动持续不断的调查和追诉,而且无论怎样,针对个人的刑事起诉,或者甚至一系列的针对个人的刑事起诉,都没能打断犯罪辛迪加的运作。[5] 而且,有组织犯罪与城市工会政治机器的共生关系,将科萨·诺斯特拉从持续不断的执法调查中隔离出来。至少这就是美国参议院1950—1951年科弗威尔委员会的结论:在其听证会上,揭示了许多城市里有组织犯罪老板们与市长们、警察局长们和政客们之间的良好关系。[6] 或许在正直的执法官员们看来,正是与明显的政治腐败一样重要,有组织犯罪控制却因为太过昂贵、太过复杂,甚至太多外在因素,而无法被置于最优先的地位考虑。

即便科弗威尔、麦克莱伦(1957—1960)[7]和其他国会特别委员会对有组织犯罪进行了调查,联邦调查局局长J.艾德嘎尔·胡佛(J. Edgar Hoover)却从未将大量的资源投入到有组织犯罪调查中去;事实上,进入60年代前,他甚至一直拒绝承认黑手党的存在。这一异乎寻常的强硬态度从未得到令人满意的解释:是否可以归因于他的意愿,即不能将联邦调查局的注意力从他认为"更重要"的目标上转移走,比如对共产党,或者是为了避

---

[2] John Kober:《卡朋内:阿尔·卡朋内的生活和世界》(Capone: The Life and World of Al Capone),New York: DeCapo,1992,第270—282页。

[3] 参见第二章。

[4] 参见第三章。

[5] Gary W. Potter:《犯罪组织:一个美国城市的邪恶、有组织敲诈勒索和政治》(Criminal Organizations: Vice, Racketeering and Politics in an American City),Prospect Heights, Ill: Waveland Press, 1994,第182—184页。

[6] 美国参议院调查州际商业中有组织犯罪特别委员会(科弗威尔委员会),最终报告,82d Cong., 1st sess, 1951, S. Rept. 第75页。

[7] 美国参议院劳工管理领域不正当活动特别委员会(麦克莱伦委员会),最终报告,86th Cong., 1st sess, 1951, S. Rept. 第725页。

免联邦调查局被腐败所感染,又或许是科萨·诺斯特拉以某种方式向他作出妥协(就像有些人所说的),这些疑问从来就没有被确切回答过。[8]

联邦有组织犯罪控制计划从60年代早期开始逐渐形成,直到80年代中期才完全成熟。在这个进程中有很多重要的阶段。联邦总检察长罗伯特·肯尼迪(Robert Kennedy,1961—1964年)使美国司法部"打击有组织犯罪和有组织性勒索处"(Organized Crime and Racketeering Section)重获新生。[9] "犯罪与司法行政总统委员会(1967)打击有组织犯罪特别行动组"(The Task Force on Organized Crime of the President's Commission on Crime and the Administration of Justice),对有组织犯罪的力量和组织发表了令人恐慌(事实上,夸大了)的报告。[10] 1967年,国会在联邦检察官之外,建立了打击有组织犯罪行动组,并直接向有组织犯罪和有组织性勒索处报告;最终,在那些存在严重有组织犯罪的城市里都有一支联邦打击有组织犯罪行动组。[11] 在布鲁克林区的联邦打击行动组处理了很多案件,本书下卷将重点予以介绍。纽约南区的特别行动组(曼哈顿、布朗克斯、西切斯特)在1972年与联邦检察官办公室合并。1989年,所有的打击有组织犯罪行动组被解散,并同其辖区内的联邦检察官办公室合并。[12] 布鲁克林联邦打击行动组成为纽约东区(布鲁克林、昆斯、长岛)联邦检察官办公室里的一个单位。

尽管联邦调查局自1957年阿巴拉契会议后开始对有组织犯罪进行电子窃听,但是这种行动的法律地位是模糊不清的。《1968年综合犯罪控制

---

〔8〕 Anthony Summers:《官方的和秘密的:J.艾德嘎尔·胡佛的秘密生涯》(Official and Confidential: The Secret Life of J. Edgar Hoover),New York: G. P. Putnam's Sons, 1993,第237—259页。另见 Arthur M. Schlesinger:《小罗伯特·肯尼迪和他的时代》(Jr. Robert Kennedy and His Times),Boston: Houghton, Miffin, 1978,第264—266页。

〔9〕 Arthur M. Schlesinger:《小罗伯特·肯尼迪和他的时代》,第266—272页。

〔10〕 联邦打击有组织犯罪特别行动组:《特别行动组报告:有组织犯罪,注释和顾问论文》,Washington D. C.: Government Printing Office, 1967年。

〔11〕 参见 James B. Jacobs, Christopher Panarella, and Jay Worthington:《击破有组织犯罪集团:美国对科萨·诺斯特拉》(Busting the Mob: United States v. Cosa Nostra),New York: New York University Press, 1994,第14页。

〔12〕 总检察长命令第136-89,1989年12月26日("重新调整打击有组织犯罪项目资源的命令")。

和安全街道法》(the 1968 Omnibus Crime Control and Safe Streets Act)[13]，为合法电子监控规定了具体情形和程序，到80年代，联邦调查局针对有组织犯罪形成了一个以搭线窃听和电子窃听器为工具的强大网络。运用监听设备截听获取的、足以归罪的通话录音，为调查提供了进一步的线索，并最终成为最有效的庭审证据。

1970年，国会通过了有史以来最重要的实体性反有组织犯罪法，即《反受勒索影响和腐败组织法》(the Racketeer Influenced and Corrupt Organization Act, RICO)[14]，其中，将从通过某种有组织性勒索行为模式形成的一个企业中获得利益，或者参与其事务，或者从中取得利润进行投资的行为，规定为犯罪。"有组织性勒索行为模式"(a pattern of racketeering activity)被界定为，在10年内实施的、该法所列举的任何两个联邦或者州规定的犯罪。"企业"(an enterprise)被界定为，任何个人、合伙、公司、协会和其他法人，以及不具有法人资格的、多数人事实上聚合在一起的会众或团体。[15]

反受勒索影响和腐败组织法，使得将全部犯罪团伙和家族送入同一法庭审判成为可能——所有这些被告都曾参与到通过一种犯罪行为模式所形成的同一企业(例如犯罪家族或地方工会)的事务中，由此宣告进入一个对有组织犯罪"大审判"的时代。反受勒索影响和腐败组织法的刑罚是十分严厉的。违反实行性或者共谋条款规定最高刑罚为20年监禁，此外，该法还规定了巨额罚金，并对来源于有组织性勒索行为收益的被告财产予以强制没收。[16] 尽管经历十年之久，在该法主要起草人G.罗伯特·巴雷凯(G. Robert Blakey)教授的不断推动下，一旦联邦调查局和联邦检察官们开始利用该法，而联邦最高法院为利用该法针对全部犯罪企业开了绿灯，每个重大的有组织犯罪刑事诉讼实际上就都是根据该法提起的。鲁道夫·朱立安尼在80年代中期担任纽约南区联邦检察官，根据该法对所有家族的老板们提起民事诉讼，指控他们参与了一个通过有组织性勒索行为模式

---

[13] 综合犯罪控制和安全街道法案第三部分，1968年，18U.S.C.2510-2520(1982)。
[14] 18 U.S.C.1961。
[15] 18 U.S.C.1961(d)。
[16] 18 U.S.C.1963(a)。

形成的有组织犯罪委员会中的事务(即"委员会案")[17],很可能是美国历史上最有名和重要的有组织犯罪诉讼)。纽约市两个联邦检察官根据该法针对每个纽约犯罪家族的首领分别提起刑事追诉(即所谓的"家族有组织性勒索起诉")。[18]

反受勒索影响和腐败组织法还包含了两个民事救济性条款,其中之一就是赋予私人被害人向有组织性勒索者追索三倍损害赔偿的权利[19],但是,该条款并没有用来针对有组织犯罪家族或其成员。不过,该法授权政府控告有组织性勒索者,以获得禁制令、限制令和其他合理的救济措施来防止进一步的有组织性勒索活动[20],而该条款被大量使用,从而为政府提供了强有力的武器来铲除工会和行业中的有组织犯罪。

1970年,国会还设立了"证人安全项目"[21](即通常为人所知的"证人保护项目"),它使检察官有可能为合作证人提供新的身份和新的生活;一个人针对有组织犯罪同道作证并能活下去,第一次成为可能。J. 艾德嘎尔·胡佛死于1972年,因而为全面攻击有组织犯罪扫清了难以克服的障碍。对新的领导层来说,重新组织联邦调查局并为其重新确定方向的道路是显而易见的。

70年代的前5年,反科萨·诺斯特拉的行动并没有显示出多大进展。按照1967年打击有组织犯罪行动组的看法,联邦调查局将打击有组织犯罪集中在赌博上。但是反赌博计划是分散且不成体系的;它只抓住了许多下三流的罪犯和许多与科萨·诺斯特拉没有联系的被告。结果,它没有促成一例重要的、有说服力的打击有组织犯罪案件。一些联邦检察官、陪审团

---

[17] 美国诉萨雷诺案,85 Cr. 139 (S. D. N. Y. 1985)。

[18] 参见:波拿诺家族,美国诉拿诺犯罪家族案,87Civ. 2974 (E. D. N. Y. 1987);科伦波家族,美国诉佩尔斯卡案,832F. 2d 705 (2d Cir. 1987),美国诉科伦波,616 F. Supp. 780(E. D. N. Y. 1985);嘎姆比诺家族,美国诉哥第案,641 F. Supp. 283(S. D. N. Y. 1986);哲诺维斯家族美国诉萨雷诺案,868 F. 2d 524 (2d Cir. 1989)。

[19] 18 U. S. C. 1964(c)。

[20] 18 U. S. C. 1964(a)。

[21] 证人安全项目由1970年有组织犯罪控制法(the Organized Crime Control Act of 1970)所创建。

和联邦法官,对于被告仅仅是那些明显没什么危险的赌徒,表现得不以为然。[22]

70年代末,在运输工人工会前负责人吉米·霍法失踪且被推测是被谋杀之后,联邦调查局将其重心转向有组织犯罪的劳工有组织性勒索。对运输工人工会和码头工人工会进行的劳工有组织性勒索调查,导致科萨·诺斯特拉在经营方面更大且更为复杂地发挥其才智。而科萨·诺斯特拉对主要工会和行业的控制不断曝光也触动了媒体和国会的反应神经。

联邦调查局官员,尤其是纽约市办公室,将有组织犯罪控制作为首要任务,并进行重组,从而针对每个犯罪家族分派了单独的小组;每个小组的任务是识别家族成员身份、组织目录和生意范围,然后为击破整个家族制订计划。到80年代初,仅在纽约市,就有大约300个联邦调查局探员,在100名纽约市警察局警探和警官的协助下,开展有组织犯罪调查。主要调查手段就是电子监控设备。联邦调查局开始善于寻找一个可能的理由来获得司法令状,准许他们运用电话搭线窃听和极小的微型电话(窃听器)来进行电子监听。非常有效的窃听器被安装在科萨·诺斯特拉最高首领的家中、社交俱乐部和汽车上。这些窃听器让执法官们听到并记录下劳工有组织性勒索、高利贷、推行卡特尔、犯罪家族政治阴谋和各种犯罪伎俩。在随后的审判中,这些黑帮分子能够因他们自己的原话被证明有罪。[23]

州和地方执法机构为联邦有组织犯罪控制项目提供后备力量并经常对其进行协助。纽约州打击有组织犯罪特别行动组(OCTF),在罗·戈登施道克的领导下,按照巴雷凯所建议的思路,对重新界定有组织犯罪调查作出了巨大贡献。该行动组的工作人员负责安装著名的"汽车窃听器",几个月里,执法官们通过它听到了可以证明鲁齐斯犯罪家族老板东尼·卡拉罗有罪的谈话,而在约翰·哥第的社交俱乐部里安装的窃听器取得了同样效果。[24]曼哈顿区检察官办公室,在下卷中详述的几个主要调查和刑事起

---

[22] 个人访谈,Robert Stewart,1998年7月28日。
[23] 个人访谈,James Kossler,1998年7月9日。
[24] James B. Jacobs, Christopher Panarella, and Jay Worthington:《击破有组织犯罪集团:美国对科萨·诺斯特拉》,第80—81页。

诉活动中发挥了主导作用。

科萨·诺斯特拉引以为荣的"拒绝作证"(沉默之法)的信条,在政府无情的打击下土崩瓦解。在1963年约瑟夫·法拉奇出现在公众面前之前[25],没有一个科萨·诺斯特拉的背叛者愿意就其组织进行作证。在80年代末、90年代初,许多高级有组织犯罪分子与联邦、州和地方检察官们合作,以换取宽大并将其纳入证人安全项目之中。[26]

当代有组织犯罪控制成就的最后一页由鲁道夫·朱立安尼的市政当局来书写。作为市长,朱立安尼现在利用市政府对工商业的行政管理权力,来继续打击科萨·诺斯特拉犯罪家族们。行政当局的目标就是要求黑帮染指行业中的公司获得许可才能经营,而对科萨·诺斯特拉的成员、随从和朋友们则拒绝颁发执照。

---

[25] 参见 Peter Maas:《法拉奇文件》(The Valanchi Papers), New York: G. P. Putnam's Sons, 1968。

[26] James B. Jacobs, Christopher Panarella, and Jay Worthington:《击破有组织犯罪集团:美国对科萨·诺斯特拉》,第13—14页。

第九章　解放服装业区

在纽约,没有卡车你制造不了任何东西。如果你控制了卡车你就控制了该行业,而[嘎姆比诺兄弟]就控制了卡车。他们的合伙人是有组织犯罪。他们利用卡车来控制服装业区的工厂,从而破坏竞争、破坏选择的自由。……[被告们]征收一种税,而钱都流进了约瑟夫·嘎姆比诺和托马斯·嘎姆比诺的腰包,在这个行业中他们以嘎姆比诺犯罪家族成员而为人所知。[1]

——区助理检察官艾略特·史皮策(Elliot Spitzer),在"人民诉嘎姆比诺案"中的开场陈述,1992年

科萨·诺斯特拉自从20世纪20年代开始就盘踞在纽约市的服装行业。通过控制"美国卡车司机先生"、"国际女装工人工会120分会"和"大衬衫、裙子及内衣协会",黑帮能够建立并掌控货运卡特尔。这个卡特尔由科萨·诺斯特拉家族成员拥有或控制的货运公司组成。通过财产—权利体制和固定价格,卡特尔成员获得了巨额利润。在90年代前,政府在铲除服装行业中的黑帮方面作出的努力并没有产生太大影响。

---

[1] Arthur Friedmen:"嘎姆比诺案审判:第七大街的公司将作为证人出庭"(Gambino Trial: SA to Take Witness Stand),Women's Wear Daily,1992年2月5日,第1页。

第九章 解放服装业区

1951年司法部提起的反托拉斯民事诉讼,以一个有利的双方同意的裁定而告终,但是该行业和以往一样没有任何改变。[2] 50年代末,纽约市颁发执照的专员成功地将巴顿货运公司排除在该行业之外,并为重点打击科萨·诺斯特拉的卡特尔开辟一条可行的道路,但是随后的行动并没有被实施。70年代中期由联邦和州联合实施的调查行动"克利弗兰计划"虽然促成了几个有罪判决,但是仍旧对财产—权利体制、卡特尔或科萨·诺斯特拉的影响没有产生明显的效果。

90年代才真正有了突破。曼哈顿区检察官办公室对约瑟夫·嘎姆比诺和托马斯·嘎姆比诺(目前为止服装行业最重要的科萨·诺斯特拉分子)提起了重要的刑事诉讼。审判以引人关注的诉辩交易终止,为将嘎姆比诺兄弟俩赶出该行业向前迈出了一大步,并由此建立了法院指派的特别官员来清除卡车货运卡特尔,而该特别专员的努力已经取得成功。

克里丝汀街时装和罗克齐卧底侦查

80年代末,嘎姆比诺犯罪家族的一个分支头目托马斯·嘎姆比诺和他的兄弟约瑟夫·嘎姆比诺,在纽约市服装贸易中达到了他们的势力巅峰。他们拥有几家服装货运公司,包括"统一货运"和"格林博格速递",并在这个行业中享有很多其他权益。托马斯·嘎姆比诺的个人财富据估计达1亿美元。

1988年8月,曼哈顿区检察官办公室发动了两次秘密卧底行动。目标是针对嘎姆比诺兄弟进行刑事追诉,借以清除服装行业里的有组织性勒索

---

[2] 参见如:美国诉斗篷和西装货运协会,"便衣警察讲述货运人的威胁"(Undercover Cop Tells of Trucker's Threats),Women's Wear Daily,1992年2月7日,第13页。

活动。[3]＊检察官办公室在中国城设立了一个缝纫店。从外表所有特征来看,"克里丝汀街时装"和其他中国城的加工店没有任何不同。[4] 大约25个妇女整天在缝纫机前工作,制作裙子和蓝色牛仔裤;他们并不知道,他们的老板罗纳德·瑞沃拉是纽约州警察局的警官(没有使用纽约市警探,是怕他们可能被认出来)。[5] 在"克里丝汀街时装"营业的一年间[6],执法官员们秘密录制了瑞沃拉与"统一货运"的"推销员"的大量谈话,他们建议瑞沃拉,克里丝汀是属于"统一货运"的店铺,因此瑞沃拉不可能雇到其他货运公司。[7]

第二个卧底行动针对"罗克齐运输公司"(Lok-key Transportation)。它表面上是一个小货运公司,负责人是戴维·陈,而实际上他是纽约州警察局警探李金。警察直接摄录下这样的场景:在"统一货运"销售员在场并向瑞沃拉兜售自己的卡车运输服务的时候,李拜访"克里丝汀街时装";这是对卡特尔直接的挑战。"统一货运"的销售员告诉李,克里丝汀是"统一货运"的店铺,"罗克齐"不能插手。[8]

这些行动之外,警官们还获得法院授权在"统一货运"的总部里安装了监听设备,包括约瑟夫·嘎姆比诺和托马斯·嘎姆比诺的办公室。[9] 1990年1月30日,当窃听行动显示的信息足够获得一个搜查令时,执法官员们

---

〔3〕 曼哈顿区检察官罗伯特·摩根陶宣布:刑事起诉反应了,在以往执法活动的努力下,所取得的全面、行业范围内的进展和突破;"这次我们集中在主要的盘踞在该行业的参与者身上。而且我们正在尽我们最大的努力来铲除非法活动。"Selwyn Raab:"警察局说,他们在中国城的卧底揭示黑帮与服装行业有联系"(Police Say Their Chinatown Sting Ties Mob to the Garment Industry),New York Times,1990年3月20日,A1版。

＊ 此注在英文版原文中为注⑧,但是注释③—⑦原书中只有标号,而无内容,经与作者核实,为原书排版错误,故在中文版中把原来的注释③—⑦删除,下面的标号依次提前。——译者注

〔4〕 Thomas Ciampi:"嘎姆比诺卡车运输案审判中,听第七大街的公司是如何被分配的"(Gambino Trucking Trial Hears How SA Apportioned),Women's Wear Daily,1992年2月11日,第28页。

〔5〕 Friedman:"嘎姆比诺案审判:卧底警探将作为证人出庭"。

〔6〕 Friedman 和 Struensee:"便衣警察讲述货运人的威胁"。

〔7〕 同上;Raab:"警察局说,他们在中国城的卧底揭示黑帮与服装行业有联系"。

〔8〕 Friedman 和 Struensee:"便衣警察讲述货运人的威胁"。

〔9〕 Selwyn Raab:"7人在黑帮制衣商勒索案中被认定有罪"(7 Held in Extortion of Mob Clothiers),New York Times,1990年10月19日,B3版。

第九章　解放服装业区　　　　　　　　　　　　　　　　　　　　　165

从服装业区货运公司查获了财务记录。[10]

对嘎姆比诺的刑事起诉

1990年10月，根据纽约有组织犯罪控制法（New York's Organized Crime Control Act）的规定，对嘎姆比诺兄弟、他们的2个雇员和他们货运公司中的4个公司，以涉嫌有组织性勒索提起了包含有45个控项的刑事起诉。该起诉书指控，4名个人和4个公司构成了一个范围很广的共谋伎俩，即通过至少20次敲诈行为，阻止服装业公司选择他们自己的货运人。[11]起诉书还指控，被告们通过分派顾客和辖区来破坏纽约州反托拉斯法（多内利法，the Donnelly Act）。[12]另外一个起诉指控，嘎姆比诺的3名随从和6个货运公司，共谋以与嘎姆比诺兄弟结成非法联合的方式来限制贸易。[13]在宣读这些起诉书时，纽约市区检察官罗伯特·摩根陶断言，被告们对纽约市每件运送的衣服上强加了黑帮税，其非法利润累计高达几千万美元，并最终都由消费者承担。检察官们声称，两个起诉书中列举的10个货运公司掌握着90%服装业卡车运输路线。[14]从而，检察官办公室希望，通过判决被告们有罪和查封其生意，能够打破卡特尔和"婚姻"制度，消除科萨·诺斯特拉在服装货运行业中的存在，并促进货运公司之间的竞争。

1991年4月，"人民诉嘎姆比诺"案中的7名被告人和10个货运公司，以法律名词"犯罪企业"（criminal enterprise）和"有组织性勒索行为模式"（pattern of racketeering activity）含义模糊不清而违反宪法为由，请求法院驳回纽约州提出的有组织性勒索指控。法官赫尔伯特·阿特曼（Herbert Alt-

---

[10] Raab："警察局说，他们在中国城的卧底揭示黑帮与服装行业有联系"，第13页。
[11] 约翰·迪萨尔沃、雷蒙德·布卡福斯孔、"统一货运""服装货运公司""格林博格速递""GRG运送"，也在起诉书中被指控。参见，人民诉嘎姆比诺案，起诉书第11859-90。
[12] 同上。
[13] 第二个起诉中被告包括戴维·斯图尔特、马克·斯图尔特、迈克尔·伍奥罗和"三A服装发运"联合公司、"J.R.服装发运联合公司"、"FM&J发运服务联合公司"、"幸运服饰运输者公司"、"幸运服装运输联合公司"。人民诉戴维·斯图尔特案，起诉书第11858-90。
[14] Selwyn Raab："7人在黑帮制衣商勒索案中被认定有罪"。

man)支持"有组织犯罪控制法",确认该法给被告们提供了公平的警示,即他们被指控的行为是被禁止的。[15] 被告人还辩称,起诉书中指控的"重偷盗"和"勒索"罪项不能成立,因为选择货运人的权利并非纽约州法所保护的"财产"。阿特曼法官也拒绝了这一抗辩,认为"当一项有利的商业关系因勒索行为的实施而受到阻碍时",创建和维系这一关系的权利就构成法律所保护的权益。[16] 在阿特曼法官解决这些和其他类似争辩后,区检察官不受阻碍地进入庭审阶段。

对约瑟夫·嘎姆比诺和托马斯·嘎姆比诺的审判

州法院对嘎姆比诺兄弟的审判于1992年2月4日开始;约翰·迪萨尔沃(John Disavo)和雷蒙德·布卡弗斯卡(Raymond Buccafusco)被作为共同被告。从一开始,控辩双方就对是否有足够证据认定勒索展开激烈辩论。在开场陈述中,区助理检察官艾略特·史皮策告诉陪审团,"服装业区"的每个人都知道嘎姆比诺兄弟是谁,被告们"把他们的嘎姆比诺犯罪家族成员身份作为可怕的工具,而且说到做到"。史皮策解释道,仅仅靠嘎姆比诺的名字还不够,"如果有人做了出格的事,面慈心狠的家伙就出面了,结果有人会被送进医院待上6个月"。在其开场陈述中,托马斯·嘎姆比诺律师嘲笑这些指控,称他的当事人在经营服装业货运生意中曾经使用过威胁。"你找不到什么棒球球棒。你也找不到什么身体伤害。这就是一个商业案件,无论检察官将汤米·嘎姆比诺唤作什么名字或者什么令人厌恶的东西。"[17]

第一个控方证人是一个服装公司的经理。他证实,他在一个承包商的店铺里,该承包商不想用嘎姆比诺的卡车,几个令人印象深刻的、穿着军用

---

[15] 人民诉嘎姆比诺案,载纽约法律杂志,1991年5月1日,第23页。

[16] 同上;Cerisse Anderson:"在卡车运输案中违反有组织犯罪控制法罪项成立"(OCCA Counts stand in Trucking Case),纽约法律杂志,1992年2月5日,第1页。

[17] Ronald Sullivan:"检察官说,嘎姆比诺利用恐惧来获取'黑帮'税"(Gambino Gained 'Mob Tax' with Fear, Prosecutor Says),New York Times,1992年2月5日,B3版。

第九章　解放服装业区

短上衣的男子突然出现,默不作声地恐吓这个承包商。按照证人的说法,嘎姆比诺兄弟传递的信息就是,"你不要搞乱统一货运",和"你不得不接受他们的控制——你不得不玩这个游戏"。[18] 这个事件至多证明一个"暗示的威胁",而且与嘎姆比诺兄弟本人只有间接的联系。

为证明"婚姻"体制的性质和范围,检察官传唤了罗纳德·瑞沃拉,他详细叙述了一个"统一货运"的推销员告诉"罗克齐"公司的李,"克里丝汀街服装"是"统一货运的店铺",而李应该到长岛市去找工作机会。一份视听记录显示,另一个"统一货运"的推销员告诉李,"如果我发现这有(其他货运公司),我也会努力把他们赶走。"李问:"承包商是否有权利选择自己的货运人?"这个推销员回答道:"没有,他们没有。它就像一个被特许经营的店铺。"瑞沃拉解释,统一货运如何使他在与设计公司相脱离的情况下工作。而且,当他试图获得其他货运公司提供的服务时,他被告知不能获得其服务;他别无选择只能和"统一货运"待在一起。[19]

辩方律师用心研究了每一个说明嘎姆比诺兄弟俩使用暴力或勒索的意见。辩方律师杰拉德·沙格尔(Gerald Shargel)促使"统一货运"一个前推销员对起诉作证,称其从未以身体伤害威胁承包商,而且如果承包商想让不属于嘎姆比诺的公司来运输,推销员只是威胁停止为该承包商找生意。[20]

在60份谈话录音中,只有很少的、实际上以身体伤害为内容的威胁,而只有这类内容对勒索指控才具有实质意义。最能支持控方的证据是,"统一货运"一名雇员有关商谈"罗克齐"货运商行为的陈述。该雇员说:"我不想说他将被踢屁股,但是他早晚会的。他妈的货运公司中的一个会修理他。他将他妈的在医院里待上6个月。"[21] 3周的询问证人阶段过后,

---

[18] Ronald Sullivan:"嘎姆比诺案审判:卡车和'穿军用防水短上衣的家伙'"(Gambino Trial: Trucks and 'Guy in Trenchcoats'),New York Times,1992年2月6日,B2版。

[19] Friedman 和 Struensee:"便衣警察讲述货运人的威胁"。

[20] Chuck Struensee:"前嘎姆比诺代表证实,他并没有威胁公司",Women's Wear Daily,1992年2月20日,第9页。

[21] Ralph Blumenthal:"当黑帮发运货物时"(When the Mob Delivered the Goods),New York Times Magazine,1992年7月26日,第23页。

对嘎姆比诺兄弟并没有形成直接的威胁。《纽约时报》报道说,"这里未曾提到任何黑帮杀人者。事实上,证据显示,约瑟夫·嘎姆比诺和托马斯·嘎姆比诺……是如此彬彬有礼,使人相信他们并没有侵犯那些由对立有组织犯罪家族控制的货运公司。"[22]

诉辩交易*

1992年2月26日,约瑟夫·嘎姆比诺、托马斯·嘎姆比诺和两名同案被告,与其他3个被告一起,在第二项起诉中同意达成一个不寻常的诉辩交易。嘎姆比诺兄弟对一个单纯的反托拉斯重罪控项表示认罪[23];以换取检察官放弃其他54项指控。[24]

嘎姆比诺兄弟同意立即停止强制推行"婚姻"体制,在法院的监督下通过出售他们企业的方式来放弃卡车运输经营,给予法院和"特别官员"对他们的货运公司以管理权限,以及与其即将脱离关系的公司不得保持联系。[25] 另外,嘎姆比诺兄弟同意向纽约州支付1200万美元罚金;该笔款项

---

〔22〕 Ronald Sullivan:"嘎姆比诺兄弟非常平静地接受审判"(2 Gambinos Go on Trial, Very Quietly),New York Times,1992年2月23日,A2版。

* 诉辩交易,又称控辩护交易。在美国刑事诉讼中,检察官与被告人进行谈判,说服被告人作有罪答辩,以换取检察官的指控和法院判决上的让步。通常做法是如果被告人承认犯有某一较轻的罪行,或者承认控方多项指控中一项罪行,检察官可以对被告人降格指控,或者撤回对其他罪项的指控,或者建议法庭对被告人减轻处罚。检察官与被告人达成的协议经法院批准后即可执行。诉辩交易的做法在出现之初引起人们的争议。20世纪60年代美国最高法院宣布其为合法,从而得到广泛采用。目前大约有95%以上的刑事案件通过诉辩交易的形式解决。——译者注

〔23〕 具体而言,嘎姆比诺兄弟,与约翰·迪萨尔沃、雷蒙德·布卡福斯孔、"统一货运""服装货运公司"、"格林博格速递"、"GRG运送"一起,对违反纽约普通工商业法第340、341条表示认罪。参见Jonathan M. Moses和Milo Geyelin:"法律的胜利"(Legal Beat),Wall Street Journal,1992年2月27日,B8版。

〔24〕 与嘎姆比诺兄弟一样,迈克尔·伍奥罗和"三A服装发运"联合公司、"J. R.服装发运联合公司"、"FM&J发运服务联合公司"、"幸运服饰运输者公司"、"幸运服装运输联合公司"对违反相同州法表示认罪。戴维·斯图尔特、雷蒙德·布卡弗斯卡对违反《纽约州刑法》第100.05条(犯罪性教唆)表示认罪。针对马克·斯图尔特的指控没有成功。人民诉嘎姆比诺案,起诉书第11859-90和11858-90,诉辩协议,2—3(1992)。

〔25〕 约翰·迪萨尔沃、雷蒙德·布卡福斯孔也被强令离开服装行业。人民诉嘎姆比诺案,起诉书第11859-90和11858-90,诉辩协议,4(1992)。迈克尔·伍奥罗和戴维·斯图尔特,和第二个起诉书中提到的其他公司,同意停止反竞争行为。人民诉嘎姆比诺案,起诉书第11859-90和11858-90,诉辩协议,3(1992)。

第九章 解放服装业区

专用于补偿因嘎姆比诺货运服务支付过高费用的被害人,法院指派特别官员的费用,以及政府调查和起诉的费用。[26]

检察官们考虑到该案存在的不确定性,因而认为这个诉辩协议是合理的。正像检察官迈克尔·切尔卡斯基(Michael Cherkasky)所解释的:"我们知道,我们在反托拉斯罪项上根据法律可以任意摆布他们……[但是]我们提起的勒索指控在一开始就很薄弱,而审判中只能变得更糟糕。"切尔卡斯基担心,出现一个"失控的陪审团",如果它决定在其他更为严重的勒索指控上宣告无罪的话,可能将在托拉斯指控上不会判被告们有罪。

检察官们决定放弃使嘎姆比诺兄弟*被处以令人印象深刻的监禁刑的机会,以换取通过一个特别官员在行业范围内实施矫正的机会。区检察官摩根陶辩解称,尽管他的办公室放弃了对嘎姆比诺兄弟适用监禁刑的机会,它还是取得了自托马斯·E.杜威以来从未有过的胜利。针对科萨·诺斯特拉在服装业区的作用,摩根陶认为:"如此一举将他们清除出去。"按照纽约州打击有组织犯罪特别行动组主任罗·戈登施道克的说法,"它是一个了不起的协议。……当然,对公众来说,从有组织性勒索者手中夺回服装产业,比一个人被送进监狱要好得多。"[27]

特别官员的矫治努力

1992年4月,法官托马斯·嘎里甘(Thomas Galligan)任命纽约市前警察局局长、"克罗尔联合"(Kroll Associates)的首席执行官罗伯特·麦克盖尔(Robert McGuire),作为诉辩协议所要求的特别官员(Special Master)。特别官员的作用是监督嘎姆比诺出售他们卡车运输权益的过程,以及监督他

---

〔26〕 人民诉嘎姆比诺案,起诉书第11859-90和11858-90,诉辩协议,4(1992)。

* 托马斯·嘎姆比诺没有逃脱牢狱之灾。1993年,他因与在康涅狄格州经营嘎姆比诺犯罪家族有关的各种的敲诈勒索、赌博和高利贷而被判有罪。他被处以5年监禁。参见美国诉嘎姆比诺案,835 F. Supp. 74,(E.D.N.Y. 1993)(新审判的申请);Pete Bowles:"好家伙做了好事;仍被关进监狱",Newsday,1993年10月30日。

〔27〕 参见Gay Jervey:"与聪明的家伙共舞"(Waltzing with the Wise Guys),美国律师,1992年5月,第90页。

们从该产业中撤出。* 麦克盖尔被授权在运输剪裁活的卡车运输业中,"发布他认为是合理、适当的命令和规则,用以清除反竞争行为并鼓励竞争"。[28] 他聘用了由律师、会计和前执法官员组成的团队来协助实施矫治计划。

根据诉辩协议的条款,特别官员将监督嘎姆比诺所有货运公司的买卖、运输合同、账目明细以及路线。[29] 嘎姆比诺的律师有权协商买卖条款以及为可能的买主筹措资金,但是都要由麦克盖尔做最后批准。麦克盖尔阐明,嘎姆比诺兄弟不得将他们的权益卖给其家族成员、朋友,或者任何与科萨·诺斯特拉有联系的公司。他的团队给可能的买主发放一份24页的调查问卷,并保留让司法会计查看其财务报告的权利。[30]

被告们在货运业的权益最终于1993年夏天被出售给4个不同的货运公司[31],此前最后期限被适当延长以便对买家们进行最后的背景调查。[32] 而后原来起诉书中提到的其余货运公司也一样,特别官员办公室开始监督每个继受公司的经营和所有权益情况。通过进行季度审计,麦克盖尔团队努力确保有组织犯罪不能重回该行业,而且要确保继受公司也不像嘎姆比诺家族那样,使用同样的反竞争手段。[33]

特别官员还为货运卡特尔的被害人建立一项补偿基金。在嘎姆比诺兄弟缴纳的1200万美元中,300万美元被专门用来补偿那些遭到被告货运公司过高收费的受害人。麦克盖尔在商业杂志"每日妇女着装"和其他三

---

* 嘎姆比诺兄弟被剥夺的权益仅限于他们破坏反托拉斯法的公司。他们仍保留了"动力卡车运输",一个收入达5760万美元、利润达420美元的州际货运公司。参见 Gay Jervey:"与聪明的家伙共舞",美国律师,1992年5月,第90页。

〔28〕 人民诉嘎姆比诺案,起诉书第11859-90和11858-90,诉辩协议,6(1992)。

〔29〕 同上注,5(1992)。

〔30〕 Arthur Friedmen:"罗伯特·麦克盖尔说,他旨在培育第七大街公开竞争性的卡车运输;法院指派的特别官员管理服装行业的卡车运输"(Robert Mcguire Says He Aims to Nurture Openly Competitive Trucking on SA; Court-Appointed Special Master Over Garment Industry Trucking),Women's Wear Daily,1993年3月29日,第8页。

〔31〕 Arthur Friedmen:"麦克盖尔:第七大街的卡车运输在同一个赛场上竞争"(Mcquire: SA Trucking on a Level Playing Field),Women's Wear Daily,1993年11月29日,第3页。

〔32〕 "嘎姆比诺兄弟在出售卡车公司问题上取得时间宽限"(Gambinos Get Extension on Sale of Truck Companies),Women's Wear Daily,1993年3月17日,第16页。

〔33〕 Friedmen:"麦克盖尔:第七大街的卡车运输在同一个赛场上竞争"。

第九章 解放服装业区

家中文报纸上发布广告〔34〕,目标群体是受到"婚姻"体制侵害的设计者和承包商。尽管卡特尔曾经长期存在,却很少有人提出请求。只有80万美元被支付出去。其余的220万美元转给了纽约州〔35〕。或许那些因服装货运支付过高费用的承包商们已经不在这个行业,或者没有注意到这些广告〔36〕,或者没有必需的记录来证实他们的请求,又或者不愿意牵扯进去。

麦克盖尔努力在服装货运行业促进竞争。〔37〕在为设计商与承包商之间的剪裁活卡车运输而制定的新规定中,禁止货运公司:(1)与其他公司签订协议来固定费率或条件;(2)买卖客户名单或者对客户的占有权利,但不包括整个货运公司的买卖活动;(3)通过一个承包商或设计商同意只与一个货运公司进行交易的方式,建立一种排他的关系。这些规则进一步要求,卡车运输发票包括说明费率的手写通知,同时要求货运公司与设计商或承包商之间的关系不得是排他的。最后,在尝试终结高利贷方面,麦克盖尔要求,货运公司如果提供超过250美元的借款,必须得到他办公室的批准。法官托马斯·嘎里甘批准了这些规定,以及其他监督和执行规定。〔38〕

特别官员办公室为第七大街的设计商和中国城的承包商创设了一个监督项目;主要目标着眼于后者。会议在中国城举行;500多个承包商和制造商逐一接受面谈。给经理或所有人发放了"知晓你雇用卡车运输的权利"的宣传单(中英文),上面描述了特别官员的规定,强调公平贸易行为现在正主导着服装卡车运输业,并提供了报告违规行为的免费电话号码。〔39〕一个前联邦调查局探员和六个全职的行业调查员每日监督遵守情况。调查员与每个店铺的所有人会面,询问他们是否碰到货运公司的问题。他们

〔34〕 "嘎姆比诺兄弟在出售卡车公司问题上取得时间宽限"。
〔35〕 Arthur Friedmen:"麦克盖尔:卡车正在奔驰"(Mcquire: The Trucks Are Rolling),Women's Wear Daily, 1995年3月7日,第8页。
〔36〕 "嘎姆比诺兄弟在出售卡车公司问题上取得时间宽限"。
〔37〕 Arthur Friedmen:"罗伯特·麦克盖尔说,他旨在培育第七大街公开竞争性的卡车运输"。
〔38〕 Chuck Struensee:"法院批准新的第七大街卡车运输规定"(Court Approves New SA Trucking Rules), Women's Wear Daily, 1993年4月6日,第14页。
〔39〕 Robert J. Mcguire:"特别官员报告",1995年4月7日,第10—11页,根据人民诉嘎姆比诺案,起诉书第11859-90和11858-90,诉辩协议。

发现一定数量的货运人违反规定和明显企图规避新规定的情况。一旦违规行为被发现,特别官员麦克盖尔就会将调查费用强加给违规者们。同时,麦克盖尔劝说其他货运公司自愿服从特别官员的管理。[40]

当其特别官员职位任期在1997年2月结束时,罗伯特·麦克盖尔对该行业的未来表示乐观。他声称:"一旦[科萨·诺斯特拉的链条]被拆散,就像他们已经被拆散那样,我怀疑它们是否还能够被重新链接起来。"[41]

最近有关科萨·诺斯特拉影响服装贸易的指控

将嘎姆比诺兄弟从服装行业赶走,是在该行业中根除有组织犯罪的重要一步,而其他黑帮分子则继续在服装业区从事非法活动。麦克盖尔和他的高级调查员向联邦检察官办公室和联邦调查局报告,当他们履行法院指派的职责时,他们发现一些情况,但是因为管辖权的限制不能进行追踪。[42]而后一项联合调查得到启动,由纽约南区联邦检察官办公室、美国劳工部总巡视员办公室劳工有组织性勒索分部、联邦调查局、纽约市警察局组成。[43] 1998年4月28日,联邦检察官办公室取得两个大陪审团起诉书,指控12名个人勒索服装业公司。包括鲁齐斯犯罪家族代理老板"小乔伊"约瑟夫·德非得在内的7名个人被指控犯有9项有组织性勒索和7项敲诈,这些控项内容均源自一个每年从服装工商企业那里勒索高达48万美元的图谋。[44] 该项起诉指控,被告们通过以下方式对不同工商企业实施勒索性的控制:

- 前述企业的成员是科萨·诺斯特拉或黑手党的随从和成员;
- 以劳工动荡相威胁;

---

[40] Arthur Friedmen:"麦克盖尔:卡车正在奔驰"。
[41] 同上。
[42] Arthur Friedmen:"麦克盖尔:更多的调查需要进行"(Mcquire: More Probes Needed),Women's Wear Daily, 1998年4月30日,第1页。
[43] 总巡视官办公室,新闻稿,1998年4月28日,Http:// www. Dol. Gov/dol/opa/public/media/press/oig/oig98181. html。
[44] 美国诉德非得,起诉书第98,Cr. 373 (S. D. N. Y. 1998),第19页。

第九章 解放服装业区

- 威胁和导致经济损害;
- 使用和威胁使用暴力性身体损害;以及
- 干扰潜在证人妨害执法机关调查。[45]

第一个大陪审团起诉书,称律师艾尔文·施拉克特是鲁齐斯家族的随从,并指控他代表鲁齐斯家族从服装业区公司那里收取被勒索的钱款。[46] 在一次被窃听的通话中,施拉克特告诉一个货运商,他将遭到与迈克·帕帕迪奥同样的下场,帕帕迪奥是鲁齐斯家族的前随从,因截留勒索钱款而被谋杀。[47] 尽管起诉书指控,其企业的能力就是"破坏劳工和平……并控制……工会"[48],但是并没有暗示哪个工会牵涉其中。不过,很可能是指"缝纫商业、工业及纺织工人工会"(Union of Needletrades, Industrial and Textile Employees)102分会*,自它在纽约市服装行业成为进行活动的主要工会以来,它一直在发挥作用。[49]

在有组织性勒索和敲诈起诉中,迈克尔·伍奥罗(Michael Vuolo)也成为了被告。作为嘎姆比诺兄弟案中1992年的诉辩协议的一部分,他对犯罪性教唆表示认罪,但是他被允许保留他的服装货运公司。依照"反受勒索影响和腐败组织法"中有关没收规定,伍奥罗在"三A服装发运"的权益及其资产被没收。[50] 如上所述,政府从被告们那里获得250万美元,并称这是通过非法有组织性勒索行为而取得的收益。[51]

---

[45] 同上注,第6页。
[46] 同上注,第5页;Sharon Edelson 和 Arthur Friedmen:"针对黑帮的调查可能同时针对服装工会"(Probe into Mob Might Also Aim at Apparel Union),Women's Wear Daily,1998年4月30日,第1页。
[47] Al Guart:"联邦击败黑帮老板;联邦调查局称,服装业中心的敲诈正在被拆散"(Feds Bust Mob Boss; Garment Center Rackets Unraveling, FBI Claims),New York Post,1998年4月29日,第5页。
[48] 美国诉德非得,起诉书第98,Cr.373 (S.D.N.Y. 1998),第19页。
* "缝纫商业、工业及纺织工人工会"成立于1995年,当时"国际女装成衣工人工会"与"联合服装与纺织工人工会"(Amalgamated Clothing and Textile Workers Union)进行了合并。参见 Arthur Friedman:"缝纫商业、工业及纺织工人工会得到全体一致通过",每日妇女着装,1995年6月29日,第9页。
[49] Sharon Edelson 和 Arthur Friedmen:"针对黑帮的调查可能同时针对服装工会"。
[50] 18 U.S.C. 1963(a)(1),(a)(2)和(a)(3)。
[51] 美国诉德非得,起诉书第98,Cr.373 (S.D.N.Y. 1998),第19页。

第二个大陪审团起诉书,指控嘎姆比诺和鲁齐斯家族的 5 个成员和随从,包括嘎姆比诺分支头目约瑟夫·N. 嘎罗*和哲诺维斯的分支头目约瑟夫·嘎托,其内容是敲诈"哈德逊布匹染色"(Hudson Piece Dye)及其所属的公司。[52]

服装业区将永远获得自由吗?

本书交付出版是在 1999 年初,当时货运卡特尔看似被打破了。嘎姆比诺的诉辩交易和特别官员的工作,使设计商和承包商从"婚姻"体制中获得自由并促进了新的独立的货运商之间的竞争。在清除盘踞在服装业区中科萨·诺斯特拉的过程中这是极为重要的步骤。新的货运商为工作正在竞争。超过 75 个独立的货运公司已经进入到服装行业。[53] 价格已经降下来。到 90 年代中期,特别专员办公室估计,卡车运输费用已经降低大约 20%。运输一件牛仔裤的费用已经从 40—45 美分,跌落到 15—20 美分。按照特别官员麦克盖尔的说法,"几十年来第一次,客户们在挑选货运人,而且如果他们不能得到合理报价或良好服务,他们将离开。"[54]《每日妇女着装》报道,服装承包商和设计商们感觉到该行业发生了明显变化,他们不再被"嫁"给某个货运商,也不必为根本没有发生的行程支付费用。[55]

针对科萨·诺斯特拉的战斗仍在继续。尽管没有科萨·诺斯特拉分子出现来接替约瑟夫·嘎姆比诺和托马斯·嘎姆比诺的位置,但是有组织

---

* 嘎罗的父亲,乔·N. 嘎罗,是嘎姆比诺家族的前顾问,在纽约州参议员弗兰兹·雷切特 1982 年的报告中将其称为"大衬衫、裙子及内衣协会"的实际负责人,科萨·诺斯特拉通过该协会转移大量资金。参见 Franz S. Leichter 著:《血汗工厂到敲诈勒索——纽约服装业地区的有组织犯罪》(Sweatshops to Shakedowns: Organized Crime in New York's Garment Industry),未出版,1982 年 3 月,第 3 章第 38—40 页。

[52] Sharon Edelson 和 Arthur Friedmen:"针对黑帮的调查可能同时针对服装工会"。

[53] 同上;Patrica Hurtado:"一个狠狠的教训:大陪审团起诉书指控黑帮控制了服装业地区"(A Dressing Down: Indictment Alleges Mob Has Control of Garment Dist),Newsday,1998 年 4 月 29 日,第 5 页。

[54] Selwynn Raab:"控制黑帮帮助服装制造者"(Curb on Mob Aids Garment Makers),New York Times,1995 年 6 月 12 日,A1 版。

[55] Arthur Friedmen:"麦克盖尔:卡车正在奔驰"。

第九章 解放服装业区

犯罪仍存在于服装行业中。在最新的起诉之后,纽约市警察局专员霍华德·萨非尔(Howard Safir)评论道"我想没有人在宣布胜利"。[56] 最近一轮的刑事起诉显示,科萨·诺斯特拉仍旧有足够的影响力来强制工商企业支付勒索性要价,但是这一轮起诉也显示执法部门的坚定决心。罗伯特·麦克盖尔强调,"在无限的未来里要强有力地调查有组织犯罪与该行业的联系。"[57] 如果他的意见被采纳,则将有一个美好的前景:服装行业最终将迎来彻底的解放。

---

[56] Al Guart:"联邦击败黑帮老板"。
[57] Arthur Friedmen:"麦克盖尔:更多的调查需要进行",第1页。

第十章　让富尔顿鱼市获得自由

[纽约市]参议会因此认为富尔顿鱼市,即位于曼哈顿下城的纽约市海产品批发中心,几十年来一直受到有组织犯罪的腐蚀性影响。……参议会进一步认为,尽管执法机关为起诉那里的犯罪作出不懈的努力,法院为市场指派的行政官也存在,但是有组织犯罪腐败问题在该市场仍处于持续状态。……本参议会因而认为……有必要为工商业管理部门扩大权限,在该市场区域颁发执照并且/或者进行工商业注册,以及规范这一行业的行动。[1]

——关于"地方法50"的立法决定,1995年

科萨·诺斯特拉自20年代开始就盘踞在富尔顿鱼市。通过对"联合水产品工人,熏鱼和罐头工厂工会359分会"的控制,哲诺维斯家族操纵着一个保护性"生意",并强迫批发商租赁工会标志以及向圣诞节基金捐钱。哲诺维斯和波拿诺犯罪家族的一些成员们拥有自己的装货和卸货公司,按照卡特尔方式进行运作来限制竞争并固定费用。尽管市场位于市属土地之上,装运公司却只是支付有名无实的租金(如果确实支付了的话),并从停车费中获利。港口和贸易部门

---

〔1〕 纽约市行政法典,标题16A,第1条,1994年1月26日。(以下简称"地方法50")。

第十章 让富尔顿鱼市获得自由

负责市场日常管理职责,并没有采取认真的措施来打击黑帮的利益。对黑帮"沙皇""短袜子"约瑟夫·兰扎和他的继任者卡民·罗曼诺判处监禁,并没有对有组织犯罪的控制产生影响。

80年代末,纽约南区检察官办公室提起了一个开拓性的民事性违反"反受勒索影响和腐败组织法"诉讼,并导致整个市场置于法院指派的市场行政官的监管之下。虽然该行政官在清除有组织犯罪方面取得了有限的胜利,但是在该行政官任期结束时,市政府建立了一个全面而大胆的行政规制体制,并取得了令人瞩目的成果。

海洋调查行动和"美国诉359分会"案

1984年末,一个由12名联邦调查局探员和12名纽约市警察局警官组成的联合特别行动组,发起了"海洋调查行动"[2],即对富尔顿鱼市进行的调查活动,包括几百个小时的秘密行动和广泛的电子监听。[3]调查员跟踪市场有组织性勒索分子到布鲁克林、昆斯、斯塔滕岛,以侦查其与其他有组织犯罪成员的联络情况。[4]

意识到过去的刑事追诉没有能够把对市场的控制从科萨·诺斯特拉手中夺回来,联邦检察官鲁道夫·朱立安尼于1987年10月提起了一个民事性违反"反受勒索影响和腐败组织法"诉讼。与以往这类案件不同,该案是在没有在先刑事案件提供便利的情况下提出的。[5]朱立安尼将此次运用民事性违反"反受勒索影响和腐败组织法"规定,和20世纪初运用谢尔曼反托拉斯法来打破垄断以及利用联邦法院对学校区取消种族隔离的托管,进行了类比分析。[6]该诉讼寻求将整个市场置于法院的监督之下,并为"359分会"指派托管人。[7]

这起民事性违反"反受勒索影响和腐败组织法"案被分派给托马斯·格瑞萨法官;原告起诉29名被告,包括"359分会"及其官员和作为一个实体的哲诺维斯犯罪家族。[8]它指控,"359分会"的司库卡民·罗曼诺,以及其后该分会事实上的负责人文森特·罗曼诺,代表哲诺维斯犯罪家族在富尔顿鱼市上从事多种犯罪行为,包括勒索、赌博、盗窃和高利贷。政府指控,哲诺维斯家族利用"359分会",以劳工问题作为威胁手段勒索贿赂性酬

---

〔2〕 705 F. Supp. 894,900(S. D. N. Y. 1989)。

〔3〕 参见Brian Carroll:《打击富尔顿鱼市里的有组织性勒索》,载Cyrille Fijinaut 和 James Jacobs 主编:《有组织犯罪及其遏制:一个横跨大西洋的首创》(Organized Crime and Its Containment: A Transatlantic Initiative),Boston: Kluwer, 1991, 第183、186页。

〔4〕 美国诉359分会案,705 F. Supp. 894, 900(S. D. N. Y. 1989)。

〔5〕 Benjamin Ward:"一个前专员对调查腐败的看法"(A Former Commissioner's View on Investigating Corruption),New York Law School Law Review(1995),第45、46页。

〔6〕 Eileen V Quigley 和 Bob Drogan:"联邦政府尝试运用反敲诈法控制鱼市场"(U. S. Seeks Control of Fish Market under Rackets Law),Los Angles Times,1987年10月16日,第30版。

〔7〕 先前三个民事诉讼寻求设立托管的工会是:"国际运输工人兄弟560分会"、"纽约水泥和混凝土工人区委员会6A分会"和"国际运输工人兄弟814分会"。Arnald H. Lubasch:"黑手党操纵富尔顿鱼市,美国政府在民事起诉中说要采取控制"(Mafia Runs Fulton Fish Market, U. S. Says in Suit to Take Control),New York Times, 1987年10月16日,第1页。

〔8〕 法院驳回了政府针对以下被告的请求:"359分会"、工会福利和津贴基金的执行管理人和受托人。参见Brian Carroll:《打击富尔顿鱼市里的有组织性勒索》,第187页。

第十章　让富尔顿鱼市获得自由

金。1987年12月,政府进而请求初步的禁令,即需要指派一名"行政官"来监督市场运作,并防范有组织犯罪行为,以及一个指派托管人来更换"359分会"的执行官员们。[9]

双方同意的裁定

1988年4月,29名被告中有25人,包括文森特·罗曼诺和卡民·罗曼诺在内,达成了一个双方同意的裁定。一个缺席判决被作出用以针对其余被告,包括哲诺维斯犯罪家族。表示同意的被告中的大多数在市场上的卸货公司和/或者停车企业中享有权益[10];这些被告同意禁止有组织性勒索行为的禁令,和有关市场行政官的指派。该双方同意的裁定,永久性地禁止文森特·罗曼诺和卡民·罗曼诺在富尔顿鱼市经营中享有权益,并禁止其与"359分会"保持联系。[11] 该判决要求其他六名被告向市场行政官通报,他们所拥有的任何与市场有关的权益,并禁止与"359分会"发生联系。[12] 所有被告及积极与其一起活动或参与其活动的任何人,都被禁止参与任何非法活动,包括勒索、盗窃和赌博,以及与其他任何个人勾结、同谋或者同意其他任何个人参与上述行为。缺席判决禁止哲诺维斯犯罪家族参与富尔顿鱼市的经营或"359分会"的活动。[13] 对于违反该判决而产生的藐视法庭的行为,格瑞萨法官保有审判的权限。

该协议之后,联邦检察官提起了一个补充民事起诉,将"359分会"及其主席安东尼·西瑞罗(Anthony Cirillo)、司库丹尼斯·法寇(Dennis Faicco)列为被告。在指控"359分会"和两个工会官员是哲诺维斯犯罪家族傀儡的过程中,联邦检察官请求法院开除西瑞罗和法寇,并指派一个托管人来管

---

〔9〕 美国诉359分会案,705 F. Supp. 894, 895—896(S. D. N. Y. 1989)。
〔10〕 参见Brian Carroll:《打击富尔顿鱼市里的有组织性勒索》,第188页。
〔11〕 美国诉359分会案,87Cir. 7351,(S. D. N. Y. 1987),双方同意的裁定,1988年4月15日,第2页。(以下简称"359分会"案双方同意的裁定。)
〔12〕 彼得·罗曼诺、罗伯特·拉·卡鲁巴、托马斯·拉·卡鲁巴、约瑟夫·马卡里奥、卡民·鲁索、艾丽娜·阿尔巴尼斯,"359分会"案双方同意的裁定,第3页。
〔13〕 同上注,第1—9页。

理该分会,直到可以举行一个自由而公正的选举为止。政府列举了该有组织性勒索案相关犯罪,包括通讯欺诈、勒索和违反塔夫特-哈特莱法(其禁止工会官员从雇主那里接受钱款)。[14]

在否决政府关于对"359分会"设立托管的请求时,格瑞萨法官认定过去哲诺维斯犯罪家族曾控制该分会,但是他期望双方同意的裁定和缺席判决将提供足够的救济手段。他还指出,"联合食品和商业工人国际"自1981年至1983年曾将"359分会"进行托管,即在卡民·罗曼诺和彼得·罗曼诺被判有罪之后;而新选举又产生了两个现在成为被告的官员。格瑞萨法官写道:"政府提供的证据不足以支持其基本请求——即哲诺维斯家族现在控制着,而在最近几年已经控制着'359分会'及其主要官员。……然而,这不是说,没有任何证据说明在富尔顿鱼市中有组织犯罪的存在,尤其是哲诺维斯家族的熟练工人。"[15] *

法院指派的市场行政官

双方同意的裁定指示,当事人共同提名1至3人作为市场行政官候选人。从该名单中,格瑞萨法官指派弗兰克·沃尔担任该职务,他曾经是联邦助理检察官而后从事私人营业活动,任期为4年并可续任。[16]

双方同意的裁定和缺席判决,授权行政官可以从了解市场里有组织性勒索情况的人那里获得宣誓后的证言,并且检查在那里营业的个人、商户和其他实体的账册和记录。在法院的批准下,行政官可以推行必要的规定和规则来确保对该禁令的遵从。对于违反该双方同意的裁定的行为,行政官有权对被告们以及"积极地与被告们保持一致或者参与其活动的任何人"施以制裁。可以施加的制裁包括(但不限于),将违规行为公布于众、罚

---

〔14〕 美国诉359分会案,705 F. Supp. 894, 897(S.D.N.Y. 1989)。
〔15〕 同上注,第917页。
* 第二巡回上诉法院确认了有关有组织性勒索和通讯欺诈的指控,但是要求对违反塔夫特—哈特莱法的指控重新考虑。美国诉"359分会"案,889 F. 2d 1232(2d Cir. 1989)。对违反塔夫特—哈特莱法的指控,联邦检察官没有对工会采取进一步的行动。
〔16〕 "359分会"案双方同意的裁定,第13—14页。

第十章　让富尔顿鱼市获得自由

款、暂停营业以及取消其在富尔顿鱼市的营业资格。不过,永久性禁止或者1年以上暂停营业需要得到法院的批准。

格瑞萨法官保有权限来"监督行政官的活动和接受行政官或当事人的申请"。行政官能够就其认为是必要和妥当的协助或援助向法院提出申请。双方同意的裁定要求行政官每4个月向法院提供一份关于其行动情况的书面报告。[17]

市场行政官的努力

市场行政官沃尔在市场附近设立了办公室。他聘用纽约市警察局前警探布莱恩·卡罗尔作为副行政官。沃尔的部分时间用来行使市场行政官的职责;而卡罗尔则是全职工作。此外,办公室还雇用了3名全职的调查员。[18]

沃尔向法院提交了14份报告和一份内容广泛1990年中期报告。在其报告中,沃尔称,他的团队进行了秘密调查[19],但是并没有提供细节。所有报告用材料说明,当他试图获得宣誓后的证言、记录和账册时,他曾遭到来自市场商户的抵制。按照副行政官布莱恩·卡罗尔的说法:

> 如果我们要有效地监管他们,并在这个职位上起草有意义的规章来管理市场经营的话,对我们来说,拥有这些记录并最终取得证言是很重要的。我们试图获取证言或账册和记录,但是那些人常常抵制我们的要求,而行政官不得不求助于法院。……这一过程耗费了宝贵的时间。而且,一旦我们成功地使某个人提供证言,作证的人常常会援引他拥有宪法反对自我归罪的权利*并拒绝回答关键问题。[20]

---

[17] 同上注,第10—14页。

[18] Anemona Hartocollis:"黑帮在市场上影响的历史"(A History of Mob's Influence at Market),Newsday,1990年12月24日,第3版。

[19] Frank Wohl:"行政官第二次报告"(Second Report of the Administrator),1989年2月21日,第1页,根据"359分会"案双方同意的裁定。

* 美国宪法第五修正案和许多州的宪法和法律都禁止政府强迫某人成为对自己不利的证人或提供对自己不利的证据。——译者注

[20] 美国诉359分会案,87Cir. 7351,(S.D.N.Y.1991)。

法院始终支持行政官关于被告们提供宣誓后证言、记录和账册的请求。[21] 然而,行政官没有权力不让证人行使该项宪法权利;因而援引第五修正案的特权会有效地干扰很多调查线索。

在沃尔任职2年后所作的中期报告中,他发现有组织性勒索依然猖獗。[22] 然而,市场行政官团队称,市场办公室的存在导致"捞油水"行为的明显减少,"捞油水"就是当鱼被卸运时而有组织地实施的、从每个箱子里偷鱼的行为。

沃尔不断督促城市政客们在监督市场经营中发挥更为积极、有效的作用。[23] 1998年11月,纽约市港口、贸易和商业部指派一名市场经理在该市场里行使城市的行政管理权。市场经理的任务不是清除市场里的有组织犯罪,而是改善市场的设施。[24] 狄金斯市政当局在1991年因为预算原因削减了市场经理的职位,尽管行政官认为这一特别团队是必要的。

沃尔的中期报告批评城市官员们失于管理和掌控市场。沃尔称,他之所以延期发表中期报告,是希望城市官员们能从慵懒的状态中振作起来[25],并且指责,和他们的承诺相反,科赫和狄金斯当局并没有采取充分的举措。沃尔声称,城市官员们告诉他,他们担心城市雇员们的安全,担心警察官员们的腐败,并把失于采取行动归因于财政危机。[26] 纽约市工商业发展办公室发言人的反应是:沃尔关于有组织性勒索行为的报告是"老新闻",并且反映出他"纠正这些问题方面的无能力",尽管每年有100万美元

---

[21] 同上。

[22] Frank Wohl:"行政官中期报告"(Midterm Report of the Administrator),1990年8月10日,第16页,根据"359分会"案双方同意的裁定。

[23] Joseph F. Sullivan:"工会监督人在遏制黑帮联系上寻求更多时间和支持"(Union Overseers Seek More Time and Support in Curbing Mob Ties),New York Times,1989年4月9日,第30版。

[24] 行政官沃尔称,市场经理"工作表现出色,并在卫生清洁、垃圾清除、交通路线、警察巡视和征收拖延的租金等方面,都取得一些进展"。然而,沃尔指出,市场经理只有2个人的团队太小了,不足以有效地管理市场。Frank Wohl:"行政官中期报告",第9页。

[25] Selwyn Raab:"抑制鱼市上的敲诈所得"(Curbs Due on Rackets at Fish Market),New York Times,1990年8月10日,第B3版。

[26] Frank Wohl:"行政官中期报告",第21页。

第十章　让富尔顿鱼市获得自由

的预算经费和一个庞大的团队。[27]

很难评价沃尔耗费350万美元的监管活动是否成功。[28] 行政官的权力很有可能不足以实现法庭的目标。法院授予沃尔以权限，可以对"美国诉359分会案"的被告进行制裁，但是这种权限却不及于其他市场参与者，比如批发商们。而且，在市场上识别商家并与其进行交流，显得很困难。市政府甚至没有一份市场参与者的名单，而汇总基本信息因语言障碍而变得更为复杂。[29]

不清楚为什么沃尔将如此多的时间和资源用来获取商家记录和账册。或许沃尔相信这样做可以揭示违反双方同意裁定的行为或者有组织性勒索行为本身，但是看起来，市场参与者们不大可能正式记录下那些可以用来定罪的信息。

制裁不服从的卸货公司

1990年，沃尔的办公室收到信息：被告多米尼克·雷特嘎诺（Dominick Lategano）因一个海产品公司抱怨卸货公司而对其实施报复。在卸运其商品时，海产品公司体会到了延误的滋味，而它的雇员受到了死亡威胁。[30] 沃尔的办公室和纽约市调查部（Department of Investigation）着手进行卧底调查，时间从1990年9月持续到1991年4月，调查部第一次在富尔顿鱼市的有组织犯罪调查中充当重要角色。

调查部的卧底行动成立了一个名叫"黄貂鱼速递"（Stingray Express）的货运公司，以此来确认双方同意裁定的被告中是否有谁仍在经营着卸货卡

---

[27] Jeanne Nathan, 纽约市商业发展办公室的发言人，引自美联社："富尔顿鱼市上有组织性勒索猖獗"（Racketeering Rampant at Fulton Fish Market），1990年8月8日。

[28] Selwyn Raab："富尔顿鱼市案全体陪审员听取暴力细节"（Fulton Panel Gets Details on Violence），New York Times, 1992年5月5日，第B1版。

[29] 90年代时，大多数海产品零售商是韩国裔美国人。行政官办公室提供了与市场零售商书面联系的韩文译文。

[30] 参见 Frank Wohl："强制执行制裁通告"，1992年6月18日，根据"359分会"案双方同意的裁定。

特尔。[31]"黄貂鱼速递"作为供应商将自己少量的鱼用卡车送到市场。一个由格拉德·阿尔巴尼斯(Gerard Albanese)负责的卸货公司来卸货,据说他是哲诺维斯的随从;起初,在卸运"黄貂鱼速递"的卡车时并没有什么麻烦。两个月后,"黄貂鱼速递"扩大其生意运送80箱子的鱼,上面的标签是另外一个长岛的供应商,阿尔巴尼斯告诉"黄貂鱼速递"的所有人,说这些箱子不是来自标签上所显示名字的那个长岛供应商,而是来自其他人。另一家卸货公司的头目约翰·吉里奥(John Gillio)很快来到"黄貂鱼速递"雇工的面前,询问"黄貂鱼速递"货物的来源。秘密探员们向吉里奥出示了材料,说明这80箱子确实来自那家长岛供应商。吉里奥建议探员们,他的公司处理所有来自长岛的卡车卸货工作,并告诉他们他将会对一些人说,而他们会告诉阿尔巴尼斯。当秘密探员询问吉里奥,谁在卸货工人们之间分配工作时,吉里奥回答说,这里有人作出那些决定。吉里奥还告诉探员们,即便阿尔巴尼斯干了这些活,他也要得到卸货的工钱。[32]

1992年6月,沃尔对5个卸货公司施以制裁,它们是民事性违反"反受勒索影响和腐败组织法"起诉中的被告;他们在当地共谋重新建立卸货卡特尔[33],并且以共谋的方式显示有组织犯罪的参与。[34] 对每个公司的罚款数额不同,总计20万美元。沃尔命令,将这些公司违规行为的通告张贴在富尔顿鱼市里。这些制裁发生在沃尔第四年任期里,是他任职期间进行的唯一一次制裁。

格瑞萨法官支持这些决定,并总结道"市场里有组织犯罪的影响在某种程度上仍旧存在"。然而,格瑞萨法官推翻了暂停营业的决定,因为它们"会削弱市场的运作机能"。他希望,单独地将罚金作为"一个严厉的警

---

[31] Frank Wohl:"关于支持强制执行制裁之理由的富尔顿鱼市行政官声明",1992年6月18日,根据"359分会"案双方同意的裁定。

[32] 参见 Frank Wohl:"强制执行制裁通告"。

[33] 美国诉359分会案,87Cir. 7351,(S. D. N. Y. 1991);美国诉359分会案,88Cir. 7351,(S. D. N. Y. 1990)。

[34] 参见 Frank Wohl:"强制执行制裁通告";在上诉中,行政官的制裁决定获得制止。美国诉359分会案,87Cir. 7351,(S. D. N. Y. 1994);美国诉359分会案,55F3d 64(2d Cir. 1995)。

第十章　让富尔顿鱼市获得自由

告",并且保留重新采用暂停营业的权利,"如果今后这变得必要的话"。[35]基本上,格瑞萨法官承认,三个被暂停营业的被告和科萨·诺斯特拉有能力扰乱该市场,甚至使其瘫痪。

在市长戴维·狄金斯的督促下,沃尔申请法院延长其任期到1992年5月之后,直到市政府能够接管监督市场的职责为止。格瑞萨法官批准了这一请求。沃尔还请求法院命令联邦司法部为延长的任期提供经费。联邦检察官奥托·G.欧本迈耶(Otto G Obermaier)反对进一步给予经费,认为市政府有责任来规范市场。[36]最终,狄金斯市长给联邦总检察长威廉·巴尔写了一封信,而后必要的资金被划拨了。[37]沃尔的行政官职位在当年年底结束。

纽约市的规制性行动:"地方法50"

在沃尔1990年中期报告发布后不久,纽约市港口、贸易和商业部门的代表提出在富尔顿鱼市进行一次"全面改革"的计划。[38] 6个月后,计划并没有公诸于众;城市官员们称,预算削减和法律的复杂性导致了拖延。港口和贸易1991年预算被砍掉100万美元;200名雇员中35个人被裁减,其中包括分派到富尔顿鱼市9人中的5人。城市官员们推迟发布有关对装货人和卸货人进行许可的规定,一直到他们能与"南街海港公司"(SSSC)达成妥协将租约返回城市为止。[39]（最初市政府将管理租约的权限和向市场里的批发商征收租金的权限转交给了该公司,它是南街博物馆的分支。按

---

[35] 美国诉359分会案,1994 WL 387679(S. D. N. Y. 1994),第2—3页。

[36] Selwyn Raab:"联邦行政官寻求资金,以留在富尔顿市场"(U. S. Administrator Seeks Funds to Stay at Fulton Market),New York Times, 1992年5月23日,第6版。

[37] M. P. Mcqueen:"联邦向市场划拨资金"(Feds Send Funds to Market),Newsday,1992年7月22日,第35版。

[38] Selwyn Raab:"抑制鱼市上的敲诈所得"。

[39] Selwyn Raab:"应对鱼市场犯罪中的延误"(Delay in Tackling Fish Market Crime),New York Times, 1991年2月17日,第46版。

照该合同,该公司保留其租金收入的10%。)[40]

1992年,纽约市参议会就该市场是否需要市政府进行监督举行听证会。[41] 1992年5月,参议会就"城市失于规制富尔顿鱼市"问题举行听证,沃尔证实,有效规制的缺乏,为有组织性勒索的兴旺提供了环境。数名证人证实,市场上的无法状态妨害了商人们诚实地从事行业活动。由于害怕针对科萨·诺斯特拉作证会带来不利后果,几名证人带着黑面罩。一名证人是布鲁克林的一家餐馆老板,他证实,因为在市场里停错了地点,他被一伙人殴打。一个佛罗里达的卡车司机告诉参议会,他由于向拒绝卸他车上货物的工人抱怨,便遭到解雇并上了市场的黑名单。一个北卡罗来纳的海产品供应商报告,批发商偷走了他4万美元,而在另一场合,当他在收账的时候,一个批发商拿出枪来指着他;这些事发生后,他停止在该市场做生意。[42] 另一个供应商证实,他放弃了在该市场的生意,因为批发商不给钱,然后就消失了。

官员们证实,市政府在向卸货人、装货人和批发商征收许可和执照费用方面并不成功,在长达10年的时间里与两个批发商协会商议合理提高租金方面也不成功,这些失败导致市政府每年近200万美元的收入损失。[43] 一名调查部的官员描述了"黄貂鱼速递"调查的结果,揭示了市场里的武器交易、毒品和有组织性勒索的情况。[44] 一名代表卸货和装货公司的律师却声称,关于腐败的控告是错误的,这里根本没有什么将卡车分配给特定卸货队的制度。

在市参议会接下来的听证会上(1995年3/4月),朱立安尼市长将其整顿市场的计划公之于众。城市经济发展公司(The City's Economic Develop-

---

[40] Selwyn Raab:"鱼市场问题转给纽约市"(Fish Market's Problems Revert to New York City),New York Times,1994年3月27日,第1版。

[41] 纽约市参议会就富尔顿鱼市场的听证会,1992年5月4日,市参议会法律组总法律顾问Richard M. Weinberg发言,第13页。

[42] 同上注,第5、10、23—25、49页。

[43] 同上注,纽约市调查部副专员Robert Brackman发言,第135—151页。

[44] John Shanahan:"纽约市长对鱼市场黑帮分子:剪断诱饵"(New York Mayor to Fish Market Mobsters: Cut Baits),美联社,1995年2月1日。

第十章 让富尔顿鱼市获得自由

ment Corporation)将从"南街海港公司"那里接管征收租金的任务,并提高租金。调查部将实施公司和工人的背景调查。商业服务部(港口、贸易和商业部门的接替单位)将颁发执照和注册,对象只限于它认为适合商业活动且具有良好品质、诚信和廉洁的商家们。

几个参议会成员就个人和商家背景调查的必要性提问,尤其是使用指纹记录问题。[45] 还有人提问,商业服务部是否将承担管理市场的职责。"保留富尔顿鱼市委员会"(一个代表该市场上商家的团体)的主席争辩道,提议的法案将把商家们赶到新泽西和其他地点。几个商家所有人主张,对市政府来说,根本没有必要采取行动。[46]

在市参议会1995年3月举行的听证会的两天后,大火席卷了旧市场楼。消防局局长断定,火灾是有目的地引起的。[47] 一些官员们推测,火灾可能烧毁了财务记录,而这对于市政府调查市场经营活动至关重要。[48] 这起犯罪从未被破获。

批发商们威胁着要搬出曼哈顿,如果城市提供租金并推行许可的话;他们会见了扬克斯和其他城市的市长们,并讨论可能的变更场所。[49] 幕僚长兰迪·马斯特罗(Randy Mastro)发出几百封信,吸引商家将他们的生意挪到该市场来,以接替任何离开的商家。[50]

1995年6月14日,纽约市参议会压倒性地通过了"地方法50",即城市综合整顿计划。在其立法性决定中,参议会说,刑事追诉和法院指派的行政官未曾成功地将有组织犯罪清除出市场。参议会的计划针对的是装货与卸货卡特尔、暴力和以暴力相威胁,以及"幽灵"批发商的行为。[51]

---

[45] 参见纽约市参议会:"经济发展委员会会议",1995年3月27日。
[46] 同上注,"保留富尔顿鱼市委员会"主席Michael Driansky的发言,第159—168页。
[47] Joe Sexton:"富尔顿市场火灾调查员查明大火系故意引起"(Fulton Market Fire Investigators Find Blaze Was Deliberately Set),New York Times,1995年3月31日,第4版。
[48] Joe Sexton:"火灾席卷富尔顿鱼市主要大楼", New York Times,1995年3月30日,B1版。
[49] Selwyn Raab:"鱼经销商们可能放弃富尔顿市场"(Fish Dealers May Abandon Fulton Market),New York Times,1995年4月18日,B1版。
[50] Selwyn Raab:"朱立安尼为市场寻找卖鱼人"(Giuliani Seeks Fish Sellers for Market),New York Times,1995年4月29日,第25版。
[51] 这些观察和批评都被包含在"地方法50"第22-201条中。

设立市场经理

"地方法50"授权商业服务部的专员,指派一名市场经理进行日常即时监督。[52] 市场经理被授权发布规定和规则;要求被许可人和被登记人保留特定记录,并定期检查这些记录;提名适合的执法机构;以及实施专员认为必要的其他职责。

颁发执照并整顿卸货和装货商

根据"地方法50",每个卸货和装货商必须从商业服务部那里取得执照。该执照特别规定服务收费的最高费率。专员有权暂停或者撤销执照,或者对于违反"地方法50"的行为采取其他救济措施。专员也可以发布规定来确保有序的卸货,包括卸货卡车的排队程序。专员可以分配装运地点,并要求装货公司获得一份城市租约或者占用许可。专员按照计划的指引来决定,某一市政府机构是否应当接管装货和卸货服务。

注册登记并整顿批发商和发货司机

"地方法50"要求批发商们向市政府注册登记,并从专员那里取得注册号码。该注册措施被用以清除"幽灵"批发商们。[53] 批发商们被禁止将其场地转让或者转租给其他批发商,除非受让人或承租人也向市政府进行注册。此外,批发商还被要求,向专员通报注册后所有权的任何变化。在海产品摆到街上之前,每个批发商必须按照专员所决定的情形获得一个摊位许可。专员必须持有并利用一份所有被注册并获得许可的批发商名单。

身份卡和惩罚

"地方法50"要求所有取得执照和获得注册的商业企业的负责人、雇工

---

〔52〕 1989年,狄金斯市政当局在港口和贸易部门中设立了市场经理办公室,来整顿富尔顿鱼市。后来,根据纽约市宪章第1301(2)(a)的规定,商业服务部负责整顿纽约市市场,包括富尔顿鱼市。纽约市参议会,"关于富尔顿鱼市的听证",1992年5月4日。

〔53〕 纽约市参议会,"经济发展委员会会议",1995年3月27日,市长幕僚长兰迪·马斯特罗的发言,第10—11页。

第十章　让富尔顿鱼市获得自由

和代理人,取得由市场经理颁发的带有正式照片的身份卡。"A 类"身份卡的申请者(颁发给全部卸货和装货商家的所有人、雇工和代理人),必须由专员指派的人留取指纹,并向刑事司法服务分部付费进行犯罪记录检索。[54] 如果有充足的理由相信,申请人缺少"良好的品质、诚实和正直",市场经理也可以要求申请"B 类"身份卡(颁发给所有批发公司的负责人、雇工和代理人)的人留取指纹。[55]

带有照片身份卡的申请人必须向商业服务部提供特定信息,包括在前五年里申请人被进行刑事或者民事调查的任何信息。如果认为某人缺少良好品质、不诚实和不正直,该部门可以拒绝颁发身份卡。在作出该项决定的过程中,该部门必须考虑任何刑事有罪判决、针对申请人的正在进行的刑事或者民事程序、卷入有组织性勒索活动的情况,以及申请人在明知的情况下与任何因有组织性勒索活动被判有罪的人进行联系的情况。该法授权商业服务部调查属于其行政管理权限的任何事务。

被要求拥有执照、许可和注册的任何工商企业,要对由其负责人、雇工或代理人实施的违规行为承担责任。违反"地方法 50"或者根据该法而颁布的规定,都要被处罚,每一起违规行为最高可罚 1 万美元。没有执照经营装货或卸货生意的行为,构成一项轻罪;其处罚可能是罚金、监禁和附加性民事处罚。

"地方法 50"要求商业服务专员向市参议会定期提交其进行有关市场调查的报告。报告必须提供犯罪行为和已汇报违规行为的数字,向执法机构提名、卸货、装货公司和批发商的名单,以及其他有关拒绝申请和税收征收或未完成情况的信息。

"拯救富尔顿鱼市委员会"(The Committee to Save the Fulton Fish Market)在纽约南区联邦区法院提起民事诉讼挑战"地方法 50",认为其违反宪

---

〔54〕 "地方法 50"第 22-216(a)(i)条。在通知以及申请人有被听证的机会后,专员可以拒绝颁发照片身份卡。"地方法 50"规定,专员可以考虑这些因素:(1) 针对申请人的正在进行的起诉或刑事调查,如此将为拒绝颁发执照或照片身份卡提供根据;(2) 根据矫正法第 23 条,申请人被判有罪,如此将为拒绝颁发执照提供根据。"地方法 50",第 22-203(ii)条。

〔55〕 "地方法 50",第 22-203(ii)条。

法并与州法相悖。格瑞萨法官驳回原告起诉,称其"毫无可取之处"。[56]

城市的整顿性攻势

提高租金

1994 年,"南街海港公司"请求市政府允许其辞去其市场业主的身份。该公司官员们对财务损失感到沮丧。公司管理该市场平均每年要花费 12 万美元,而租金收入的 10% 只能收回 2.7 万美元。[57] 纽约市经济发展公司,作为商业服务部的代理商,与"富尔顿鱼商协会"(被火灾损坏的旧市场楼里承租人)达成了一个新的租约协议。批发商们以往每年支付 7.2 万美元来租用城市财产,他们同意在新的为期 10 年合约中第一年支付 45 万美元,第二年支付 55 万美元,其余 8 年每年支付 65 万美元。[58] 此后不久,另外一个主要的批发商协会,即"纽约鱼类经销商协会",同意将每年租金由 9 万美元提高到 67.5 万美元。[59] 一个小的批发商团体即"南街人行道协会"(The South Street Sidewalk Association)也同意提高租金,从每年 8 万美元提高到 65 万美元,有效期截至 1998 年 6 月 1 日。[60] 第一年纽约市就获利接近 100 万美元。

驱逐批发商

1995 年 7 月,市政府行使了其作为土地所有人的职权,从该市场赶走了 5 家批发商。据说其中两个公司是由科萨·诺斯特拉分子的亲戚所有。小阿方斯·马兰高内(Alphonse Malangone)(被怀疑是哲诺维斯犯罪分支

---

[56] "拯救富尔顿鱼市委员会"诉纽约市案,95 Civ 8759 (S.D.N.Y. 1996)。

[57] Selwyn Raab: "鱼市场问题转给纽约市"。

[58] Selwyn Raab: "新富尔顿鱼市租约中租金有了很大提高" (New Fulton Market Lease Includes Big Rent Increase), New York Times, 1995 年 5 月 4 日, B3 版。

[59] Selwyn Raab: "富尔顿鱼市第二组鱼经销商同意租约" (Second Group of Fish Dealers Agrees to Lease at Fulton Market), New York Times, 1995 年 6 月 1 日, B2 版。

[60] Selwyn Raab: "五个鱼经销商面临被逐出市场" (Five Fish Dealers Face Eviction From Market), New York Times, 1995 年 6 月 22 日, 第 21 版。

第十章 让富尔顿鱼市获得自由

头目的儿子)和托马斯·刚吉(Thomas Gangi)(据说是该市场中哲诺维斯家族老板罗萨里奥·罗斯·刚吉 Rosario Ross Gangi)的儿子,都被拒绝签订租约。[61] 1996年,另一个被怀疑与刚吉有联系的批发商,因为虚假记录和拒绝说明与有组织犯罪人物的关系而被拒绝颁发执照。[62]

清除卸货卡特尔

1995年10月,市长朱立安尼宣布,他要把市场里的6个卸货公司替换为一个单独由市政府挑选的公司。[63] 商业服务局长鲁迪·华盛顿(Rudy Washington)声称,6个现有公司中的5个曾经从事过严重的不正当行为,而第6个与一个拒绝在联邦调查中作证的卸货商有联系。[64] 市政府拒绝了这6个公司提出的许可申请。在这次打击中,一个经营了半个多世纪的卡特尔不复存在。城市向有意经营该市场所有卸货业务的公司进行招标。"拉罗维护公司"(Laro Maintenance Corporation)提交最低的标价,并通过了调查部的背景审查。城市与拉罗公司的合同要求的卸货价格,比以往的收费要低20%。拉罗公司同意在"先到,先服务"的原则基础上给卡车卸货。

"拉罗"公司的开张是灾难性的。400个熟练工人拒绝从批发商的货摊上把海产品搬到买主的汽车上,而他们都是"359分会"的会员。市场陷入事实上的停顿状态。抗议者宣称,他们的行动意在显示,与那些因6个卸货公司被驱逐而失去工作的40个雇工保持团结一致。具有讽刺意义的是,"拉罗"公司的工人们并不属于工会,这与他们所接替的卡特尔雇工们不同。[65]

批发商也进行抗议。他们告诉记者们,朱立安尼驱逐6个卸货公司的

---

[61] 同上。
[62] "鱼市场驱逐者获得支持"(Fish Market Ouster Upheld),New York Times,1996年7月31日,B3版。
[63] Selwyn Raab:"六家公司在市场上丧失控制"(Six Companies Lose Control at Market),New York Times,1995年10月13日,B3版。
[64] "L. I. 公司帮助清理鱼市场"(L. I. Firm to Help Clean Up Fish Market),Newsday,1995年10月14日,A17页。
[65] Selwyn Raab:"打击鱼市场上的黑帮造成混乱"(Crackdown on Mob at Fish Market Brings Chaos),New York Times,1995年10月17日,第1版。

决定,将制造市场混乱和更高的海产品价格。"拯救富尔顿鱼市委员会"散发传单,指责新规定"将毁坏你们的富尔顿鱼市"。[66] 该委员会还请求法院命令,重新安置被解散的卸货公司[67],并辩称,市政府拒绝颁发执照是不正当行使权力并且违反了正当程序原则。格瑞萨法官否决了该申请。[68] 朱立安尼威胁,如果市场有进一步的延误和扰乱的话,他将关闭市场。[69]

在拉罗公司接手卸货事务的两个月后,调查部发现,该公司在其执照申请中提供了不完整的信息。[70] 该公司没有披露,它曾经被"国家劳资关系管理委员会"(National Labor Relations Board)调查的信息;调查的理由是,据说在另外一个场所拒绝聘用 13 个看门人,因为他们属于一个拉罗并不认可的工会。尽管拉罗的品质上有这个污点,但是调查部认为,拉罗公司在总体上享有良好的商誉;与拉罗的合同被维持了。[71]

针对被黑帮控制的废物清运人

3 个批发商协会与市政府签署的为期 10 年的新租约,禁止他们与有组织犯罪分子相勾结或者和他们做生意。然而,1995 年 10 月,这些协会与"巴瑞提清运"(Barretti Carting)签订合同;"巴瑞提清运"是一家废物清运公司,几个月前在曼哈顿区检察官办公室提起的有组织性勒索起诉中,该公司即是被告。检察官们指控"巴瑞提清运"是黑帮操纵的废物清运卡特尔的成员。这些批发商协会辩称,该公司多年来在市场上一直是主要的废物清运商,而且协会对该公司负有合同上的义务。[72] 市长给这些批发商协会下达了最后通牒:要么解除与"巴瑞提清运"的合同,要么被驱逐出市场。

---

〔66〕 "拯救富尔顿鱼市委员会"诉纽约市案,95 Civ 8759(S. D. N. Y. 1996)。
〔67〕 Dan Barry:"在富尔顿鱼市,习惯向压力让步"(At the Fulton Fish Market, Traditions Give Way to Tension),New York Times, 1995 年 10 月 18 日,B1 版。
〔68〕 "拯救富尔顿鱼市委员会"诉纽约市案,95 Civ 8759(S. D. N. Y. 1996)。
〔69〕 Selwyn Raab:"几个富尔顿鱼市工人在背景调查中被驱逐"(Crackdown on Mob at Fish Market Brings Chaos),New York Times, 1995 年 12 月 10 日,第 1 版。
〔70〕 "市长为市场挑选人选时忽略了资料"(Mayor's Pick for Market Omitted Data),New York Times, 1995 年 12 月 2 日,第 5 版。
〔71〕 Selwyn Raab:"几个富尔顿鱼市工人在背景调查中被驱逐"。
〔72〕 同上。

第十章 让富尔顿鱼市获得自由

这些协会解雇了该废物清运公司。几天后,这些批发商协会与一个新的废物清运商[73]签订合同,而收费比"巴瑞提清运"要便宜40%。[74]

赶走腐败的装货商

1995年8月,商业服务部专员鲁迪·华盛顿通知装货商,他们必须取得执照,才能在富尔顿鱼市继续经营。11个装货公司向州法院提起民事诉讼,质疑"地方法50"的合宪性。他们诉称,他们此前与(当时的业主)南街海港公司签订了一个有效期为50年的租约。法院认为,不存在有效的租约,并维护了"地方法50"的合宪性。[75]

1995年12月,市政府根据"地方法50"将在市场上长期营业的两个装货企业赶走;两个企业的所有人被指控是抢劫银行和一个防弹卡车仓库的13个科萨·诺斯特拉成员共谋犯罪的同伙,对此他们表示认罪。[76] 而后,朱立安尼派遣城市官员开始管理两个市场装货区。市政府提供免费装货服务,希望这样能够遏制恶意破坏和暴力行为。和拉罗公司开张的第一天一样,该行动在开始时也碰到了工作效率降低的问题。[77] 该问题通过重新为现有的装货公司分配区域而得以解决。

1996年5月,市政府驱逐了另一个装货公司,理由是其所有人因逃税被判有罪。[78] 同年7月,商业服务部吊销了"头领"约瑟夫·马卡里奥(Joseph "Chief" Macario)的装运执照和身份卡,因为他的公司没有适当的保

---

[73] Tom Robbin:"城市卸掉了六个鱼公司"(City Unloads on Six Fishy Firms),Newsday,1995年10月14日,第2页。

[74] "清运商在鱼市场被裁掉了",Crain's New York Business,1995年10月16日,第1版。

[75] Crivelli & Crivelli 诉纽约市案(N. Y. Cty. Sup. Ct),载 New York Law Journal,1996年8月30日,第22页。在一个不相关的民事诉讼中,纽约南区区法院在先前,对警察权的正当行使,已经支持了"地方法50"。参见"拯救富尔顿鱼市委员会"诉纽约市案,95 Civ 8759(S. D. N. Y. 1996)。

[76] Selwyn Raab:"两个装货商被逐出富尔顿市场"(Two Loaders Are Evicted from the Fulton Market),New York Times,1995年12月31日,第4版。

[77] Selwyn Raab:"鱼市场被中断已进入第二天"(Fish Market Disrupted for Second Day),New York Times,1996年1月4日,B4版。

[78] "富尔顿鱼市上的保安公司被驱逐",New York Times,1996年5月18日,B4版。

险，而且马卡里奥在明知的情况下"与哲诺维斯有组织犯罪家族发生联系"。[79] 商业服务部预见到执照撤销决定会引发暴力事件，于是在该决定宣布后，警察增援部队迅速被派往市场。马卡里奥还向州法院起诉了商业服务部。法院认为，虽然没有适当保险的理由不够充分，但是支持撤销其商业执照和身份卡的决定，其理由是马卡里奥在明知的情况下与公认的有组织犯罪分子发生联系。[80]

1997年1月，商业服务部只向剩余6家装货公司中的2家颁发了执照。尽管这2家公司曾经从事过有问题的活动，不过，市政府官员声称，他们与城市的改革举措进行合作。此外，市场之外也没有公司为装货合同投标。为期2年的合同确定了这些公司提供装货、停车和安全服务的最高收费标准。[81] 停车费从每晚最高为20美元跌落至，小汽车、小货车和大多数卡车为4美元，大型卡车6美元。据估计，餐馆老板们和零售商们每年节省250万美元。[82]

将整顿计划扩展到纽约市其他市场

1996年10月，市长朱立安尼提出一个议案，即授权市政府从这个城市7个主要的食品批发市场中清除腐败的工会官员：纽约市农产品集散市场（New York City Terminal Market）、布朗克斯农产品集散市场（Bronx Terminal Market）、布鲁克林农产品集散市场（Brooklyn Terminal Market）、甘瑟伍特肉类市场（Gansevoort Meat Market）、布鲁克林批发肉类市场（Brooklyn Wholesale Meat Market）、胡茨鲍恩特农产品市场（Hunts Point Produce Mar-

---

[79] Selwyn Raab:"有黑帮联系的人在市场上失去了立足点"（Man Linked to Mob Loses Spot at Market），New York Times, 1996年7月11日，B6版。

[80] "鱼市场驱逐者获得支持"（Fish Market Ouster Upheld），New York Times, 1996年7月31日，B3版。

[81] Selwyn Raab:"降低富尔顿鱼市收费"（A Crackdown on Fees at Fulton Market），New York Times, 1997年1月11日，第2版。

[82] Selwyn Raab:"市长寻求终止黑帮与食品市场的联系"（Mayor Seeks to End Link of Mob to Food Markets），New York Times, 1996年10月27日，第37版。

第十章　让富尔顿鱼市获得自由

ket)和富尔顿鱼市。[83] 副市长兰迪·马斯特罗宣称："在过去几十年里,所有这些市场都与多个黑帮家族有牵连。"[84]马斯特罗称,该议案即时的整肃目标包括与科萨·诺斯特拉有联系的3个工会,包括"359分会"。[85]

1996年11月在纽约市参议会经济发展委员会的听证会上,议员布莱恩·迈克劳夫林(昆斯区)反对该议案,认为其过度宽泛且具有干涉性。不过,第二年春天,当同意委任一名仲裁官有权听取任何被开除的工会官员的申诉时,一个折中方案被达成。市委员会通过了"地方法28"[86],1997年5月26日市长朱立安尼签署后施行。

"地方法28"在很多方面与"地方法50"相似,即它要求所有的食品供应商取得执照并进行背景检查,从而使市政府能够驱逐任何与有组织犯罪有联系的公司。然而,"地方法28"比"地方法50"范围更为宽广,因为它赋予市政府权限,来调查工会官员的不正当行为或者在明知的情况下与有组织犯罪分子相勾结的情况,并且因此可以暂时性剥夺其职务。[87]它还适用于市场上的其他工商企业,例如冰供应商。不过,"地方法28"的有效性还有待观察。

一个得到解放的鱼市场

将富尔顿鱼市从科萨·诺斯特拉的影响中解脱出来,归功于当时任联邦检察官的鲁道夫·朱立安尼提起的民事性违反"反受勒索影响和腐败组织法"诉讼,以及朱立安尼成为市长后,市政府进行的全面整顿。富尔顿鱼市的解放应当归功于朱立安尼的决心。

---

[83] 这些市场每年的交易额总数超过30亿美元,并提供了大约8万个工作岗位。Randy Kenndy:"法案赋予市政府新的全力来打击市场里的犯罪"(Bill Gives City New Powers to Fight Crime at Markets),New York Times,1997年4月16日,B3版。
[84] Grant McCool:"关于新反黑手党的纽约新闻评论",Reuters North American Wire,1996年6月25日。
[85] Selwyn Raab:"市长寻求终止黑帮与食品市场的联系"。
[86] 纽约市行政法典,标题22,1997年5月16日(以下简称"地方法28")。
[87] Selwyn Raab:"市长寻求终止黑帮与食品市场的联系"。

民事性违反"反受勒索影响和腐败组织法"诉讼,即美国诉"359分会"案,没能充分地将黑帮清除出市场,但它是一个好的开端。它迫使几个显赫的有组织性勒索分子离开市场。它还将一名行政官安排在市场并监督日常营业。尽管该行政官取得的成果一般,但是至少在行政官及其团队工作时,黑帮无法重新发动起来。事实上,行政官及其团队的存在表明,改变富尔顿鱼市是可能的。此外,行政官还催促市政府更加大胆地行使其行政管理权力。

"地方法50"是决定性的突破。颁发执照制度,致使所有卸货公司和除了两个公司以外的所有装货公司被逐出市场。实际上一夜之间,持续了半个多世纪的卸货卡特尔被一个由市政府选定的公司所取代。拉罗公司的收费要比卡特尔执行的费率低20%。进入货车货厢卸货的收费(Jump up fee)被取消。1997年1月,商业服务部只给两个与市政府合作的装货公司颁发了执照。这些行政管理方面的改革措施呈现出真正的希望。

在"地方法50"施行一年后,一份报告称赞朱立安尼将科萨·诺斯特拉驱逐出富尔顿鱼市的战役,已经使海产品价格小幅降低(2%的下降,而全国范围内却上涨13%)和更多的鱼类供应。[88] 1998年,市政府官员们称,鱼的价格总体下降了13%,而运到该市场的鱼的数量提升了14%。[89] 让人难以置信的是,1997年"拯救富尔顿鱼市委员会"的负责人在市参议会前作证明,改革措施正在发挥成效,商业服务部是"至关重要的机构,它的存在提供一个安全、舒适的做生意的环境。"在富尔顿鱼市首创性改革成功的基础上,"地方法50",为把科萨·诺斯特拉逐出纽约市其他主要食品批发市场和废物清运行业,提供了立法模式。

---

[88] Selwyn Raab:"在鱼市场打击活动中收效显现"(Gains Seen in Fish Market Crackdown),New York Times,1996年11月11日,B3版。

[89] Greg B. Smith:"打断黑帮的脊梁",Daily News,1998年5月3日,第5版。

第十一章　铲除肯尼迪国际机场里的黑帮

本法庭确信,它所面临的一种特殊情形。……与"295 分会"的辩解内容相反,其原有体制的残余并没有消除。该记录显示……存在一个一贯且被扩张的有组织性勒索模式和敲诈活动。……很多有罪责的人没有意识到他们犯罪的严重性。他们的随从中没有一个人对改革工会表现出丝毫兴趣。该记录显示了一些前工会官员们对工会事务中有组织犯罪的存在表现出自以为是的、几乎是轻蔑的漠不关心,以及"295 分会"中的很多人竭力阻挠改革。……本法庭结论认为,有存在继续腐败的可能性,而法庭应当指派一名托管人。[1]

——法官欧歌内·H·尼克尔森(Eugene H. Nickerson),"美国诉 295 分会"案,1992 年

按照亨利·希尔的说法,几乎从肯尼迪机场开张那天起,它的货物运营就成为了黑帮的"糖果商店"。在该机场,鲁齐斯家族是主要的有组织犯罪家族;他们的势力基础是"国际运输工人兄弟"工会的两个地方分会,即"295 分会"和"851 分会",它们的历史与有组织犯罪有着不解之缘。黑帮

---

[1] 美国诉 295 分会案,784 F. Supp. 15, 18、19、22(E. D. N. Y. 1992)。

利用这些工会,从寻求劳工和平和规避沉重合同条款的货物转运公司那里榨取酬金。科萨·诺斯特拉挑选的总代理人,使收益丰厚的"暂时停车"和卡车抢劫变得容易进行。科萨·诺斯特拉还掌控着一个货运卡特尔。卡特尔成员同业公会的会费都直接流进了鲁齐斯犯罪家族的口袋;同业公会固定价格,并禁止非卡特尔的货运公司进入肯尼迪机场的货运市场。

自从1958年麦克莱伦委员会的听证会揭露肯尼迪机场空运行业中的有组织性勒索活动以来,联邦、州和地方执法机关发起了周期性的攻击,包括70年代进行的反托拉斯民事诉讼,70、80年代提起的刑事追诉和80年代末、90年代初提起的民事性违反"反受勒索影响和腐败组织法"诉讼。只有民事性违反"反受勒索影响和腐败组织法"诉讼严重地挑战了科萨·诺斯特拉对机场空运行业的支配地位。

彻底改革"国际运输工人兄弟"

将科萨·诺斯特拉清除出肯尼迪机场里的"国际运输工人兄弟"两个分会的行动,是在"国际运输工人兄弟"全国工会(当时是全国最大的工会)采取最大规模整肃活动以消除黑帮影响的背景下发生的。[2] 1988年,联邦检察官鲁道夫·朱立安尼提起一个民事性违反"反受勒索影响和腐败组织法"诉讼,指控运输工人工会全国总执行管理委员会,将"国际运输工人兄弟"作为一个有组织性勒索的企业来经营,并与科萨·诺斯特拉进行协作。[3] 根据1989年双方同意的裁定,该工会设立了一个由三人组成的托管机构:前联邦法官弗雷德里克·B. 拉塞(Frederick B. Lacey)被任命为独立行政官;前联邦检察官查尔斯·卡尔贝里(Charles Carberry),被选派担任

---

[2] 当该双方同意的裁定于1989年被达成时,"国际运输工人兄弟"是全国最大的工会,有160万会员。Leo Abruzzese:"法官任命'看门狗'来监督运输工人工会"(Judge Names Watchdogs to Monitor Teamsters),Journal of Commerce,1989年6月1日,2B。到1998年,全国教育协会(National Education Association)是全国最大的工会,有230万会员,"国际运输工人兄弟"位居第二,有140万会员。Steven Greenhouse:"教师团体进行合并,成立美国最大的工会"(Teacher Groups to Merge, Creating Largest U.S. Union),New York Times,1998年1月27日,A12版。

[3] 美国诉国际运输工人兄弟案,1991 U.S. Dist. LEXIS 11256(E.D.N.Y.1992)。

第十一章　铲除肯尼迪国际机场里的黑帮

调查官;劳工律师迈克尔·荷兰德(Michael Holland)被任命为选举官员。*双方同意的裁定授权调查官员们,将腐败的官员们从工会中开除,并在腐败的地方工会建立托管。在为期三年的进程中,托管治理从全国范围的运输工人工会的地方分会中赶走了将近 200 名工会官员。[4]

1991 年 6 月,调查官卡尔贝里指控,"295 分会"的官员违背其对地方分会成员的信托责任,对猖獗的腐败问题失于调查并且贪污"295 分会"的基金。该项指控的结果是,7 名"295 分会"官员中有 6 个被撤销了职务。唯一留下来的官员安东尼·科奥佐(Anthony Cuozzo),也很快被迫辞职,因为他在明知的情况下与安东尼·卡拉哥纳(鲁齐斯犯罪家族的成员暨"295 分会"前主席)进行来往。[5] 科奥佐后来被谋杀。独立行政官拉塞最终将"295 分会"主席安东尼·卡拉哥纳暂时排除在"国际运输工人兄弟"之外,并命令他偿还该分会 5 万美元。[6] 联邦区法院认可了这些行动,并批准了撤销官员们的命令。[7] 被驱逐的官员们后来试图安排一次特殊选举,以此安排他们的接班人。[8] 作为回应,拉塞取得了法院将"295 分会"置于临时托管之下的命令,并指派威廉·A. 弗查克担任"295 分会"的临时托管人,威廉长期担任"国际运输工人兄弟 732 分会"的官员。[9]

---

* 根据 1989 年双方同意的裁定,一个独立的检查委员会于 1992 年 10 月接替了法院指派的托管人。三人组成的管理委员会包括"国际运输工人兄弟"独立行政官弗雷德里克·B.拉塞,前中央情报局和联邦调查局的主任威廉·韦博斯特(William Webster)和"联合矿业工人工会"前负责人哈罗德·伯尔克(Harold Burke)。("联合矿业工人工会"的总法律顾问格兰特·格兰达尔,于 1993 年 6 月接替了伯尔克)。

〔4〕参见 James B. Jacobs, Christopher Panarella, and Jay Worthington:《击破有组织犯罪集团:美国对科萨·诺斯特拉》(Busting the Mob: United States v. Cosa Nostra), New York: New York University Press, 1994,第 167—181 页。

〔5〕美国诉国际运输工人兄弟案,1992 U. S. Dist. LEXIS795、802(E. D. N. Y. 1992)。"国际运输工人兄弟"独立行政官于 1994 年还永久性地开除了帕垂克·德罗鲁索(Patrick Dellorusso),他是"295 分会"会员和鲁齐斯犯罪家族的随从。该开除决定被区法院所维持。参见美国诉国际运输工人兄弟案,853 F. Supp. 757,758 (E. D. N. Y. 1994)。

〔6〕参见美国诉国际运输工人兄弟案,90Cir. 0970 (E. D. N. Y. 1990)。

〔7〕对"国际运输工人兄弟"案的进一步讨论和分析,参见 James B. Jacobs, Christopher Panarella, and Jay Worthington:《击破有组织犯罪集团:美国对科萨·诺斯特拉》(Busting the Mob: United States v. Cosa Nostra), New York: New York University Press, 1994。

〔8〕美国诉国际运输工人兄弟案,803F. Supp. 786(E. D. N. Y. 1994)。

〔9〕区法院于 1991 年 9 月批准了弗查克的任命。参见同上。

1992年3月,新当选的"国际运输工人兄弟"改革主席罗·卡瑞*,在没有事先通知该工会独立行政官的情况下,宣布他有意让威廉·哲诺厄斯(William F. Genoese)接替弗查克。独立行政官否决了该项任命,因为他发现哲诺厄斯"面对[肯尼迪]机场长期存在的腐败问题有着令人遗憾的无所作为"[10],而且与鲁齐斯犯罪家族过从紧密。卡瑞后来剥夺了哲诺厄斯在"732分会"的职位,理由是其在使用会费上有一系列的渎职行为;卡瑞安排了一名临时托管人来管理"732分会"。[11]

"国际运输工人兄弟"的托管人对"851分会"也发起了一项全面调查。1990年,随着调查的进展,马克·戴维道夫(Mark Davidoff)辞去了司库("851分会"的最高职位)的职务,并由安东尼·拉扎(Anthony Razza)接替。[12] 1993年对拉扎的起诉,促使"国际运输工人兄弟"主席卡瑞指派"559分会"的官员库尔特·奥斯特朗德(Curt Ostrander)担任临时托管人,并指派纽约市莫伦委员会(负责调查警察腐败)的委员布莱恩·凯利(Brian Kelly)担任调查员。[13]

打击"国际运输工人兄弟"两个地方分会

联邦调查局和美国司法部并不满意运输工人工会"295分会"和"851分会"的改革进程。1990年3月,纽约东区联邦检察官安德鲁·J.马兰内

---

* 卡瑞赢得了根据双方同意的裁定的"国际运输工人兄弟"的第一次选举,其口号是"拒绝腐败、没有宽容、毫无例外"。他对哲诺厄斯的任命引发了争议。司法部对卡瑞与有组织犯罪联系发起调查。卡瑞称,他对哲诺厄斯的任命是一个"诚实的错误"。对哲诺厄斯的任命妨害了卡瑞的再次竞选。对立的候选人小吉米·霍法称,卡瑞是科萨·诺斯特拉的傀儡。卡瑞以微弱多数赢得了选举。该选举被选举监督官芭芭拉·扎克·奎德尔推翻了,因为经费募捐不正当。1997年11月,卡瑞被禁止参与再次选举,1998年7月,独立检查委员会禁止卡瑞终生不得从事卡车司机工会活动。

[10] 美国诉国际运输工人兄弟案,803 F. Supp. 761(E. D. N. Y. 1994)。

[11] Kenneth C. Crowe:"运输工人工会负责人被指不正当使用会费"(Teamsters Leader Accused of Misusing Dues), Newsday, 1994年1月12日,第35页。

[12] Kenneth C. Crowe:"运输工人工会在肯尼迪机场的老板辞职"(Teamsters Boss at JFK Quits), Newsday, 1994年2月16日,第51页。

[13] "运输工人工会任命托管人来监督纽约分会"(Teamsters Union Names Trustee to Oversee New York Local), Journal of Commerce, 1994年2月2日, 2B。

第十一章　铲除肯尼迪国际机场里的黑帮

(Andrew J. Maloney)针对肯尼迪机场空运行业的有组织犯罪展开了最为雄心勃勃的依法打击。除"295分会"和"851分会"之外，政府还列举了14名被告，大多数被确认是鲁齐斯和嘎姆比诺犯罪家族成员或随从，或者是"295分会"和"851分会"的官员或者前官员，包括马克·戴维道夫、哈瑞·戴维道夫、弗兰克·卡立瑟和安东尼·卡拉哥纳。

原告诉称，鲁齐斯犯罪家族利用其对运输工人工会"295分会"和"851分会"的控制，从肯尼迪机场的空运行业中榨取收入，并实施很多起敲诈活动和劳工有组织性勒索行为。例如：

• 1980年9月至1982年9月间，被告哈瑞·戴维道夫、弗兰克·卡立瑟和弗兰克·曼佐，不让"联合空中运输"(Union Air Transport)使用一个特定的仓库和运输服务，除非该公司给被告钱。

• 1983年至1984年期间，哈瑞·戴维道夫、弗兰克·曼佐和弗兰克·卡立瑟威胁，将"潘达尔"(Pandair)的非工会工人组织起来，除非"潘达尔"给被告钱。

• 1983年8月至1984年12月，弗兰克·曼佐和弗兰克·卡立瑟"威胁实施罢工、联合抵制和其他集体性劳工团体行动"来妨害"卡米诺空中运输"(Kamino Air Transport)，除非该公司给被告们钱。

• 被告弗兰克·曼佐和弗兰克·卡立瑟，威胁提高"申科国际转运"(Schenkers International Forwarders)的劳动力成本，除非他们能拿到钱。

• 哈瑞·戴维道夫、马克·戴维道夫、弗兰克·卡立瑟和安东尼·圭瑞里，以强制"斯塔尔货运服务"(Stair Cargo Services)雇用属于运输工人工会"295分会"的工人相威胁，对该公司进行勒索。

• 弗兰克·曼佐和弗兰克·卡立瑟和理查德·施罗德以强制推行统一议价合同条款相威胁，要求向运输工人工会"851分会"进行养老金和福利捐助，除非该公司向被告们支付酬金。[14]

1991年3月，联邦区法官欧歌内·H.尼克尔森对哈瑞·戴维道夫和弗兰克·卡立瑟作出部分简易判决(partial summary judgment)，认为他们因先

---

[14] 美国诉"国际运输工人兄弟295分会"，CV-90-970(E.D.N.Y.1990)，修正后的起诉。

前实施的有组织性勒索共谋和敲诈而被判决有罪[15],足以成立政府提起的民事性违反《反受勒索影响和腐败组织法案》所需要满足的组成行为。[16] 法庭禁止两人参与"295 分会"和"851 分会"及其执行管理委员会、其他任何劳工组织或雇工福利计划的事务。戴维道夫和卡立瑟也被禁止与"295 分会"和"851 分会"的官员、审计员和雇员相勾结。[17] 此外,法庭命令被告偿还 961400 美元*,该笔钱是他们以酬金的形式从货物转运公司那里拿到的。[18] 然而,法庭拒绝对两个分会进行无限期托管,认为没有足够的证据支持"持续腐败"的存在可能性。[19]

法院批准了对"295 分会"的托管

1992 年,在独立行政官进一步提起申请后,法官尼克尔森认为,为"国际运输工人兄弟"设置临时托管人,不能清除"295 分会"的腐败。[20] 法官的根据是,该工会继续每月支付给哈瑞·戴维道夫 2000 美元,尽管他被判有罪并被处以民事制裁,同时该工会还使用工会资金来支付"295 工会"前主席安东尼·卡拉哥纳的律师费,因为他被指控敲诈和劳工有组织性勒索需要辩护人。在指出"295 分会"被科萨·诺斯特拉统治的历史和该分会的几个官员的最近的有罪判决,并将之作为近距离详细审查理由的同时,法官尼克尔森对该分会实施了无限期托管。[21] 他认识到"议会把指派托管人

---

[15] 戴维道夫和卡立瑟的有罪判决源自美国诉萨塔罗案,647 F. Supp. 153 (1986)。卡立瑟对有组织性勒索共谋表示认罪并被处以 9 年监禁。戴维道夫因有组织性勒索共谋和相关的四个勒索指控被认定有罪。这些有罪判决而后被联邦第二巡回上诉法院推翻了,因为区法院在拒绝戴维道夫有关详情诉状(bill of particulars)的请求中犯了错误。美国诉戴维道夫案,845 F. 2d 1151(2d Cir. 1988)。在 1989 年的重新审理中,戴维道夫被再次认定有罪,并被处以 10 年监禁。85 Cr. 100 (s)(E. D. N. Y. 1989)。

[16] 18 U. S. C. 1964(b)。

[17] 参见美国诉 295 分会案,90Cir. 0970 (E. D. N. Y. 1990)。

* 法官后来没有确定具体数额,并命令由进一步的听证来确定到底被告们应付多少钱。

[18] Edward Frost:"联邦法官授权托管人监管运输工人工会地方分会"(U. S. Judge Authorizes Trustee to Oversee Teamsters Local),New York Law Journal 207(1992),第 1、2 页。

[19] 参见美国诉 295 分会案,90Cir. 0970 (E. D. N. Y. 1990)。

[20] "国际运输工人兄弟"前独立行政官暨后来的独立检查委员会委员弗雷德里克·B. 拉塞写信给法庭,促使其任命一个无期限的托管人,理由是临时托管人之机构和个人的有限性。他认为,临时托管人缺少必要的技能和经验来调查和矫治为腐败困扰的"295 分会"。

[21] 同上注,第 20、18、22 页。

来管理某一工会地方分会的事务作为一项特殊措施",但是其结论是,法院事实上正面临这种特殊的情形。[22] 此外,法官尼克尔森提示道,"根据刑事有组织性勒索规定实行托管,不再是一个异常的、一次性的实验。它正在很快地被认为是法律有效实施的、极为有价值的组成部分。"[23] 法院对托管没有设定时间限制;它将持续到能够举行"一个诚实而非强迫的"新官员选举的时候为止。[24]

1992年4月,法官尼克尔森指派托马斯·帕西奥(Thomas Puccio)担任"295分会"的托管人;他曾经是美国联邦助理检察官和布鲁克林打击有组织犯罪特别行动组首席官员。法院给了帕西奥很宽泛的授权,来管理该分会的日常事务、调查腐败和监督工会官员的选举。帕西奥宣誓利用所有调查策略来根除腐败,包括采用便衣探员和卧底行动。[25] 他聘用迈克尔·莫罗内(Michael Moroney)作为副托管人;莫罗内曾经是美国劳工部劳工有组织性勒索办公室官员,还曾担任"国际运输工人兄弟"调查官员查尔斯·卡尔贝里的助理。[26]

帕西奥面临一系列障碍。他的职位是兼职的,而且,尽管他有丰富的调查腐败的经验,但是他并没有协商并强制推行劳资双方签订的集体合同或者监督日常工会事务的经验。况且,"国际运输工人兄弟"主席罗·卡瑞也不支持。卡瑞坚持认为,他在1992年创立的、由15人组成的道德执业管理委员会,足以应付"295分会"的问题,而政府更多干预运输工人工会事务,则是不够妥当的。[27] 鲁齐斯犯罪家族对"851分会"("295分会"的姊妹分会)的持续影响,也妨碍了帕西奥的工作。帕西奥称,"851分会"鼓励

---

[22] 美国诉295分会案,784 F. Supp. 15、17(E. D. N. Y. 1992)。
[23] 同上。
[24] 参见 Joseph P. Fried:"机场犯罪处于联邦政府打击之下",New York Times, 1992年5月17日,第33版。
[25] 同上。
[26] 迈克尔·托宾(Michael Tobin)接替迈克尔·莫罗内(Michael Moroney)担任"295分会"副托管人。
[27] Jeff Girth 和 Tim Weiner:"尽管有所变化,在运输工人工会的改革依然缓慢"(Despite Change, Reform Is Slow in the Teamsters),New York Times, 1993年6月28日,A1版。Kenneth C. Crowe:"在法院审视运输工人工会中摩擦驱使着听审"(Friction Drives the Hearings in Judge's Watch Over Teamsters),Newsday,1992年10月4日,第82页。

"295分会"30多名卡车司机转会到"851分会"来躲避调查,而根本无视"851分会"代表着文书类雇员和发送工人的事实。"295分会"自身力量也阻碍着帕西奥的计划。一个自称为"联合工会委员会"的团体,通过散发时事通讯来抹黑帕西奥及其团队。[28]

为了制造一种民主气氛,帕西奥为"295分会"普通会员开展了一个教育项目,内容涉及申诉程序(grievance procedure)和工会民主。托管人团队向"295分会"会员散发了劳资双方签订的集体合同的复印件。副托管人每月印刷时事通讯,描述托管人清除工会内有组织犯罪所做的努力,并讨论其他工会事务。[29] 一个由工会会员组成的咨商委员会,为会员们提供了一个直接与托管人沟通的渠道。帕西奥还修订了该分会的规章制度,保护会员免受腐败侵扰。例如,新的规章制度限定了分会官员们的工资和养老金;要求分会官员们对腐败采取具体行动;规定工人代表由选举产生,而非指定产生。[30] 帕西奥提出了一个金额为55.8万美元的保险请求,以此恢复被前工会官员们贪污的"295分会"的基金。为了"851分会"和"295分会"养老金和福利基金,他还试图追回支付给"295分会"前官员的解雇费和救济金,包括付给哈瑞·戴维道夫的女儿莎隆·莫斯克维茨(Sharon Moskowitz)的30.5万美元,后者曾是"851分会"福利基金的管理人。[31] 帕西奥还警告公司行政官们,不要与12个货物转运公司合作,因为他发现它们被科萨·诺斯特拉控制着。[32]

然而,帕西奥的行动导致了高额的费用支出。他超出了预算,并且花

---

〔28〕 Selwyn Raab:"障碍要被清除:黑帮在进行妨碍,运输工人工会托管人说"(Obstacles to Cleanup: Mob Hinders, Teamster Trustee Says), New York Times, 1993年6月29日, B1版。

〔29〕 "托管人帕西奥确认有些公司被有组织犯罪控制并要求雇主采取行动"(Trustee Puccio Identifies Companies as Organized Crime Controlled and Demands Employer Action),295分会新闻,1993年5月,第4版。

〔30〕 "295分会规章制度被重新修订",295分会新闻,1992年10月,第7版;"你不使用的新闻但可能想知道",295分会新闻,1993年2月,第15版。

〔31〕 "你不使用的新闻但可能想知道",第14、15版。

〔32〕 "托管人帕西奥确认有些公司被有组织犯罪控制并要求雇主采取行动"。

费远超过"295分会"的年收入,几乎造成该分会破产。[33] 帕西奥向律师和会计支付了几十万美元,每小时的收费高达375美元。帕西奥作为托管人,每年因其兼职服务而获得薪水为25万美元;他的副托管人获得15万美元收入作为全职工作的报酬。[34]

"851分会"的独立监督官

1992年,纽约东区检察官办公室为"851分会"寻求一个法院指派的托管人。"851分会"反对这一请求,并抗辩道,选举安东尼·拉扎作司库已经终结了腐败。拉扎提交了一份宣誓后的书面陈述,称他对一个无腐败的工会承担义务,并且他已经成功地铲除了"851分会"的有组织犯罪。因缺少最新腐败情形的证据,法庭再次拒绝指派托管人。1993年9月,拉扎因敲诈、有组织性勒索和税务欺诈指控而被起诉。[35] 1994年4月,他对收受"库纳 & 那格尔空运"(Kuehne & Nagel Air Freight)非法酬金和与"艾莫弗德国际"(Amerford International)共谋税务欺诈表示认罪[36];他被处以21个月监禁。[37]

1993年6月,托马斯·帕西奥向尼克尔森法官提出申请,将其托管权限扩展到"851分会"。帕西奥声称,鲁齐斯犯罪家族利用"851分会"来阻挠他的改革。帕西奥还声称,"851分会"的主席和副主席与鲁齐斯犯罪家族有联系,而分会官员们从货物转运公司那里已经收受了几十万美元的贿赂。[38] 而后他指出,对拉扎的起诉提供了关于现有腐败的充分证据。"851分会"却主张,不需要托管人,而且,帕西奥的花费和职责分派过度,表明

---

[33] 迈克尔·托宾称,托管人已经控制了支出,而且该分会将很快"赢利"。运输工人工会副托管人迈克尔·托宾个人采访,1997年3月10日。关于托管治理的支出,另见 Ronald Goldstock, Leslie Skillen, Barry DeFoe 和 Wilda Hess:"国际协会私营部门总巡视员工作组报告(1996)",附录。

[34] Selwyn Raab:"障碍要被清除:黑帮在进行妨碍,运输工人工会托管人说"。

[35] 美国诉戴罗·鲁索和拉扎案,93Cr.1012(E.D.N.Y.1993)。

[36] 国际运输工人兄弟851分会诉库纳 & 那格尔空运公司案,97Cir.0378(E.D.N.Y.1997),起诉书12—13页;"拉扎认罪",295分会新闻,1994年4月,第1版。

[37] "起诉书中提及的腐败在驳回决定中被引用"(Corruption Is Cited in Suit on Dismissals), New York Times,1995年12月17日,第55版。

[38] Selwyn Raab:"障碍要被清除:黑帮在进行妨碍,运输工人工会托管人说"。

"他不适合"担任工会托管人。[39]

1994年10月,在帕西奥的申请待决期间,联邦检察官办公室、"851分会"和"国际运输工人兄弟"达成了双方同意的裁定,将"851分会"置于法院指派的独立监督人监督之下。[40] 按照该判决,任何正在担任法院指派的托管人或副托管人,都不得担任"851分会"的独立监督人,从而阻止了对帕西奥或莫罗内的任命;工会官员指责帕西奥等人掠夺"295工会"。尼克尔森法官指派前联邦检察官让·迪皮垂斯担任该职务。迪皮垂斯聘用戴维·卡拉苏拉(David Krasula)担任他的总调查员;卡拉苏拉曾经长期担任联邦邮政检察署和美国劳工部的调查员。

与通常设置的一人托管不同,双方同意的裁定设立了一个双轨式的监管机制;迪皮垂斯将负责驱除腐败,而"国际运输工人兄弟"指派的临时工会托管人库尔特·奥斯特朗德,将继续监管"851分会"的日常事务。[41] 法院授权独立监督人来检查工会托管人的支出、合同、租约和任命。独立监督人可以否决支出、合同,或者否决那些对加剧有组织性勒索或者在明知情况下结交有组织犯罪分子的人员的任命。*

工会托管人和独立监督人必须共同决定自由、公正选举的可行时间。独立监督人负责管理选举。工会托管人和独立监督人的任期,在独立监督人向法院确认选举结果后60天结束。直到1999年6月1日,地方工会范围内的官员选举仍没有举行。

双方同意的裁定,禁止"851分会"的成员和官员从事下列行为:有组织性勒索活动;在明知的情况下与任何有组织犯罪团体的任何成员、随从或者任何与其有牵连的其他个人进行联系;以及妨害独立监督人的工作。[42]

---

〔39〕 Kenneth C. Crowe:"帕西奥的托管管理被质疑"(Puccio Trusteeship Questioned), Newsday,1994年8月26日,第59页。

〔40〕 美国诉295分会,90-CV-1012(E.D.N.Y.1993),双方同意的裁定,1994年9月。(以下称295分会双方同意的裁定)

〔41〕 1996年11月艾林·苏利文接替奥斯特朗德担任工会托管人。

* 该双方同意的裁定还要求设立一名听证官,而该人必须为"联邦检察官办公室和'851分会'所接受,……而且在劳资关系方面富有经验";他负责复议独立监督人的否决决定。美国诉"295分会",90Civ.1012(E.D.N.Y.1992),双方同意的裁定,第15页。

〔42〕 295分会双方同意的裁定。

该双方同意的裁定授权独立监督人调查所有这类行为,并且在合适的场所举行纪律听证。然而,该独立监督人只有权处罚"851分会"的官员以及在双方同意的裁定中所列举的其他个人。[43] 他可以将官员们从其职位上撤换下来并逐出工会。但是他不能以会员的资格来处罚会员。

在让·迪皮垂斯担任独立监督人期间,没有官员对调查负责,因为"国际运输工人兄弟"让临时托管人库尔特·奥斯特朗德接替了他们。这样做的结果是,迪皮垂斯将其调查重点集中在"851分会"的两个工会代表和大约50个工人代表以及总代理人。后来他获得法院批准,将其调查和纪律处罚程序扩展到妨碍独立监督人工作的工会会员。[44] 迪皮垂斯将50名工人代表中的6人撤职,并对16个总代理人进行了纪律处罚,指责他们妨碍了独立监督人的工作。

独立监督人的预算每年确定为30万美元,包括薪水,从而确保"851分会"的财政不会遭受与"295分会"相同的命运。[45] 根据双方同意的裁定,"国际运输工人兄弟"全国工会同意支持"851分会"独立监督人和工会托管人工作,如果需要的话。由于在迪皮垂斯被任命时"851分会"发现自身陷入财务困境,因而"国际运输工人"工会提供了经费支持。[46]

迪皮垂斯在追回以往腐败造成损失方面的努力

在努力恢复分会的财务"健康"方面,迪皮垂斯努力追回"851分会"已经被挥霍或非法使用的资产。在他任期的第一年,迪皮垂斯针对货物转运公司和安东尼·拉扎提起了两个民事性违反"反受勒索影响和腐败组织

---

[43] 当一个"851分会"的成员,如果他是官员或工人代表,在独立监督人调查过程中,主张第五修正案关于反对自我归罪的权利情况下,独立监督人可以将该案交给"国际运输工人兄弟"的检查委员会,以采取适当的行动。

[44] 就该双方同意裁定提出一项修正,因为独立监督人没有权限来处罚一般会员。独立监督人可以将总代理人赶出工会,但是不能剥夺他们的工作。

[45] 295分会双方同意的裁定。

[46] 在让·迪皮垂斯于1994年11月被任命时,"851分会"的财政完全被耗尽了。"851分会"独立监督人让·迪皮垂斯个人采访,1997年4月16日。

法"诉讼。[47] 这些民事起诉第一次由法院指派的监管人发起,为一个工会因以往的腐败来挽回其民事损失。[48]

纽约州打击有组织犯罪特别行动组在进行广泛调查之后,于1995年提起了第一个民事诉讼,被告包括"艾莫弗德国际"(现在叫做"塞森·哈尼尔物流", Thyssen Haniel Logistics)及其姊妹公司和拉扎·迪皮垂斯指控,被告们参与劳工腐败性酬金的伎俩,违反了"反受勒索影响和腐败组织法"和纽约州劳动法。[49] 1990年,"艾莫弗德国际"试图通过削减众多"851分会"工人职位的方式来大幅度降低其在肯尼迪机场的劳动力成本。然而,这些解雇行为按照劳资双方签订的集体合同是被禁止的。在拉扎和其他人,包括"295分会"工人代表兼"851分会"非正式代表帕垂克·戴罗·鲁索(Patrick Dello Russo)的协助下,"艾莫弗德国际"得以裁减其在肯尼迪机场的20多名雇员,而且保持了劳工和平。戴罗·鲁索此前被安排了一个长达18个月的"不露面"的职位,担任"艾莫弗德国际"仓库保管员并拿到128622美元。

作为这个伎俩的组成部分,该公司与"KAT管理服务公司"(KAT Management Services)达成一份顾问协议,借此"KAT管理服务"收到了"艾莫弗德国际"因削减劳动力成本而节省下来钱的25%。"KAT管理服务"是鲁齐斯家族的"门面"公司;进入到该公司的钱随后就以现金的形式分发到鲁齐斯家族成员的手中,包括后来成为"295分会"主席的安东尼·卡拉哥纳。总计超过50万美元的钱被支付给了"KAT管理服务"公司。为掩盖这个伎俩,"艾莫弗德国际"掩盖这些裁员行为的方式是,为被裁减的"851分会"的雇员提供到康涅狄格州哈特福德类似职位上的转岗机会。拉扎和戴罗·鲁索告诉雇员们,"851分会"支持"艾莫弗德国际"的做法,并且不支持工人们反对转岗的斗争。没有一个雇员接受这个毫无诚意的转岗

---

[47] 国际运输工人兄弟851分会诉库纳&那格尔空运公司案,97Cir.0378(E.D.N.Y.1997)和国际运输工人兄弟851分会诉塞森·哈尼尔后勤公司案,95Cir.5179(E.D.N.Y.1995)。
[48] "851分会"独立监督人让·迪皮垂斯个人采访。
[49] 纽约劳动法第725条。

机会。[50]

　　1993年,拉扎、戴罗·鲁索、安东尼·卡拉哥纳和"艾莫弗德国际"首席财务官安德鲁·提特雷(Andrew Titley)被指控,参与一个非法的工会腐败性酬金的阴谋和共谋税务欺诈。[51] "艾莫弗德国际"的主席兼首席执行官哈罗德·尼汉克(Harold Niehenke)对州的指控认罪,称他同意向"KAT管理服务"付款"这样就可以不执行集体合同,……而最终艾莫弗德国际裁掉了20多名工会会员,并由此错误地剥夺了他们的……合同规定的工作权利"。[52] 1994年4月,提特雷表示认罪,承认向戴罗·鲁索支付非法酬金以及为其安排"不露面"的职位。卡拉哥纳供认:(1)共谋参与一个"有组织性勒索的企业"(即鲁齐斯犯罪家族),其中的部分行为就是向艾莫弗德国际要求非法工会腐败性酬金;(2)共谋实施税务欺诈。戴罗·鲁索就以下行为表示认罪:(1)共谋参与一个"有组织性勒索的企业"(即鲁齐斯犯罪家族),其部分行为就是,向艾莫弗德国际和另外一个肯尼迪机场的货物转运公司(库纳&那格尔空运)要求非法工会腐败性酬金,包括担任"不露面"的职位而接受钱款;(2)共谋实施税务欺诈。拉扎对从另一个公司非法收取腐败性酬金和共谋实施税务欺诈表示认罪。[53]

　　1998年6月,迪皮垂斯代表"851分会"与被告们达成和解。"艾莫弗德国际"同意付给"851分会"120万美元来解决违反"反受勒索影响和腐败组织法"的诉讼,支付200万美元解决违法州劳动法的指控。[54] 这一州指控本来期望,由"艾莫弗德国际"在1994年事先付给纽约州打击有组织犯罪特别行动组的资金来解决,但是该行动组拒绝转交该笔钱。[55]

　　第二个诉讼于1997年启动,寻求从"库纳&那格尔空运"和安东尼·拉扎那里获得3倍的损失补偿。由于该公司与"851分会"于1988年签订

---

[50] 国际运输工人兄弟851分会诉塞森·哈尼尔后勤公司案,95 Cir. 5179(E.D.N.Y. 1995),原告起诉书。
[51] 同上注,探讨美国诉戴罗·鲁索和拉扎案,93 Cr. 1012(E.D.N.Y. 1993)。
[52] 同上注,探讨人民诉尼汉克案,高等法院信息86218号。
[53] 同上注,第19—23页。
[54] 国际运输工人兄弟851分会诉塞森·哈尼尔后勤公司案。
[55] 同上。

的集体合同将在 1992 年 1 月到期,该公司的副主席切斯特·卡拉马里(Chester Calamari)尝试与拉扎达成妥协。拉扎建议卡拉马里与安东尼·戴罗·鲁索(Anthony Dello Russo)联系。戴罗·鲁索为解决该公司的集体合同麻烦要价 5 万美元现金,并安排卡拉马里付款,以伪装成顾问费的形式交给"东方集团"(Group East),其负责人是律师安东尼·费戈尼。

1992 年 4 月,"库纳 & 那格尔空运"和"851 分会"达成一个为期 2 年的集体合同。拉扎做出很多让步,包括暂停"库纳 & 那格尔空运"的养老金捐助 1 年。作为回报,卡拉马里付给"东方集团"10 万美元。而后费戈尼提出钱,在留出一些来完税后,将剩余大部分给了戴罗·鲁索,鲁索随后又交给了拉扎和鲁齐斯家族。在涉及该项阴谋的刑事案件中,拉扎对从"库纳 & 那格尔空运"收取工会腐败性酬金和共谋税务欺诈表示认罪。[56]

1998 年 3 月,联邦区法官尼克尔森否决了"库纳 & 那格尔空运"的驳回起诉申请。他裁定,这已经足以说明货物转运公司是鲁齐斯犯罪家族赚钱阴谋的组成部分。[57] 如果作出判决,损失赔偿金将用于偿还国际工会及其地方工会用于独立监督人办公室的部分支出。[58]

结 论

科萨·诺斯特拉盘踞在肯尼迪机场的历史至少可以上溯到 20 世纪 50 年代早期。尽管"肯尼迪有组织性勒索"调查行动及随后的刑事追诉将很多黑帮分子送进监狱,但是,科萨·诺斯特拉在机场的影响直到 80 年代也没有衰落。在认识到更多的调查和刑事追诉将不会产生令人满意效果的情况下,纽约东区联邦检察官办公室针对运输工人工会"295 分会"和"851 分会"提起了民事性违反"反受勒索影响和腐败组织法"诉讼。该诉讼恰好与"国际运输工人兄弟"工会内部进行的全面改革同时进行,这一改革由独

---

[56] 国际运输工人兄弟 851 分会诉库纳 & 那格尔空运公司案。原告起诉书。
[57] 国际运输工人兄弟 851 分会诉库纳 & 那格尔空运公司案,1998 WL178873(E. D. N. Y. 1998),民事性组织敲诈勒索报告,vol.13, no.22,1998 年 8 月 29 日。
[58] 对"851 分会"独立监督人让·迪皮垂斯个人采访。

第十一章 铲除肯尼迪国际机场里的黑帮

立行政官弗雷德里克·B.拉塞领导的三人托管小组实施。

根据1989年"国际运输工人兄弟"总执行管理委员会与联邦政府达成的双方同意的裁定,运输工人工会发起了自己的内部行动,来铲除"295分会"和"851分会"的有组织犯罪。该工会撤销了两个地方分会的官员,并任命临时托管人来管理工会。为了使这些托管不受时间限制,联邦检察官办公室于1990年对两个工会提起了民事性违反"反受勒索影响和腐败组织法"诉讼。经过一些周折后,区法院于1992年为"295分会"设立无限期的托管,任命托马斯·帕西奥为托管人。两年半后,法院为"295分会"设立一个"双轨式"的监管体制,包括一个独立监督人让·迪皮垂斯和一个工会托管人,分别负责铲除腐败和管理工会日常事务。迪皮垂斯在恢复"851分会"资金和切断工会与科萨·诺斯特拉许多联系方面取得成功。

虽然肯尼迪机场里科萨·诺斯特拉的存在被削弱,但是它并没有被完全清除。1997年5月,联邦检察官圣扎迦利·卡特(Zachary Carter)宣布,联邦调查局实施的、被称作"凯特网"(Kat-Net)的卧底行动的结果是,83个人已经被逮捕。探员们策划了一个销赃行动,吸引了肯尼迪机场内成伙的贼。探员们以70万美元的价格从窃贼那里购买了价值130万美元的货物。有趣的是,只有少数窃贼们与有组织犯罪(嘎姆比诺家族)有联系,这表明,或许黑帮在机场对盗窃行为的控制已经终止。

1998年12月中旬,昆斯区检察官理查德·布朗(Richard Brown)、纽约市联邦调查局办公室主任路易斯·施里罗(Lewis Schiliro)、纽约市警察局专员哈沃德·萨非尔(Howard Safir)和港务局警察局负责人弗雷德·莫罗内(Fred Morrone)宣布起诉56名个人和8个公司,内容是从肯尼迪机场内或周边地区的仓库内实施盗窃、销赃以及分配被盗财产。按照萨非尔专员的说法,"雨林行动"(Operation Rain Forest)挽回的被盗货物损失超过500万美元。虽然被告中的两人是"国际运输工人兄弟"的工人代表,但这再次表明,这起有组织的盗窃与科萨·诺斯特拉没有关联。另外一个迹象就是,在机场的黑社会与"地上社会"在发生变化。它也提醒我们,犯罪可能、确实,以及将继续存在,即便没有了科萨·诺斯特拉犯罪家族。

第十二章　让贾维茨会议中心摆脱有组织犯罪的控制

> 我将运用州长的权力支持将有组织犯罪清除出贾维茨会议中心的刑事诉讼。……罪犯们事实上垄断了贾维茨中心的工作岗位。这是错误的,而且必须结束。[1]
>
> ——州长乔治·帕塔基(George Pataki),在纽约州参议会常设财政委员会上的发言,1995 年

从破土动工那一刻起,贾维茨会议中心就成了黑帮的利益中心。科萨·诺斯特拉的影响扎根于它对工会的控制,而这些工会则代表着该中心的工人们。哲诺维斯家族控制的木工工会,使黑帮能够操纵职业介绍体制,并在高薪岗位或者"不露面"的职位上安插他们的朋友和随从们。"国际运输工人兄弟 807 分会",由老罗伯特·拉贝特(Robert Rabbitt Sr)和他的儿子迈克尔·拉贝特(Michael Rabbitt)和小罗伯特·拉贝特(Robert Rabbitt Jr)领导,也把很多为人所知的科萨·诺斯特拉随从们安排在高薪的中心职位上。"展览会雇员工会 829 分会"的官员们,以"幽灵"雇员的方法虚报雇主

---

[1] 雅科布·贾维茨中心的管理与经营:在州参议会上的调查性听证(纽约,1995 年),第 11—12 页。

第十二章 让贾维茨会议中心摆脱有组织犯罪的控制

的薪水名册,其中包括科萨·诺斯特拉成员和随从们,并从事一种欺诈式的工伤赔偿伎俩。该中心的董事会和管理人员对挑战有组织犯罪兴趣不大。铲除科萨·诺斯特拉的努力一直到90年代才开始。最重要的执法举措就是针对木工工会和运输工人工会的民事性违反"反受勒索影响和腐败组织法"诉讼,以及乔治·帕塔基州长对管理层的改组。执法活动和行政性改革显示了明显的成功标志。

打击劳工有组织性勒索

木工工会案中的双方同意的裁定

1990年,纽约南区联邦检察官办公室,与来自纽约州打击有组织犯罪特别行动组交叉指派的检察官一起,针对木工工会区委员会及其主要官员提起民事性违反"反受勒索影响和腐败组织法"诉讼,指控工会已经被有组织犯罪渗透,并以一种腐败的方式经营着。[2] 具体组成行为包括敲诈、非法收受酬金和福利。该诉讼在审判开始后一个月得以解决,其结果是达成了一个双方同意的裁定[3],该裁定声称"在工会……的任何组成部分里,应该没有犯罪成分或科萨·诺斯特拉引起的腐败",以及工会应该在不受非法外来影响的情况下进行经营。[4] 该工会的所有会员和官员被永久性禁止从事有组织性勒索行为,以及不得在明知的情况下与任何有组织犯罪分子进行联系。

双方同意的裁定规定,由调查及核查官来执行和监督这一和解。当事人同意,由前联邦法官暨调查专员肯尼斯·孔保艾(Kenneth Conboy)担任调查及核查官。孔保艾的权限包括审查工会的活动和政策;启动并执行对

---

[2] 美国诉"美国国际木工和细木工兄弟纽约及附近地区区委员会"案,90 Civ. 5722 (S. D. N. Y. 1990)(下文称美国诉区委员会)。
[3] 美国诉区委员会,1995 U. S. Dist. LEXIS 8229,第2页。
[4] 美国诉区委员会,90 Civ. 5722 (S. D. N. Y. 1990),双方同意的裁定2。(以下称区委员会双方同意的裁定)。

不正当行为指控的调查；对工会会员采取纪律性措施；以及必要时向独立听证专门小组(the Independent Hearings Panel)呈送不当行为的证据。[5]*不服调查及核查官的决定，可向联邦区法官查尔斯·海特(Charles Haight)申诉，他保有对所有相关事务的管辖权限。[6]

1995年3月，安东尼·费奥里诺(Anthony Fiorino)成为第一个面对纪律指控的工会会员，他曾在贾维茨会议中心的木工工会占有若干的高层职位。[7] 这次听证持续了10天，形成了2000多页的证词。[8]

孔保艾在独立听证小组前指出，费奥里诺是哲诺维斯犯罪家族在贾维茨会议中心的代理人。按照孔保艾的说法，费奥里诺曾经将不干活的会员和非会员安排在贾维茨会议中心的木工岗位上，并操纵着一个腐败的雇佣名单，以及与科萨·诺斯特拉分子们保持着积极的联系。[9] 费奥里诺反驳道，他与他妻子的兄弟、哲诺维斯家族代理老板"巴尼"里波瑞奥·贝罗莫(Liborio "Barney" Bellomo)之间的联系，仅仅是家庭聚会上或者在街上的偶然碰面而已。[10] 他声称，两个人从未讨论过工会事务或者中心的事情，而且他从不知道他妻弟的职业。

费奥里诺还被指控威胁一个工会会员，因为该会员在1984年曾控告涉及一个工作岗位的违反合同情况。[11] 木工工会"257分会"的格拉德·克尔第(Gerald Kelty)声称，他身上被某个家伙挥舞的焊枪点着了火，以及两

---

〔5〕同上注,第3—12页。独立听证委员会包括Patrick Barth, Paul Curran, John Fried, Helen Gredd和Alan Kaufman。

* 独立听证专门小组由独立听证委员会(Independent Hearing Committee)的三名成员组成,而该委员会则由根据双方同意的裁定所指派的五名个人组成。独立听证专门小组按照仲裁庭的通常方式选择产生：调查及核查官选择一名委员,被指控的当事人选择另一个,然后双方共同选择第三个参与人。美国诉区委员会案,90Civ. 5722,双方同意的裁定(1994),第4—5页。

〔6〕同上注,第13页。

〔7〕肯尼斯·孔保艾："调查及核查官第三份报告",向法官海特报告,1995年10月31日,第18页。

〔8〕同上注,第44页。

〔9〕Selwyn Raab："贾维茨工会老板说,他勉强过关"(Javits Union Boss Says He Just Scrapes By),New York Times,1995年4月7日,B3版。

〔10〕Selwyn Raab："黑帮的人？不,贾维茨厅工会负责人说"(Mob's Man? No, Says Javits Hall Union Chief),New York Times,1995年4月6日。独立听证团认为,费奥里诺关于事件的说法"难以置信"。孔保艾："调查及核查官第三份报告",第45页。

〔11〕孔保艾："调查及核查官第三份报告",第43页。

第十二章 让贾维茨会议中心摆脱有组织犯罪的控制

次将成捆的 10 英寸长的铁钉倒向他的身体。(他没有受伤地逃脱了)。[12]

独立听证小组认定,费奥里诺在明知的情况下与哲诺维斯犯罪家族成员联系,并强制推行着一个腐败的工作介绍体制,从而将中心工作优先分配给与哲诺维斯犯罪家族有联系的个人。[13] 费奥里诺被终身逐出工会。[14] 海特法官确认该裁决,并总结道:"费奥里诺自 1994 年 4 月左右开始并在此后一直持续地在明知的情况下,通过把工作交给一小撮受优待个人的方式,歧视性地对待工会会员们。"[15]

1996 年 6 月,孔保艾的调查最终以木工工会的国际工会主席道格拉斯·迈克卡罗(Douglas McCarron)将纽约市区委员会主席弗雷德里克·德维(Frederick Devine)撤职而结束。[16] 在随后的刑事诉讼中,联邦检察官提供证据证明,德维从承包商那里收取了贿赂性酬金,而且他被科伦波犯罪家族的一个分支头目托马斯·佩垂佐(Thomas Petrizzo)所控制。[17] 德维因 6 项重窃盗指控被判有罪,这些控项来自同一犯罪谋划,即从工会的保险箱里贪污钱款用来支付其朋友和家庭的豪华冬季旅游和个人旅费。[18] 他被处以 15 个月监禁。[19]

---

[12] Kennth Crowe:"贾维茨听证会里的烟幕名单:名字可能将木工工会代表与哲诺维斯犯罪家族联系在一起"(Smoking List in Javits Hearings; Names May Link Carpenters Rep to Genovese Crime Family),Newsday,1995 年 3 月 22 日,商业版,A34。

[13] 孔保艾:"调查及核查官第三份报告",第 6 页。

[14] 同上注,第 46 页。

[15] 美国诉区委员会,941F. Supp. 349,1996。

[16] 道格拉斯·迈克卡罗,在众议院和劳动委员会劳资关系分委员会前的作证,1998 年 6 月 25 日。

[17] Selwyn Raab:"木工工会的负责人在一场办公室突袭中被解职"(Head of Carpenters' Union Is Dismissed in an Office Raid),New York Times,1996 年 6 月 27 日,B3 页。

[18] 参见 Selwyn Raab:"木工工会前高官因盗窃基金被判有罪"(Former Chief of Carpenters, Union Convicted of Stealing Funds),New York Times,1998 年 3 月 25 日,B3 页;"木工工会领袖们被认定有罪"(Carpenter Leader Is Found Guilty),Engineering-News Record,1998 年 4 月 6 日,第 18 页。

[19] Barbara Ross 和 Bill Hutchinson:"等着坐牢的木工工会前老板"(Jail for Ex-Carpenter Boss),Daily News,1998 年 8 月 18 日,新闻版,第 11 页。

运输工人工会案中双方同意的裁定

检察官针对"国际运输工人兄弟"总执行管理委员会提起的、具有历史意义的民事性违反"反受勒索影响和腐败组织法"诉讼，在1989年以双方同意的裁定告终，根据该裁定设置了一个调查官、一个独立行政官和一名选举官。[20] 1992年2月，三个职位被独立审查委员会所取代，它被授权进行腐败调查、发表书面报告以及举行裁决听证。该独立审查委员会一般性地进行调查，然后向运输工人工会总执行管理委员会报告其调查结果；这样，在独立审查委员会采取纪律行动前，该管理委员会就有机会采取纠正措施。

独立审查委员会提交一系列报告，建议开除在贾维茨会议中心工作的"807分会"的某些会员。该委员会指控，"807分会"已经成为腐败的"814分会"官员们的避难所。按照民事性违反"反受勒索影响和腐败组织法"起诉书的说法，波拿诺犯罪家族控制着"814分会"的办公室。[21] 亚瑟·艾森博格（Arthur Eisenberg），是新泽西的全国劳资关系管理委员会前地区主任[22]，在1987年被法院任命为托管人。[23]

独立审查委员会开展工作的观念是："在缺少直接证据证明对其下属的有组织犯罪联系是否存在明知时，可以从联系的时间和性质来推论是否存在。"[24] 独立审查委员会发现，某些"807分会"会员不符合工会会员的条件，因为他们与有组织犯罪分子进行联系，从而使工会蒙羞。因此：

---

[20] 美国诉国际运输工人兄弟,998 F.2d 1101, 1105 (S.D.N.Y. 1993)。

[21] 美国诉波拿诺LCN家族、国际运输工人兄弟814分会,Civ. 87-2974 (E.D.N.Y. 1987年8月25日)。

[22] Leonard Buder:"法官批准命令,有助于清除运输工人工会分会中的黑帮控制"（Judge Approves Decree to Help Rid Teamsters Local of Mob Control）,New York Times,1987年10月10日,第34版。

[23] 美国诉波拿诺LCN家族、国际运输工人兄弟814分会,Civ. 87-2974 (E.D.N.Y. 1987.),双方同意的裁定。

[24] 调查官诉塞内斯等案,独立行政官决定被维持。美国诉国际运输工人兄弟,745 F. Supp. 908(S.D.N.Y. 1990),维持。美国诉国际运输工人兄弟,941 F. 2d 1292(2d Cir. 1991)。

第十二章 让贾维茨会议中心摆脱有组织犯罪的控制

- 1994年3月23日,独立审查委员会认为应控告约翰·C.赞科齐奥(John C. Zancocchio),因为他违反"国际运输工人兄弟"的誓言,在明知的情况下与有组织犯罪成员联系。扎诺齐奥被发现是波拿诺犯罪家族的成员,并被运输工人工会永久性开除。[25]

- 1994年3月24日,独立审查委员会认为应控告老罗伯特·拉贝特,因为他从贾维茨中心的展览商那里收钱而给工会带来耻辱。1994年5月31日独立审查委员会与老罗伯特·拉贝特达成协议,根据该协议,老罗伯特·拉贝特在五年内辞去工会职务,并在贾维茨中心获得了一个总工头的管理职位。

- 1994年5月12日,独立审查委员会建议控告阿曼德·瑞(Armando Rea),他于1993年被迈克尔·拉贝特(Michael Rabbitt)任命为助理工人总代表。[26] 该委员会认定,瑞是波拿诺犯罪家族的成员,并将其永久性地逐出工会。

- 1995年1月30日,独立审查委员会建议控告小迈克尔·波塔(Michael Porta Jr),因为他在明知的情况下与有组织犯罪家族发生联系。联邦调查局探员证实,波塔是嘎姆比诺犯罪家族的成员,而此前他作为"国际码头工人协会814分会"的成员为有组织犯罪集团的利益服务。独立审查委员会永久性禁止其从事与工会相关的活动。联邦法院对此予以肯定。[27]

- 1995年6月,独立审查委员会建议指控科斯塔贝尔·劳罗(Costabile Lauro),因为他在明知的情况下与有组织犯罪家族发生联系。[28] 独立审查委员会认定,劳罗保持着与嘎姆比诺犯罪家族成员们之间持续且有目的的联系。劳罗此前是"国际码头工人协会814分会"的成员。他被工会

---

[25] 该名单来自"国际运输工人兄弟独立检查委员会报告",托管人关于"807分会"的建议,1995年3月6日,第26—37页。

[26] Kennth C. Crowe:"布鲁克林的拉贝特父子可能很快失去在贾维茨中心中工会聘用权的掌握"(The Rabbitts of Brooklyn May Soon Lose Their Grip on Union Hiring at the Javits Center),Newsday,1995年6月19日,B1。

[27] 美国诉国际运输工人兄弟,908 F. Supp. 139 (S.D.N.Y. 1995)。

[28] 同上注,引自独立审查委员会,关于科斯塔贝尔·劳罗的调查报告,第17页。

开除。[29]

● 1996年2月,独立审查委员会建议指控多米尼克·弗郎西罗(Dominic Froncillo),因为他在明知的情形下与有组织犯罪家族发生联系。弗郎西罗证实,大约15年前,他是有名的哲诺维斯家族的分支头目阿尔方斯·马兰高内(Alphonse Malangone)的朋友。弗郎西罗被工会永久性开除了。[30]

独立审查委员会在1995年3月的报告中,用材料说明了老罗伯特·拉贝特广泛的裙带关系和腐败,并建议将"国际运输工人兄弟807分会"置于托管之下。[31] 在重新审查"807分会"的集体合同基础上,独立审查委员会总结道,贾维茨会议中心合同,为工会工人规定了比"807分会"签订的其他协议更高的薪水和福利。[32] 它将这种慷慨的补偿归因于有组织犯罪的影响和额外雇工。该报告还指出11个在该会议中心工作的"国际运输工人兄弟"会员的犯罪记录和与有组织犯罪的联系。

独立审查委员会建议,工会应对迈克尔·拉贝特和其他工会协商组成员提起指控,因为在协商将总工头职位从工会中调出的协议时,没有考虑工会的利益。按照独立审查委员会的说法,总工头位置的转换,削弱了工会在运输工人们如何进行工作方面的重大影响。[33] 独立审查委员会于1995年3月作出报告,促使运输工人工会主席罗·卡瑞撤换了"807分会"的负责人并将该分会置于托管之下。[34] 新任命的托管人约翰尼·布朗

---

[29] 美国诉国际运输工人兄弟,910F. Supp. 139 (S.D.N.Y. 1996)。维持独立检查委员会决定。

[30] 美国诉国际运输工人兄弟,946F. Supp. 138 (S.D.N.Y. 1996)。

[31] "国际运输工人兄弟"独立审查委员会报告,托管人关于"807分会"的建议,1995年3月6日。

[32] 同上注,第16—26页。

[33] 同上注,第52—58页。

[34] Kennth C. Crowe:"托管人被指定来监督贾维茨中心"(Trustee Named to Oversee Javits Teamsters Local),Newsday,1995年3月29日。卡瑞任命约翰尼·布朗为"807分会"的托管人。布朗曾担任为期两年的"国际运输工人兄弟"混凝土司机分会的托管人。阿尔·费尔南德茨(Al Fernandez),一个退休的纽约警察局副队长,也是富尔顿鱼市行政官弗兰克·沃尔的调查官,被指派担任布朗的助手之一。另见 Joel Siegel 和 Tom Robbins,Daily News,1995年3月9日,第8页。

(Johnnie Brown),被命令来执行该独立审查委员会的建议。[35]

州检察官们针对"国际运输工人兄弟"的个人成员提起刑事指控,内容是在贾维茨会议中心实施多个敲诈勒索案,包括从商家勒索钱财、伪造账单和一般商业记录。1992年2月5日,老罗伯特·拉贝特和26个人一起因盗窃、勒索以及实施和贾维茨中心有关的暴力而被起诉[36],其中特别指控其共谋(通过威胁经济损害)勒索一个在该中心做生意的公司负责人。[37] 老罗伯特·拉贝特和迈克尔·拉贝特还被起诉收取贿赂、通过勒索实施的重窃盗以及刑事性占有被盗窃财产。[38] 针对拉贝特父子和其他贾维茨工作人员的其他指控,则包括伪造商业记录、在商业记录中制作虚假记载以及隐藏记载[39]意图欺诈。[40]

老罗伯特·拉贝特于1992年11月9日对伪造商业记录表示认罪。[41] 根据该认罪协议,针对他的其他指控被驳回。对他的量刑是1年半~4年半。针对迈克尔·拉贝特的指控也被驳回。[42] 另一个运输工人工会成员迈克尔·鲍茨(Michael Potts),被指控图谋获取失业补偿和伪造商业记录。[43] 他对试图伪造商业记录认罪。[44] 另外一个被告被指控,通过勒索实施两项重窃盗,他对组织赌博表示认罪,并被强制缴纳罚金500美元。这些刑事案件最重要的影响不是这些宽缓的量刑,而是托管人利用这些有罪判决将被告们从工会中清除出去,并进而将他们逐出贾维茨中心。

---

[35] Lawrence Van Gelder:"运输工人工会在贾维茨中心开支问题上抓住了分会"(Teamsters Seize Local on Costs at Javits Center),New York Times,1995年3月9日,第1版。
[36] Brett Pulley:"参议会就贾维茨中心经营问题开始进行听证"(Senate to Begin Hearings on Operation of Javits Center),New York Times,1995年3月15日,B4版。
[37] 人民诉老拉贝特案,大陪审团起诉书245-249/92,1992年2月5日。
[38] 同上。
[39] 同上。
[40] 同上。
[41] 人民诉老拉贝特案,大陪审团起诉书245-249/92,认罪协议,1992年11月9日。
[42] Kennth Crowe:"布鲁克林的拉贝特父子可能很快失去在贾维茨中心中工会聘用权的掌握"。
[43] 人民诉鲍茨案,大陪审团起诉书254/92(1992),有罪判决的法院证明,1992年1月29日。
[44] 同上。

对"展览会雇员工会829分会"的指控

"展览会雇员工会829分会",与运输工人工会和木工工会的分会一样,受到地方和联邦执法部门的广泛调查。由曼哈顿区检察官办公室、纽约市警察局、美国劳工部和贾维茨中心巡视长[45]实施的联合调查,最终针对"829分会"2个官员和7个普通会员提起刑事诉讼。[46]"829分会"主席约翰·迈克纳姆(John McNamee)和副主席兼贾维茨中心工会代表保罗·科西亚(Paul Coscia)被起诉,内容是欺诈性地为哲诺维斯家族随从约翰·苏利文(John Sullivan)获取工会健康福利,而苏利文并非工会会员。[47]几个"829分会"会员因在贾维茨中心受雇期间不正当使用工会福利的重罪而被起诉。[48]其他指控内容还有:高利贷[49]、赌彩[50]、欺诈性收取解雇[51]及伤残补偿[52],以及共谋贿赂运输工人工会"807分会"官员以登上雇用名单。[53]大多数指控通过认罪得以解决。[54]

曼哈顿区检察官罗伯特·摩根陶还调查了一项图谋:贾维茨中心的工人和一个不诚实的律师,以中心雇员的身份提出虚假的工人赔偿请求。该

---

[45] 这是一个优秀的范例,跨政府执法机构的新模式由有组织犯罪控制激励而形成。

[46] 纽约县区检察官,新闻稿,1996年6月20日;Tom Robbins:"10个工会大佬被指控;盗窃福利,区检察官说"(10 Union Bigs Are Charged; Stole Benefits, DA Says),Daily News,1996年6月21日,第30版。

[47] 人民诉迈克纳梅案,大陪审团起诉书4293-96(1996)。

[48] 人民诉嘎德纳案,大陪审团起诉书4032-96(1996);人民诉法尔克案,大陪审团起诉书4033-96(1996);人民诉麦克卡恩案,大陪审团起诉书4292-96(1996);人民诉迈克纳梅案,大陪审团起诉书4293-96(1996)。

[49] 人民诉麦克卡恩案,大陪审团起诉书4035-96(1996)。

[50] 人民诉麦克卡恩案,大陪审团起诉书4034-96(1996)。

[51] 人民诉麦克卡恩案,大陪审团起诉书4292-96(1996);纽约诉法尔克案,大陪审团起诉书4292-96(1996)。

[52] 人民诉嘎德纳案,大陪审团起诉书4032-96(1996)。

[53] 人民诉麦克卡恩案,大陪审团起诉书4031-96(1996)。

[54] 人民诉麦克卡恩案,大陪审团起诉书4031-96(1996)(对第五级共谋表示认罪并受到有条件释放);人民诉嘎德纳案,大陪审团起诉书4032-96(1996)(对第三级重盗窃罪表示认罪并受到有条件释放);人民诉法尔克案,大陪审团起诉书4033-96(1996)(对第二级伪造和第三级重盗窃罪表示认罪);人民诉麦克卡恩案,大陪审团起诉书4035-96(1996)(对第一级刑事性高利贷认罪并被处以5千美元罚金);人民诉麦克卡恩案,大陪审团起诉书4292-96(1996)(对第一级伪造商业记录认罪);人民诉迈克纳梅案,大陪审团起诉书4293-96(1996)(迈克纳梅案被中止了;其他人对第二级共谋和第三级保险欺诈表示认罪)。

第十二章　让贾维茨会议中心摆脱有组织犯罪的控制　　　221

律师是"展览会雇员工会"官员的堂兄弟,他承认在1992—1995年期间提出了10多个类似的民事诉讼,请求金额超过2000万美元。毫无疑问,这个骗局是该中心1995年保险费上涨25%的原因之一。[55]

行政性和政治性调查

巡视长的作用

纽约州1987年内部控制法(New York State's 1987 Internal Control Act)要求,包括贾维茨中心在内的所有公共机构任命一名内部控制监管人。[56]依照该法,贾维茨中心将该职责委托给一名巡视长,他还负责向董事会提供必要的信息来制定有效的政策。1991年,贾维茨中心首席执行官费边·帕洛米诺(Fabian Palamino),选择亨利·费林特(Henry Flinter)担任该中心首位巡视长,后者曾经是大都会地区运输局副巡视长和纽约州打击有组织犯罪特别行动组调查员。[57]此后,该职位一般由具有实际调查或有组织犯罪控制经验的人来担任。

1994年11月,前纽约市警官塞巴斯蒂安·皮皮东尼(Sebastian Pipitone)[58],在帕洛米诺之后担任巡视长;他所改变的薪水支票的发放方式,在犯罪控制方面取得了明显进展。[59]此前,由该中心的工会代表向中心工人发放薪水支票。新规定要求工人到中心来,出示身份证件并被照相后,拿走他们的薪水支票。[60]这个策略的使用导致20多个"幽灵"工人被从

---

[55] Tom Robbins, Daily News, 1995年4月19日,第10页。
[56] 纽约州审计管理局:"雅科布·贾维茨会议中心的管理活动与控制的评估报告",95-S-25(1995年5月),第9页。
[57] "为贾维茨中心安排巡视员"(Inspector For Javits Center),New York Times,1991年2月15日,B2版。
[58] 参见 Selwyn Raab:"科奥默的扈从反对攻击性调查中的行动"(Cuomo Guard Defends Actions in Assault Inquiry),New York Times,1987年11月30日,B3版。
[59] Jim Dwyer:"他做得很好,但却被解雇了"(He Did Well, but Got Boot),Newsday,1995年3月13日,A2版。
[60] 雅科布·贾维茨中心的管理与经营:在州参议会上的调查性听证(纽约,1995年),第169页。

薪水册上删去。[61] 当工会抗议并威胁放缓工作速度时,皮皮东尼威胁要撤销停车特权,这样会使工人们每天为停车支出20美元。工会退缩了。[62]

1994年,皮皮东尼对中心进行了一次突然检查,发现3个被盗的摩托艇发动机和海上设备,总价值达10万多美元。[63] 该设备在船艇展上失窃,被藏在一个空调管道里。[64] 按照贾维茨中心管理人员的说法,在皮皮东尼任内,突击检查使该中心内的盗窃减少了77%。[65]

纽约州审计官摧毁性的1995年审计

州审计官H.卡尔·麦克卡尔(H. Carl McCall),于1995年春季针对贾维茨中心发表了一份措辞严厉的报告。[66] 该审计涵盖的期间从1992年1月到1994年11月,指责中心官员们忍受腐败和管理不善。[67] 麦克卡尔指责首席执行官费边·帕洛米诺,漠视已经确立的管理政策和程序,未能向董事会提供充分的信息,以及破坏有关雇佣和采购的规定。[68] 报告指责该中心董事会,不经审查就批准帕洛米诺的决定,且未能在该中心管理上发挥积极作用。[69]

麦克卡尔指责帕洛米诺,破坏聘用和升迁规定,并在没有必要文件的情况下作出个人决定。他核查个人档案发现,很多工作岗位缺少对雇工资

---

[61] 同上注,第171页;Dwyer:"他做得很好,但却被解雇了",A2版。
[62] Dwyer:"他做得很好,但却被解雇了"。
[63] 雅科布·贾维茨中心的管理与经营:在州参议会上的调查性听证(纽约,1995年),第171页。John Connolly:"黑帮的玻璃房子",New York Magazine,1995年1月9日,第31页。
[64] Tom Robbins, Daily News, 1995年4月19日,第16页。
[65] Lawrence Van Gelder:"帕塔基要求贾维茨会议中心董事会辞职"(Pataki Asks Board of Javits Convention Center to Resign),New York Times,1995年3月10日。
[66] 致纽约会议中心管理公司主席William Mack的信,关于纽约州审计管理局:"雅科布·贾维茨会议中心的管理活动与控制的评估",报告95-S-25(1995年5月);Kevin Sack:"审计攻击贾维茨厅前首席执行官"(Audit Assails Former Chief of Javits Hall),New York Times,1995年3月13日。
[67] 纽约州审计管理局:"雅科布·贾维茨会议中心的管理活动与控制的评估",第1—3页。
[68] 同上注,第5—7、19—23页。
[69] 按照帕塔基州长的说法,董事会不希望管理该中心的日常事务,但是应当积极地专注于对管理团队的监督。纽约州审计管理局:"雅科布·贾维茨会议中心的管理活动与控制的评估",第24页。

质的描述，而且缺少工作通知，从而违反了内部控制程序。[70] 很多档案只有帕洛米诺的一封信，称该雇员已按照规定的薪水和头衔被聘用。而且，很多薪水升降的情形并没有相应的工作表现评定或解释。[71]

麦克卡尔发现，大量的安全设备，如门把手、锁、收发两用无线电设备和安全监视设备在购买后却未被安装。[72] 他还指责帕洛米诺为州长科奥默的儿子不正当地提供自由停车位。[73]

帕洛米诺因在没有董事会批准的情况下进行采购和合同协商而遭受批评。该审计发现，占60%、总价达670万美元的采购合同，没有按照要求的竞争性招标程序来进行。[74] 在其任期前段，帕洛米诺与"联合卫生清运"（Allied Sanitation）解除废物清运合同，并威胁，如果他们回到该中心的话，将让人逮捕该公司雇员。然后帕洛米诺把该合同发包给另一个公司，并以突发事件为托词绕开招标程序。麦克卡尔的审计人员发现，帕洛米诺"无拘无束地控制着公司大多数事务"，容许不适当的聘用并偏爱某些卖主。[75] 该审计称，通过强化管理权，帕洛米诺削弱了为防范腐败所必需的监督力量。[76]

尽管巡视长被赋予了宽广的权限，但是除了少数例外情形，麦克卡尔发现其职权并未被充分利用且毫无效果。州审计官的审计报告称，巡视长的作用因缺少自主权而大打折扣，因为巡视长直接向首席执行官汇报。[77] 在该审计活动后，巡视长被要求直接向董事会进行报告。

---

〔70〕 约州审计管理局："雅科布·贾维茨会议中心的管理活动与控制的评估"，第13—16页。
〔71〕 同上注，第15—16页。
〔72〕 Kennth C. Crowe："安全措施简直是玩笑"（Security is a Joke），Newsday, 1995年5月5日, A26版。
〔73〕 Kyle Hughes："科奥默的遗产继续存在"，Gannett News Service, 1995年5月9日。
〔74〕 纽约州审计管理局："雅科布·贾维茨会议中心的管理活动与控制的评估"，第19—21页。
〔75〕 同上注，执行摘要。
〔76〕 同上注，第1页。
〔77〕 同上注，第9—11页。

纽约州关于贾维茨中心的立法机构听证

纽约州关于贾维茨中心的审计和在劳工有组织性勒索案中法庭指派托管人的报告，促使州参议会在 1995 年 3 月召集听证会。纽约市长鲁道夫·朱立安尼证实，会议中心正在失去生意，如此将导致城市损失 5 亿美元的收入和 5000 个工作机会。他督促检察官对该中心和工会提起民事性违反"反受勒索影响和腐败组织法"诉讼，由此产生一个拥有资源和能力的法庭指派托管人来减少腐败，而且他建议，该中心应学习其他城市会议中心的成功模式，实行私营化管理。

木工工会区委员会主席弗雷德里克·德维证实，他愿意重新协商工会合同，但是反对将该中心的高额支出归咎于木工工会的指责。费边·帕洛米诺两个月前已经辞去首席执行官的职务，他证实他已经意识到有组织犯罪的渗透，但是他觉得，打击有组织犯罪是执法机构的工作；他只负责管理中心。

州长乔治·帕塔基也在该听证会上作证。他要求该中心董事会成员辞职，并威胁，如果他们拒绝辞职的话，他将关闭该中心。帕塔基坚称，"关键的是，我们在那里有一个新的团队，来向公众负责并致力于扫除腐败和管理不善"。[78] 按照该中心的法人设立文件，州长只要有正当理由就可以强行撤换董事会成员。[79] 帕塔基提名罗伯特·波义耳（Robert Boyle）担任该中心首席执行官，格拉德·麦克奎恩（Gerald Mcqueen）担任巡视长。[80] 关于麦克奎恩的提名被全体一致通过。

波义耳曾担任帕塔基州长竞选时的司库，在建筑行业是一名成功的执行官，而且曾在西切斯特县的"哈得逊谷医院中心"（Hudson Valley Hospital Center）担任主席。[81] 科奥默时期的董事会成员们（被要求后并没有马上

---

[78] 雅科布·贾维茨中心的管理与经营：在州参议会上的调查性听证（纽约，1995 年）。

[79] 纽约公共机构法，第 27 标题第 1 条，总第 2562 条。

[80] 雅科布·贾维茨中心的管理与经营：在州参议会上的调查性听证（纽约，1995 年），第 14 页。

[81] Kennth C. Crowe："帕塔基的同盟被指定为贾维茨的负责人"（Pataki Ally Named Head of Javits），Newsday，1995 年 4 月 4 日，A35 版。

辞职)以波义耳缺乏经验为由反对这一任命,但是该提名最终得到确认。其他几个强有力的执法人物,像纽约州打击有组织犯罪特别行动组前主任罗·戈登施道克和反托拉斯专家、前检察长助理罗易德·康斯坦丁(Lloyd Constantine),被任命到该董事会中。[82]

波义耳的施政谋略

罗伯特·波义耳于1995年成为贾维茨中心的主席兼首席执行官,他对有组织犯罪发起了大胆的攻击。在州长乔治·帕塔基有力的鼓舞和支持下,他推行一个新的雇佣体制,并与工会协商合同。"纽约会议中心经营公司"的公司条例,为公司保留权力"进行任何必要或便利的事情来实现会议中心的宗旨"。[83] 波义耳取消了装饰公司在聘用中心劳动力过程中的地位。此后,贾维茨中心将与工会直接进行协商。

1995年6月,波义耳与每个工会协商了集体合同。新合同规定,贾维茨中心的管理方将为展览和商业展出聘用劳动者,中心有权控制在某个特定岗位需要雇员的数量,并由此消除不必要的和"不露面"的工人。工会不再被允许挑选哪些会员会被分派到中心工作。同时,这些工人们成为纽约州的雇员,根据《泰勒法》(Taylor Law)规定禁止政府雇员进行罢工。[84]

1995年6月29日,波义耳宣布,所有中心雇员必须在第二天申请其工作岗位。纽约所有报纸刊载广告宣布公开招聘。1995年7月1日,2000名到5000名非工会工作申请者在该中心聚集,与1000多名工会会员一起申请工作岗位,这些工会会员则在前一天提出了工作申请。[85]

---

[82] Phyllis Furman, Phillip Lentz 和 Gerri Willis:"对贾维茨中心的董事会打赌"(Betting on Board at Javits Center), Crain' New York Business, 1996年10月14日,第6页。Paul O'Neil,是舍拉通纽约旅馆的管理负责人和纽约会议和游客管理局的主席,也被指定加入该董事会。

[83] 纽约公共机构法,第27标题第1条,总第2563条。

[84] 参见 Selwyn Raab:"纽约州在贾维茨中心聘用一支职工队伍"(State to Hire a Work Force at Javits Hall), New York Times, 1995年6月24日,第21版。

[85] Randy Kennedy:"贾维茨在招工,人声鼎沸"(Javits Is Hiring, and Crowds Turn Up), New York Times, 1995年7月1日,第21版。

申请人要填写一份长达三页的工作申请书,内容包括:是否曾被判有罪,申请人是否了解贾维茨中心内外的情况或与之有联系,以及申请人以前的工作历史。以申请书上的结论和波义耳 30 人团队中的某个成员进行的面试为基础,500 名申请者被聘为永久员工。新雇员中只有一半曾在该中心工作。[86] 木工工会官员安东尼·费奥里诺和列奥那德·西蒙没有被聘用。[87]

波义耳将新员工队伍分为两部分:货运单位和建设者单位。运输工人工会和木工工会符合新的代表标准[88],并分别看作是货运单位和建设者单位的协商代理人。*[89]

木工工会的反击

1995 年末,木工工会区委员会和工会会员多米尼克·克拉普斯(Dominic Claps)向州法院提起民事诉讼,请求法院禁止中心的管理层歧视工会的木工和工人代表,并请求金钱和损害性赔偿。1995 年 11 月克拉普斯被区委员会指派担任在贾维茨的工作职位总干事。此后,他只是被断断续续地叫来工作。克拉普斯所代表的工会,称该中心以工会会员工作和工会环境之外的行为作为根据对他们进行非法歧视。该中心则援引其权利来拒绝雇用任何个人,只要该决定是在善意的情况下作出的,且遵守了集体性合同。1996 年 2 月 27 日,法院裁决,木工工会在向法院申请前,必须遵守根据集体性合同建立起来的申诉程序,并且该工会作为一个实体不能启动该民事诉讼,因为根据纽约州法,这样的诉讼只能由一个"受侵害的个人"来

---

[86] Randy Kennedy:"大约 500 名工人受聘成为贾维茨中心的新员工"(About 500 Workers Are Hired for New Force at Javits Center),New York Times,1995 年 6 月 6 日,B4 版。

[87] Tom Robbins:"费奥里诺猛烈攻击贾维茨的清洗"(Fiorino Blasts Javits Sweep),Daily News,1995 年 7 月 13 日,第 8 页。

[88] "两个工会在贾维茨中心中得以恢复",纽约时报,1995 年 7 月 19 日,B6 页。

* 工会必须保证,在特定单位中它们代表至少 50% 以上的携带工会卡的劳动者。木工工会区委员会,提交了来自建设者部分中 390 个雇员中 296 人的协商授权,而运输工人工会"807 分会"取得了在货运单位的 145 名工人中 91 人的授权。然而,展览会雇工工会"829 分会"没有满足这一标准,因而未被承认是一个协商代理人。"两个工会在贾维茨中心中得以恢复",纽约时报,1995 年 7 月 19 日,B6 页。——译者注

[89] 同上。

第十二章　让贾维茨会议中心摆脱有组织犯罪的控制

提起。[90] 而后,一名仲裁人作出了有利于该中心的裁决。

1995年11月20日,区委员会主席弗雷德里克·德维宣布,计划利用工会15亿养老金和福利基金来购买纽约大体育馆,为从贾维茨中心被开除的木工们提供就业机会。[91]（自从贾维茨中心建立后,城市所有的大体育馆很少再被使用,很多年一直处于待售状态。）朱立安尼在当天就反对这个计划,并指出区委员会涉嫌贾维茨中心的腐败和有组织性勒索。[92] 因为对城市所有有关大体育馆的事务,市政府保有最终否决权,市长的反对最终扼杀了这个计划。

立法上的不作为

州长帕塔基和罗伯特·波义耳要求纽约州参议会审议通过一部类似"纽约市地方法50"的法律,"地方法50"指示富尔顿鱼市经理,要求市场参与者留有指纹并申请商业执照。按照波义耳的提议,将允许贾维茨中心的管理人员,留取雇工们的指纹并要求所有在该中心营业的商业企业申请特别执照。这些程序还将要求对所有个人进行背景调查,其目的是根除科萨·诺斯特拉的成员和随从们。如果工人们有犯罪记录,或者与有组织犯罪有联系,则执照申请将被否决。

1995年6月29日州议会驳回该议案,时间恰好是波义耳的新聘用计划正在实施中。波义耳和帕塔基指责议会发言人是前木工工会主席弗雷德里克·德维的同盟,并试图破坏贾维茨中心的改革计划。[93] 该议案于第二年再次被提交到议会;它规定,如果有证据显示管理人员腐败的话,将为该中心指派一名临时接管人,并授权该接管人实施执照许可规定,并调查

---

[90] 德维诉纽约会议中心经营公司,639 N.Y.S. 2d 904 (N.Y. Sup. Ct. 1996)。

[91] David L. Lewis 和 Tom Robbins:"大体育馆归来? 木工工会盯上了收购"(Coliseum Comeback? Carpenters Union Eyes Purchase),Daily News,1995年11月20日,第5页。

[92] Tom Robbins 和 David L. Lewis:"鲁迪·哈默斯工会的大体育馆收购计划"(Rudy Hammers Union's Coliseum Plan),Daily News,1995年11月21日,第7页。

[93] 参见 Selwyn Raab:"议会发言人攻击对贾维茨中心进行的犯罪检查"(Assembly Speaker Attacked on Crime Checks for Javits Center),New York Times,1996年7月2日,B4版。

中心的承包商和雇员。[94] 执照申请将包括申请人的指纹、照片和犯罪记录检索。[95] 在通过该议案"被掺水后"的版本时,议会提示,该中心令人质疑的聘用和雇工活动的历史已经损害了合法员工和工人们的利益,正如对纽约州和纽约市经济的损害一样。[96] 波义耳反对该议案,因为它太软弱且在管理上难以操作。它为木工工会贮存力量来分配工作岗位。[97] 该议案最终在参议会被否决了。不管怎样,目前该中心的变化如此之巨,提出该议案的理由可以说不再适用了。

朱立安尼建议,贾维茨中心的所有权应从纽约州转到纽约市;该提议引人关注但支持者寥寥,尤其是考虑到该中心令人印象深刻的复苏景象。[98]

一个被解放的会议中心?

同时进行的执法活动和行政矫治性措施,大幅度削弱了从开张到90年代中期一直困扰贾维茨中心的有组织犯罪勒索活动。木工工会和运输工人工会都经历了革新。在木工工会案和运输工人工会案中达成的双方同意的裁定,导致法院指派的托管治理。肯尼斯·孔保艾负责监督将黑帮清除出木工工会的过程。

独立审查委员会被授权调查"国际运输工人兄弟"工会的腐败情况,将许多科萨·诺斯特拉的成员和随从逐出"807分会"。1995年3月,"国际运输工人兄弟"主席罗·卡瑞将该分会置于托管之下。展览会雇员工会避免了法院指派的托管,但是在1995年当贾维茨中心全面重组时,该工会没有被确认为协商代理人。

贾维茨中心管理层重新焕发生机,并明显地展现着一种影响力。肯尼

---

[94] 议会提案11135,219th General Assembly 1996。
[95] 议会提案11135,Sec. 7, 219th General Assembly 1996。
[96] 同上注,sec. 2。
[97] Melinda Jensen:"贾维茨反黑帮议案:太软弱无力?"(Javits Anti-Mob Bill: Too Diluted), Successful Meetings 45, no.10(1996年9月),第16页。
[98] 议会提案11244,219th General Assembly,1996。

第十二章　让贾维茨会议中心摆脱有组织犯罪的控制

斯·孔保艾*推行的聘用程序,在将那些与有组织犯罪有联系的雇员予以清除的同时,也使中心雇佣岗位向一个庞大的求职者群体开放。州审计官办公室最近的报告赞扬贾维茨中心"完全好转"。该中心现在有存货控制程序、在所有的门上装有安全锁和新合同批准指南。[99] 按照审计官麦克卡尔的说法,"公司官员们已经发生重大变化,已经充分执行了我们先前审计报告的建议内容。"[100]

作为执法活动、政治性和行政性措施的成果,贾维茨中心今后两年的展出活动已经被预订满了,并正在预订2006年的展出。在1998年3月结束的财政年度,中心盈利超过40万美元,与1995年160万美元的亏损相比有了显著的提高。[101] 行政管理和个人开支已经很大程度上降低了,从而使展览费率降低了10%~40%。[102] 美国社团执行官协会(American Society of Association Executives)把该中心描述为一个正在脱颖而出的"热情"的会议目的地。[103] 该中心的成功甚至引起了有关的扩建话题。州长帕塔基和其他州官员们曾讨论将其现有展览面积扩充一倍,达到150万平方英尺,而这在几年前是一个不可思议的想法。[104]

---

* 1997年初,孔保艾被任命为纽约和新泽西港务局执行局长。巡视长格拉德·麦克奎恩而后成为贾维茨中心主席兼总执行官。孔保艾被任命为该中心董事会主席。

[99]　州审计官办公室,报告第96-F-13,第2页。

[100]　同上。

[101]　Paul Tharp:"不再嫁给黑帮,贾维茨将显示利润"(No Longer Married to the Mob, Javits Will Show Profit),New York Post,1997年11月30日,第32页。

[102]　Frederick Gabriel:"在驱赶黑帮后,执行官驶向新港口"(After Chasing Out the Mob, Exec Moves to a New Port),Crain's New York Business,1997年4月14日,第18页。

[103]　Melissa Ng:"贾维茨中心:重回巅峰"(Javits Center: Back on Top),Travel Agent,1996年10月14日,第123页。

[104]　Charles V. Bagli:"扩展贾维茨中心的招标失利"(Bid to Expand Javits Center Loses Ground),New York Times,1998年6月10日,B4版。

第十三章　打败废物清运业中的科萨·诺斯特拉

那些滥用这一行业合法商业机会的清运商,损害和湮没了合法清运商的利益和福利。依照"地方法42"所实施的外科手术,显然是基本的、期待已久的,并被精心设计以保护公共利益,且认真考量了那些只致力于公平商业环境人们的利益和福利。……维护公共利益要求大规模的矫正。[1]

——法官弥尔顿·鲍拉克,"卫生清洁与再循环工业公司诉纽约市"案,1995年

直到20世纪90年代,纽约市大都会地区废物清运业都一直由两个强有力的科萨·诺斯特拉主导的卡特尔控制着,一个在长岛,另一个在纽约市。通过经济性强制和财产与人身威胁,这些卡特尔推行着一个财产—权利体制。这些卡特尔由鲁齐斯和嘎姆比诺犯罪家族通过支配同业公会和工会来掌控着。鲁齐斯的分支头目塞尔瓦托·阿威利诺,通过"拿骚/萨福克私营清洁产业联合会"控制着长岛卡特尔。"大纽约商业废物清运商协会"是纽约市最大的清运雇主协会,由嘎姆比诺分支头目詹姆斯·费拉领导;它对进入该行

---

[1] 928 F. Supp. 407,424(S.D.N.Y.1996)。

业予以限制、固定价格并分配客户。几十年里,"国际运输工人兄弟813分会"代表着所有纽约市大都会地区清运商的雇工,被嘎姆比诺犯罪家族的长期随从伯纳特·阿德尔施泰因操纵着。如果一个清运商违反了某个卡特尔的规矩,"813分会"将采取一个工作上的行动,或许还会以暴力威胁该公司的客户。此外,很多科萨·诺斯特拉成员和随从们都拥有清运公司的所有权益。

90年代以前,试图铲除清运行业中黑帮影响的行动并没有取得成功。到了90年代,纽约市消费者事务部行使权力来建立许可制度和确定最高收费标准,但是这些措施总体上没有成效。其景象就是,根据请求颁发执照,按照卡特尔的喜好来确定最高收费标准,而这远远高于其他城市的收费标准。执法机构没有能力给该行业带来任何制度上的变化。在马克·格林专员的领导下,消费者事务部开始关注腐败和有组织性勒索,并采取了一些重要的措施。

90年代,刑事追诉、民事性违反"反受勒索影响和腐败组织法"诉讼、法院指派的托管管理和一个重要的城市整顿计划,与一些希望进入纽约市场的、大的全国性废物清运公司的意愿相一致,从而将科萨·诺斯特拉从长岛和纽约市废物清运行业中明显地清除了。

打击长岛卡特尔:民事性违反 "反受勒索影响和腐败组织法"诉讼

1989年6月7日,纽约东区联邦检察官安德鲁·J.马兰内(Andrew J. Maloney)针对长岛清运卡特尔提起民事性违反"反受勒索影响和腐败组织法"诉讼。马兰内指控112个被告——包括64个嘎姆比诺和鲁齐斯家族的成员和随从、44个清运公司、清运商同业公会和运输工人工会"813分会",以46个相对独立的企业形式实施了486起有组织性勒索行为。[2] 原

---

[2] 美国诉拿骚/萨福克私营卫生清洁产业联合会案,793F. Supp. 1114,1120(E. D. N. Y. 1992)。

告起诉书中指控：

- 几十年里，拿骚和萨福克县的固体废物处理行业被有组织犯罪渗透、控制、影响、腐蚀和操纵着。
- 鲁齐斯和嘎姆比诺家族是此类黑手党影响的主要来源。
- 黑手党对该行业的控制消除了竞争，并且……使（长岛的）居民和工商企业付出了数百万美元的代价。
- 黑手党影响的实现方式包括，使用威胁和暴力、对工会进行渗透和控制以及贿赂和腐蚀当地政府官员和雇员。
- 最后，有组织犯罪家族的成员和随从们担任着许多清运公司的负责人、官员、雇员和……股东。[3]

按照马兰内的说法，"我们在这里寻求的解决方式，是将这些人永远地置于清运行业之外"。他请求法院，剥夺44个被起诉废物清运公司经理们的所有权益，指派一个托管人来监管"拿骚/萨福克私营清洁产业联合会"，并将伯纳特·阿德尔施泰因从"国际运输工人兄弟813分会"司库的位子上赶下来。[4] 马兰内还寻求为长岛废物清运卡特尔的被害人设立一个300万美元的基金。在该诉讼开始后不久，两个全国最大的废物清运公司——休斯顿"保福工业公司"和伊利诺依州欧克布鲁克"废物管理联合公司"（Waste Management, Inc.）宣布，他们正在考虑进入长岛市场。[5]

联邦区法院法官雷奥·I. 格拉瑟（Leo I. Glasser）先让马兰内遭受了两个挫折。第一，他批评该起诉"显然是全力主张迄今为止最大的民事性违反'反受勒索影响和腐败组织法'诉讼，政府律师加上成倍的被告、企业和组成行为所形成的数字庞大，尽管各种数字能数到头。"[6] 第二，尽管允许案件继续下去，但是法官格拉瑟驳回了金钱性赔偿，因为"反受勒索影响和

---

［3］ 同上。

［4］ Leslie Gevirtz：" 哥第因垃圾清运卡特尔成为联邦打击的对象"（Gotti Targeted in Fed's Attack on Trash Hauling Cartel），U.P.I.，1989年6月18日，长岛版第1页。

［5］ John Rather："联邦努力将犯罪家族排除在清运行业之外"（U.S. Tries to Bar Crime Families from Carting），New York Times，1989年6月18日，长岛版，第1页。

［6］ 美国诉拿骚/萨福克私营卫生清洁产业联合会案，793F. Supp. 1114, 1120—1121（E.D.N.Y. 1992）。

腐败组织法"没有赋予政府要求损害赔偿的资格。[7]

虽然遭受挫折但是并未被击败,联邦检察官办公室(当时由联邦代理检察官玛丽·乔·怀特(Mary Jo White)领导),对"拿骚/萨福克私营清洁产业联合会"[8]负责人塞尔瓦托·阿威利诺申请作出部分简易判决*。法官格拉瑟认为,阿威利诺在"打击有组织犯罪特别行动组案"中的认罪表示,"确定性地说明,他至少实施了两个满足有组织性勒索罪责所要求的组成行为"。[9]因此,他作出裁定,永久性禁止阿威利诺进入废物清运行业,并没收其在废物清运公司里的权益以及其从非法活动中获得的收益。[10]**针对鲁齐斯家族的随从尼古拉斯·费尔兰特(Nichols Ferante),政府寻求并接受了类似的解决方案。[11]

任命行业监督人

1994年,当事人达成协商和解。被告们同意不再与科萨·诺斯特拉成员联系,并且不再通过"财产—权利"体制方式来分配客户。阿威利诺的"萨勒姆卫生清运公司"(当时由他的妻子和女婿在经营)和艾美迪奥·法

---

[7] 同上注,第1149页。法官格拉瑟的裁决是建立在第二巡回法院对《美国法典》第1964(c)条的语言进行解释的基础上,即一个"反受勒索影响和腐败组织法"案的原告如果寻求经济补偿,必须是其营业活动或财产遭受了损失。参见美国诉波拿诺LCN家族,683 F. Supp 1456(E. D. N. Y. 1987),维持,879 F. 2d at 27(2d Cir. 1989)。按照格拉瑟的观点,政府不能证明这种损害。

[8] 美国诉拿骚/萨福克私营卫生清洁产业联合会案,811 F. Supp. 808,810(E. D. N. Y. 1992)。

* 简易判决(Summary Judgment),是指当事人对案件中的主要事实不存在真正的争议或案件仅涉及法律问题时,法院不经开庭审理而及早解决案件的一种方式。根据《美国联邦民事诉讼规则》,在诉讼开始20天后,如果经诉答程序、披露以及任何宣誓书表明当事人对案件的主要事实不存在真正的争议,认为自己在法律上应当胜诉的一方当事人可随时申请法庭作出简易判决。参见《元照英美法词典》,法律出版社2003年版本,第1309页。——译者注

[9] 同上注,第815页。法官格拉瑟提到了人民诉"萨勒姆卫生清运公司"案(CV-85-0208, E. D. N. Y. 1985)中1992年阿威利诺的认罪,在该案中他同意支付23.1万美元以及不从事共谋抑制贸易的活动。1986年,他对第一级强制和同谋实施贿赂表示认罪。

[10] 同上注,第818页。

** 塞尔瓦托·阿威利诺因共谋谋杀两个与打击有组织犯罪特别行动组合作的清运人,而被处以3年半~10年半的监禁。他还被杰瑞·库贝卡起诉。参见杰瑞·库贝卡诉阿威利诺案,898 F. Supp. 963(E. D. N. Y. 1995)。

[11] 美国诉拿骚/萨福克私营卫生清洁产业联合会案,899F. Supp. 974(E. D. N. Y. 1992)。格拉瑟是根据弗兰特对强制和贿赂的认罪作出决定。

兹尼的"牙买加垃圾"同意接受监管。[12] 废物清运公司并非双方同意裁定的当事人,因而仍面临着刑事追诉。[13] 在这种情形下,一些公司自愿签署了双方同意的裁定。1998年1月,超过2/3的被告要么被置于监管之下,要么自行退出长岛的废物清运行业。[14] 前一类公司同意被监管5年[15],并支付监管活动的开支。[16] 一个将执法机构调查开支转嫁到嫌疑人头上的方法被找到了。

法律事务官(compliance officer)将由美国司法部提名,由格拉瑟法官批准。该官员被赋予广泛权力来调查被告,以确保他们不与有组织犯罪分子联系或违反反托拉斯和其他刑事法律。当监管人发现有组织性勒索、操纵投标或实施分配客户图谋时,他将把他的发现报告给由清运商和司法部共同挑选的听证官,或者联邦司法官*。迈克尔·切尔卡斯基(Michael Cherkasky)是前检察官(在服装业区调查嘎姆比诺兄弟案的曼哈顿检察官办公室团队成员)和一家私营调查公司的管理负责人;他被选为该行业的法律事务官。他的团队包括一名前联邦检察官、两名专门负责欺诈调查的会计和两名前执法机构调查员。听证官是纽约州前最高法官莱恩·拉扎尔(Leon Lazar),他有权决定最高达7.5万美元的罚款。相反,司法官必须受联邦证据规则约束,但有权将某人排除在废物清运行业之外和命令没收非法利益,无论非法利益数额多么巨大。政府或某个清运商如果不服听证

---

〔12〕 Robert Kessler:"联邦监管人监督长岛上的清运行业;目标是清除黑帮"(U.S. Monitors to Oversee Carting on LI; Aim Is to Shut Out the Mob),Newsday,1994年3月3日,第4页。

〔13〕 与迈克尔·切尔卡斯基的个人访谈,1998年6月12日;Kossler:"联邦监管人监督长岛上的清运行业;目标是清除黑帮"。

〔14〕 迈克尔·切尔卡斯基:"执行官报告七",1998年1月26日,根据美国诉私营卫生清洁产业联合会,CV-89-1848(E. D. N. Y. 1992)。

〔15〕 切尔卡斯基监管职位将在2002年结束。

〔16〕 "清运案判决被提出"(Carting Judgment Is Filed),New York Law Journal,1994年3月3日,第3页。

* 联邦司法官(U.S. magistrate),是根据1968年《美国司法官法》(United States Magistrates Act)规定设置的、由联邦地区法院法官任命的联邦基层司法官员,它取代了原来的联邦司法专员(U.S. Commissioners),可以行使联邦法官的部分(但非全部)职权。——译者注

官的决定，可以上诉到格拉瑟法官。[17]

切尔卡斯基设立了一个24小时开通的免费电话，供举报腐败、有组织性勒索和反竞争的线索使用。[18] 通过向司法官提起指控或者警告将要提起指控，他对被告公司和个人强制实施上述解决方案。[19]

监管人最重要的成果是让行业开放竞争。几十年反竞争的实践曾经使许多不能胜任的公司获利，因为卡特尔和"财产—权利"体制保证他们有客户来源。1994年之前，没有全国性的废物清运公司在长岛营业。[20] 该协议后，几个全国性废物清运公司买下了被告的清运公司，进入长岛市场。1997年4月，"萨勒姆卫生清运公司"被卖给了基地在亚里桑那的"联合废物工业公司"(Allied Waste Industries)。[21] 世界上最大的废物清运公司"废物管理公司"(Waste Management)购买了"南方清运公司"(South Side Carting)。[22] "美国废物服务公司"(USA Waste Services, Inc)购买了"维吉里奥提兄弟清运公司"(Vigliotti Brothers Carting)。[23] "牙买加垃圾"是留在长岛的最后一个与全国性公司没有联系的主要清运公司。切尔卡斯基预测，到2000年，整个长岛市场将由全国性公司提供服务。[24] 老的卡特尔已经消失。

长岛地区新的清运公司之间的竞争已经导致价格降低。一个大客户的年度账单从36万美元降到17万美元。[25] 为居民提供废物清运服务的

---

[17] Robert E. Kessler: "前检察官有望担任清运业监管人"（Ex-Prosecutor Eyed for Carting Monitor），Newsday,1994年4月28日,A26页。John McDonald: "新监管人确保东部的清运人"（New Monitor Assures East End Carters），Newsday,1994年7月15日,A27页。

[18] Robert E. Kessler: "打击腐败的清运人；Soysset人排斥在垃圾清运业之外"（Striking at Corrupt Carters; Syosset Man Barred from Trash Insdustry），Newsday,1994年3月3日,第4页。

[19] 在执行官主导一个协议前，时而会有指控的威胁。最大的和解达6.5万美元。与迈克尔·切尔卡斯基的个人访谈,1998年6月12日。

[20] 同上。

[21] 迈克尔·切尔卡斯基: "执行官报告六",1997年6月22日,第2页。

[22] Elizabeth Moore: "卡特尔没了；现在买主来了"（Cartel Out, Now Buyers In），1997年6月22日,A8页。

[23] 迈克尔·切尔卡斯基: "执行官报告六",第1—2页,脚注1。

[24] 与迈克尔·切尔卡斯基的个人访谈。

[25] 迈克尔·切尔卡斯基: "执行官报告三",1995年12月22日,第5页。

获胜招标,已经下降了大约50%。[26]

打破纽约市卡特尔

"钱伯斯纸纤维"和"保福工业公司"秘密行动

纽约市官员们认识到,引进竞争将导致清运卡特尔的瓦解。但是,科萨·诺斯特拉几十年来对这个城市废物清运行业的束缚,是外来公司的最大障碍。在1993年之前,纽约市是唯一没有全国性废物清运公司经营的美国重要城市。保福工业公司位于休斯顿,是全国第二大的清运公司,有着超过43亿美元的总收入[27]并在至少43个州从事营业[28],但是它在纽约市没有一个站点。"WMX技术公司"(WMX Technologies, Inc) 1993年的总收入高达90亿美元[29],但是却置身在这个城市之外。[30]

为了鼓励全国性公司进入纽约市市场,美国司法部提议向外来公司推销一些线路;这些线路曾被非法倾倒有毒物质的私营清运公司把持着。司法部在1991年2月安排了与全国性废物清运公司的会议,来鼓励和促进这些交易。作为一个额外的激励,纽约市消费者事务官员马克·格林承诺,如果新购买者被有组织犯罪驱赶的话,市政府将买回这些线路。[31]

尽管没有一个大公司接受政府的邀约,保福公司最终还是决定在纽约市这个15亿美元的废物清运市场里试水。1991年末,保福公司获得合同,负责收集位于曼哈顿的哥伦比亚—长老会医疗中心(Columbia-Presbyterian

---

[26] 同上。

[27] Daniel Fisher:"克林·鲁科尔豪斯先生帮助保福工业公司在垃圾竞赛中获得成功"(Mr. Clean Rukelshaus Helps BFI Go Ahead in Garbage Game), Houston Post, 1994年12月5日, E2页。

[28] Larry Black:"纽约泛起垃圾影像"(New York Tidies Up Garbage Image), Independent, 1991年2月7日,第24页。

[29] Fisher:"克林·鲁科尔豪斯先生帮助保福工业公司在垃圾竞赛中获得成功"。

[30] 具有讽刺意味的是,加利福尼亚的检察官也曾指责WMX公司与有组织犯罪有联系。WMX公司强烈反驳该指责,并对这些检察官提起民事诉讼。参见"WMX技术"诉米勒案,104 F. 3d 1133(9th Cir. 1997)。

[31] Allan R. Gold:"联邦行动来结束纽约垃圾清运行业的垄断"(U. S. Acts to End Monopolies in New York Trash Hauling), New York Times, 1991年2月6日, A1版。

第十三章 打败废物清运业中的科萨·诺斯特拉

Medical Center)的垃圾。[32] 一名保福公司的发言人说,"我们向科萨·诺斯特拉发出信息……我们不会离开市区"。[33] 科萨·诺斯特拉送回它的答复:一个被割下来的德国牧羊犬的头,嘴里有张纸条"欢迎来到纽约"。[34] 商业废物协会委员会起诉保福公司,错误地干扰已经存在的清运合同,并从事非竞争性行为。法官黛安·雷贝戴夫(Diane Lebedeff)很快裁决驳回该委员会的起诉,支持保福公司与当地清运商竞争。[35] 委员会随后发起一个反保福公司的广告活动,它称保福公司是一个掠夺成性的定价者和环境污染者。[36] 一个电视广告嘲笑保福公司对纽约市缺少常识:描述一个坐在装运垃圾卡车里的得克萨斯人盯着地图,试图找到第三大街和75街。[37]

曼哈顿区检察官办公室和纽约市警察局有组织犯罪调查处于1990年发起了一场针对卡特尔的重要调查。1992年,一场秘密卧底行动启动。侦探理查德·科万(Richard Cowan)佯装是总部在布鲁克林的一家清运公司"钱伯斯纸纤维公司"(Chambers Paper Fibers Corporation)的经理。在科万三年的秘密行动中,他向其他清运商支付了79万美元,以取得为特定站点提供服务的权利。[38]

"钱伯斯纸纤维公司"提供了令人信服的科萨·诺斯特拉实施威胁和暴力的证据。当该公司从卡特尔成员那里拿走客户时,卡特尔要求该公司放弃它的新站点。该公司的司机被威胁和殴打(导致一人颅骨严重破裂),

---

[32] Kevin Flynn:"违规行为可能破坏公司的努力并在清运行业中瓦解"(Violations May Trash Efforts of Firm to Crack Into Carting),Newsday,1992年5月19日,B5版。
[33] Mattew L. Wald:"垃圾巨人计划在纽约进行扩张"(Trash Giants Makes Plan to Expand in New York),New York Times,1993年10月7日,B5版。
[34] Greg Groeller:"保福公司意图留在纽约市;垃圾公司面临来自有组织犯罪的压力"(BFI Intent on Staying in N.Y.C.;Garbage Company Facing Heat from Organized Crime),Houston Post,1995年3月18日,C1页;Phillip Angell:"竞争对腐败:改革纽约的垃圾废物行业"(Competition vs. Corruption: Reforming New York's Garbage Waste Industry),Civic Bulletin,1996年10月,第2页。
[35] "固体废物:最高法院的决定可能引发价格战"(Solid Waste: Supreme Court decision May Trigger Price War)Greenwire,1994年2月28日。
[36] Wald:"垃圾巨人计划在纽约进行扩张"。
[37] Allen R. Myerson:"垃圾战争"(The Garbage Wars),New York Times,1995年7月30日,B5版。
[38] 该官员还扮成所有人的亲戚。Selwyn Raab:"当黑手党变得贪婪,一个垃圾清运人协助秘密调查"(When Mafia Got Greedy, A Garbage Hauler Went Undercover),New York Times,1996年6月9日,第37版。

一辆卡车被烧。商业废物协会委员会的负责人解释说，如果"钱伯斯纸纤维公司"支付会费并停止"偷走"客户，暴力将会停止。[39]

保福公司进入纽约市市场一年后，仍旧发现当地商家不愿意更换清运商，即使保福公司的收费标准要比那些卡特尔成员们低40%之多。保福公司购买了几个联邦机构掌握的公司[40]，但是不能吸引新的客户。到1993年，保福公司意识到，它能否在纽约市进行竞争，取决于区检察官在清除该行业中有组织犯罪方面是否取得成功。此后该公司与曼哈顿区检察官办公室进行积极合作，允许一名便衣警官来充当其雇员。两年里，在保福公司配合下，区检察官办公室调查收集证据。在这期间，保福公司被跟踪并失窃，司机被威胁，而它的执行官收到恐吓电话和信件。[41]

1995年的大陪审团起诉书和诉辩交易

1995年6月22日，区检察官摩根陶召集了一个新闻发布会，通报在纽约市废物清运行业进行的大规模的刑事起诉。[42]* 为指控有组织犯罪通过勒索、强制、共谋和反竞争行为支配该行业，摩根陶宣布了对17名个人、23个公司和4个同业公会的114项指控。[43]

该起诉书第一项内容指控，被告们违反了有组织犯罪控制法（OCCA），

---

〔39〕 关于大纽约废纸协会的搜查令（N. Y. Sup. Ct. 1995），Det. Joseph Lentini 的搜查令宣誓书。

〔40〕 参见美国诉蒙哥里，2F. 3d 29, 30 (2d Cir. 1993)；"保福公司通过收购黑帮的清运公司得以扩展"，Reuter Business Report，1994年10月20日。这些公司曾经为路易斯·蒙哥里和罗伯特·蒙哥里所有，两人在1992年对有组织敲诈勒索认罪。

〔41〕 Angell: "竞争对腐败: 改革纽约的垃圾废物清运业"，第1页。

〔42〕 James C. McKinley: "最大的私营垃圾清运人们，与黑手党有联系，被起诉"（Largest Private Garbage Haulers, Linked to Mafia, Are Indicted），New York Times, 1995年6月23日，A1版。

* 区检察官办公室于1996年6月18日取得了另外一个含有74项控罪的大陪审团起诉书，被告包括13名个人和8个公司，其中大多数在前一个起诉书中已经被诉。新的起诉书指控被告们违反了有组织犯罪控制法（OCCA）。主要的有组织性勒索行为包括6名个人和老菲利普·巴瑞提及其儿子们控制的5个公司。新被指控被告的有: "所有城市纸张纤维（All City Paper Fibers）公司"的所有人约瑟夫·维塔瑞里、弗兰克·维塔瑞里，和"扬基大陆清运"（Yankee Continental Carting）的所有人阿迪瑞阿内·帕西奥内（Adriane Paccione）。David Voreacos: "对垃圾行业的打击被拓宽: 腐败操纵投标被起诉"，载《记录》，1998年6月20日，A8版。

〔43〕 参见人民诉大商业废物清运人协会，起诉书第05614/95（最高法院，纽约县），第1—2页。

即联邦"反受勒索影响和腐败组织法"(RICO)的纽约州版本[44];他们"在明知一个犯罪企业(以下称卡特尔)存在的情况下,通过参与一种犯罪行为模式而蓄意地实施并参与该卡特尔的事务"。[45]该起诉书随后列举了113项组成行为,包括干扰反托拉斯、纵火、勒索、强制、意图谋杀和伪造商业记录。[46]该起诉书指出:

> 被告们和其他人纠结在一起,以卡特尔的形式意图限制在整个纽约市私营清运行业的竞争,人为地维持高额的清运价格和利润。该卡特尔的基本规矩就是,非清运商不得通过竞争取得另一个清运商维持的客户生意。卡特尔通过暴力行为强制推行这一规矩,包括意图谋杀、人身伤害和纵火、以暴力相威胁以及共同实施经济压制。[47]

曼哈顿区检察官办公室获得一个紧急法庭命令,临时性冻结被诉公司和个人的2.68亿美元资产,并寻求指派财产管理人,负责在刑事审判期间监管被告公司。[48] 1995年12月,纽约州最高法院法官沃尔特·M.沙克曼(Walter M. Schackman)选择9名财产监管人,以确保在判决作出前,被告清运商们无法隐藏或挥霍其资产。[49]财产监管人被授予广泛的调查权力来检查公司的记录和活动。[50]

当庭审临近时,被告们长达400多个小时的通话记录被披露,这些通话

---

[44] 参见纽约刑法第460.20(1)(a)。
[45] 参见人民诉大商业废物清运人协会,起诉书第05614/95(最高法院,纽约县),第2页。
[46] 这113项组成行为中每个行为,都被作为一个独立的刑事违法行为进行起诉。参见人民诉大商业废物清运人协会,起诉书第05614/95(最高法院,纽约县),第69—149页。
[47] 参见人民诉大商业废物清运人协会,起诉书第05614/95(最高法院,纽约县),第3页。
[48] Joe Sexton:"监管人监督被起诉的垃圾清运人的财政状况"(Monitors to Oversee Finances of Indicted Trash Haulers),New York Times, 1995年9月16日,第23版。"看门狗不能做太多看门的事情"(Watchdogs Can't Do Much Watching),Crain's New York Business, 1995年9月18日,第1页。
[49] 监管人包括:两个纽约州上诉法院的前法官,Sidney Asch 和 Bentley Kassal;四个州最高法院的前法官,Thomas Galligan, Michael Dontzin, Burton Sherman 和 Seymour Schwartz;三个律师,Harold J. Reynolds, Lawrence Goldberg 和 Murray Greenspan。George James:"为垃圾清运人指派监管人"(Monitors Appointed for Trash Haulers),New York Times, 1995年11月23日,第31版。
[50] 摩根陶诉阿洛卡案,载 New York Law Journal,1995年9月25日,第25页。

记录都是由侦探理查德·科万在"钱伯斯纸纤维公司"花费三年时间录制的。[51] 面对压倒性的、可归罪的证据,10个被告表示认罪。最为重要的是安杰罗·波第的认罪,他长期以来就是纽约市最大的废物清运公司之一的所有人,据说他还是哲诺维斯犯罪家族的商业伙伴。[52] 他对企业性腐败认罪并被处罚金750万美元,被判刑2~6年,以及永久性地被排斥在废物清运行业之外。波第将其废物清运资产卖给了"美国废物服务公司",此时该公司正准备进入纽约市市场。[53] 波第的儿子文森特,对以支付10万美元贿赂换取一份废物清运合同的行为表示认罪。他被处以5年缓刑。[54]

在选择陪审团的前一天,另外5个被告对一个重罪控项意图实施企业性腐败表示认罪,而另一个被告对违反纽约州反托拉斯法即"多内利法"(Donnelly Act)表示认罪。如此,只剩下6个被告[55]:约瑟夫·弗兰克里诺(Joseph Francolino),嘎姆比诺家族的随从暨"大纽约商业废物清运商协会"商业代表;弗兰克·吉奥维克(Frank Giovinco),"大纽约废纸协会"的商业代表,据说是哲诺维斯的随从;阿尔方斯·马兰高内,以前是金斯县商业废物协会的商业代表,是哲诺维斯的分支头目;老菲利普·巴瑞第(Phillip Barritti Sr),纽约市第三大废物清运公司的所有人;以及路易斯·蒙哥里和他的儿子保罗,位于布朗克斯的清运公司所有人,据说是哲诺维斯家族的随从。[56]

---

〔51〕Selwyn Raab:"纵火案成为一个他不能拒绝的提议"(Arson Case Turned Into an Offer He Couldn't refuse),New York Times,1997年6月23日,第3版。

〔52〕Selwyn Raab:"垃圾清运人对腐败表示认罪"(Trash Carter Pleads Guilty to Corruption),New York Times,1997年1月28日,B2版。

〔53〕"'美国废物'的收购极大地促进了纽约的容量:公司抓住了主要市场份额;其他全国性、地方公司也进行收购"(USA Waste's Acquisitions Sharply Boost NY Volume: Company Grabs Top Market Share; Other National, Local Firms Buy Too),Crain's New York Business,1997年4月21日,第60页。

〔54〕Selwyn Raab:"垃圾清运人对腐败表示认罪"。

〔55〕第七个被告人帕垂克·佩考拉罗和金斯县商业废物协会因他们的律师死亡而使其审判被中止了。最终,两者均表示认罪,Pecoraro对三个反拉托斯违法行为和试图实施企业性腐败表示认罪;该同业公会对一项反托拉斯违法行为表示认罪。"更多的认罪被达成;在纽约清运案审理中量刑被宣布"(More Guilty Pleas Entered; Sentences Handed Down in New York Carting Trial),Solid Waste Report 29, no. 5(1998年1月29日)。

〔56〕Selwyn Raab:"垃圾清运案审判中开始进行询问证人"(Testimony to Start in Trash Carting Trial),New York Times,1997年7月23日,B3版。

第十三章　打败废物清运业中的科萨·诺斯特拉

庭审于 1997 年 5 月末开始；当庭审进入第三个月，在科万探员 18 天的作证后，又有 4 名被告同意达成认罪协议。对老菲利普·巴瑞第量刑最重：4 年半到 13 年监禁和 600 万美元罚金；弗兰克·吉奥维克被处以 3 年半到 10 年半监禁；保罗·蒙哥里被处以 4 到 12 年的监禁；路易斯·蒙哥里，被处以 3 到 9 年的监禁。[57] 10 月，在陪审团 12 天的评议之后，最后两名被告，约瑟夫·弗兰克里诺和阿尔方斯·马兰高内在所有控项上被判有罪。[58] 弗兰克里诺被处以 10 到 30 年监禁并处以 90 万美元罚金。[59] 马兰高内被处以 5 到 15 年监禁和 20 万美元罚金。[60] 从而，在原有起诉书中列举的所有 17 名被告、四个同业公会和 23 个公司都被判有罪。

拆散同业公会

1993、1994 年，当曼哈顿区检察官办公室和纽约市警察局收集纽约市废物清运卡特尔的证据时，联邦检察官将目标锁定纽约市大都会地区清运卡特尔中两个主要组成部分，即"大纽约商业废物清运商协会"和"国际运输工人兄弟 813 分会"，并继续实施无情的打击。

1993 年 4 月，联邦检察官取得了数个违反"反受勒索影响和腐败组织法"的大陪审团起诉书，被告包括嘎姆比诺家族的分支头目"吉米·布朗"詹姆斯·费拉（James "Jimmy Brown" Failla）和其他五个嘎姆比诺家族的成

---

[57] Selwyn Raab："垃圾清运人在卡特尔案中认罪"（Trash Haulers Plead Guilty in Cartel Case），New York Times，1997 年 6 月 23 日，B3 版。

[58] 弗兰克里诺就所有 34 项指控被认定有罪，包括通过勒索实施重窃盗、强制和反托拉斯违法行为。马兰哥内因所有 10 项指控被判有罪。"在纽约市清运案审判中，最后两个被告就所有控项被判有罪"，Solid Waste Report 28，no. 42(1998 年 10 月 23)。

[59] "纽约市清运案审判中所有被告被判监禁和罚金"，Solid Waste Report 29，no. 50(1997 年 12 月 18 日)。

[60] "更多的认罪被达成；在纽约清运案审理中量刑被宣布"。

员和随从[61];费拉自1957年以来一直操纵着该协会。[62] 费拉被指控实施的四个组成行为是:共谋谋杀和实际谋杀了托马斯·斯皮内里(Thomas Spinelli),后者是大陪审团证人并针对约翰·哥第作证;妨害证人作证;共谋从清运公司勒索钱财。[63] 1994年4月4日,费拉和其他四名同案被告对谋杀共谋行为认罪。作为回报,检察官们同意放弃其他指控并建议对其处以7年监禁。法官查尔斯·斯福顿(Charles Sifton)批评说,该认罪协议太过仁慈。控方则回应说,被告们的年龄和健康状况(费拉患有高血压和心脏病)使该认罪协议具有正当性。最终,法官斯福顿接受了该协议,从而将费拉逐出废物清运行业。[64]

铲除"国际运输工人兄弟813分会"里的黑帮

1992年,在"国际运输工人兄弟"全国工会案中的调查官查尔斯·卡尔贝里,开始调查该工会"813分会"司库(最高职位)伯纳特·阿德尔施泰因;该分会代表着纽约市和长岛清运公司里的雇员们。阿德尔施泰因与有组织犯罪之间的联系第一次引起公众关注是在25年前,当时罗伯特·肯尼迪在麦克莱伦委员会上曾经提到过他。在其漫长的职业生涯中,阿德尔施泰因为有组织犯罪和废物清运卡特尔提供服务。如果一个清运商试图接手其他公司的客户或线路,阿德尔施泰因将针对"反叛"的公司,用运输工人工会的罢工相威胁。[65]

---

[61] Pete Bowles:"在黑帮证人被害案中,联邦起诉哥第的六个同党"(Feds Indict 6 Pals of Gotti in Death of a Mob Witness),Newsday,1993年4月20日,第18页。

[62] 美国诉费拉案,1993WL547419(E. D. N. Y. 1993年12月21日),第1页。其他被告是Daniel Marino, Joseph Watts, Louis "Louis Fats" Astuto, Phillip "Philly Dogs" Mazzara, 和Dominick "Fat Dorm" Borghese。Louis "Louis Fats" Astuto, Phillip Mazzara 和Dominick Borghese 是嘎姆比诺家族的喽啰,而Watts是一名随从。Watts还被指控共谋及实施谋杀嘎姆比诺家族前老板保罗·卡斯戴拉诺和该家族分支头目托马斯·毕罗提。

[63] 美国诉费拉案,1993WL547419,第1页。

[64] Joseph P. Fried:"垃圾清运案中法官说,他可能否决认罪协议"(Judge Says He May Reject Plea Deal in Garbage Hauling Case),New York Times,1994年4月5日,B3版。第六个被告Joseph Watts 决定选审判,但是对共谋谋杀斯皮内里表示认罪,他被处以6年监禁。

[65] Jonathan Rabinvitz:"地方分会同意法院监管人来排除任何与黑帮分子的联系"(Union Local Agrees to Court Monitor to Bar Any Association with Mobsters),New York Times,1994年1月12日,B4版。

第十三章 打败废物清运业中的科萨·诺斯特拉 243

针对阿德尔施泰因,卡尔贝里寻求进行工会纪律处分,因为他与詹姆斯·费拉有紧密联系。在决定将阿德尔施泰因永久性地赶出运输工人工会的过程中,独立行政官弗雷德里克·B.拉塞称:"阿德尔施泰因与黑社会的联系是令人憎恶的。……只有从[运输工人工会]中清除阿德尔施泰因这类人,工会才可能有希望像一个无腐败、民主的组织一样发挥作用。"[66] 阿德尔施泰因将行政官的决定申诉到区法院,而后又上诉到第二巡回上诉法院,但是两级法院都维持了拉塞的决定。[67] 运输工人工会主席罗·卡瑞开除了"813分会"中的大部分官员,并为该分会指派了一名托管人。[68]

对"国际运输工人兄弟813分会"第二股改革压力,来自针对长岛清运卡特尔的联邦民事性违反"反受勒索影响和腐败组织法"的诉讼。在1994年的协议中,"813分会"同意由法庭指派一名监管人来根除有组织性勒索者并监督改革行动。[69] 法官格拉瑟指派约瑟夫·弗艾(Joseph Foy)为监管人,并禁止工会会员从事有组织性勒索行为或者与有组织犯罪分子联系。[70]

全力以赴进行整顿:纽约市商业废物委员会

打破纽约市清运商之间50年之久的卡特尔的行动中最具故事性的一次,是由朱立安尼行政当局发起的整顿计划。在决心进一步将这个城市从有组织犯罪的控制中解放出来的过程中,朱立安尼设立了一个新机构,形成一张规制之网将清运行业包围起来。朱立安尼的计划建立在"排他性许可"模式基础之上,该模式在90年代初已经由消费者事务专员马克·格林

---

[66] 同上。
[67] 美国诉国际运输工人兄弟,998F. 2d 120, 121(2d Cir. 1993)。
[68] Rabinvitz:"地方分会同意法院监管人来排除任何与黑帮分子的联系"。
[69] Robert E. Kessler:"运输工人工会的新任务:敲诈的惩治者"(New Teamsters Job: Rackets-Buster),Newsday, 1994年1月12日,第6页。Rabinvitz:"地方分会同意法院监管人来排除任何与黑帮分子的联系"。
[70] Jonathan Rabinvitz 和 Annette Fuentes:"波尔斯内里家族希望木头燃烧"(The Polsinelli Family Wants Wood to Burn),Daily News, 1995年5月7日,第1页。(提及弗艾担任"813分会"的托管人。)

提出。[71]（随后,该模式被建立在新泽西赌博委员会和码头区委员会的许可项目上）并用在富尔顿鱼市的执照许可体制上。[72] 市长的计划包括向行业参与人颁发执照、降低清运收费标准和促进竞争。

1995年11月30日,市长朱立安尼与当时的公共发言人马克·格林、市参议会发言人彼得·瓦龙内（Peter Vallone）和区检察官罗伯特·摩根陶一同公开露面,宣布了最后成为"地方法42"的提案。[73] 该法体现了数个不同的有组织犯罪控制策略:(1) 利用许可把与黑帮有联系的清运商排除在该行业之外;(2) 确定最高收费标准,以防止卡特尔榨取过高的利润;(3) 禁止签订能够使清运商控制其客户的合同条款。[74] 该法序言部分宣称:"清运行业已经受到有组织犯罪腐蚀性的影响……而且培育并维系着一个卡特尔","地方法42"意图"增强城市的能力来处置有组织犯罪的腐蚀,保护那些使用清运服务的工商企业,以及促进清运行业的竞争。"商业废物委员会（TWC）将接管消费者事务部有关清运行业的管理职责。该委员会被授权:

- 确立废物清运执照颁发和撤销的标准。
- 作出针对个人的关于这类执照的颁发、暂停和撤销的决定;
- 调查被许可人雇员的背景和适当性;
- 指派独立审计人和监管人;
- 为废物收集和处置确定最高和最低收费标准;
- 调查商业废物委员会权限内的所有事项,包括有关强制作证和制作书证;

---

[71] 马克·格林:"卫生清洁业里的竞争:如何降低支出并提高商业和居民服务质量",1994年1月11日起草,1994年1月26日提出,纽约市参议会会议。

[72] Phillip Lentz:"市长锁定黑帮清运人:打破沉默,鲁迪关注执照许可,背景检查和一个新的职位"（Mayor Aiming at Mob Carters: Breaking Silence, Rudy Eyes Licenses, Background Checks and a New Post）,Crain's New York Business, 1995年11月13日,第3页。

[73] "地方法42"的正式标题是"为修正纽约市行政法典中有关商业废物清运之地方法"（A Local Law to Amend the Administrative Code of the City of New York in Relation to Commercial Waste Removal）。"地方法42"被加入到行政法典第16章-A之中,为纽约市商业废物清运提出新规则。我们把第16章A称为"地方法42"。

[74] 地方法42,16-501到16-525条。

第十三章　打败废物清运业中的科萨·诺斯特拉

- 为所有被许可人确立服务标准,包括合同、编制账单以及安全健康措施遵守方面的标准;
- 建立特殊废物清运区;
- 确立该委员会认为对实现"地方法42"的宗旨所必需的费用和规则。*

该委员会包括调查、商业服务、消费者事务和卫生清洁部门的专员。它由市长指派的执行主任来领导。整个机构由对调查和起诉有组织犯罪有经验的人员组成。首任主任爱德华·费古森(Edward Ferguson)此前是朱立安尼手下的一名联邦检察官。30名纽约市警察局探员,离开警察局有组织犯罪控制局,被分派到该委员会,进行对清运公司的背景调查工作以及对控诉进行调查。该委员会还雇用了8名审计员和7名巡视员。[75]

为了谋求生路,废物清运卡特尔发起了一次法律反击。在朱立安尼市长签署新法律并任命副市长兰迪·马斯特罗担任该委员会的执行主席几天后,清运商们向联邦法院提交诉状,质疑该法的合宪性。[76] 原告主张,有关规范废物清运合同的条文违反了美国联邦宪法所规定的"合同、征用和正当程序条款",而有关许可的条文侵犯了废物清运商的关于隐私和结社的宪法权利。[77] 马斯特罗回应道,"'地方法42'是本市治安力量和权限的妥当行使,借此整顿当地行业,解除有组织犯罪对本市私营清运行业长达40年的束缚。"[78] 1996年6月26日,联邦区法官弥尔顿·鲍拉克作出支持"地方法42"的书面命令,认为"依照'地方法42'所实施的外科手术,显然

---

* 这样的管理计划在长岛上不能执行,因为每个市有独立的许可程序和要求。长岛废物清运执行官迈克尔·切尔卡斯基提议建立一个特别委员会,包括来自长岛上不同城镇、执法机构、纽约州环境控制局、联邦调查局和纽约东区联邦检察官办公室的代表,来处理废物清运事务。美国诉私营卫生清洁产业联合会,CV-89-1848(E.D.N.Y.1989),执行官报告7,1998年1月26日,第7—8页。

[75] 参见 James B. Jacobs 和 Alex Hortis:"纽约市成为反有组织犯罪的斗士"(New York City as Organized Crime Fighter),New York Law School Law Review 42, nos. 3-4(1998);第1069—1092页。

[76] 卫生清洁与再循环工业公司诉纽约市案,928 F. Supp. 407(S.D.N.Y. 1996)。

[77] 同上。

[78] 兰迪·马斯特罗的声明,1996年6月17日,卫生清洁与再循环工业公司诉纽约市案,96 Civ. 4131(MP)(S.D.N.Y.),第2页。

是基本的、期待已久的,并被精心设计以保护公共利益。"[79]

清运商们也没有成功地说服上诉法院。[80] 在为全体意见一致的合议庭撰写的判决中,法官理查德·卡得蒙内(Richard Cardamone)回顾了废物清运行业中腐败、恐吓和有组织性勒索的历史,将废物清运卡特尔称为纽约市经济生活中的"黑洞",并驳回了清运商们所有关于宪法权利的争辩。[81]

清运商无所畏惧地再次在州法院提起民事诉讼,提出很多同样的宪法性争议问题。[82] 州法院法官同意商业废物委员会的申请,将该案移送联邦法院,在那里法官鲍拉克再次驳回他在仅仅四个月前曾听到的争辩。[83]

商业废物委员会强势地公布了新的法律和规章。一张印有纽约市印章和醒目的文字"鲁道夫·朱立安尼市长和纽约市商业废物委员会通告"的传单对所有废物清运的客户们宣布:"这可能是你们的独立日。""地方法42"宣称,所有清运合同,以为期30天的通告形式,可以按照客户的意愿终止。该传单还解释,客户可以自由取消其合同并与其选择的清运商进行协商。该传单还告知,清运合同期限不能超出两年,而且,如果某个客户与一个清运商的合同被分配给了另一个公司,该客户将有权拒绝该分配并选择一个新的清运公司。该通告宣称,"你现在拥有选择自由和获得一个公平和诚实价格的权利",忠告客户们"行使你的权利"。

如果能够显示其合同是公平的,而且没有从事非法商业活动,一个废物清运公司可以请求免除适用关于废除合同的规定,在决定是否给予免除时,法律指示商业废物委员会考虑"有关该商家及其负责人以及围绕协商或执行这类合同的全部情况的信息"。[84] 1996年夏天,当该委员会否决14个主要清运公司的豁免申请时,它给予纽约市1万户商家权利,立即取消

---

〔79〕 卫生清洁与再循环工业公司诉纽约市案,928 F. Supp. 407,424(S. D. N. Y. 1996)。
〔80〕 卫生清洁与再循环工业公司诉纽约市案,107 F. 3d. 985,(2d. Cir. 1997)。
〔81〕 同上注,第985页。
〔82〕 通用卫生清洁公司诉商业废物委员会,940 F. Supp. 656,659(S. D. N. Y. 1996)。
〔83〕 同上注,第660—661页。
〔84〕 地方法第42,11-iii(1996年6月3日)。

第十三章 打败废物清运业中的科萨·诺斯特拉

他们的废物清运合同,使它们自由地与任何一个废物清运公司打交道。[85]在纽约市营业的335家清运公司中,有212家申请豁免。该委员会只批准了40家。[86]

1996年9月30日,商业废物委员会发布全面的规则。其中:(1)清运商不得与他知道或者应当知道是有组织犯罪成员的人发生联系;(2)清运商不得利用同业公会来解决其有关客户的纠纷,也不得为从其他清运商取得其前客户而支付费用;(3)清运商必须将其拟订的收费标准上报商业废物委员会,以确保其标准没有高出城市所允许的最高限额;(4)清运商必须向每个客户提供书面合同,任何口头合同可以根据客户意愿而被终止。被判定违反商业委员会规则的垃圾清运商将被处以最高达1万美元的罚款;无照营业的清运商,将被处以最高为6个月的监禁。[87]

1997年3月26日,商业废物委员会降低了最高收费标准:商业性清运、未压缩过的废物,每立方码为12.20美元(此前消费者事务部的定价为14.70美元),压缩后的废物,每立方码为30.19美元(此前为46.70美元)。[88] 鲁道夫·朱立安尼称,这些收费标准的降低是他任内最大的减税措施。[89] 事实上,收费标准的降低的效果是惊人的。世界贸易中心每年的清运支出降低了80%(从300万美元降低到60万美元);哥伦比亚—长老会医疗中心,降低了60%(从120万美元降到48万美元);26号联邦大楼

---

[85] 被拒绝免除的公司是:V. Ponte & Sons 公司,Vaparo 公司,Vigliotti & Sons 公司,AVA 清运公司、杜菲废物与再循环公司、Rutigliano 纸原料、所有城市纸纤维、V. A. 卫生清洁、Litod 纸原料、专业再循环、Crest 清运和扬基大陆清运。Selwyn Raab:"市新废物管理机构收缩管制力量"(City's New Waste Agency Flexes Regulatory Muscles),New York Times,1996年8月10日,第27版;David Medina:"公司在清运人合同问题上造成大慌乱"(Companies Raise a Stink over Haulers' Contracts),Crain's New York Business,1996年8月26日,第33页。

[86] 与纽约市商业废物委员会许可与经营副专员 Chad Vignola 的个人访谈,1997年12月11日。

[87] Selwyn Raab:"垃圾清运人被告知:没有黑帮分子或者气味"(Trash Haulers Told:No Mobsters or Odors),New York Times,1996年9月1日,第43版。

[88] 纽约市商业废物委员会:"最终规章公布通知";另见"纽约市规章",第17章 ch.1,5-02(a)和5-02(b);Selwyn Raab:"纽约降低垃圾清运收费标准"(New York Cuts Hauling Rates for Garbage),New York Times,1997年3月25日,第17版。

[89] 纽约市商业废物委员会:"纽约市商业废物委员会关于商业废物清除最高法定收费标准的报告",1997年3月25日,第17页。

的支出降低了65%（从36.9万美元降到13万美元）。[90]

对纽约市废物清运行业竞争的新威胁

卡特尔和有组织犯罪的消除，并不意味着竞争将永远统治市场。商业废物委员会已经受到小型废物清运公司和当地商家的强烈批评，被指责拖延处理他们的执照申请，从而将该行业割让给大公司形成的新卡特尔。1998年初，一个拟议的合并涉及全国最大的清运公司"废物管理公司"和第三大公司"美国废物服务"，预示着将合并纽约市市场的40%和该市72%的转运站的容载能力。[91]通过控制转运站，新公司能够提高转运成本，由此有效地将小公司赶出该行业，进而使城市真诚地将竞争带入该行业的努力成为泡影。1998年7月，在市参议会消费者事务委员会的会议上，报告称，大约9500个店主在其清运支出方面已经体验到30%的增长。[92]布鲁克林区区长哈沃德·高登（Howard Golden）在致联邦总检察长詹内特·雷诺（Janet Reno）的信中说，纽约市正"把有组织犯罪（对废物清运行业）的控制置换成大公司的控制"。

1998年7月中旬，"废物管理公司"、"美国废物服务"的官员和美国司法部以及13个州的总检察长达成一个协议。该协议允许可能发生的合并，但以这些公司放弃纽约市三个地区的废物转运站为前提。[93]

一个摆脱了科萨·诺斯特拉控制的废物清运业？

在对纽约市和长岛地区废物清运行业近50年的统治之后，有组织犯

---

[90] Philip Lentz:"重回垃圾卡特尔？巨人们合并；这里价格可能跳高"（Back to Garbage Cartel? Giants to Merge; Prices May Jump Here），Grain's New York Business, 1998年3月16日，第1版。

[91] Juan Gonzalez:"新卡特尔在垃圾上赚了钱"（New Cartel Cashing in on Trash），Daily News, 1998年7月7日，第10页。

[92] Abby Goodnough:"商店报告，垃圾清运收费标准再次提高"（Hauling Rates for Garbage Rising Again, Shops Report），New York Times, 1998年7月15日，B5版。

[93] Douglas Martin:"协议允许垃圾公司在作出放弃后进行合并"（Settlement Allows Trash Companies to Merge After Divesting），New York Times, 1998年7月17日，B5版。

第十三章 打败废物清运业中的科萨·诺斯特拉 249

罪已经被驱逐了。90年代中多个层面的整顿活动,包括商业废物委员会的设立、曼哈顿区检察官的起诉和长岛的监管治理,看起来好像已经解放了清运行业和它的客户们。

90年代初,保福工业公司在纽约市大约25万个商业企业中只有200个客户[94],而其他全国性清运公司不愿意在纽约市竞争[95]。到1997年,保福工业公司有超过500家客户[96],但是两个大公司让它相形见绌:"美国废品服务"公司,购买了"巴瑞第清运"并开始为巴瑞第将近5000个客户提供服务[97];"WMX技术公司",购买了"资源东北"(Resource NE)并为全市范围内6000个商家服务[98]。和全国性公司进入纽约市市场并进行扩张的情形相比,令人印象更为深刻的是,名副其实的竞争出现了。大型办公楼的废物清运支出已经下降30%到40%,而小商家则降低了25%[99]。按照行业专家的分析,费用的降低表明,纽约市的废物清运行业已经形成真正的竞争。[100]

在将黑帮从清运行业清除的过程中,商业废物委员会模式已经成为最具创造性和重要的策略。由前执法工作人员组成,它像一个准执法机构一样发挥作用。它利用其调查权和资源将与有组织犯罪有沾染的公司排除在该行业之外。当该委员会由胜任且积极进取的官员们管理时,科萨·诺斯特拉回归垃圾清运业就是不可能的。当朱立安尼卸任的时候,整顿性策略的真正考验将会到来。而后我们将看到,商业废物委员会究竟是将保持强有力的姿态,还是退化为一个奄奄一息的规制者。

---

[94] Sharon McDonnell:"外来的垃圾清运人慢慢站稳脚跟"(Trash-Carting Outsider Slowly Gains Foothold),Crain's New York Business,1995年3月20日,第28版。

[95] Philip Lentz:"垃圾竞争者们忽视纽约,尽管黑帮失败"(Garbage Rivals Ignore NY Despite Mob Bust),Crain's New York Business,1995年6月26日,第1版。

[96] Philip Lentz:"外地人降伏了纽约垃圾行业"(Out-of-Towner Faces Down Tainted New York Industry),Crain's New York Business,1996年4月8日,第32版。

[97] Selwyn Raab:"德克萨斯的公司同意购买与黑帮有联系的废物清运公司"(Texas Company Agrees to Buy Mafia-Linked Waste Hauler),New York Times,1996年1月23日,B1版。

[98] Thomas J. Lueck:"美国主要的再循环公司将购买纽约的大垃圾公司"(Major U.S. Recycler to Buy Large New York Trash Company),New York Times,1996年3月1日,B5版。

[99] 商业废物委员会:"每年因商业废物收集支出降低而形成节约的估量"(1997)。

[100] Philip Lentz:"大公司为新玩家放弃卡特尔"(Big Companies Abandon Cartel for New Players),Crain's New York Business,1996年6月26日,第3版。

第十四章 清理建筑行业

我们必须打破这个城市里大型建筑行业中腐败的脊梁。固定价格、工作岗位勒索、回扣以及有组织犯罪对合法工商企业的渗透和控制,在美国最伟大的州中最伟大的城市里,不能够而且将不再被忍受了。[1]

——州长马立奥·科奥默,1985 年

意大利裔美国人有组织犯罪家族,自 30 年代以来就在纽约市建筑行业里引人注目。80 年代中期,他们的影响和势力无疑处在或正接近巅峰。他们最重要的势力基础是从属于运输工人工会、木工工会、砖瓦工工会、劳动者工会和管道工工会等与建筑有关工会的地方分会。对工会的控制,使科萨·诺斯特拉家族能够索取贿赂、勒索承包商,以及在承包商和供应商那里为其成员和亲友安排真正或者"不露面"的工作,在承包公司和供货公司享有所有者权益,以及在一些建筑业的特殊领域(如石膏板、混凝土和窗户更换)里建立和掌控卡特尔。

多年来,建筑行业的腐败和有组织性勒索已经不时被揭

---

〔1〕 纽约州打击有组织犯罪特别行动组:"纽约市建筑行业的腐败和有组织性勒索"(以下称 OCTF 最终报告),纽约:纽约大学出版社 1990 年版,第 1 页,援引 1985 年 6 月 25 日州长马立奥·科奥默致市长爱德华·科赫的信。

第十四章 清理建筑行业

露出来。在80年代中期,就一场新的丑闻,马立奥·科奥默要求纽约州打击有组织犯罪特别行动组(OCTF,一个独立的州执法机构)对该问题进行全面调查。该行动组对建筑行业发动了有史以来最为彻底的调查和分析。然而,其诸多改善建议在很大程度上并未受到关注。

该行动组的其他调查并没有成为特别针对大型建筑行业里有组织犯罪的控制规划。但是,这里仍有一些重要的计划付诸实施,尤其是对腐败的工会分会和区委员会建立托管治理,以及一些政府机构的成果,像学校建筑管理局那样控制着他们的合同和承包商。1998年春天,朱立安尼当局提出了整顿建筑行业有组织性勒索的打击计划,如果该计划付诸实施,那么它将是特别针对纽约市建筑行业、最为雄心勃勃和全面的有组织犯罪控制项目。

打击有组织犯罪特别行动组的最初行动

1985年4月,在媒体和纽约州调查委员会关于纽约市建筑行业猖獗的腐败和有组织性勒索指责的警示下,市长爱德华·科赫(Edward I. Koch)力劝州长科奥默指派一名特别检察官。科奥默也认为这个问题很严重,但却没有指派特别检察官,而是要求打击有组织犯罪特别行动组:(1)就纽约市建筑行业的腐败和有组织性勒索的指责,采取"深入而全面的调查行动";(2)对价值数十亿的纽约市建筑行业中被控告的有组织犯罪行为,决定采取"妥当的刑事追究或其他形式的反应措施";(3)将其结论报告给州长和州总检察长。

尽管科奥默反对科赫关于任命特别检察官的提议,但是他认识到,有必要加强并集中执法力量。因而,1987年12月他创立了"建筑行业打击力量"(the Construction Industry Strike Force)行动组,包括检察官、调查员、会计以及来自打击有组织犯罪特别行动组和曼哈顿区检察官办公室的支持团队。

打击有组织犯罪特别行动组为了响应州长要求而采取的行动是,发起犯罪调查、针对建筑行业的腐败和有组织性勒索设计并使用计算机数据库、对与建筑行业有关的腐败和有组织性勒索的性质和原因进行分析研究,以及着手广泛搜寻解决该问题的策略。"建筑打击力量"行动组展开了一系列重要的调查和起诉,对象包括黑帮分子、雇工、工会和牵涉到石膏板、混凝土、油漆工和管道工卡特尔的工会官员们。

打击有组织犯罪特别行动组作出的 1990 年年终报告和 1998 年中期报告,对建筑行业的腐败和有组织性勒索进行了全面且多学科的分析,特别是结构性、程序性、法律性和管理性因素;这些因素使得该行业在系统的犯罪面前变得十分脆弱。该行动组主要建议的部分内容如下:

- 建立建筑行业腐败防治办公室。正像在报告中所设想的,该办公室的主要目标将是,运用情报、信息和行业知识(很多将由打击有组织犯罪特别行动组的研究、分析单位来收集)来设计和实施规章和程序,借此鼓励预防、促使犯罪能力丧失、堵塞犯罪机会以及减少有组织性勒索的易感染性和潜在性。该办公室将把调查局的调查权限和专家意见与纽约市建筑办公室的管理权限和专家意见结合起来。不过,建立建筑行业腐败防治办公室的可能性从未被认真考虑过。

- 保证性调查审计公司项目。该报告提出,超出 500 万美元的公共工程项目的主要承包人,必须聘用一个私营部门的审计人,并将项目预算的 2% 支付给该审计公司。这类审计公司事实上发挥私方巡视人的功能,确保承包人对相关法律和规章的遵守,并阻止、预防、揭露和曝光其不道德或非法的行为。不过,该提议从未被实施,但是这类公司(通常叫做"独立私营部门巡视长")曾被学校建筑局、商业废物委员会以及最近一些市政机构,以个案的形式来运用。

- 工会会员权利主张办公室。该报告将工会民主视为劳工有组织性勒索行为的防波堤,因而主张成立一个新的机构充当调查官员舞弊情况的巡视官,来推进建筑工会成员的权利。"如果普通工会会员能够使他们选举的官员们,来负责实现会员们的实际需要和最大利益,有组织性勒索者

第十四章 清理建筑行业

将不可能再出售工会会员的权利,索要贿赂和从承包商那里勒索钱财。"[2] 不过,这条建议从未被认真地予以辩论,但是许多法庭指派的工会托管人关注提升工会民主。

- 州和市的税收征收。该报告主张,州和地方税务机关应当将建筑行业税务欺诈作为优先考虑的执法重点。"税务机关致力于审计建筑公司、提高税务遵守程度以及从逃税者那里追回钱财,也将为执法机构提供调查线索,因为大多数公司有组织性勒索行为会通过伪造公司账册和税务欺诈的方式得以实现。"不过,该建议没有被实施。

清除卡特尔

由有组织犯罪支持的大卡特尔(在第七章中所描述),每个都持续了十年或者更久;刑事追诉和民事性违反"反受勒索影响和腐败组织法"诉讼,与对腐败工会设立法院指派的托管人相结合,看起来已经击败了这些卡特尔。

混凝土卡特尔

整个80年代,州和联邦的刑事追究活动目标锁定为控制着混凝土行业的科萨·诺斯特拉的成员及其随从们。1982年,嘎姆比诺的随从约翰·考第(John Cody)因以承诺劳动和平为手段收取贿赂和有组织性勒索而被起诉并判有罪;他是运输工人工会"282分会"的主席,而该分会控制着混凝土搅拌运输工人们。[3] 4年后,在科伦波家族有组织性勒索刑事诉讼中,拉尔夫·斯科普(Ralph Scopo)和其他显赫的科伦波家族的成员们被判有罪。该案中一个重要的部分集中在科萨·诺斯特拉混凝土卡特尔的下端,即所有低于200万美元的混凝土合同要被勒索1%到2%的收费。[4] 1986

---

[2] OCTF 最终报告,第169页。
[3] 美国诉考第案,722 F.2d 1052 (2d Cir. 1983),调卷令被拒绝,467 U.S. 1226 (1987)。
[4] 美国诉朗格拉案,804 F.2d 185 (2d Cir. 1986)。

年,在"委员会"案中,联邦检察官证实混凝土卡特尔200~500万美元俱乐部的存在和监控的情况。被告们是纽约市5个科萨·诺斯特拉家族中4个家族的高级成员,其中就包括拉尔夫·斯科普。[5] 被告们被处以总计100年的监禁。1988年,政府获得了针对哲诺维斯家族以及名义上的老板"胖东尼"安东尼·萨雷诺的大陪审团起诉书(执法官员后来才确信温森特·吉甘特是老板,而萨雷诺是二老板)。"S&A混凝土"公司垄断了500万美元以上的混凝土工作,即科萨·诺斯特拉卡特尔的上端,并在该案中十分突出[6];该公司一半的资产被联邦政府没收。科萨·诺斯特拉通过爱德华·哈罗仁控制的混凝土制造公司也被没收。[7]

联邦检察官提起的民事性违反"反受勒索影响和腐败组织法"诉讼的成果是,法院于1987年对"水泥和混凝土工人"工会的6A分会和区委员会设立了法庭指派的监管人,并于1995年为"运输工人工会282分会"设立了同类监管人。前任托管治理于1993年以报告无明显变化而结束;后任的托管治理一直到1998年末仍在进行。[8]

---

〔5〕 参见 James B. Jacobs, Christopher Panarella, and Jay Worthington:《击破有组织犯罪集团:美国对科萨·诺斯特拉》(Busting the Mob: United States v. Cosa Nostra), New York: New York University Press, 1994。拉尔夫·斯考普1993年死于狱中。

〔6〕 美国诉哈罗仁案,1989WL 2691(S. D. N. Y. 1989年1月11日);美国诉萨雷诺案,937 F. 2d 797, (2d. Cir 1991),被推翻,505 U. S. 317(1992);美国诉萨雷诺案,974 F. 2d 231(2d Cir. 1992),被推翻,以部分名义,美国诉迪纳波里案,8 F. 3d 909(2d Cir. 1993)(全体一致);美国诉米格里奥瑞,104 F. 3d 354 (2d Cir. 1996)(说明到1995年,所有剩下的5个都表示认罪)。

〔7〕 美国诉哈罗仁案,1989WL 2691;美国诉萨雷诺案,937 F. 2d 797;参见 Selwyn Raab:"大混凝土供应商面临联邦调查可能存在的黑帮联系"(Big Concrete Supplier Faces U. S. Inquiry into Possible Mob Tie), New York Times, 1990年3月5日, B1版。

〔8〕 与工会民主协会的 Herman Benson 的访谈;Kenneth Crowe:"为有势力的工会团体设立新托管人"(New Trustee for Powerful Union Group), Newsday, 1996年3月27日, A47页;工会民主协会:"联邦对水泥工人工会进行托管",工会民主评论,1987年5月,第13页;Michele Galen:"纽约工会同意不太激进的提议"(N. Y.-Based Union Agrees to Less-Radical Approach), National Journal, 1987年8月31日,第30页;David M. Halbfinger:"公司警察:他们是私营的,他们的犯罪的打击者,他们在迅速增加"(Corporate Cops: They're Private, They're Crime Busters and They're Proliferating), Newsday,1995年3月26日,财经与就业版,第1页。

第十四章　清理建筑行业

　　检察官们的努力工作,由至少一个重要的市长动议给予补强。[9] 1986年,科赫当局设立了一个城市资助的配料工厂,要求所有城市建设项目必须购买该公司的混凝土,以此行动来反对黑帮在混凝土产品上的垄断。[10] 其目的是通过成立一个竞争者来打破黑帮的垄断,而它将以公平的市场价格销售混凝土,从而削弱卡特尔。不过,它没有按照设想发挥作用。或许让人并不意外的是,市政府很难找到一个声誉好,而且也想与黑帮控制的混凝土公司展开面对面竞争的商人。穆斯塔法·阿里(Mustapha Ally),一个有着很少混凝土制造经验的马里兰州居民,是响应市政府诱惑唯一有望成功的人。[11] 他刚入行的公司"西57街混凝土公司(西57)",被指责其实施不正当竞争的公司提起的民事诉讼所困扰。[12] 最终市政府于1987年8月解除了该合同,因为阿里没能够生产出相当数量的混凝土。[13]

　　"F.E.D.混凝土公司"从阿里那里购买了合同权利,并使"西57"公司在1988年满负荷地进行生产。[14] 然而,到那个时候,混凝土市场价格却大

---

　　[9] 一年前,也曾有一个重要但是不成功的州民事反托拉斯诉讼,指控掺水即用制造商垄断了纽约市的混凝土制造。帕尔米瑞诉纽约州案,779F.2d 861(2d Cir. 1985);另见大苹果混凝土公司诉艾布拉姆斯案,No.82/27293(Sup. Ct., N.Y. Co. 1983年6月9日),被部分修改,481N.Y.S.2d 335;另见打击有组织犯罪总统委员会:"致总统和总检察长的报告:边界—有组织犯罪,工商业和工会"(Report to the President and Attorney General: The Edge-Organized Crime, Business and Labor Unions),华盛顿特区:政府印刷办公室,1986年3月,第226—227页。
　　[10] 夸得罗兹诉纽约市案,127F.R.D.63,66(S.D.N.Y.1989)。
　　[11] 按照前副市长Robert Esnard的说法,据说阿里没有如实陈述"他的财务背景、经历、资产以及经营混凝土工厂的能力"。他还试图通过前参议员乔治·迈克格温向市长科赫捐赠1万美元。Howard Kurtz:"乔治·迈克格温,1万美元现金和一个没有成功的捐款:前参议员仅仅是作为说客的行为使他陷入法律纠纷"(George McGovern, $10,000 in Cash and a Donation That Wasn't Made: Ex-Senator's Only Activity as Lobbyist Tangles Him in Legal Depute),Washington Post,1990年4月5日,A10版;Suzanne Daley:"广告驱使一个'无聊的'圭亚那人建设城市的混凝土工厂"(Ad Spurs a "Bored" Guyanese to Build City Concrete Plant),New York Times,1986年8月31日,A45版;夸得罗兹诉纽约市案,127F.R.D. 66。
　　[12] 法庭最终驳回了该起诉,认为考虑到对混凝土制造的垄断性的黑社会控制,市政府有"责任……来采取行动";在这种情况下,投资者们从该项目中撤出。夸得罗兹诉纽约市案,127F.R.D. 66;Kirk Johnson:"城市混凝土项目受到威胁"(City Project on Concrete Threatened),New York Times, 1987年4月13日,B1版。
　　[13] 1987年6月,"西57"制造出第一个100立方码混凝土,仅仅避免了解除合同。然而,这个毫无经验的公司不能满足进一步的生产要求。参见Bruce Lambert:"科赫给了混凝土公司第二个机会"(Concrete Company Given 2d Chance by Koch),New York Times, 1987年8月19日,B3版。
　　[14] Selwyn Raab:"纽约混凝土投机的麻烦"(Trouble for New York's Concrete Ventrue),New York Times, 1993年5月30日,A29版。

幅跌落,而市政府发现其为购买混凝土比私营开发商支付了更多的钱。不过,1991年市政府与该公司续约5年。在续约的2年后,"西57"工厂濒于破产。"F.E.D"公司将它与纽约市的合同转包给了另一家公司,一些执法官员们怀疑该公司与黑帮有牵连。[15] 该策略未能使"F.E.D."顺利营业,"西57"在1995年以破产而崩溃。[16] 1998年底,市政府转而购买私营部门的掺水即用混凝土。

1988年哲诺维斯家族案审判后,哈罗仁拥有的两个公司即"保证合格混凝土公司"和"运输混合混凝土有限公司",被法院没收并由法庭指派的托管人戴维·布罗德斯基(David Brodsky)进行管理;这两个公司在卡特尔统治期间垄断着混凝土制造业。1990年,"保证合格混凝土公司"濒于破产。联邦检察官开始展开调查,该公司的业务是否被转移到"瓦勒特工业公司";州检察长罗伯特·艾布拉姆斯担心如此会形成一个混凝土制造业的新垄断。[17] 同年,法院把这两个公司卖给了约翰·夸得罗兹(John Quadrozzi),并要求在那里有一个任期7年的法院监管人。2年后,夸得罗兹因向工会负责人和黑帮非法支付贿赂性酬金而受到起诉。[18] 尽管混凝土制造和加工卡特尔被打破了,但是仍需要继续观察黑帮是否将被逐出纽约市这个分支行业。

石膏板

70年代末,联邦调查局"长岛劳工有组织勒索和敲诈"[19]调查行动揭露了一个由哲诺维斯家族的分支头目文森特·迪纳波里管理着的石膏板承包商俱乐部。该调查行动由木工工会区委员会主席斯奥多尔·马里塔

---

[15] Selwyn Raab:"关于黑帮的断言使纽约混凝土生意乌云密布"(Mob Allegation Clouds New York Concrete Deal),New York Times,1994年9月23日,B1版。

[16] Selwyn Raab:"市政府再次尝试建立曼哈顿混凝土工厂"(City Tries Again to Set Up Manhattan Concrete Plant),New York Times,1996年4月15日,B5版。

[17] Selwyn Raab:"大混凝土供应商面临联邦调查可能存在的黑帮联系"。

[18] Ronald Sulliva:"商人被指责与黑帮有联系"(Businessman Is Accused of Mob Ties),New York Times,1983年5月30日,A29版。

[19] 美国诉区委员会案,90 Civ. 5722(CSH),政府支持其先行司法救济的法律备忘录(以下简称"政府备忘录"),第12页。

斯（Theodore Maritas）予以协助。[20] 该调查行动导致了1981年由布鲁克林打击有组织犯罪行动组提起的违反"反受勒索影响和腐败组织法"的民事诉讼，被告包括迪纳波里、马里塔斯和其他几个人。[21] 该审判以陪审团无法达成一致意见而告终，而马瑞塔斯在再次审判前"失踪"。文森特·卡法罗，一个与政府合作的哲诺维斯家族成员，证实马瑞塔斯被谋杀以防止其可能与政府进行合作。1982年4月，其他被告认罪。迪纳波里被处以5年监禁；其他哲诺维斯家族成员接管了他的生意。

联邦继续对石膏板卡特尔进行调查，使检察官对"标准石膏板公司"（Standard Drywall Corporation）和"普林斯木工"（Prince Carpentry）公司提起了成功的刑事追诉；指控内容包括通信欺诈逃税，所涉及的犯罪行为是逃避必需捐助的工会救济基金以及帮助雇员获取非法的失业救济金。[22] 黑帮控制公司所形成的俱乐部被打破了，但是科萨·诺斯特拉在该分支行业里仍继续存在。迪纳波里甚至在一个主要承包商"市中心石膏板公司"里仍是主要的股东，直到1988年在"哲诺维斯家族"案中被判有罪后，他才出售了他的股份。[23]

1987年，执法官员们开始启动一系列的刑事追诉和民事诉讼，旨在把科萨·诺斯特拉从石膏板行业中清除出去。[24] "木工工会608分会"的官员们因从承包商那里勒索酬金和索要贿赂而被成功地进行刑事追诉。[25]

---

[20] 美国诉区委员会案，90Civ. 5722(CSH)，马塞罗·斯威德塞的声明，第7页。
[21] 政府备忘录，第14页。
[22] 美国诉标准石膏板公司案，617 F. Supp. 1283(E.D.N.Y. 1985)。Selwyn Raab："调查员指控，承包商组成'俱乐部'进行税务欺诈"(Investigators Charge Contractors Formed "Club" for Tax Fraud)，New York Times, 1983年7月6日，A1版；打击有组织犯罪总统委员会："致总统和总检察长的报告：边界——有组织犯罪，工商业和工会"，第234—235页；OCTF 最终报告，第27页。
[23] Murray Kempton："住处的关税"(Customs of Accomodation)，Newsday, 1989年7月30日，新闻版，第4页；美国诉萨雷诺案，937F. 2d. 797(2d Cir. 1991)；美国诉米格里奥瑞，104 F. 3d 354 (2d Cir. 1996)。
[24] Selwyn Raab："木工工会官员与勒索密谋有牵连"(Carpenter Union Officials Is Linked to Extortion Plot)，New York Times, 1987年7月20日，B1版。Selwyn Raab："5个木工工会负责人被起诉勒索"(5 Carpenters' Union Leaders Indicted in Extortion)，New York Times, 1987年10月14日，A1版。
[25] OCTF 最终报告，第20、50页；政府备忘录，第20—21页；美国诉施皮斯案，614 N.Y.S. 2d 719(1994)。

最为显著的政府行动是一个民事性违反"反受勒索影响和腐败组织法"的诉讼,其成果是促成了一个双方同意的裁定。在该裁定中,木工工会区委员会承诺将清除该委员会及其所属地方分会中科萨·诺斯特拉的影响。[26] 前调查局专员暨前联邦法官肯尼斯·孔保艾被任命来监督该双方同意裁定的实施;他驱逐了几个腐败的官员和工会代表。此外,他说服该工会的国际组织设立托管治理,使其承诺对雇用大厅进行显著的改革、重新组织工会领导层以及采取进一步行动来铲除工会中的有组织犯罪。[27]

窗户更换

1996年,"建筑和装饰铁架工人工会580分会"的官员和纽约市五个科萨·诺斯特拉家族中四个家族的高级成员,因违反"反受勒索影响和腐败组织法"而被起诉。其具体行为是敲诈、劳工贿赂性酬金,以及在竞标纽约市房屋局的合同中操纵投标。[28] 控方的主要证人是哲诺维斯家族的随从彼德·萨维诺(Peter Savino),他在1988—1989年与政府合作,秘密录制了有关窗户卡特尔事宜的长时间通话。[29] 此次审判的过程就像一部电影,被谋杀、逃亡的被告、妨碍陪审团以及背叛者所充斥。[30]

温森特·吉甘特,被普遍认为是哲诺维斯家族的老板,却被发现精神状态不适合出席审判。[31] 鲁齐斯家族的老板威托瑞奥·阿慕索(Vittorio Amuso)和二老板"煤气管子"安东尼·卡索(Anthony "Gaspipe" Casso)躲了起来。卡特尔的组织者,维内罗·曼嘎诺和贝内德托·阿鲁瓦(分别是

---

[26] 美国诉区委员会案,90Civ. 5722(CSH),双方同意的裁定(1994)。

[27] 肯尼斯·孔保艾:"调查及核查办公室第五份中期报告",向法官海特报告,1996年9月30日,第18页;美国诉区委员会案,90Civ. 5722(CSH)。

[28] 参见美国诉吉甘特案,39 F. 3d 42(2d Cir. 1994)。

[29] 同上;参见Pete Bowles:"按照被声称的黑帮诡计,窗户被打开了"(Window Opened on Alleged Mob Scam),Newsday,1991年5月7日,新闻版第23页。

[30] 一个陪审员因和她被关押的男友交谈而被排除了。她的男友后来对与其他同监舍内的人共谋妨碍陪审团的行为表示认罪。参见Peter Bowles:"两人在窗户案中认罪"(2 Plead Guilty in Windows Case),Newsday,1992年11月3日,新闻版第6页。

[31] 参见Patricia Hurtado:"著名的黑帮分子精神状态不适合进行审判"(Reputed Mobster Mentally Unfit to Go on Trial),Newsday,1991年3月12日,新闻版第6页。

第十四章 清理建筑行业

哲诺维斯和科伦波家族的二老板)[32]因共谋谋杀受到了重判,其行为是当发现证人萨维诺与联邦调查局合作后将其谋杀。[33] 鲁齐斯家族分支头目彼得·切奥多(Peter Chiodo)同意了一个认罪合作协议,证实:按照被告们的指令,他谋杀了同案被告约翰·默瑞塞(John Morrissey),后者是"580分会"的工会代表和鲁齐斯家族随从。[34]

最初被诉的15个被告中,8人进入了审判程序,但只有3人得到有罪判决。[35] 被判有罪的是,卡特尔的两个组织者曼嘎诺和阿鲁瓦,以及科伦波家族的喽啰丹尼斯·德鲁西亚(Dennis DeLucia)。后续的刑事追诉成功地使托马斯·麦克格温(Thomas McGowan)被判有罪;他是"580分会"曼哈顿区的工会代表,其犯罪行为是从一个私营承包商那里非法收受工会钱款。[36] 威托瑞奥·阿慕索因一个替代的大陪审团起诉书而被判有罪;该起诉中有包括参与窗户卡特尔在内的一系列犯罪。[37] 温森特·吉甘特在1997年因违反"反受勒索影响和腐败组织法"、敲诈、劳工贿赂性酬金和共谋谋杀而被判有罪。[38] 最终,在历时两年半的追捕后,"煤气管子"安东尼·卡索于1993年被逮捕;1994年,他对有组织性勒索和谋杀指控表示认罪,并成为政府的证人。不过,他因作证不真实而被从"证人安全项目"中排除,最后他被处以不可假释的终身监禁。[39]

---

〔32〕 Arnold H. Lubasch:"联邦说黑帮取得了对窗户贸易的掌控"(U.S. Says Mob Gained Grip on Window Trade),New York Times,1991年4月24日,B3版;参见Peter Bowles:"黑帮案中请求无效审理;被告们被指控与黑帮有联系"(Mistrial Asked in Mob Case; Defendants' Alleged Ties to the Mob),Newsday,1991年8月13日,新闻版第4页。

〔33〕 曼嘎诺量刑从27~33个月提高到188个月;阿鲁瓦的量刑从27~33个月提高到200个月。参见美国诉吉甘特案,39 F.3d 46-47(2d Cir. 1994)。

〔34〕 切奥多自己成为刺杀未遂的对象,尽管被认为与他的作证没有联系。美国诉吉甘特案,39 F.3d 46;美国诉阿慕索案,21 F.3d 1251,1255(2d Cir. 1994)。

〔35〕 美国诉吉甘特案,39 F.3d 46;美国诉阿慕索案,21 F.3d 1254(2d Cir. 1994)。

〔36〕 美国诉麦克格温案,58 F.3d 8 (2d Cir. 1995)。

〔37〕 美国诉阿慕索案,21 F.3d at 1254。

〔38〕 美国诉吉甘特案,989F. Supp. 436,438(E. D. N. Y. 1997)。

〔39〕 Selwyn Raab:"著名的犯罪老板据说在隐蔽处藏了现金"(Reputed Crime Boss Is Said to Have Stored Cash in Hideaway),New York Times,1993年1月21日,B2版;Peter Bowles:"黑帮分子转换成为证人"(Mobster Dropped As Witness),Newsday,1998年7月1日A29;Devlin Barrett:"破坏王'煤气管子'被判15个终身监禁"(Rubout King "Gaspipe" Gets Life 15 Times),New York Post,1998年7月9日,新闻版,第10页。

油漆涂装

1990年夏,在"窗户"案起诉一个月后,曼哈顿区检察官办公室获得大陪审团起诉书,被告是工会官员、承包商和科萨·诺斯特拉家族的成员,其内容是在油漆行业经营卡特尔。[40] 检察官还特别起诉鲁齐斯家族成员,控制油漆工工会第九区委员会及其分会,以及与承包商们共谋实施长达12年的操纵投标伎俩,染指纽约市所有主要公共和私营油漆涂装合同。[41] 到1991年时,安东尼·卡索仍因"窗户案"在逃,另外一个被告成为政府证人,而其他人则表示认罪。这是针对工会官员们第一次成功地运用了纽约州"有组织犯罪控制法"。[42] 2年后,曼哈顿区检察官、联邦调查局和IRS的联合调查导致了成功的指控,焦点集中于同一时期鲁齐斯家族对钢铁油漆涂装合同的支配。[43] 该卡特尔看起来已经被打破了。

管道工程行业有组织性勒索

1993年,长达4年的调查以曼哈顿区检察官办公室提起的一系列刑事追诉而告终,被告包括哲诺维斯家族随从小路易斯·莫斯卡戴罗、水暖工工会第2分会的官员们、管道工程承包商、一个大会计公司和管道工程巡视员,借此试图打破已经维系10年之久的管道工程卡特尔。[44] 小路易斯·莫斯卡戴罗被宣告无罪。[45] 针对10名工会官员的刑事追诉导致了7

---

[40] 人民诉卡帕尔多案,572 N. Y. S. 2d 989(1991)。

[41] Selwyn Raab:"纽约中一个腐败的联盟牢牢把握着建筑贸易"(A Corrupt Alliance in New York Clenches the Construction Trade),New York Times,1990年6月23日,A25版。

[42] 人民诉卡帕尔多案,572 N. Y. S. 2d 989(1991)(认为关于"有组织犯罪控制法"的指控并非宪法上模糊不清)。

[43] "油漆工工会官员们在金钱交易中两头得好处"(Painters Union Double-Dipped in Green Deals),Engineering News Record,第15期(1993年10月11日),第18页。

[44] 美联社:"10人在管道工程行业调查中被起诉"(10 Indicted in Plumbing Industry Probe),Record,1994年4月14日,A4页;John Jordan:"根据纽约州新的有组织性勒索法,会计公司被指控"(Accounting Firm Charged under New State Racketeering Law),Westchester County Business Journal 33, no. 17(1994年4月25日):第1,3版。

[45] 与詹姆斯·迈克纳马拉的访谈,1998年9月8日。

第十四章　清理建筑行业

个有罪判决和3个无罪宣告。[46] 区检察官试图将"第2分会"置于托管地位的努力被取代，因为当时水暖工工会的全国总部对该分会设立了自己的托管治理。[47] 然而，清除"第2分会"里有组织犯罪的进程在1997年被破坏了，当时"第2分会"与以腐败闻名的第1分会合并。[48] 对承包商的刑事追诉仍在继续着。

劳工有组织性勒索与工会托管

在打击有组织犯罪特别行动组1990年报告所确认的主要的、为黑帮所控制的建筑业工会中，有很多已经被置于联邦法院指派的托管或者监管之下，或者处于其全国母工会强制进行的接管之下。很容易有这样的推断，就是将这些托管治理看作是整顿建筑行业单一战略进程的组成部分，不过，事实上，促成这些托管治理的很多民事诉讼，在80年代中期由州长科奥默和市长科赫所发起的建筑行业调查中就打下了基础。

木工工会区委员会

最成功的工会托管之一就是针对木工工会区委员会所实施的托管。[49] 甚至在民事性违反"反受勒索影响和腐败组织法"诉讼于1994年达成协议之前，该诉讼本身就促使区委员会所属的一些工会发起反腐败的行动。一

---

[46] 詹姆斯·迈克纳马拉："民主因激烈反对而受到打击"（Democracy Buffeted by Backlash），工会民主评论，no. 113, 1997年7月5日；弗瑞德法官："对被告们的监视揭露，他们没有病得不能蹲班房"（Surveillance of Defendants Reveals They Are Not Too Ill to Be Jailed），New York Law Journal, 1996年10月21日，法庭决定，第25页。Selwyn Raab："前水暖工工会官员们因勒索被认定有罪"（Ex-Plumbers' Union Officials Guilty in Extortion），New York Times, 1996年4月23日，B4版。

[47] 弗瑞德法官："由于母工会采取行动，临时性司法救济被否决"（Provisional Remedies Are Denied Because of Actions by Union' Parent），New York Law Journal, 1994年4月4日，法庭决定，第25页。

[48] 与工会民主协会的 Herman Benson 的访谈，1998年7月14日；詹姆斯·迈克纳马拉："民主因激烈反对而受到打击"（Democracy Buffetted by Backlash），工会民主评论，no. 113, 1997年7月5日。

[49] 美国诉区委员会案，90 Civ. 5722（CSH），双方同意的裁定；另见880 F. Supp. 1051（S. D. N. Y. 1995）（支持调查及核查官员的选举规则）。

个针对选举的中期调查和不当行为指控,帮助普通会员们在"17 分会"(布朗克斯)和"20 分会"(斯塔滕岛)的选举中罢黜了长期任职者。"工会民主联合会"评价道:"政府行动与普通会员的参与相结合,激励了工会民主来反对腐败。"[50]

作为区委员会的调查及核查官员,肯尼斯·孔保艾指责几个地方工会官员和会员与科萨·诺斯特拉相勾结。这些案件大多数以永久性禁止从事工会办公活动、退休和逐出工会而告终。[51] 罢黜腐败的官员仅仅是开始。孔保艾还劝说该工会的国际组织对该工会强制执行托管。[52] 当科萨·诺斯特拉的合伙人暨区委员会的任职主席弗雷德里克·德维在 1995 年以赢得压倒性的胜利出任委员会主席的时候[53],他就更加迫切地需要上级组织的协助了。正如孔保艾在 1996 年报告中所写的,"有组织犯罪对区委员会及其分会的影响是广泛而持久的。……将区委员会归还到其成员手中唯一现实的希望,就是需要国际工会的介入"。[54]

1996 年 6 月,"木工国际"(the Carpenters International)工会主席道格拉斯·迈克卡罗(Douglas McCarron)对区委员会施行紧急托管,并撤销了德维的职务。[55] 通过与孔保艾合作,迈克卡罗还为区委员会及其分会推行了备受争议的重组计划。[56] 一个重要的改革就是由计算机运行的中央调度

---

[50] Susan Jennik:"联邦反勒索与贿赂民事诉讼和工会民主让木工工会官员们心神不安"(U. S. RICO Suit and Union Democracy Disturb Carpenter Officials),工会民主评论,no. 89,1992 年 8 月,第 1—2 页。

[51] 肯尼斯·孔保艾:"调查及核查官第九份中期报告",向法官海特报告,1998 年 6 月 28 日,第 26—33 页;美国诉区委员会案,90Civ. 5722(CSH)。

[52] 肯尼斯·孔保艾:"调查及核查官第五份中期报告",第 2 页。

[53] 按照该国际工会主席道格拉斯·迈克卡罗的说法,德维"提供养老救济增值而买到了1995 年的再次当选,但是养老和福利救济金并没有兑现"。而且,德维的腐败行径造成了基金的枯竭状态。总主席道格拉斯·迈克卡罗在众议院教育和劳动委员会劳资关系分委员会前的准备发言,1998 年 6 月 25 日。

[54] 肯尼斯·孔保艾:"调查及核查官第五份中期报告",第 2 页。

[55] 总主席道格拉斯·迈克卡罗在众议院教育和劳动委员会劳资关系分委员会上的准备发言,1998 年 6 月 25 日。

[56] 同上注。一些观察者相信,重新组建通过把被选举的职位转为指派的职位而削弱了民主。与詹姆斯·迈克纳马拉的访谈,他曾是"建筑行业关系市长办公室"的主任和曼哈顿检察官办公室和 OCTF 的前顾问。1998 年 9 月 8 日;另见 OCTF 最终报告,第 169 页。

第十四章　清理建筑行业　　263

系统来"终结工会代表们在分配工作及控制普通木工的生计方面的专横统治"。[57]其他措施还包括,为任命负责工作岗位的干事提供一个全区范围的失业名单,以及利用工会管理基金雇用联络员来与那些将负责强制执行集体性合同的执法机构进行联系。[58]即便有关控告侵扰及违反工作推荐规定的情形继续存在,孔保艾仍然相信"该工会是小心翼翼但是坚定向着……有效的自治方向推进"。[59]地方工会选举计划在1999年夏举行,而区委员会选举会在2000年举行。[60]

运输工人工会"282分会"

"国际运输工人兄弟282分会"是黑帮控制用来强制推行混凝土浇注卡特尔的地方工会;它于1992年被该工会的总部托管,此前不久由该工会调查官查尔斯·卡尔贝里主持的一项调查的结果是,安东尼·卡索辞职。[61]罗·卡瑞起初指派约翰尼·布朗担任托管人。2年后,包括安东尼·卡索在内的5名前任和现任的"282分会"官员们表示认罪[62],而后联邦检察官对该分会提起了民事性违反"反受勒索影响和腐败组织法"诉讼。该起诉导致了1995年的协议,由此一个法庭指派的全职"反腐官员"将负责清除腐败,而来自该国际工会且经法庭批准的托管人负责管理该分会。[63]法庭指派莫伦委员会前首席调查官暨前警察局副队长罗伯特·马

---

[57]　肯尼斯·孔保艾:"调查及核查官第九份中期报告",第19页。
[58]　同上;肯尼斯·孔保艾:"调查及核查官第八份中期报告",向法官海特报告,1997年11月29日,第3—4页;
[59]　肯尼斯·孔保艾:"调查及核查官第九份中期报告",第35页。美国诉区委员会案,90 Civ. 5722(CSH)。
[60]　总主席道格拉斯·迈克卡罗在众议院教育和劳动委员会劳资关系分委员会前的准备发言。
[61]　Kenneth Crowe:"运输工人工会抓住了涉嫌与黑帮交往的分会"(Teamsters Seizes Locals Suspected of Ties to Mob),Newsday,1992年7月16日,商业版,第47页。
[62]　"运输工人工会官员面临勒索指控"(Teamsters Officials Face Extortion Charges),New York Times,1993年7月2日,B6版。
[63]　Samson Mulugeta:"联邦将监管工会"(Feds to Monitor Union),Daily News,1995年3月24日,第7页。

查多(Robert Machado)担任反腐官员。[64] 马查多被授权,在没有听证的情况下可以开除官员和工会代表(他们的案子会随后被提交给国际运输工人兄弟工会的核查委员会);在他得到任命后的几个月里,马查多撤销了16名官员,这些官员被美国劳工部确认为有组织犯罪的同伙。[65]

该协议还要求该国际工会以彼得·马斯特朗德瑞(Peter Mastrandrea)替换约翰尼·布朗,而后又由格瑞·拉巴贝拉(Gary LaBarbera)接替。[66] 工会改革者拉瑞·库得拉(Larry Kudla)称赞国际工会对拉巴贝拉的任命是积极的一步。[67] 但是一些有见识的观察者,仍不愿意给"282 分会"的改革成果贴上"一个成功故事"的标签。[68]

水泥和混凝土工人工会 6A 分会和区委员会

"水泥和混凝土工人"工会 6A 分会和区委员会,在确保黑帮对混凝土行业的控制中发挥了关键作用:它参与签订了一份双方同意的裁定,从而致使 16 名工会官员辞职,包括"6A 分会"主席拉尔夫·斯科普和他担任副主席的兄弟;两人被永久性地禁止参与工会事务。[69] 1987—1993 年期间,该工会被置于法院指派的托管之下。[70]

1987 年 3 月,法官文森特·布罗德里克(Vincent Broderick)任命前联邦检察官欧歌内·R. 安德森(Eugene R. Anderson)来监管"6A 分会"和区

---

[64] Kenneth Crowe:"为有势力的工会团体指派新托管人;无情的布鲁克人被选来担任运输工人 282 分会的托管人"(New Trustee for Powerful Union Group; Stony Brook Man Picked for Teamsters Local 282 for Trusteeship of Local),New York Times,1996 年 3 月 27 日,A47 版。

[65] Kenneth Crowe:"与黑帮有牵连的运输工会官员在打击行动中被撤职"(Mob-Linked Teamsters Removed in Crackdown),Newsday,1995 年 10 月 4 日,商业版,第 46 页。

[66] Kenneth Crowe:"托管人被任命监管贾维茨"(Trustee Named to Oversee Javits Teamsters Local),Newsday,1995 年 3 月 29 日,商业版,A37 页。

[67] Kenneth Crowe:"为有势力的工会团体指派新托管人"。

[68] 与 Herman Benson 的访谈。

[69] 同上;James S. Newton:"混凝土工人警惕联邦成为工会老板"(Concrete Workers Wary of U.S. as Union Boss),New York Times,1987 年 3 月 22 日,A1 版。

[70] 美国诉"水泥和混凝土工人 6A 分会",832 F. Supp. 677(1993)。

第十四章 清理建筑行业

委员会[71],两者都被报告称为科伦波家族控制下的"被俘获的劳工组织"。[72] 在其6年任期结束时,安德森总结道,在根除腐败的路上,他没有取得明显的进展。他将这归咎于其有限的权力、不充足的经费以及联邦调查局和美国劳工部不充分的支持。[73]

"砖瓦工区委员会"

1994年,在一个联邦提起的民事性违反"反受勒索影响和腐败组织法"及违反"雇员退休收入保障法"(Employee Retirement Income Security Act)的诉讼后,"砖瓦工区委员会"被设立了监管。该委员会代表着地方12个工会,其会员从事的工作包括整个大都会地区的一般性工作、砌砖、砖石工艺和石棉拆除。[74] 法庭指派前联邦检察官劳伦斯·佩多维兹(Lawrence B. Pedowitz)和前新泽西联邦检察官迈克尔·切尔托夫(Michael Chertoff)分别担任监管人和调查官。监管人和调查官从工会里驱逐了几名会员,包括被判有罪的长岛有组织性勒索者、鲁齐斯成员"粗鲁男孩"彼得·瓦里奥。[75] 切尔托夫还与联邦调查局和劳工部合作,禁止腐败的候选人参与1997年工会官员选举。[76] 区委员会还授权联邦调查局清理工人代表。[77]

在1994年双方同意的裁定被做出之前,北美劳动者国际工会对区委员会设立了自己的托管治理,任命戴维·艾尔鲍尔为托管人。艾尔鲍尔签署

---

[71] 工会民主协会:"联邦对水泥工人工会的托管",工会民主评论,no. 58,1987年5月,第8页。

[72] Alan Barnes:"民事起诉寻求联邦对水泥工人分会进行托管",工会民主评论,no. 55, 1986年11月,第8页。

[73] 工会民主协会:"联邦对水泥工人工会的托管";Michele Galen:"纽约工会同意不太激进的提议"。

[74] 美国诉砖石工区委员会案,94 Civ. 6487 (RWS), 1997 WL 97836,第1页(S.D.N.Y. 1997年3月6日);1995 WL 679245 第2页(S.D.N.Y. 1995年11月15日)。

[75] 美国诉砖石工区委员会案,94 Civ. 6487 (RWS), 1996 U.S. Dist. LEXIS 13231(S.D.N.Y. 1996年8月14日)(支持对拉扎的禁令);1998 U.S. Dist. LEXIS 237,第19页(S.D.N.Y. 1998年1月12日)(支持对瓦里奥的开除和不适当解雇费的罚款)。

[76] 美国诉砖石工区委员会案,1997 U.S. Dist. LEXIS 8715 第10—11页(S.D.N.Y. 1997年6月19日)。

[77] 北美劳动者国际工会总法律顾问 Michael S. Bearse 的证言,在众议院教育与劳动委员会劳资关系分委员会前,1988年5月4日。

了建立法院监管治理的双方同意的裁定。斯蒂芬·哈玛德在 1995 年接替了艾尔鲍尔,他认为,针对腐败官员的开除程序延误了清理工会的行动。因而他提出一个重组计划,将区委员会的 12 个地方分会整合为 4 个,从而削减大多数腐败官员的职位。该计划在 1996 年被实施。[78]

在民事性违反"反受勒索影响和腐败组织法"诉讼寻求设立由法院命令的托管治理的威胁下,该国际工会同意自己打击腐败以满足司法部的要求。[79] 该国际工会着手进行工作介绍和雇用大厅的改革。尽管司法部对北美劳动者国际工会迄今为止的努力表示满意,一些工会会员仍指责,该国际工会夸大了它的努力,以此来安抚政府直到监管协议终止。[80] 迄止 1998 年夏,该协议对纽约市劳动者工会地方分会并没有带来明显的成效。[81]

1998 年 5 月,该国际工会总法律顾问就"砖瓦工区委员会"的托管是否成功的问题作证,称"腐败和有组织犯罪影响"的所有残余已经被根除了。[82] 然而,著名的工会民主实践者赫尔曼·本森(Herman Benson)认为,必须进一步努力铲除和防止科萨·诺斯特拉在区委员会中长期存在的影响力。[83]

油漆工工会

1991 年,州政府指控"1486 分会"(长岛)和"第九区委员会"(纽约)实施有组织性勒索,并指控其与科萨·诺斯特拉共谋维持一个油漆涂装卡特

---

[78] 砖石工区委员会诉北美劳动者国际工会案,924 F. Supp. 528(S. D. N. Y. 1996)。

[79] 北美劳动者国际工会聘用了由前联邦检察官和联邦调查局探员组成的独立团队来打击工会里的腐败。1995 年的协议最终被设想持续 3 年,但是它又延长了一年。参见北美劳动者国际工会总法律顾问 Michael S. Bearse 的证言,在众议院教育与劳动委员会劳资关系分委员会前,1988 年 5 月 4 日;联邦调查局犯罪调查处前副主任助理 Jim Moody 的证言,在众议院司法委员会犯罪分委员会前,1996 年 7 月 24 日。

[80] Rael Jean Isaac:"一个腐败工会逃脱司法"(A Corrupt Union Escapes Justice)(社论),Wall Street Journal,1998 年 7 月 27 日。

[81] 与 Herman Benson 的访谈。

[82] 参见北美劳动者国际工会总法律顾问 Michael S. Bearse 的证言,在众议院教育与劳动委员会劳资关系分委员会前,1988 年 5 月 4 日。

[83] 与 Herman Benson 的访谈。

尔[84];在这些指控的警示下,国际油漆工工会主席威廉·杜瓦尔(William Duvall),将第九区委员会置于约翰·阿尔法罗内的托管之下。[85] 阿尔法罗内长期以来担任工会官员的职务,他在一个石膏板分会中抵制与黑帮有染的腐败;他的工作因权力有限和该国际工会执行团队的内部矛盾而受到妨碍。虽然因州政府指控而导致了几个有罪判决和监禁,但是一些由腐败当权者任命的官员们仍保留着他们的工会职位和对分派工作事务的控制。在1992年的选举中,"保守势力挑选的代表接管——夺回了——全部职位,除了一人外没有任何人表示反对"。弗兰克·尚非尔德(Frank Schonfeld)是一个老的油漆工工会改革者,他在"工会民主评论"中说到,没有政府对托管治理的支持,没有国际工会作为强有力的后盾,"弥漫着恐惧和冷漠的气氛就不会消散"。[86] 在他看来,该地方工会仍处在鲁齐斯家族的影响之下。[87]

铁架工人"580分会"

将铁架工人"580分会"置于法院监督之下的任何行动都没有被采取,而该分会被称为科萨·诺斯特拉窗户更换卡特尔的"腐败发动机"。虽然一些人被判有罪,例如托马斯·麦克格温(该分会曼哈顿区的工会代表,参与到该卡特尔中),但是没有证据显示,工会已经清除了腐败。"580分会"继续因与有组织犯罪有联系而恶名远扬。[88]

水暖工工会

1993年,曼哈顿区检察官办公室对水暖工工会"第2分会"(曼哈顿和

---

〔84〕 人民诉卡帕尔多案,572 N. Y. S. 2d 989(1991)。
〔85〕 Frank Schofeld:"在油漆工区委员会一个失败的托管",工会民主评论,no. 90,1993年12月,第7页;Kenneth Crowe:"油漆工工会被置于托管"(Painters Union Put into Trusteeship),Newsday,1991年3月5日,新闻版,第28页。
〔86〕 同上。
〔87〕 与Herman Benson的访谈。
〔88〕 工会民主协会在1997年写道:"地方分会因种族歧视的恶名,只能和其与有组织犯罪的联系的名声相'媲美'"。工会民主协会:"在铁架工人580分会里的歧视",工会民主评论,no. 110,1997年1月,第7页。

布朗克斯)的官员们发起了一个重要的刑事追诉。[89] 1994年,该水暖工工会的国际工会设立了自己的托管治理,从而阻止了区检察官希望法院指派托管人的计划。[90] 该托管人设立了一个雇用大厅,这是积极的一步,因为此前该工会没有工作分配规则。1996年,改革的努力遭受挫折,当时一名被刑事起诉的候选人当选为工会代表。[91] 尽管该托管治理看似致力于改革,但是到了1997年其成果就显得不值一提了,因为当时其国际工会将"2分会"与"1分会"(布鲁克林和昆斯)[92]合并,而后者以腐败[93]而闻名。

学校建筑局和其他机构的努力

尽管其主要建议并没有被采纳,打击有组织犯罪特别行动组1990年的报告还是引起了广泛关注。学校建筑局(SCA)从报告中得到的启示要远多于其他公共机构。1989年学校建筑局成立,部分原因就是纽约市教育管理委员会的建筑工程牵扯到腐败问题。[94] 学校建筑局的创建者决心保持新机构确确实实的干净。这促使他们任命托马斯·D.撒切尔(Thomas D. Thacher II)("建筑行业打击力量"前主任)作为第一任巡视长。在学校建筑局满足他的条件(即巡视长办公室应有一支60人组成的团队)之后,撒切尔走马上任。因而,从一开始,学校建筑局在控制腐败和有组织犯罪方面就作出了重大投资。

学校建筑局最为大胆的行动是,要求意图投标该局合同的承包商们具有特定资质。承包商必须提交一份30页的特定资质调查问卷,其问题如:

---

[89] Selwyn Raab:"前水暖工工会官员们因勒索被认定有罪"。
[90] 弗瑞德法官:"由于母工会采取行动,临时性司法救济被否决"。
[91] Selwyn Raab:"前水暖工工会官员们因勒索被认定有罪",保罗·马戴罗后来被宣告无罪。
[92] 与Herman Benson 的访谈。
[93] 詹姆斯·迈克纳马拉:"民主因激烈反对而受到打击"。
[94] Thomas D. Thacher II:"在控制有组织方面的机构改革"(Institutional Innovation in Controlling Organized Crime),载Cyrille Fijinaut 和James B. Jacobs 主编:《有组织犯罪及其遏制:一个横跨大西洋的首创》(Organized Crime and Its Containment: A Transatlantic Initiative),Boston:Kluwer,1991,第169—182页。

第十四章 清理建筑行业

"在过去的10年里,申请公司或其现任或离任重要人员或分公司是否曾(1)在关于某个与商业有关犯罪的作证中行使第五修正案的权利;(2)给予或者提议给予工会官员或公共官员钱款,并与他/她作为一名劳工官员的任何职务活动、义务或者决定相关;(3)同意与其他人一起以低于市场价格进行投标。"一旦被发现作了虚假回答,该申请人会被登在黑名单上。

学校建筑局调查员仔细检查这些表格并展开他们的独立调查。1991年8月,学校建筑局宣称,在5年间它已经将50多个建筑公司列入黑名单。[95] 一半以上的不符合要求的情况,是因为这些公司据说与黑帮有联系或者有犯罪行为。到1995年,学校建筑局报告,它已经进行了3500份以上的背景调查,并取消200个公司的资格,"它们中很多与有组织犯罪有染,或者曾有法律问题或者与被取消资格的公司关系密切"。[96] 例如,学校建筑局取消了尼克·奥勒塔(哲诺维斯犯罪家族)的儿子拥有的混凝土公司和"德康管道工程公司"(大部分为哲诺维斯的喽啰杰拉德·费奥里诺所拥有)的申请资格。[97]

一些"有问题的"承包商不会被取消资格,如果它们同意聘用一家私营调查公司(CIAF)进行以下事务:(1)为该承包商设计行为准则规范;(2)实施腐败预防项目;(3)审计并向学校建筑局报告该承包商遵守规范和项目的情况。[98]

纽约市新宪章含有很多反腐败的条款,就是回应有关公共建筑过程容

---

[95] James B. Jacobs 和 Frank Anechiarico:"将公共承包商列入黑名单作为反腐败和有组织性勒索的策略"(Blacklisting Public Contractors as an Anti-Corruption and Racketeering Strategy),Criminal Justice Ethics11, no. 2(1992年夏/秋):第64—76页。

[96] Thomas D. Thacher II:"打击腐败和有组织性勒索:在纽约市建筑行业对公共承包进行改革的一个新策略"(Combating Corruption and Racketeering: A New Strategy for Reforming Public Contracting in NYC's Construction Industry),New York Law School Law Review15, nos. 1—2(1995):第113—42,第133页。

[97] Selwyn Raab:"顶级水暖工程公司在偷税案中被提及"(Top Plumbing Company Cited in Tax Evasion Case),New York Times,1994年4月14日,B3版。

[98] 参见Thacher II:"打击腐败和有组织性勒索"。

易遭受腐败的指责。[99] 按照新的合同取得规则,每个负责合同事务的机构官员和行政主管应当确定,某一承包商或卖主在财政上、经营上和道德上是可以信赖的。

市政府还创立了"VENDEX"系统,即政府承包商计算机信息库。[100] 该系统旨在收集有关承包商与有组织犯罪的联系和其他不正当行为的信息。想要取得建筑项目的承包商及其负责人,必须填写内容广泛的 VENDEX 调查问卷(27 页是商业实体部分,13 页为负责人部分),包括该企业及负责人、税务申报及与政府签订合同的历史。[101] 在批准建筑合同之前,市政机关要检查,该系统是否含有任何对该承包商的不利信息。如果确实有,该机构将被适当地建议,撤销合同或者为该承包商设立一些限制或者条件。

实际上,"VENDEX"并没有像其发明人所想象那样发挥作用。一方面,建筑公司可能消失,然后以新的名字和所有人记录重新出现。另一方面,执法机关,包括纽约市调查局,都不愿意分享信息,因为过早地发布信息可能妨害调查。因而,如果一个执行机构(例如矫正机构或环境保护机构)在"VENDEX"发现一个提示,即检察官针对某个特定的承包商已经提出控告或者承包商正在被接受调查,通常情况下它不能获得任何进一步的信息。当然,不愿意承担风险的机构(大多数如此),很可能希望避开任何因随后的刑事起诉会给它带来尴尬的承包商。

"VENDEX"系统和市政府在触手可及的范围内保持自己不受有组织犯罪侵扰的新尝试,确实产生了效果。在一个高度引人注目的案件中,审计官伊丽莎白·霍尔茨曼(Elizabeth Holtzman)提议市政府废除一个由卡民·阿格内罗(Carmine Agnello)经营的公司所持有的合同;阿格内罗是约

---

[99] 参见 Frank Anechiarico 和 James B. Jacobs:《对绝对正直的追求:腐败控制如何使政府没有效率》(Pursuit of Absolute Integrity: How Corruption Control Makes Government Ineffective),芝加哥:芝加哥大学出版社,1996 年版。

[100] 对 VENDEX(全称是"卖主信息交换系统",Vendor Information Exchange System)的描述由纽约市开始,市长合同办公室:"VENDEX:政策与程序"(1990 年 3 月)。

[101] 参见 James B. Jacobs 和 Frank Anechiarico:"从公共承包中清除腐败:'解决方案'现在成为问题的组成部分"(Purging Corruption from Public Contracting: The "Solutions" Are Now Part of the Problem),纽约大学法学院法律评论 15,nos. 1-2(1995):第 143—175 页。

第十四章　清理建筑行业

翰·哥第的妻弟,该合同内容是将遗弃的轿车从布鲁克林街头拖走。按照霍尔茨曼的说法,"C&M 阿格内罗公司"及其所有人已经被卷入在昆斯发生的一起拆卸轿车行动;阿格内罗因在布鲁克林一场涉及哥内(哥第的兄弟)的有组织犯罪审判中涉嫌妨害大陪审团而被调查。[102] 该审计官还成功地阻止了一个监狱建设项目;该项目已经由一个公司承揽,其负责人在一家混凝土公司里拥有主要权益,而该混凝土公司则由嘎姆比诺家族老板保罗·卡斯戴拉诺的女婿经营着。[103]

市政府整顿计划

1998 年 5 月,朱立安尼当局宣布,它准备制定一项计划,像清理安全隐患一样,打击建筑行业里腐败和有组织性勒索,并将采取商业废物委员会模式。立法将要求所有的总承包商由新的纽约市建筑委员会颁发执照。该委员会将有权拒绝向那些缺少"良好品质、诚实和正直"的申请人颁发执照,并禁止被许可人将合同转包或者雇用类似的缺少这类品格的人。某些类型的分承包商也将需要执照。作为选择之一,该委员会可能要求总承包商或分承包商聘用一个被事先批准的独立监管人(IPSIG),其模式如打击有组织犯罪行动组提议的"保证性调查审计公司"(CIAF)。

批评意见很快指出几个可以理解的缺陷:第一,该提案赋予委员会广泛的自由裁量权,从而将使人们失业。在批评市政府甚至不能根据城市宪章准确一致地界定谁是"可信赖"的投标人的同时,建筑行业里的人指责朱立安尼的计划为任意和不公正的决定留下太大的空间。第二,该提案太过野心勃勃。它对该委员会的要求超出该委员会所能提供的范围。甚至商业废物委员会都觉得它难以高效率地处理许可申请。如果该委员会的许可审查陷于停顿,这对总承包商将意味着什么?那就是,总承包商将被丢

---

[102] 参见 Frank Anechiarico 和 James B. Jacobs:《对绝对正直的追求:腐败控制如何使政府没有效率》,第 128—130 页。

[103] 参见 James B. Jacobs 和 Frank Anechiarico:"从公共承包中清除腐败",第 156 页。

弃一旁,并在财政上濒于破产。该议案不公平地为总承包商增添义务来调查和判断分承包商的诚实性。这样的调查将意味着额外的支出和延误,并以妨碍施工为代价。第三,该议案太专注于有组织犯罪,而忽视了困扰公共建设项目的技术能力方面的重大难题。第四,该议案包罗太广,将市政府的整治范围扩展到大的所有人的内部建筑管理部分,而它们从未显示出任何腐败问题,例如纽约大学和哥伦比亚大学。

纽约市有数万个承包公司,每个公司都由个人拥有且雇用不同数量的个人。对市政府而言,调查并确保这些公司中即便一小部分人的道德诚实性,究竟是否可行呢?一个由规范、规则和程序构成的全面体系,和一个庞大的行政系统最终将是必需的,如此实施一个公正且全面的体制来判断政府承包商们的道德适格性。这是不是某种被夸大的野心,最终会反过来困扰政府官员们?正如记者、其他观察者和批评者面对政府官员,质问那些已经批准给各种道德上有问题的个人的合同,因为这些人最终将逃脱规制之网。

结　　论

80 年代末到 90 年代初,针对控制着这个城市混凝土、石膏板、窗户更换和油漆涂装分支行业卡特尔,长期的调查和有效运用"反受勒索影响和腐败组织法"和"有组织犯罪控制法"引人瞩目。然而,尽管政府成功地打破了这些有组织的卡特尔,但是广泛的腐败仍旧存在,尤其是在那些仍受科萨·诺斯特拉影响的工会里。

木工工会、运输工人工会和砖瓦工工会案表明,工会力量与政府之间的配合可以成功地运作以清除科萨·诺斯特拉。然而,在很多的城市建筑商业工会中,如管道工程、油漆涂装、混凝土工会,黑帮分子继续压制着工会民主。案例研究显示,没有强有力政府支持的托管,不会激发起改革所需要的、来自普通会员们的勇气和领导才能。

即便没有黑帮分子的存在,广泛的,甚至高度有组织的腐败仍在建筑

第十四章 清理建筑行业

行业存在着。1998年,曼哈顿区检察官办公室的一个刑事追诉,揭露了一个内部建筑公司的卡特尔,它垄断着价值数十亿美元的办公室更新及重装分支行业。该卡特尔操纵投标,使办公室内部工程的支出提高了20%。[104] 这些公司中的5个公司同意达成认罪协议。[105] 对纽约市建筑行业参与者的进一步调查和刑事追究仍在继续着。[106]

---

[104] Charles V. Bagli:"操纵投标案吞噬了一个建造办公室内部工程的中坚力量"(Bid-Rigging Case Engulfs an Elite Who Built the Interiors of Offices),New York Times,1998年3月27日,A1版。

[105] Charles V. Bagli:"在贿赂案中认罪后,公司要求依法付款"(After Guilty Plea in Bribe Case, Company Calls the Payment Legal),New York Times,1998年6月18日,B10版。

[106] Barbara Stewart:"顾问们因建筑工程进行贿赂而被调查"(Consultants Investigated Over Bribes for Buildings),New York Times,1998年8月8日,B2版。

第十五章 下卷结语

由于在各个层面上的不稳定以及持续社会变化的不可避免,如果现行的执法努力继续保持 5 到 10 年,黑帮很可能将以完全无法识别的形象呈现,而不再像已经过去的 60 年那样。[1]

——罗纳德·戈登施道克,纽约州打击有组织犯罪特别行动组主任,1990 年。

如果简单地通过适用更多的、在前几十年已经被行使的相同执法"药方",期望成功地将科萨·诺斯特拉集团从纽约市核心经济中清除干净,那么这个目标将不可能实现。要想取得成功,就需要在有组织犯罪控制上进行重大革新和"制度建立"。下卷的介绍主要勾勒出联邦有组织犯罪控制项目的演变。本章中我们将强调和评价有组织犯罪控制方面的革新,而这对行业性有组织性勒索已经形成最为重大的影响。

---

[1] 参见 James B. Jacobs, Christopher Panarella, and Jay Worthington:《击破有组织犯罪集团:美国对科萨·诺斯特拉》(Busting the Mob: United States *v.* Cosa Nostra), New York: New York University Press, 1994。

民事性违反"反受勒索影响和腐败组织法"和法院指定的托管治理

以往,控制有组织犯罪的唯一手段就是刑事追究,目标就是把黑帮分子送进监狱服长时间的监禁刑。令人遗憾的是,尽管监禁刑(如果很长的话)对某个犯罪头目是一个重要打击,但是对一个有势力的、变化多样且牢固的犯罪辛迪加的经营来说,其收效甚微;犯罪组织可以从自己的队伍中选任继承者。将黑帮分子送进监狱,对于消除工会或公司里的有组织性勒索,或者是铲除卡特尔,没有任何意义。因而,打击有组织犯罪期待不同的矫治方式,它要针对辛迪加和系统化的犯罪。

民事性违反"反受勒索影响和腐败组织法"提供了这些手段。下卷中所讨论的大多数主要的联邦有组织犯罪控制行动,都是以提起民事性违反"反受勒索影响和腐败组织法"诉讼的形式来进行的。通过这些民事起诉请求限制令、禁令和托管治理,从而防范有组织性勒索,并从被告组织中清除科萨·诺斯特拉的成员及其同伙。这类诉讼非常适合打击工会和公司里的有组织性勒索,因为正式组织能够被监管。如果自然人被告已经因构成有组织性勒索行为(所谓的"受勒索影响和腐败组织"的组成行为)的具体犯罪而被判有罪,则没有必要再次起诉这些被告。因而该民事起诉仅仅将之用来证明,这些有组织性勒索行为与一个企业(例如,工会或公司)有关联。即便没有事先的有罪判决,对于检察官来说,证明民事性违反"反受勒索影响和腐败组织法"的法律责任,也比证明刑事上的法律责任要容易得多。这类诉讼由民事程序所调整,而非刑事诉讼。因而,政府有权进行广泛的审前披露(书面证词和书证),如此可以从腐败的公司和工会中获得丰富的信息。在民事审判中,政府承担较轻的证明负担,并采取证据优势规则*，而非排除合理怀疑的原则**。在民事审判中不要求陪审团意见一致***，而且与刑事程序不同,政府可以就有利于被告的事实裁断****提起上诉。

由广泛使用"反受勒索影响和腐败组织法"中民事规定所带来的最重要的革新,就是指派监管人或托管人来执行法庭命令或磋商后协议的条款。实际上,法院将组织改革的方法和策略,应用到有组织犯罪的"领地";而这些方法和策略则是从学校废除种族隔离和违宪的监狱条件案中发展起来的。就像指派特别官员来监督学校废除种族隔离执行情况或者对监狱糟糕的条件采取补救措施一样,法庭指派的托管人执行法官的命令来改造一个组织,例如,铲除地方工会里的腐败和有组织性勒索,以及为普通会员重建工会民主。

在本书下卷中所提及的托管人中,其指派并非都是由民事性违反"反受勒索影响和腐败组织法"诉讼所引起的。然而,这类诉讼所形成的托管治理是其他类型托管(无论怎样任命的)的范本。例如,在解决曼哈顿区检察官对约瑟夫·嘎姆比诺和托马斯·嘎姆比诺进行刑事追诉案而形成的具有想象力的认罪协议中,双方当事人同意指派前纽约市警察局局长罗伯特·麦克盖尔担任特别官员,来监督嘎姆比诺兄弟出售他们在服装业区货运公司里的权益。

托管人通常被委以较长或者无期限的任期,从而向黑帮控制的工会或

---

* 证据优势(preponderance of evidence),作为民事案件的证明标准,指相反的证据更有分量、更具说服力的证据,即证据所试图证明的事实,其存在的可能性大于不存在的可能性。证据的优势不一定取决于证人人数的多寡,而是指证据的分量、可靠程度和价值。参见《元照英美法词典》,法律出版社 2003 年版,第 1081 页。——译者注

** 排除合理怀疑(beyond a reasonable doubt),在刑事诉讼中陪审团认定被告人有罪时适用的证明标准,即只有控诉方提出的证据对被告人有罪事实的证明达到无合理怀疑的确定性程度时,陪审团可裁断被告人有罪。为适用该标准,陪审团须首先推定被告人是无罪的。参见《元照英美法词典》,法律出版社 2003 年版,第 145 页。——译者注

*** 在美国,传统上要求陪审团裁断(verdict)须一致裁断,但现在已有改变。在刑事案件中,若所涉罪行轻微,有些州允许陪审团作出多数裁断;在民事案件中,许多州已经放弃了对一致性的要求,允许作出 12 人陪审团中有 10 人同意的裁断,联邦法院则允许当事人约定将一定多数陪审员同意的裁断作为陪审团的裁断。参见《元照英美法词典》,法律出版社 2003 年版,第 1398 页。——译者注

**** 裁断(verdict),即陪审团就提交其审理的事项所作的正式裁决。——译者注

第十五章 下卷结语

公司宣示,更重要的是,向普通会员、当事人、客户和商业伙伴宣示,政府不会放任不管,而且情势不会恢复到以前的状况。托管治理发出的信号是一个治疗性的过程,而非"一次阵痛"。托管人的具体授权和权力,由法官决定(当是一个审判的时候),或者由双方当事人决定(在协商后达成解决方案的情形下)。被告们被命令(或者自愿同意)停止有组织性勒索行为以及与科萨·诺斯特拉的联系。托管人被授权要达到的目标,就是从已被污染的组织中根除有组织犯罪(和有组织性勒索、贿赂性酬金、回扣和贿赂)。法官保有继续的管辖权限,并在需要的时候可以发出补充性命令;反抗和干扰行为可能被以藐视法庭罪予以处罚。

大多数托管人是在劳工有组织性勒索案中被指派的。一些法官授权给一个单独的托管人来管理工会,而这也是一个清除腐败的授权。其他法官则将托管人的作用,限定在有关的调查和纪律处罚的范围内。

为确保有组织性勒索在腐败的组织里已经终止,法官通常授权这类托管人以广泛的调查权力,包括命令交出册簿和记录的权力,以及强迫宣誓后作证的权力。一些工会托管人有权对工会官员和会员进行纪律处罚;其他托管人可以将针对工会官员和会员的纪律指控,提交到一个独立的听证委员会或法官那里。无论在哪种情形下,被发现与有组织犯罪分子有联系的工会会员,都将被赶出工会。这是一个有力和有效的工具。

民事性违反"反受勒索影响和腐败组织法"诉讼(和其他情形)产生的托管治理不断增多,这就为前检察官和执法官员们提供了新的职业出路。在将纽约市经济从黑帮控制下解放出来的过程中发挥关键作用的托管人中,很多人曾经在执法单位供职。这样的人从事这项工作时,有着关于有组织犯罪的丰富信息和明显的调查专长。他们还与联邦、州和地方执法部门保持着紧密联系。当然,尽管抱有清除有组织犯罪宗旨的托管人应当从前执法人员的行列中选拔,而且这也具有积极意义,但是,一个代替地方工会主席的托管人应否是一个前检察官,则并非显而易见的事。当然,检察官的训练和经验并不适合他/她,来协商集体性议价合同或者处理申诉以及执行合同条款。

表 15.1　法庭指派的监管人/托管人

工会/行业	监管人/托管人	曾任职务
富尔顿鱼市场"359 分会"	弗兰克·沃尔	联邦检察官
国际运输工人兄弟"295 分会"（肯尼迪国际机场）	托马斯·帕西奥	布鲁克林打击有组织犯罪特别行动组
服装行业；为经过选择的被告设立的特别官员	罗伯特·麦克盖尔	纽约市警察局局长
长岛废物清运行业	迈克尔·切尔卡斯基	曼哈顿地方检察官办公室部门主任
国际运输工人兄弟"851 分会"（肯尼迪国际机场）	让·迪皮垂斯	联邦助理检察官
国际运输工人	查尔斯·卡尔贝里	联邦助理检察官
	弗雷德里克·B. 拉塞	联邦法官；联邦检察官
木工工会区委员会	肯尼斯·孔保艾（调查及核查官）	纽约市调查部专员；联邦法官
国际运输工人兄弟"282 分会"	罗伯特·马查多（反腐败官员）	莫伦委员会首席调查官；警察局副队长
水泥和混凝土工人 6A 分会和区委员会	欧歌内·R. 安德森	联邦助理检察官
砖石工区委员会	劳伦斯·佩多维兹	联邦助理检察官
	迈克尔·切尔托夫	联邦助理检察官；新泽西联邦检察官；白水调查案特别法律顾问

　　法庭指派的托管治理的经费问题，是至为重要的事情。在有关工会的案件中，最为经常性的经费来源，就是那个多年来被有组织性勒索者剥削而导致托管治理的地方工会，而在一些案件中，托管治理经费的支出使地方工会濒于破产。在一些案件中，国际工会为托管人及其团队支付账单。法官有权确定托管人的工资。通常，托管人的工资与私人执业的律师处于相当水平。具有讽刺意义的是，给托管人的工资，与被他所接替的腐败的工会官员相比，还要多一些。因为根据"反受勒索影响和腐败组织法"的诉讼产生的托管人职位，不应看作是法官交给其朋友和前同事的闲职，所以

有必要建立规范的选拔托管人及支付其工资的方式和机制。[2]

即便因"反受勒索影响和腐败组织法"诉讼而形成的托管治理,是这个时代最重要的执法创新之一,但这种托管治理也并不是经常成功。有些情形下,托管人已经陷入到工会行政事务的细枝末节当中。有时,他们没有找到正确的方法或者没有从法院那里获得足够的支持。仅具有调查和惩戒职责的托管人,与那些还不得不承担管理工会职责的人相比,很可能会更为成功。

因"反受勒索影响和腐败组织法"诉讼而形成的托管治理,产生了一些需要研究的法律和哲学问题。托管人使选举无效、替换工会官员、重新设计雇用大厅并驱逐结交有组织犯罪分子的工会会员。人们很可能从法律角度提问,这种权力是否完全遵循了建立在工会会员对其工会自治基础上的自由劳工运动。而且,人们还会问:托管治理什么时候结束?新的选举应在什么时候举行?有组织犯罪的痕迹什么时候被全部清除?到什么时候,工会民主可以繁荣兴旺?在其他的体制性诉讼,对因"反受勒索影响和腐败组织法"诉讼而产生的托管治理而言,其呈现出自己的生命形态正在成为一种趋势,并且随着时间推移和所有类型的问题进入托管人的视野,这种托管治理会积聚更多的目标。

私营部门的监管人

在汲取私营部门设立巡视长经验的同时,纽约州打击有组织犯罪特别行动组"关于纽约市建筑行业腐败和有组织性勒索的最终报告"[3]第一次提出建议,要求政府聘用"保证性调查审计公司"(CIAF)来确保私营承包商,与有组织犯罪没有牵连,不进行掩盖犯罪的活动,以及免于受到有组织性勒索者或公共官员的侵害。

---

[2] Steve Greenhouse:"G. O. P. in a Jam over Move against Teamster Election"New York Times,1998年6月29日,A14版。

[3] 纽约州打击有组织犯罪特别行动组:"关于纽约市建筑行业中腐败和有组织性勒索的最终报告",New York:New York University Press,1990年版。

罗纳德·戈登施道克于1981—1994年担任纽约州打击有组织犯罪特别行动组主任；在几个诉辩交易中，他要求公司聘用独立私营部门巡视长(Independent Private Sector Inspector General)并鼓励管理性机构也效仿，实际上，就是强制有问题的承包商进行自我整顿。学校建筑局的巡视长办公室是第一个机构，通过运用"独立私营部门巡视长"制度来监管承包商，协助他们建立腐败控制，以及向学校建筑局报告这些公司的行为。[4] 商业废物委员会，将聘用"独立私营部门巡视长"作为向特定公司颁发执照的条件，进而将监管推进下一阶段。纽约市调查局向一些城市部门推荐这一制度，来与有问题的承包商打交道。

"独立私营部门巡视长"制度，是同一时期有组织犯罪控制中重大革新之一。它促进了私营部门调查事务所的形成和发展，而这些事务所是由前检察官、司法会计、分析师和警探所经营和组成的。它们为那些希望向客户和政府管理人员保证他们正在遵守所有法律和规章的公司提供监督服务。此外，根据联邦量刑委员会的"法人量刑规则"，一个公司如果能够显示它在设计内部腐败控制制度方面作了应尽的努力，那么在某项犯罪被发现的情形下，它可以明显地限制对外披露（即罚金的条款）。实际上，监管人是用公司自己的钱来调查该公司，并向公司最高管理层和政府报告所发现的任何问题。监管人总是享有权力来审计该公司的册簿和记录，约见雇员，以及与分承包商面谈。如果监管人发现可疑的情况，比如公司向一个有问题的"顾问"支付了过多的费用，那么他会提示政府部门，该部门可能要求该公司作出解释。同样，如果监管人得知该公司的分承包商被黑帮控制，或者某个雇员是黑帮的同伙，则他会要求公司解释，为什么该分包合同没有被终止，该雇员没有被解雇。

"监管"是一门技术，不是一门科学。能否成功，依赖于监管人的技巧、坚持、精力和才智。此外，设立监管人的政府部门，应当确保监管人要充分地积极主动（但不能太过积极主动），而且必须评估监管人报告的准确性。

---

[4] Ronald Goldstock："怎样改革鱼行业"(How to Reform a Fishy Business), Newsday, 1995年3月3日, A34页。

第十五章 下卷结语

当独立私营部门监管人专注于处理具体问题的时候,例如向有组织犯罪支付酬金或者欺诈工会工人这类问题,他们工作效果最好。同样,当公司管理层致力于解决问题并维护其声誉及与政府机构之间的良好关系的时候,他们工作得最为有效。

鲁道夫·朱立安尼

将历史个人化是很危险的,然而很难放弃这样的结论:鲁道夫·朱立安尼在打击纽约市科萨·诺斯特拉犯罪家族的斗争中发挥了极其重要的作用。朱立安尼对有组织犯罪控制的第一个主要贡献发生在他担任联邦检察长助理期间(1981—1983年)(此前他曾担任纽约市联邦检察官助理)。[5] 按照里根总统的说法,朱立安尼帮助说服他和其他政府高级官员,他们应该致力于全面的控制有组织犯罪的工作。[6]

1983年,朱立安尼选择重新回到纽约市来担任纽约南区联邦检察官(1983—1989年)。在其任职期间,他作为自托马斯·E.杜威以来最为积极和成功的有组织犯罪检察官而创造了一项纪录。朱立安尼办公室提起的很多法律诉讼,在下卷中已经予以描述。他的办公室起诉了科萨·诺斯特拉委员会操纵一个有组织性勒索的"企业",而且在一次打击中,击垮了这个国家里的一些最高层犯罪老板们。[7] 该案和针对爱德华·哈罗仁的一些相关诉讼终结了混凝土卡特尔。[8] 朱立安尼办公室对五个所谓的家族中的四个家族,提起了违反"反受勒索影响与腐败组织法"刑事追诉,其矛头指向纽约市所有五个科萨·诺斯特拉犯罪家族的重要成员。每个刑事追诉的根据都是,这些被告在违反"反受勒索影响和腐败组织法"的情况

---

〔5〕市长朱立安尼网页:http:// www.ci.nyc.ny.us/html/om/html/bio.html。

〔6〕罗纳德·里根:"向有组织犯罪宣战"(Declaring War on Organized Crime),New York Times,1986年1月12日,第6—26版。

〔7〕美国诉萨雷诺案,85Cr.139 (S.D.N.Y.1985)。

〔8〕美国诉哈罗仁案,1989WL 2691(S.D.N.Y.1989);美国诉萨雷诺案,937 F.2d 797,(2d.1991),被推翻,505 U.S.317(1992);美国诉萨雷诺案,974 F.2d 231(2d Cir.1992),被推翻,以部分名义,美国诉迪纳波里案,8 F.3d 909(2d Cir.1993)(全体一致);美国诉米格里奥瑞,104 F.3d 354 (2d Cir.1996)(说明所有剩下被告都表示认罪)。

下,通过一种有组织勒索的行为方式(即他们个人和共同犯罪)参与到一个企业(即犯罪家族)的事务当中。[9] 朱立安尼对罗曼诺兄弟和富尔顿鱼市的"359分会"提起了民事性违反"反受勒索影响和腐败组织法"的诉讼。[10] 正如我们已经看到的,该起诉导致了双方同意的裁定和缺席判决,以及市场行政官的指派。朱立安尼提起的最为重要案件中的另一事例就是,对运输工人国际工会的总执行董事会提起的史无前例的民事性违反"反受勒索影响和腐败组织法"之劳工有组织性勒索诉讼。[11] 该民事诉讼导致一个托管治理,并以不同的外在形式持续了10年;几十年来第一次使自由选举成为可能;以及从工会中驱逐了几百个腐败的全国的、地区的和地方的官员。

整顿策略

尽管地方管理机构建立在内华达赌博管理委员会、新泽西赌博管理委员会和纽约/新泽西码头区管理委员会的经验基础上,但是这些机构被动员来打击有组织犯罪,却是纽约市特有的革新。近来,市长们还认为有组织犯罪控制应作为执法机关的职责。朱立安尼行政当局承担了清理被有组织犯罪分子驱使行业的职责,认为它们阻碍了城市的发展和繁荣。这个城市的整顿计划已经明显地扩展了有组织犯罪控制策略的各个方面。

当朱立安尼成为纽约市市长的时候(1994年),他很快地着手完成他在担任联邦检察官时已经启动的工作。他的第一个有组织犯罪控制计划,建立在他此前在富尔顿鱼市清除黑帮的成果的基础上。他建立了许可制度(其管辖范围最终扩展到纽约市所有的食品市场),其中包括对许多市场参与者的背景调查。市政府开始积极大胆地管理市场;它撵走了与黑帮有关联的卸货公司,与一个独立的卸货公司签订合同,由它提供卸货服务,并且指派市场行政官来进行日常监督。

---

〔9〕参见,波拿诺家族:美国诉波拿诺有组织犯罪家族案,87 Civ. 2974 (E. D. N. Y. 1987);科伦波家族:美国诉皮乐斯克案,832 F. 2d 705 (2d Cir 1987),美国诉科伦波,616 F. Supp. 780 (E. D. N. Y. 1985);嘎姆比诺家族:美国诉罗第案,641 F. Supp. 283 (S. D. N. Y. 1986);哲诺维斯家族:美国诉萨雷诺案,868 F. 2d 524 (2d Cir 1989)。

〔10〕美国诉359分会案,Civ. 7351 (S. D. N. Y. 1987)。

〔11〕美国诉国际运输工人兄案,708 F. Supp. 1388 (S. D. N. Y. 1989)。

第十五章 下卷结语

朱立安尼行政当局的下一个重要的有组织犯罪控制计划是，通过纽约市商业废物委员会颁发商业执照的方式，来努力清除科萨·诺斯特拉操纵的废物清运卡特尔。朱立安尼指派一个前联邦助理检察官来领导这个机构。该委员会运用其权限，拒绝向与有组织犯罪有联系的清运人颁发商业执照。只有同意聘用一名"独立私营部门巡视长"来保证公司合法经营且与有组织犯罪没有关联，这些公司才被允许继续参与该行业活动。

商业废物委员会，也许为全国乃至世界提供一个模式。该委员会利用其许可权限将与黑帮勾结的公司逐出清运行业。该机构可以很简单地拒绝向任何与有组织犯罪有联系的公司颁发执照，而且它具有专门知识和调查资源来搜寻这类信息。此外，它还利用其规则制定权和（最高）价格确定权，来打破针对客户的"财产—权利"体制并激励竞争。商业废物委员会的调查员不断寻找有组织犯罪迹象并且迅速地将之消灭在萌芽状态。

在其第二届市长任期内，朱立安尼制订了他更为雄心勃勃的计划，对建筑行业的腐败和有组织性勒索进行整顿性的打击。该计划要求一个5人委员会来向整个城市里的500个最大建筑承包商颁发执照。执照的颁发，以这些被许可的承包商监管其分承包商为条件。当本书付梓之际，该计划仍处于悬置状态。[12]

商业废物委员会已经取得了初步的成功，然而我们必须提出一些警示。政府颁发执照机构的历史是充满波折的。在不同时期，在美国不同州和城市，人们对此有着不同的看法，颁发执照权力，就像州关于酒类的权限，已经落入了政客们的伙伴们的怀抱并且与大量的腐败相联系。商业废物委员会目前由具有高度个人廉洁性的有组织犯罪斗士们来管理，但是谁知道，以后的市长会不会利用该委员会来奖赏政治盟友们？而该委员会在某天会不会被该行业控制，或者更糟糕？

尽管贾维茨中心运用的策略并不引人注目，但它却说明，一个小的政治意愿会很有用，尤其是在与持续且正在进行的执法活动相结合的情况

---

[12] Selwyn Raab:"为承包商寻找新的规则"（New Rules Sought for Contractors）, New York Times, 1998年7月20日, A1版。

下。十分直截了当地,州长致力于清理该中心,更换了它的管理委员会并聘用了新的首席执行官;该执行官强迫中心全体员工辞职并重新申请职位。有犯罪记录和/或者与有组织犯罪有牵连的雇员没有被再次雇用。好的管理层被组织起来,而成功随后而至。

赢得这场战争了吗?

需要承认的是,不可能确切地证明,科萨·诺斯特拉在纽约市核心经济中不再是一股力量,或者至少一种实际存在的力量。我们必须从一些事实中进行推论,并且依靠那些接近现实的观察者的分析。

手头能够说明科萨·诺斯特拉消亡的证据是什么?首先,这里有值得关注的、被长期或者终身监禁的首领们的名单。由于1997年"大下巴"温森特·吉甘特(哲诺维斯犯罪家族老板)被科刑,街头上便不再有一个著名的纽约市科萨·诺斯特拉的首领。[13] 当然,也不会再发生约翰·哥第摸着鼻子在执法机关走来走去、公开进行审判和收获敬意的场景。传闻中的纽约市科萨·诺斯特拉"委员会"已经停止运作。[14]

黑帮似乎已经被从贾维茨中心和富尔顿鱼市中清除,并几乎从纽约市和长岛的清运行业中消失,至少这是执法人员、城市官员和在这些行业中做生意的人们的评价。一个主要指标就是清运行业和鱼市场中价格的显著下降。贾维茨中心也生意兴旺,扭转了下降的趋势。肯尼迪机场的空运行业则报告称空运货物盗窃已经大幅度下降。

在建筑行业,在混凝土和石膏板行业里卡特尔已经完全消失。在清除运输工人工会中的有组织犯罪的过程中已经取得了极大进展。"国际运输工人兄弟"的总执行董事会不再容纳任何已知的黑帮成员。全国性选举过程更为自由。工会民主现在有了机会。全国性工会清除其地方工会中有

---

[13] 美国诉吉甘特案,989 F. Supp. 436(E. D. N. Y. 1997)。
[14] Selwyn Raab:"当家族虚弱时,黑帮的'委员会'不再开会"(Mob's 'Commission' No Longer Meeting, as Families Weaken),New York Times, 1998年4月27日,B1版。

第十五章　下卷结语

组织性勒索污点的努力已经取得成效。木工工会已经进行了实质性改革，当然在其他曾被黑帮控制的工会分会中，劳工有组织性勒索在逐渐衰退。断言不再存在有组织犯罪还嫌太早，但是几乎不用怀疑，其存在远不如80年代时那么明显了。

宣布科萨·诺斯特拉的终结，需要拿出勇气，或者说这样宣布有些武断。毕竟这个犯罪辛迪加半个多世纪以来在地上社会和地下社会发挥了巨大的影响。我们如何才能确信，新的科萨·诺斯特拉的首领不会出现，而科萨·诺斯特拉不会在新的行业里找到出路？简短的回答是，我们不能。如果执法机关不能保持警惕，如果下一任纽约市市长行政当局对有组织犯罪熟视无睹，科萨·诺斯特拉很可能真要卷土重来。行政当局不断交替。优先考虑的事情在变化。强有力的领导人脱颖而出又消失。我们的政府体制的本性，决定了它不会将重点总集中在一类问题上，也不会将重点建立在计划性和行政性的经验基础上，甚至是成功之上。然而，迄至本书写作时这里看起来有一个好的预见，即科萨·诺斯特拉作为纽约市经济和权力结构中主要参与者的角色在21世纪将不再存在。

姓名表
（按英文姓氏排序）

罗伯特·艾布拉姆斯（Robert Abrams） 1979—1993年，任纽约州总检察长。

伯纳特·阿德尔施泰因（Bernard Adelstein） 1951—1992年，运输工人工会813分会的创始人和司库（最高职位）。与嘎姆比诺和鲁齐斯犯罪家族有联系。

贝内德托·阿鲁瓦（Benedetto Aloi） 科伦波犯罪家族的二老板。和维内罗·曼嘎诺一起组建了"窗户更换卡特尔"。1991年，他因参与该卡特尔而被判有罪。

穆斯塔法·阿里（Mustapha Ally） 马里兰居民。1986年他赢得了开办混凝土加工厂并向全纽约公共建筑项目提供混凝土的合同。因为他的"西57街混凝土公司"没有能够生产出足够数量的混凝土，这个合同被终止了。

荷尔伯特·阿特曼（Herbert Altman） 纽约州法官。他（在判决中）支持了"有组织犯罪控制法"（Organized Crime Control Act）的合宪性，（该法）是纽约州反有组织性勒索法。

威托瑞奥·阿慕索（Vittorio Amuso） 鲁齐斯家族的老板。他在"窗户"案中逃避起诉。最终，他被逮捕并因谋杀和有组织性勒索而被判有罪。

欧歌内·R.安德森（Eugene R. Anderson） 前联邦检察官。1983—1993年，他作为法庭指定的托管人，管理"6A分会"和"水泥和混凝土工人

姓名表

区委员会"。他得出结论，这一托管职位没有成功，很大程度上归因于执法力量短缺以及资金匮乏。

威廉·阿然瓦尔特（William Aronwald） 20世纪70年代，美国司法部在曼哈顿的"联合打击行动组"的负责人。他与"克利弗兰计划"协同配合，自1973年3月至1974年8月在服装业中心开展了大规模的卧底行动。

塞尔瓦托·阿威利诺（Salvatore Avellino） 鲁齐斯家族的分支头目。20世纪60—80年期间，通过"拿骚/萨福克私营卫生清洁产业联合会"控制了长岛地区的废物清运生意。1994年他因共谋谋杀和有组织性勒索被判有罪。

"巴尼"里波瑞奥·贝罗莫（Liborio "Barney" Bellomo） 哲诺维斯家族分支头目。据说是90年代中期该家族的代理老板。1997年2月，他对有关清运和建筑业的勒索行为表示认罪，并被判处10年监禁。

G.罗伯特·巴雷凯（G. Robert Blakey） "反受勒索影响和腐败组织法"的主要起草者，刑法教授，80年代联邦调查局的主要顾问。

罗伯特·波义耳（Robert Boyle） 由乔治·帕塔基州长任命担任贾维茨中心的主席和高级执行官，并被授权清除有组织犯罪。他在该中心的管理方面进行了重要改革。他于1997年辞职，成为纽约和新泽西港务局的执行主任和贾维茨中心董事会主席。

威廉·布拉顿（William Bratton） 1994—1996年，担任纽约市警察局长。

雷蒙德·布卡福斯孔（Raymond Buccafusco） 1992年服装业中心有组织性勒索案中，与嘎姆比诺兄弟是共同被告。他与控方达成了一个诉辩协议。

"里皮克"路易斯·布查尔特（Louis "Lepke" Buchalter） 1928年，和雅科布·沙皮罗一起，从阿诺德·罗特施坦因接过在服装行业的工会控制权。他拥有设计公司并控制贸易协会和货运商协会。1944年他因谋杀被判有罪并被执行死刑。

"大鱼"文森特·卡法罗（Vincent "the Fish" Cafaro） 哲诺维斯家族的

"喽啰"。在贾维茨中心和木工工会中扮演主要角色。他在几起刑事起诉和针对木工业地区委员会的有组织性勒索民事诉讼中成为合作证人并出庭作证。

安东尼·卡拉哥纳（Anthony Calagna） 1990年，在弗兰克·卡立瑟因劳工有组织性勒索行为被判有罪后，鲁齐斯犯罪家族选拔他来操控"国际运输工人兄弟295分会"。1991年，他对从肯尼迪机场的一家货运公司勒索酬金的行为表示认罪。

弗兰克·卡立瑟（Frank Calise） 在戴维道夫父子被赶下台后，鲁齐斯犯罪家族选拔他来操控"国际运输工人兄弟295分会"。1990年，和哈瑞·戴维道夫一起，卡立瑟因涉及从肯尼迪机场多家货运公司勒索酬金的劳工有组织性勒索活动而被判有罪。他被判9年监禁。

查尔斯·卡尔贝里（Charles Carberry） 前联邦检察官。按照1989年双方同意的裁定，其对"国际运输工人兄弟"的总执行董事会成立一个三人监管小组，他被任命为调查官。他的调查导致了对该协会上百名官员和成员的纪律惩戒指控。其中大多数指控导致很多人从协会中被开除和辞职。

罗·卡瑞（Ron Carey） "国际运输工人兄弟"工会的改革者。1991年他竞选时反对腐败和有组织犯罪，并被选为"国际运输工人兄弟"的主席。他对几个腐败的分会强制行使托管治理，并撤销了几个分会官员的职务。1996年，他被指控在该协会选举中进行竞选经费欺诈，而后从职位上被赶下来并被赶出协会。

美国联邦检察官圣扎迦利·卡特（U.S Attorney Zachary Carter） 纽约东区的美国联邦检察官，1993年至今*。

"煤气管子"安东尼·卡索（Anthony "Gaspipe" Casso） 鲁齐斯家族的二老板。在因"窗户"案被起诉后，他躲了起来。潜逃期间，他还牵扯到油漆涂装卡特尔而被指控。1993年被逮捕后，他承认有罪并成为政府的证人。然而，他因虚假作证而被从"证人安全项目"中排除，最终他因谋杀和其他罪行而被判了数个终身监禁。

---

* 本书中提到"至今"都是相对于成书时间（即1999年），而非相对于现在。——译者注

姓名表

保罗·卡斯戴拉诺(Paul Castellano)　卡罗·嘎姆比诺的继承者,嘎姆比诺犯罪家族的老板。他大量地涉入建筑行业有组织性勒索,包括混凝土卡特尔。1985年他被分支头目约翰·哥第的手下刺杀,哥第作为继任者成了老板。

迈克尔·切尔卡斯基(Michael Cherkasky)　曼哈顿地方检察官办公室调查部门的主任。他领导了针对嘎姆比诺服装行业有组织性勒索的调查。而后,作为私营部门保安公司的执行官,他在服装业中心案的矫治阶段协助"特别官员"罗伯特·麦克盖尔。1994年,他被任命为长岛废物清运行业的监督官。1997年,他被任命监督1998年"国际运输工人兄弟"的选举。

约翰·考第(John Cody)　嘎姆比诺家族的随从,1976—1984年担任"国际运输工人兄弟282分会"的主席。作为纽约市最具有权势的工会分子之一,1982年他因有组织性勒索被判决有罪,并处以5年监禁。

肯尼斯·孔保艾(Kenneth Conboy)　纽约市前调查专员及联邦法官。1994年他被任命为针对"木工地区委员会"的调查及核查官员。1996年他的努力使"木工国际"主席道格拉斯·麦卡然将地区委员会置于托管管理地位。在"国际运输工人兄弟"案中,他还是(1999年1月)法庭任命的选举官员。

保罗·科西亚(Paul Coscia)　"展览会雇工协会829分会"的总工人代表,而后担任副主席。该协会代表在贾维茨中心的工人。以哲诺维斯犯罪家族的随从身份闻名。

马立奥·科奥默(Mario Cuomo)　1983—1995年期间担任纽约州州长。

"小阿尔"阿方斯·达尔科(Alphonse "Little Al" D'Arco)　鲁齐斯犯罪家族的代理老板。他在木工协会发挥影响,并从雇佣该协会成员的公司收取酬金,为家族成员设立"幽灵付薪"岗位,欺诈雇工养老金基金。后来,他成为政府的证人。

哈瑞·戴维道夫(Harry Davidoff)　鲁齐斯家族的随从。1956年,吉米·霍法任命其为"国际运输工人兄弟295分会"的主席。他控制该分会一直到1989年,他因有组织性勒索、敲诈和同谋指控而被判有罪。他被处以12年监禁,并禁止参加"295分会"和"851分会"的事务。1991年,他和弗兰克·卡立瑟因从肯尼迪机场多家货运公司收取酬金而被判有罪。他被处罚金近100万美元。

马克·戴维道夫(Mark Davidoff)　哈瑞·戴维道夫的儿子,"国际运输工人兄弟851分会"的司库。他在1990年辞职,当时该协会检查委员会开始调查纽约市运输工人协会各分会的有组织性勒索。

"本塞"史蒂文·德拉卡瓦(Steven "Beansy" Dellacava)　和保罗·科西亚一起,担任在贾维茨中心的"展览会雇工协会"的工人总代表。作为鲁齐斯犯罪家族的随从而闻名。离开贾维茨中心后,他控制了纽约其他场所的展览和商业展出的工作分派。

让·迪皮垂斯(Ron Depetris)　纽约东区联邦检察官首席助理。1994年,按照双方同意的裁定,他被任命为"国际运输工人兄弟851分会"独立监督员,这个分会代表着肯尼迪空运产业的工人。他聘用戴维·卡拉苏拉为他的主调查员。

弗雷德里克·德维(Frederick Devine)　1991—1996年,任木工工会地区委员会主席。包括文森特·卡法罗和萨米·格拉瓦诺在内的黑帮背叛者,证实他与数个科萨·诺斯特拉家族有联系。1996年,他被国际协会主席从位子上赶下来。1998年,他因贪污协会资金被判有罪,并处以15个月的监禁。

托马斯·E.杜威(Thomas E. Dewey)　1931—1933年担任纽约南区的联邦助理检察官。他1935—1937年期间担任纽约州的特别检察官,1938—1942年担任曼哈顿地区的特别检察官。他起诉了数个有组织犯罪人物,包括服装产业有组织性勒索分子路易斯·布查尔特、雅科布·沙皮罗和约翰·迪奥瓜第。1943—1952年,他任纽约州州长。

文森特·迪纳波里(Vincent DiNapoli)　哲诺维斯家族的分支头目。他组织了石膏板卡特尔。他控制了"剑桥石膏板及木工工艺公司"和"市中心石膏板公司"。他还负责筹建"泥水工530分会",这个分会由路易斯·

莫斯卡戴罗操控。1980年,他因有组织性勒索被判有罪,并处以5年监禁。1988年,他因参与哲诺维斯家族有组织性勒索案而被判有罪,并处以长期监禁。

"约翰尼·迪奥"约翰·迪奥瓜第(John "Johnny Dio" Dioguardi) 鲁齐斯犯罪家族的分支头目。他在服装业中心与托马斯·鲁齐斯合作。30年代他因有组织性勒索指控被判有罪。他担任"大都市进口运输工人协会"的货运"顾问",后来据说担任"全国空运协会联合会"的顾问。他帮助吉米·霍法控制"国际运输工人兄弟第16联合委员会",其包括"295分会"和其他许多分会。1958年他因与肯尼迪机场的有组织性勒索相关的共谋和敲诈而被判有罪。1973年他因股票欺诈入狱,并于1979年死在狱中。

约翰·迪萨尔沃(John Disalvo) 服装业中心货运权益的所有者。他与嘎姆比诺兄弟被列为共同被告。1992年他与控方达成了一个诉辩协议。

"乔·戴尔蒙德"那塔立·艾沃拉(Natale "Joe Diamond" Evola) 波拿诺犯罪家族的长期成员,在70年代早期是该家族名义上的老板。他拥有数个服装业中心的货运公司,是该中心主要的有组织性勒索分子。1973年在联邦调查期间,他因自然原因死亡。

"吉米·布朗"詹姆斯·费拉(James "Jimmy Brown" Failla) 他管理"大纽约商业废物清运工协会"超过30年,对"国际运输工人兄弟813分会"施加影响。他是嘎姆比诺家族的分支头目。1994年,他对共谋实施谋杀行为认罪并被处以7年监禁。

威廉·A.弗查克(William A. Ferchak) 他长期担任"国际运输工人兄弟732分会"的官员。1991年,弗雷德里克·拉塞任命他担任该协会"295分会"的托管人。

安东尼·费奥里诺(Anthony Fiorino) 哲诺维斯犯罪家族的随从,里波瑞奥·贝罗莫的妻弟。1985年他成为"木工协会257分会"的成员并成为基层工会代表。1988年他被派往贾维茨中心,4个星期后他被任命为属于监督岗位的"计时员"。他很快被提拔为该中心木工们的首领。1994年,弗雷德里克·德维任命他接替拉尔夫·科波拉(Ralph Coppla)担任区委员会的代表。他是第一个根据双方同意的裁定而面临纪律指控的工会成员。他因在明知的情况下与鲁齐斯犯罪家族的成员进行联系以及强制推行腐败的"候选名单"提名制度而被终身驱逐出工会。

多米尼克·弗郎西罗(Dominic Froncillo) "国际运输工人兄弟807分会"成员和贾维茨中心的雇员。独立审查委员会指控他,在明知的情况下与有组织犯罪成员联系。他证实,与有名的哲诺维斯家族分支头目阿尔方斯·马兰高内有着15年的友谊。1996年,他被永久性地排除在工会之外。

托马斯·嘎里甘(Thomas Galligan) 纽约州法官。1992年,他主审了"人民诉嘎姆比诺等"案。他任命罗伯特·麦克盖尔为特别官员,负责管理嘎姆比诺家族在服装业中心的货运权益。

约瑟夫·N.嘎罗(Joseph N. Gallo) 嘎姆比诺家族的顾问。他控制了"大衬衫、裙子及内衣协会"。1987年他因贿赂而被判有罪,并处以长期监禁。

卡罗·嘎姆比诺(Carlo Gambino) 嘎姆比诺犯罪家族的老板。托马斯·嘎姆比诺和约瑟夫·嘎姆比诺的父亲。他选择保罗·卡斯戴拉诺担任继承者。他死于1976年。

约瑟夫·嘎姆比诺(Joseph Gambino) 卡罗·嘎姆比诺的儿子,托马斯·嘎姆比诺的兄弟。嘎姆比诺兄弟俩是服装业中心的显赫人物,一直到1992年,当时他们与控方达成诉辩交易,同意从该产业中撤出并支付1200万美元罚金。

托马斯·嘎姆比诺(Thomas Gambino) 卡罗·嘎姆比诺的儿子,约瑟夫·嘎姆比诺的兄弟。嘎姆比诺兄弟俩是在纽约市服装产业中显赫的科萨·诺斯特拉人物,直到1992年他们与控方达成诉辩交易,同意撤出该产业并支付1200万美元罚金。托马斯的财产据估计有1亿美元。1993年他因在康涅狄格州被指控实施单独的有组织性勒索而被判有罪,并被处以5年监禁。

威廉·哲诺厄斯(William F. Genoese) "国际运输工人兄弟732分会"的官员。"国际运输工人兄弟"主席罗纳德·卡瑞提名他接替威廉·弗

姓名表

查克担任"295 分会"的托管人。当调查显示他与鲁齐斯犯罪家族的联系以及他面对肯尼迪机场的腐败毫无作为后,他的提名被该协会独立行政官弗雷德里克·拉塞否决。卡瑞主席最终剥夺了他在"732 分会"的职务。

"大下巴"温森特·吉甘特(Vincent "the Chin" Gigante) 哲诺维斯家族的老板。他因穿着浴袍在街上一边走一边自言自语而闻名。政府的检察官争辩说,他是在假装精神病。萨米·格拉瓦诺证实,吉甘特牢牢控制着他的精神状态和哲诺维斯家族。当发现他的精神状态不足以出庭受审时,吉甘特免于在"窗户"有组织性勒索案中接受审判。1997 年,他因有组织性勒索而被判有罪,并被处以 12 年监禁。

鲁道夫·朱立安尼(Rudolph Giuliani) 1981—1983 年,任美国总检察长助理;1983—1989 年,纽约南区联邦检察官。他的办公室起诉了嘎姆比诺、波拿诺、哲诺维斯家族有组织性勒索案以及"美国诉萨雷诺案",即"委员会"案。他还提起了针对"国际运输工人兄弟"总执行董事会、"359 分会"和在富尔顿鱼市的哲诺维斯家族的民事性违反"反受勒索影响和腐败组织法"诉讼。1994 年至今,担任市长期间,他建立许可制度使富尔顿鱼市摆脱了黑帮的控制,以及建立"商业废物委员会"以打破废物清运卡特尔。

雷奥·I. 格拉瑟(Leo I. Glasser) 美国纽约东区的联邦法官,他主审了数起有组织犯罪案件,包括"美国诉拿骚/萨福克私营卫生产业联合会"案和"美国诉哥第"案。

约翰·格雷森(John Glessen) 1990—1993 年期间,担任纽约东区美国联邦检察官助理和该办公室有组织犯罪部门主管。1994 年至今,担任联邦法官。

罗·戈登施道克(Ron Goldstock) 1981—1994 年期间,担任纽约州有组织犯罪特别行动组的主任。他领导了针对纽约市建筑行业中的腐败和有组织性勒索的全面调查。他首先主张运用私人监督员作为一项有组织犯罪控制策略。他在调查长岛清运卡特尔工作中发挥重要作用。1996 年,他被委派到贾维茨中心的"纽约会议中心筹办公司主任管理会",该委员会负责管理中心的营业。

约翰·哥第(John Gotti) 在保罗·卡斯戴拉诺被刺杀后,他是80年代嘎姆比诺犯罪家族的老板。60年代,他因劫持从肯尼迪机场来的卡车而服刑三年。1992年他因有组织性勒索行为及各种相关犯罪被判有罪,其中包括谋杀保罗·卡斯戴拉诺。他被处以终身监禁。

维克特·格朗德(Victor Grande) 1982年,他对因未就富尔顿鱼市的车辆保护生意所收取的钱支付税款而表示认罪。

"公牛"萨米·格拉瓦诺(Sammy "the Bull" Gravano) 嘎姆比诺家族的二老板。他与政府合作,于1992年针对约翰·哥第作证,并且针对数个其他重要的黑帮人物作证。

马克·格林(Mark Green) 1990—1992年期间,担任"消费者事务部"的专员。和副专员里查德·施赖德一起,他实施了一系列的公开行动,清除货运行业中的有组织犯罪。1993年,他被选为公共代言人。

托马斯·格瑞萨(Thomas Griesa) 纽约南区联邦区法官。他主审了一系列涉及富尔顿鱼市的案件,包括"美国诉359分会"案。

查尔斯·海特(Charles Haight) 联邦法官。他主审了针对"木工区委员会"的民事性违反"反受勒索影响和腐败组织法"诉讼。他任命肯尼斯·孔保艾为调查及核查官员。

"打击"爱德华·哈罗仁(Edwar "Biff" Halloran) 哲诺维斯家族的同伙。80年代,他垄断了所有掺水即用的混凝土供应商。1988年,他在哲诺维斯家族有组织性勒索案中被判决有罪,他所有的公司被收归政府。

亨利·希尔(Henry Hill) 鲁齐斯家族的随从,后转为政府的证人。他声称,他和吉米·伯尔克和保罗·瓦里奥一起策划了1978年"汉莎抢劫"案。他针对多个鲁齐斯家族成员和随从作证,并进入"证人保护项目"。他的故事,被彼得·马斯写成小说"聪明的家伙"出版,而后又改编成电影"好家伙"。

吉米·R. 霍法(Jimmy R. Hoffa) 他把纽约市地区的"国际运输工人兄弟"的几个分会交给科萨·诺斯特拉,以换取黑帮支持他1956年竞选该协会主席。1956—1958年,以及1961年直到1964年他因养老金诈骗和妨害大陪审团而被判有罪时止,他担任该协会主席。1975年失踪,被认为是遭黑帮刺杀,当时他在竞选以重获对该协会的控制,其政纲是将工会从黑帮的控制下解脱出来。

萨缪尔·H.霍夫施塔特(Samuel H. Hofstadter)　纽约州法官。50年代,他曾(在判决中)支持纽约市政府拒绝向詹姆斯·普拉莫瑞的服装行业货运公司颁发执照,因为普拉莫瑞与有组织犯罪有牵连。

迈克尔·荷兰德(Michael Holland)　劳工律师。按照1989年双方同意的裁定所建立的"国际运输工人兄弟"的三人托管制度,他被任命为选举官员。

马休·艾安尼劳(Matthew "Matty the Horse" Ianniello)　哲诺维斯犯罪家族的长期分支头目。他涉足几桩生意,包括作为弗兰克·沃尔夫的助手在"美国大师货运"工作,和作为代表工会会员与雇主交涉的工会代表为"国际女装工人工会102分会"工作。1976年,在服装业中心实施勒索案中被控共同预谋,他被判无罪。1986年因单独的有组织性勒索指控而被判有罪,并处以长期监禁。

保罗·卡曼(Paul Kamen)　他担任油漆工工会"第九区委员会"主席一直到1991年,当时他对有关油漆涂装卡特尔违反"有组织犯罪控制法"规定的企业腐败行为认罪。他的认罪确证了检察官们对他与鲁齐斯犯罪家族有联系的怀疑。

格拉德·克尔第(Gerald Kelty)　"木工工会257分会"的成员。他声称,安东尼·费奥里诺命令用火烧他,并且将铁钉倒在他身上,因为他曾经对违反工会合同进行控告。

爱德华·科赫(Edward I. Koch)　1978—1989年期间,任纽约市市长。他和马立奥·科奥默一起,呼吁对建筑行业的腐败和有组织性勒索进行调查。

詹姆斯·科斯勒(James Kossler)　70年代末期到80年代末期,纽约市联邦调查局办公室有组织犯罪分部的协同调查员。设计和实施联邦调查局有组织犯罪控制计划的关键人物之一。

戴维·卡拉苏拉(David Krasula) 美国邮政检查局和美国劳动部的长期调查员。依照1994年10月有关在肯尼迪机场空运行业的有组织性勒索案达成的双方同意的裁定，他受雇于让·迪皮垂斯，担任"国际运输工人兄弟851分会"的总调查员。

弗雷德里克·B.拉塞(Frederick B. Lacey) 前联邦法官。依照1989年运输工人工会的双方同意的裁定，他担任独立行政官，对"国际运输工人兄弟"负有托管职责。后来，他在同一案中担任"独立审查委员会"的成员。

"短袜子"约瑟夫·兰扎(Joseph "Socks" Lanza) 哲诺维斯犯罪家族的分支头目。20年代到50年代，他控制了富尔顿鱼市并对整个纽约市的码头区施加了很大影响。1923年，他组织了"联合水产品工人359分会"来代表富尔顿鱼市的工人。尽管被判有罪且在监狱服刑，他仍在分会的薪水名册上并充当工会代表，一直到1968年他死的时候。

"哈瑞"努兹奥·兰扎(Nunzio "Harry" Lanza) 哲诺维斯犯罪家族的分支头目，约瑟夫·兰扎的兄弟。他在整个60年代担任"359分会"的官员。

弗兰兹·雷切特(Franz Leichter) 纽约州参议员。1981年，他发表了有关科萨·诺斯特拉涉足纽约市服装产业的综合报告。

"三个手指的布朗"托马斯·鲁齐斯(Thomas "Three Finger Brown" Luccese) 雅科布·沙皮罗和路易斯·布查尔特的继任者。作为鲁齐斯犯罪家族的老板，在服装产业有数个所有者权益并插手管理这些生意。他服装产业的权益都传给了他女婿托马斯·嘎姆比诺和约瑟夫·嘎姆比诺。

安德鲁·J.马兰内(Andrew J. Maloney) 1986—1992年期间，任纽约东区联邦检察官。

维内罗·曼嘎诺(Venero Mangano) 80年代后期鲁齐斯家族的二老板。他和贝内德托·阿鲁瓦一起组建了"窗户更换卡特尔"，并共谋谋杀潜在证人。1991年，他被判有罪并处以188个月的监禁。

"泰迪"斯奥多尔·马里塔斯(Theodore "Teddy" Maritas) 1977—1981年期间，他担任"木工工会区委员会"的主席。据声称，他帮助文森特·迪纳波里组织和强制推行石膏板卡特尔。针对他和迪纳波里对石膏板有组织性勒索的起诉,因陪审团无法达成一致意见而告终。1992年他失踪了,被认为是为防止其与政府合作对付其他同案被告而被谋杀。

保罗·马戴罗(Paul Martello) "水暖工工会2分会"的工会代表。1996年他重新当选,尽管当时关于他实施企业腐败和其他与油漆工卡特尔有关犯罪的诉讼悬而未决。对于这些指控,他被宣告无罪。

兰迪·马斯特罗(Randy Mastro) 在鲁道夫·朱立安尼麾下,任纽约南区联邦助理检察官。在针对"国际运输工人兄弟"总执行委员会和科萨·诺斯特拉成员进行的有组织性勒索民事诉讼中担任主检察官。1994—1998年期间,纽约市幕僚长和副市长。1996—1997年,担任"商业废物委员会"第一任(临时)负责人。

H.卡尔·麦克卡尔(H. Carl McCall) 纽约州的审计员。他于1995年作出的审计报告,批评贾维茨中心的管理和财务管理。

爱德华·麦克唐纳德(Edward McDonald) 1982—1989年期间,布鲁克林打击有组织犯罪特别行动组的负责人。

托马斯·麦格温(Thomas McGowan) "建筑和装饰铁架工人工会580分会"的主席。在"窗户"案中,他被判无罪。1994年他因与窗户卡特尔有关的犯罪而被判有罪,包括从私营承包商那里接受酬金。

罗伯特·麦克盖尔(Robert McGuire) 纽约市警察局专员。1992—1997年期间,被任命为"特别官员",负责监管嘎姆比诺家族的服装中心的货运权益。他进行了数项改革,借以打破货运卡特尔的"婚姻制度",并从嘎姆比诺兄弟支付的1200万美元中拿出300万美元建立了被害人补偿基金。

格拉德·麦克奎恩(Gerald Mcqueen) 曼哈顿区检察官办公室有组织犯罪及劳工有组织性勒索组的前调查员。1995年,帕塔基州长任命他为贾维茨中心的总巡视员。1997年,州长任命他为首席执行官。他继续推进罗伯特·波义耳建立的有组织犯罪控制和行政改革项目。

约翰·米切尔(John Mitchell) 1969—1972年期间,任美国总检察长。

1971年,他提起了针对几个纽约市货运公司和"全国空运协会委员会"的反托拉斯民事诉讼,并导致这个腐败商业协会的解体。

罗伯特·摩根陶(Robert Morgenthau)　1961—1970年期间,任纽约南区联邦检察官。1975年至今,任曼哈顿区检察官。

迈克尔·莫罗内(Michael Moroney)　美国劳工部劳动有组织性勒索办公室前官员。1992年受雇于托马斯·帕西奥,担任"国际运输工人兄弟295分会"的副托管人。

路易斯·莫斯卡戴罗(Louis Moscatiello)　"泥水工530分会"的主席,该分会由文森特·迪纳波里创建。1991年他因在石膏板行业充当贿赂掮客而被判有罪并被送进监狱。

欧歌内·H.尼克尔森(Eugene H. Nickerson)　联邦法官。他主审了有关肯尼迪机场有组织性勒索的几起案件。

库尔特·奥斯特朗德(Curt Ostrander)　1994年,"国际运输工人兄弟"罗纳德·卡瑞任命他为"851分会"的托管人。1996年11月,被艾林·苏利文接替。

费边·帕洛米诺(Fabian Palamino)　1991—1995年,任贾维茨中心的主席和首席执行官。州审计员指控他对该中心处置失当并容忍腐败。

乔治·帕塔基(George Pataki)　1994至今,担任纽约州州长。他使州府当局竭力打击贾维茨中心内的有组织犯罪。他委派罗伯特·波义耳担任贾维茨中心的首席执行官,委派格拉德·麦克奎恩担任该中心的总巡视员。

塞巴斯蒂安·皮皮东尼(Sebastian Pipitone)　在费边·帕洛米诺担任贾维茨中心的首席执行官时,他担任该中心的总巡视员。

詹姆斯·普拉莫瑞(James Plumeri)　鲁齐斯犯罪家族的成员。他在服装业中心拥有数项所有者权益,包括艾尔基运输公司和巴顿货运公司。50年代,纽约市拒绝给巴顿货运公司颁发营业执照,他对此提出异议却没有成功。1971年他被谋杀。

安杰罗·波第(Angelo Ponte)　"清运卡特尔"成员。纽约市最大的废物清运公司之一，CV Pones & Sons 的拥有者，据说是哲诺维斯犯罪家族的生意伙伴。他对试图从事企业腐败行为表示认罪，并被处 2～6 年的监禁，被罚款 750 万美元，并永久性被禁止从事废物清运行业。

小迈克尔·波塔（Michael Porta Jr） "国际运输工人兄弟"成员，受雇于贾维茨中心。1995 年，他被指控，在明知的情况下与有组织犯罪成员进行联系，并被永久性禁止加入该协会。

安东尼·普罗文扎诺（Anthony "Tony Pro" Provenzano） 长期任"国际运输工人兄弟 560 分会"的主席，哲诺维斯犯罪家族的分支头目。1978 年，作为克利弗兰调查计划的一项成果，他因非法从协会养老金基金中获取贷款而被判有罪。1978 年，他因谋杀被判有罪，后来死在监狱里。

托马斯·帕西奥（Thomas Puccio） 前美国联邦助理检察官，布鲁克林打击有组织犯罪特别行动组前首席官员。作为私人律师，1992 年 4 月，他被任命为"国际运输工人兄弟 295 分会"的托管人。

迈克尔·拉贝特（Michael Rabbitt） 老罗伯特·拉贝特的儿子。1994 年，他领导了与装饰公司进行谈判的运输工人工会合同协商组。该合同重新将总工头界定为管理职位。他离开协会，自己担任了新的总工头的职位。他被起诉实施了共谋向一家在贾维茨中心做生意的公司负责人勒索钱财、收取贿赂、通过勒索进行的大盗窃罪、刑事性持有盗窃财产以及篡改营业记录意图欺诈。所有这些指控都因老罗伯特认罪而终止。后来他放弃了总工头的位置，在老罗伯特从监狱释放后交给了老罗伯特。

老罗伯特·拉贝特（Robert Rabbitt Sr） 和他儿子迈克尔·拉贝特和罗伯特·拉贝特一起，领导"国际运输工人兄弟 807 分会"几乎长达 30 年。他是该分会的工会代表，被指责从贾维茨中心的一个展销商收钱而给工会带来耻辱。为了平息指责，他从协会辞职了 5 年。他被起诉实施了共谋向一家在贾维茨中心做生意的公司负责人勒索钱财、收取贿赂、通过勒索进行的重偷盗罪、刑事性持有盗窃财产以及篡改营业记录意图欺诈。他对篡改营业记录意图欺诈认罪，其他所有指控被撤销了。1985 年，他因二级非预谋杀人罪被判有罪，并禁止参与工会活动 5 年。直到 1988 年出狱，总工头的位置都空缺着。1992 年,他对篡改营业记录意图欺诈认罪,在监狱服刑一年后,他重新回到了总工头的职位。在贿赂指控威胁下,他接受了 5 年脱离工会的决定,他的儿子迈克尔·拉贝特接替了他的位子。

小罗伯特·拉贝特(Robert Rabbitt Jr) 老罗伯特·拉贝特的儿子。他接替他父亲担任"国际运输工人兄弟 807 分会"的工会代表。1985 年被该协会主席罗纳德·卡瑞撤换。

安东尼·拉扎(Anthony Razza) "国际运输工人兄弟 851 分会"的司库(最高职位),该协会代表肯尼迪机场的货运行业雇员。1994 年,他因劳工有组织性勒索和税款欺诈而被判有罪,并处以 21 个月监禁。他被终身禁止加入该协会。

阿曼德·瑞(Armando Rea) 运输工人工会成员,受雇于贾维茨中心。1994 年,他被指责违背了"国际运输工人兄弟"的誓言,而成为有组织犯罪家族的一员并与有组织犯罪人物联系。独立审查委员会责令他终身脱离该协会。

塞尔瓦托·瑞勒(Salvatore Reale) 嘎姆比诺犯罪家族的随从。他担任肯尼迪机场一家货运公司的保安主任。在该机场充当约翰·哥第的代言人。1978 年被"巡逻者慈善协会"评为年度人物。1987 年,他对敲诈罪行认罪,并被处以 15 年暂缓监禁。

罗纳德·瑞沃拉(Ronald Rivera) 纽约州警官。在服装中心长达一年的卧底行动中,他经营"克里斯第时装"。他在起诉嘎姆比诺兄弟时作证。

卡民·罗曼诺(Carmine Romano) "短袜子"兰扎的继任者,在富尔顿鱼市充当哲诺维斯家族的老板。1974—1980 年期间,他担任"联合水产品工人,熏鱼和罐头工厂工会 359 分会"的司库。1980 年,他因违反"反受勒索影响和腐败组织法"和"塔夫特—哈特莱法"而被处以 12 年监禁。

彼得·罗曼诺(Peter Romano) 卡民·罗曼诺的兄弟。1974 年,当卡民·罗曼诺成为司库时,他被任命为"359 分会"的工会代表。1981 年,他因妨害司法和作伪证被判有罪,并被送进监狱服刑 18 个月。

文森特·罗曼诺(Vicent Romano) 卡民·罗曼诺和彼得·罗曼诺的

兄弟,哲诺维斯犯罪家族的成员。在他的兄弟们被判有罪后,1981年他开始控制富尔顿鱼市。1980年接任"联合水产品工人,熏鱼和罐头工厂工会359分会"的司库。根据1988年双方同意的裁定,他被永久性地禁止在该市场内工作。

阿诺德·罗特施坦因(Arnold Rothstein) 第一个涉入纽约市服装产业的有组织犯罪人物。在设计公司与工会的较量中,他雇佣暴徒支持或者反对设计公司。1928年,他被谋杀。

威廉·拉克尔豪斯(William Ruckelhaus) "保福工业有限公司"的首席执行官。1991年,他引导联邦调查局进入纽约废物清运市场,并和区检察官摩根陶合作。

"胖东尼"安东尼·萨雷诺(Anthony "Fat Tony" Salerno) 哲诺维斯家族名义上的老板。联邦调查局后来认为他是温森特·吉甘特的下属。1986年他因"委员会"案而判有罪,其他事实还包括操纵贾维茨中心的投标,哄抬该中心混凝土的投标以及抬高该中心的建筑费用高达约1200万美元。后来,在起诉哲诺维斯家族有组织性勒索期间,他死于狱中。

罗伯特·萨索(Robert Sasso) "国际运输工人兄弟282分会"的主席。在法庭为该国际协会指定调查官时,查尔斯·卡尔贝里指控他受到嘎姆比诺犯罪家族影响;作为调查结果,他辞去了主席职务。1994年,他对和有组织犯罪分子一起实施涉及共谋敲诈的有组织性勒索行为表示认罪。

彼德·萨维诺(Peter Savino) 哲诺维斯家族的随从,与窗户卡特尔有牵连。他用鲁齐斯家族毒品赚的钱开办了"阿瑞斯塔窗户"公司,并利用科萨·诺斯特拉对窗户更换行业的控制来发展这个公司。他成为政府的线人,并秘密地录制了几个小时有关窗户卡特尔的对话。

欧文·施夫(Irwin Schiff) 在贾维茨中心做生意的电气承包公司的所有人。在告诉联邦调查局有关该中心的所谓合同暴利和洗钱手段后,他在曼哈顿的一家饭馆里被谋杀。

拉尔夫·斯科普(Ralph Scopo) 科伦波家族的喽啰。他通过自己在"水泥和混凝土工人区委员会"任主席的地位强制推行混凝土卡特尔。他因"委员会案"和科伦波家族有组织性勒索而被判有罪,并处以100年监禁。

雅科布·沙皮罗(Jacob "Gurrah" Shapio) 和路易斯·布查尔特一起,从阿诺德·罗特施坦因接管纽约市服装行业的"劳工生意"。他扩张势力及于设计公司的所有权,控制商业协会和"国际女装工人工会"的分会。1938年他因敲诈被判有罪。

格拉德·沙格尔(Gerald Shargel) 著名刑事辩护律师。他代理了约翰·哥第1990年纽约州的案子和嘎姆比诺兄弟1992年的案子。他与曼哈顿区检察官办公室达成诉辩协议,使嘎姆比诺兄弟同意从服装产业中撤出来,并支付了1200万美元的罚金。

艾略特·史皮策(Elliot Spitzer) 纽约县区助理检察官。1992年他在针对托马斯·嘎姆比诺和约瑟夫·嘎姆比诺在服装业中心有组织性勒索案中担任首席检察官。1998年被选举为纽约州总检察长。

马塞罗·斯威德塞(Marcello Svedese) 木工工会官员。他作为合作证人,在数起案件中作证,包括针对木工工会区委员会的有组织性勒索的民事诉讼。

布莱恩·泰勒(Brian Taylor) 联邦调查局探员。在对鱼市和清运业的调查中发挥了重要作用。他接替詹姆斯·科斯勒担任纽约市联邦调查局办公室打击有组织犯罪分部的协同调查员。

托马斯·D.撒切尔(Thomas D. Thacher II) 80年代后期"建筑产业打击力量"行动组主任,并在1989年担任学校建筑局的第一任巡视长。

保罗·瓦里奥(Paul Vario) 鲁齐斯犯罪家族的分支头目。按照亨利·希尔的说法,他指挥了"汉莎抢劫"案。他因共谋寻求那个因涉入抢劫案的汉莎雇员提前释放,而被判有罪并处以4年监禁。1986年,他因向在肯尼迪机场营业的货运公司进行勒索而被判有罪,并被送进监狱。1988年他死于监狱。

"粗鲁男孩"彼得·瓦里奥(Peter "Butch" Vario) 保罗·瓦里奥的侄子,"黑猩猩"彼得·瓦里奥的堂兄弟,鲁齐斯犯罪家族的随从,1984—1989

年担任"泥水工招标工会46分会"的商业经理。1988年,他因卷入在皇后区收受工会贿金的有组织性勒索共谋而被判有罪,并在1989年被处以3年半至10年半的监禁。

"黑猩猩"彼得·瓦里奥(Peter "Jocko" Vario) 保罗·瓦里奥的侄子,"粗鲁男孩"彼得·瓦里奥的堂兄弟,鲁齐斯家族的随从,"北美劳工国际协会66分会"的副主席,该分会管辖长岛地区的混凝土卡特尔。1990年他因涉入在皇后区收受工会贿金的有组织性勒索共谋而被判有罪,并处以46个月的监禁。

玛丽·乔·怀特(Mary Jo White) 纽约东区前联邦代理检察官。1993年至今,担任纽约南区联邦检察官。

弗兰克·沃尔(Frank Wohl) 前联邦检察官。按照1988年"美国诉359分会"双方同意的裁定和缺席判决,格瑞萨法官任命其为富尔顿鱼市的行政官。1988—1992年,他发表了14份报告,包括1990年中期报告中呼吁纽约市进行综合性的管理改革。他雇用布莱恩·卡罗尔担任副执行官。

弗兰克·沃尔夫(Frank Wolf) "美国大师货运"的主席,代表服装业中心货运公司。作为"克利弗兰卧底计划"的成果,他因勒索被起诉。1976年,他被判无罪,使该计划的努力受到重大打击。

约翰·C. 赞科齐奥(John C. Zancocchio) "国际运输工人兄弟"的成员。他在贾维茨中心工作。他被指责违背了"国际运输工人兄弟"的誓言,在明知的情况下仍与有组织犯罪成员联系。1994年,该协会的独立审查委员会发现他是一名波拿诺犯罪家族的成员,而将其排除在该工会之外。

索　引

F. E. D. 混凝土公司　254
H. 卡尔·麦克卡尔　79
J. 艾德嘎尔·胡佛　156
KAT 管理服务　208
S&A 混凝土公司　77
V. Ponte & Sons 公司　98
VENDEX 系统　116
WMX 科技　236
阿尔·费尔南德茨　第 12 章注 34
阿尔·卡朋内　8, 156
阿尔伯特·阿纳斯塔西亚　14
阿方斯·达尔科　87
阿方斯·马兰高内　190
阿马迪奥·佩提托　121
阿曼德·瑞　216
阿诺德·罗特施坦因　9
阿荣·弗里德　26
阿提里奥·比童多　第五章注 33
艾尔文·施拉克特　20
艾略特·史皮策　166
艾美迪奥·法兹尼　98
艾莫弗德国际　207—210

爱德华·费古森　244
爱德华·哈罗仁　129—130
爱德华·科赫　42
　与建筑业改革　251
　与废物清运业改革　96
爱尔兰裔美国人有组织犯罪　9
安德鲁·J. 马兰内　97
安德鲁·提特雷　208
安东尼·阿纳斯塔西奥　14
安东尼·巴拉塔　104
安东尼·费奥里诺　78—79
安东尼·费戈尼　209
安东尼·圭瑞里　60
安东尼·卡拉哥纳　60, 67, 199—200,
　208—209
安东尼·卡索　33
安东尼·科奥佐　200
安东尼·科拉罗　110—111
　与建筑工会　120
安东尼·拉扎　60
安东尼·普罗文扎诺　19
安东尼·萨雷诺　11

索　引

对安东尼·萨雷诺的刑事起诉　77
安东尼·斯考特　14
安东尼·西瑞罗　180
安东尼奥·卡拉罗　151—152
安格鲁·阿邦第　113
安杰罗·波第　240
奥托·欧伯麦耶尔　96
巴顿货运　35—37,39,162
巴灵顿·帕克　108
巴西尔·瑟沃内　122
保福工业公司
保护性勒索
　　在富尔顿鱼市　42
保罗·卡曼　124—125
保罗·科西亚　93
保罗·马戴罗　125
保罗·蒙哥里　241
保罗·瓦里奥　60
暴力
　　以暴力闻名与黑帮的成功　140—142
北美劳动者国际工会
　　爆破工和钻机操作工分会　121
　　水泥和混凝土工人分会　115
　　打击腐败
　　工会拆屋人工会　121
　　66 分会　122
　　砖瓦工区委员会　264
　　砖瓦工分会　122
贝纳德·欧康奈尔　36
贝内德托·阿鲁瓦　258
彼得·A.瓦里奥　122

彼得·德法奥　131
"本塞"史蒂文·德拉卡瓦　93
彼得·罗曼诺　42
彼得·罗依特　99—100
彼得·马斯特朗德瑞　262
彼得·切奥多　136
彼得·瓦里奥　122
彼得·瓦龙内　243
彼德·萨维诺　135
波拿诺犯罪家族
　　与富尔顿鱼市　46
　　与全国范围的委员会　140
伯纳特·阿德尔施泰因　105,113,231
　　与科萨·诺斯特拉的联系　95
　　对伯纳特·阿德尔施泰因的调查　242
　　对伯纳特·阿德尔施泰因的起诉　106,231
布莱恩·卡罗尔　181—182
布莱恩·凯利　200
布莱恩·迈克劳夫林　193
布鲁克林打击有组织犯罪行动组　4,59,114,157—158
布鲁克林商业废物清运人联合会　100—101,110
财产—权利体制
　　在富尔顿鱼市　53—54
　　在服装业区　26—27
　　在废物清运卡特尔　99
操纵投标,在废物清运业　109
查尔斯·卡尔贝里　199,242,263
长岛混凝土卡特尔　130

长岛劳工有组织性勒索和敲诈调查行动
长岛劳工有组织性勒索和敲诈调查行动　114
长岛清运卡特尔　97
　　操纵投标　109
　　民事性违反"反受勒索影响和腐败组织法"诉讼　231—236
　　改革措施
　　调查　110—111
　　起源　98
　　商业协会掌控　100
沉默之法　12
成衣货运联合会　18
窗户更换卡特尔　133—135
　　清除　259—260
　　针对窗户更换卡特尔的刑事起诉　116
　　与工会　125
聪明的家伙　12
达齐·舒尔茨　8—9
打击有组织犯罪和有组织性勒索处
打击有组织犯罪特别行动组　6—8
　　建筑业调查　116
　　针对有组织性勒索的易感染性　150
　　废物清运业调查　110
打击有组织犯罪总统委员会 1986 年报告　120
大衬衫、裙子和内衣［雇主］协会　19
大都会进口商卡车司机协会　62—63
大都会纽约石膏板承包商协会　131
大纽约商业废物联合会　100
大纽约商业废物联合会　100—101,230

大纽约商业废物联合会的解散　241—242
带有照片的身份卡　188—189
戴维·艾尔鲍尔　264
戴维·布罗德斯基　257
戴维·卡拉苏拉　206
戴维·斯图尔特　第九章注 25
黛安·雷贝戴夫　237
丹尼尔·贝尔　14
丹尼尔·莫托　151—152
丹尼斯·德鲁西亚　257—259
丹尼斯·法寇　180
盗窃保险
　　在富尔顿鱼市　42
盗窃
　　在富尔顿鱼市　52
　　在贾维茨中心　222—223
　　工会福利基金　127
道格拉斯·迈克卡罗　215
德卡瓦康特犯罪家族　86
地方法第 28 号　44
地方法第 42 号　96
地方法第 50 号　43
　　针对地方法第 50 号的诉讼　192
　　违反地方法第 50 号的惩罚　189
第 16 联合委员会　120
电子监控　157
　　嘎姆比诺案中　165
　　废物清运业调查中　111
调查部富尔顿鱼市行动　184
独立审查委员会

索 引

与卡车司机工会 215—217
多米尼克·迪达托 21
多米尼克·弗郎西罗 217
多米尼克·克拉普斯 226
多内利法 165
额外雇工
 定义 119
 贾维茨中心的额外雇工 84
二老板 25
反受勒索影响和腐败组织法 5
 托管 275—276
反托拉斯诉讼
反托拉斯诉讼
 针对空运行业卡特尔 59,71
 针对服装行业卡特尔 34—35,162
 针对海产品行业卡特尔 41—43, 48—52
 针对废物清运行业卡特尔 96—97, 111—113
废物管理公司 246—247
废物清运业 95—113
 针对废物清运业的反托拉斯诉讼 111—112
 吸纳竞争 236—237
 操纵投标 109
 民事性违反"反受勒索影响和腐败组织法"诉讼 231—236
 科萨·诺斯特拉的所有者权益 101
 强制推行卡特尔 101—102
 族裔同一性 99
 与富尔顿鱼市 191—192

政府对有组织性勒索的反应 106
针对废物清运公司的大陪审团起诉书 239—241
调查 109—111
与贾维茨中心 223
与地方法第42号 96
监管 235—236
对竞争的新威胁 246—247
卡特尔的起源 97—99
过高收费 107—109
财产—权利体制 99
管理策略改革 282—283
与卡车司机工会 105—106
与贸易委员会 99—101
与商业废物委员会 96
费边·帕洛米诺 87
缝纫商业、工业及纺织工人工会 173
弗兰克·费德里奥 104
弗兰克·霍甘 120
弗兰克·吉奥维克 239—241
弗兰克·卡立瑟 60,67,72
弗兰克·鲁普 123—124
弗兰克·曼佐 58
 针对弗兰克·曼佐的指控 201
 针对弗兰克·曼佐的刑事起诉 73
弗兰克·维塔瑞里
弗兰克·沃尔 43
弗兰克·沃尔夫 29
弗兰兹·雷切特 19
弗朗克·哥斯代罗 3
弗雷德·莫罗内 210

弗雷德里克·B.拉塞 60
弗雷德里克·德维
 由弗雷德里克·德维任命 78
 作为木工工会区委员会主席 227
 与科萨·诺斯特拉的联系 86
 欺诈行为 127
 再次选举 261
 与州立法机构听证会 224
服装设计公司 24
 与承包商的强制婚姻 26—27
 科萨·诺斯特拉对服装设计公司的渗透 33—35
 对服装设计公司的监管 171
服装业 18—40
 与反托拉斯诉讼 34—35
 现金流 25
 构成元素 24—25
 与国际女装成衣工人工会 30—31
 对服装业的调查 37—38
 从科萨·诺斯特拉的统治中获得解放 161—175
 在纽约市经济中的地位 20—21
服装业承包商 24—25
 对服装业承包商的控制 30—32
 与设计公司的强制婚姻 26—27
 对服装业承包商的监管项目 171
 与货运卡特尔 25—27
服装业里的推销商 24
服装业区 24
 劳动力的族裔构成 20
 财产—权利体制 26—27

服装制造商 24
富尔顿巡逻委员会 42
富尔顿鱼商协会 46
富尔顿鱼市 41—56
 市委员会的听证会 186—187
 拯救富尔顿鱼市委员会 187
 科萨·诺斯特拉对鱼市的控制 46—47
 法庭指派的行政官 180—185
 火灾 187
 对鱼市的调查 49—50
 从黑帮影响中的解放 175—197
 与地方法第50号 43
 市场经理 187—188
 鱼市的经营 44—46
 海洋调查行动 43
 停车勒索 45
 财产—权利体制 53—54
 保护性勒索 42
 改革中管理性策略 282
 租金收入 43
 废物清运商 191—192
富尔顿鱼市的供应商 45
 欺诈 52—53
 作证 186
富尔顿鱼市的零售商 45
富尔顿鱼市的批发商 45
 驱逐批发商 190
 幽灵批发商 53
 注册与管理 188
 与卸货公司 54

索　引

富尔顿鱼市的装货公司　45
　　针对装货公司的市政府行动　43
　　针对装货公司的听证会　186
　　许可与行政管理活动　188
　　停车勒索　54—55
　　保护性服务　51
富尔顿鱼市里熟练工人　45
富尔顿鱼市停车勒索　45
　　铲除停车勒索　193
嘎姆比诺犯罪家族
　　与空运行业　75
　　建筑行业　120—121
　　与服装行业　19—20
　　控制的产业　15
　　与海运业　14
　　针对纽约市的诉讼　19
　　与清运行业　100—101
港口、贸易和商业部　185—186
　　市场经理办公室
高级顾问　12
高利贷
　　建筑工地　127
　　服装业　25
格拉德·阿尔巴尼斯　183—184
格拉德·克尔第　215
格拉德·麦克奎恩　224
格拉德·沙格尔　167
格拉汉姆建筑制品联合公司　135
格鲁·帕西奥内　101
格瑞·拉巴贝拉　262—263
工会标志租金　52

工会
　　空运业　58—67
　　建筑业　117—128
　　展览　78—79
　　服装业　19
　　与行业有组织性勒索　147—148
　　会员对黑帮影响的反应　147
　　与有组织犯罪　3
　　海产品业　40—41
　　废物清运业　95
工人赔偿金　93
工头（开车司机工会）　119
公共建设项目
　　与科萨·诺斯特拉
固定价格
　　与货运卡特尔　26—27
国际卡车司机兄弟工会　26
国际卡车司机兄弟工会　59
　　针对国际卡车司机兄弟工会的民事性
　　　违反"反受勒索影响和腐败组织法"
　　　诉讼　60
　　与混凝土灌注卡特尔　262
　　科萨·诺斯特拉的控制　62
　　因腐败而导致的损失　207
　　改革的成效　198
　　与货物转运公司　74
　　针对总执行管理委员会的民事性违反
　　　"反受勒索影响和腐败组织法"诉
　　　讼　215
　　独立审查委员会　215—217
　　对卡车司机工会的调查　158—159

与贾维茨会议中心 77
第 16 联合委员会 120
劳工和平酬金 69
法律打击 201—202
282 分会 116
295 分会 58—67
732 分会 200
807 分会 78—79
813 分会 95
814 分会 77
851 分会 58—64
改革 199—200
托管治理 60—61
　与废物清运业 105—106
国际码头工人协会 14—15
　对国际码头工人协会的劳工有组织性
　　勒索调查 158—159
国际木工和细木工兄弟工会
国际女装工人工会 102 分会 30—31
国际女装工人工会 19
　102 分会 30—31
　合并
国际油漆工及联盟贸易兄弟工会
国际油漆工及联盟贸易兄弟工会 1486 分
　会 266
哈罗德·伯尔克
哈罗德·尼汉克 208
哈瑞·戴维道夫 59—60
　对哈瑞·戴维道夫的指控 201—202
　对哈瑞·戴维道夫的刑事起诉 73
海产品行业 见富尔顿鱼市

汉莎航空公司抢劫案 68
行业有组织性勒索 9
好家伙 12
合格混凝土公司 258
荷尔伯特·阿特曼 165—166
赫尔曼·本森 265
赫尔曼·高登法博 37
黑帮分子的人格特性 143
黑帮税 74
亨利·费林特 222
亨利·希尔 67—68
华尔街
　与科萨·诺斯特拉 17
华人服装制造商协会
黄貂鱼速递 183—184
会议中心发展公司
贿赂
　勒索贿赂 126—128
混凝土
　混凝土类型
　混凝土卡特尔 129—130
　混凝土卡特尔的清除 253—255
　在贾维茨中心建设中的混凝土卡特
　　尔 80
　对混凝土卡特尔的刑事起诉 77
　工会混凝土卡特尔 120—122
货物转运公司 64—65
　黑帮控制的有利条件 74
　对货物转运公司的调查 207
　劳工和平酬金 69
　首席代理 67

索　引

　　针对货物转运公司的法律行动
　　　208—209
货运公司
　　与空运业　64—65
　　针对货运公司的反托拉斯诉讼
　　　18—19
　　科萨·诺斯特拉的控制　21
　　与富尔顿鱼市卸货卡特尔　53—54
　　与服装业　18—39
　　抢劫卡车　67—68
　　许可　36—37
　　与美国大师卡车司机工会　27—30
　　与大都会进口商卡车司机协会
　　　62—64
　　与克利弗兰计划　19
　　与财产—权利体制　26—29
　　对货运公司的刑事起诉　165—169
　　特别官员的矫治措施　169—171
霍华德·萨菲尔　174
吉米·R.霍法　59
吉米·毕绍普　124,136
吉米·伯尔克　67—68
家族
　　意大利有组织犯罪家族
　　家族之间的合作　11
　　联邦调查局小组按家族不同分派　159
　　功能　12
　　纽约市的家族　9—11
贾维茨会议中心
贾维茨会议中心　77—94
　　对贾维茨会议中心的审计　223—224

　　波义耳治下的贾维茨会议中心
　　　225—227
　　与木工工会　85—90
　　集体性议价协议　83—84
　　科萨·诺斯特拉的影响　84—85
　　与展览会雇员工会　92—93
　　额外雇工　84
　　针对贾维茨中心的欺诈法律索赔　93
　　雇工活动　85—86
　　巡视长的地位　222—224
　　法律和行政架构　81
　　从黑帮影响中的解放　211—229
　　经营　81—85
　　改革中管理性策略　283
　　州立法机构听证会　224—225
　　与卡车司机工会　88—92
贾维茨中心的装饰公司　83
监管
　　被监管人背景　276—277
　　对水泥和混凝土工人工会6A分会的
　　　监管　254
　　对服装业的监管　171
　　对砖瓦工区委员会的监管　116
　　对废物清运业的监管　235—236
　　私营机构　279—281
　　根据反受勒索影响和腐败组织法
　　　275—276
建筑产业打击力量行动组
建筑工地的赌博活动　127
建筑和装饰铁架工人工会
建筑和装饰铁架工人工会580分会　125

建筑和装饰铁架工人工会 580 分会
　　125，133—135
　　针对建筑和装饰铁架工人工会 580 分
　　　会的刑事起诉　258
　　建筑和装饰铁架工人工会 580 分会的
　　　改革　267—268
建筑行业　114—138
　　市政府有关建筑行业的管理计划
　　　271—272
　　建筑行业的组成　118—119
　　科萨·诺斯特拉控制的工会与建筑行
　　　业　120—127
　　清除建筑行业的卡特尔　253—261
　　建筑行业中的雇主卡特尔　128—137
　　建筑行业的雇工活动
　　建筑行业中的腐败调查　120
　　和贾维茨中心的　77
　　建筑行业中的劳工关系框架
　　　119—120
　　打击有组织犯罪行动组调查行动
　　　250—253
　　建筑行业的改革　250—273
　　和学校建筑局　115—116
　　建筑行业的范围　117
　　建筑行业中的传统犯罪和有组织勒索
　　　127—128
　　和政府承包商计算机信息库　116
健康科技　16
杰瑞·库贝卡　105
金融服务
　　科萨·诺斯特拉的金融服务　25

金融服务与科萨·诺斯特拉　25
金斯县商业废物协会　100
卡车抢劫　67—68
卡车司机工会 282 分会　116
　　托管治理　262—264
卡车司机工会 295 分会
　　针对 295 分会的民事性违反"反受勒索
　　　影响和腐败组织法"诉讼　60
　　科萨·诺斯特拉的影响　62
　　创立　58—59
　　改革成效　198
　　劳工和平酬金　69
　　法律打击　201—202
　　成员　64
　　改革　199—201
　　托管治理　60
卡车司机工会 732 分会　200
卡车司机工会 807 分会
　　对 807 分会的指控　216—217
　　与贾维茨会议中心　90—91
　　与拉贝特家族　91—92
　　改革　78—79
卡车司机工会 813 分会　97
　　对 813 分会的控告　231
　　科萨·诺斯特拉的控制　105—106
　　与科萨·诺斯特拉的联系　95
　　改革　242
卡车司机工会 814 分会　77
　　针对 814 分会的民事性违反"反受勒索
　　　影响和腐败组织法"诉讼　77
卡车司机工会 851 分会

索　引

　　科萨·诺斯特拉的控制　62
　　创立　59
　　因腐败而遭受的损失　207—211
　　调查　200—201
　　劳工和平酬金　59
　　法律打击　60
　　与295分会托管　203
　　成员　63
　　托管治理　60—61
卡罗·嘎姆比诺　33
卡罗·康第　96
卡民·阿格内罗　270—271
卡民·阿威利诺　104
卡民·罗曼诺　42
卡斯特拉迈尔战争　8—9
凯特网　210
科弗威尔委员会　156
科伦波犯罪家族
　　与建筑行业　115
　　与服装行业　32
　　与贾维茨中心　86
　　对科伦波家族的刑事起诉　253
科萨·诺斯特的组成人员　11—12
科萨·诺斯特拉　8—12
　　商业方面的才智　141
　　与木工工会　86—87
　　指挥结构　11—12
　　相互之间的矛盾和合作　11
　　与建筑行业　114—138
　　特征界定　152—153
　　金融服务　25

　　与富尔顿鱼市　41—56
　　与服装业　18—40
　　威吓力量　140—141
　　与贾维茨会议中心　77—94
　　与肯尼迪机场　58—76
　　成员　11—12
　　全国范围的委员会　140
　　经营　9
　　与政治　9
　　作为理性化的力量　148—149
　　可靠性　141
　　克制的野心　143—145
　　与海运业　14—15
　　使用术语　8
　　与华尔街　17
　　与废物清运业　95—113
　　科萨·诺斯特拉的二老板　12
　　科萨·诺斯特拉的老板　10
　　科萨·诺斯特拉的威慑力　140—142
　　科萨·诺斯特拉对海运业的控制
　　　　14—15
　　科萨·诺斯特拉和可依赖性　142
　　科萨·诺斯特拉在纽约港的地位　14
科斯塔贝尔·劳罗　217
克里丝汀街时装公司　166—167
克利弗兰计划　19
肯尼迪有组织性勒索调查行动　59
肯尼斯·孔保艾　78
空运产业　63，64
库尔特·奥斯特朗德　61
库纳＆那格尔空运

昆斯商业废物清运协会 100
垃圾收集业
拉尔夫·寇帕拉 86—87
拉尔夫·斯科普 121
拉罗维护公司 191
拉瑞·库得拉 263
莱恩·拉扎尔 235
兰德勒姆—格里芬法 127
兰迪·马斯特罗 187
劳动者工会 13 分会 122
劳动者工会 23 分会 122
劳动者工会 29 分会 121
劳动者工会 46 分会 122
劳动者工会 66 分会 122
劳动者工会 6A 分会 115
 监管 254
 改革 264—265
劳动者工会 95 分会 121
劳动者工会爆破工和钻机操作工 29 分
 会 121
劳动者工会拆屋人工会 95 分会 121
劳工和平酬金 69—70
劳工运动
劳伦斯·潘多维茨 116
老菲利普·巴瑞第 241
 巴瑞第清运 98
老路易斯·莫斯卡戴罗 124
老罗伯特·拉贝特
 针对老罗伯特·拉贝特的指控 216—218
 与贾维茨会议中心 77

对老罗伯特·拉贝特的刑事起诉 78
与卡车司机工会 807 分会 91—92
勒索伎俩
 操纵投标 109
 圣诞节付款 52
 额外雇工 84
 幽灵雇员 92—93
 劳工和平酬金 69—70
 停车勒索 45
 财产—权利体制 26—28
 保护性勒索 42
 租用工会标志 52
 工人赔偿申请 93
雷奥·I.格拉瑟 234
雷奥纳德·西蒙 78
雷蒙德·布卡福斯孔 166
李金 164
里奥·普洛克 110
里波瑞奥·贝罗莫 88, 215
理查德·布朗 211
理查德·卡得蒙内 246
理查德·科万 237
理查德·施拉德 96
理查德·施罗德 201
 针对理查德·施罗德的指控 201
联邦调查局 4—5
 电子监控 157
 胡佛 156
 凯特网行动 210
 长岛劳工有组织性勒索和敲诈调查行动 114

索 引

　　海洋调查行动　43
　　与有组织犯罪控制　158
联邦检察官办公室
　　与联邦调查局　4
联合水产品工人,熏鱼和罐头工厂工会
　　　359 分会　45
　　城市管理　191
　　针对359 分会的民事性违反"反受勒索
　　　影响和腐败组织法"诉讼　43
　　科萨·诺斯特拉的支配　40—41
　　与359 分会相联系的勒索伎俩　52
联合水产品工人,熏鱼和罐头工厂工会
　　　359 分会　45
　　城市管理　191
　　针对359 分会的民事性违反"反受勒索
　　　影响和腐败组织法"诉讼　43
　　科萨·诺斯特拉的支配地位　40—41
　　与359 分会联系的勒索伎俩　52
喽啰　11
鲁道夫·朱立安尼
　　与建筑业改革　117
　　与富尔顿鱼市改革　178—179
　　与贾维茨中心改革　224
　　与有组织犯罪控制　3
　　管理策略　282—283
　　提起违反"反受勒索影响和腐败组织
　　　法"民事诉讼　158
　　地位　281
　　与卡车司机工会改革　199
　　与废物清运业改革　96
　　与食品批发市场改革　193

鲁迪·华盛顿　190
鲁齐斯犯罪家族
　　与空运业　58
　　与建筑业　116
　　与服装业　20
　　与贾维茨会议中心　87—88
　　与长岛清运卡特尔　98
　　对鲁齐斯犯罪家族的刑事起诉　260
　　与废物清运业　100—101
鲁奇·路西亚诺　8—9
路易斯·J.莱夫卡威茨　110
路易斯·布查尔特　18,22,155
路易斯·萨佐　121
路易斯·施里罗　210
路易斯·维尔纳　68
罗·戈登施道克　12
罗·卡瑞　61
　　与295 分会　202
　　与807 分会　79
　　与813 分会　242
罗伯特·F.肯尼迪　58
罗伯特·艾布拉姆斯　111,256
罗伯特·巴雷凯　157—158
罗伯特·波义耳　79,224—225
　　罗伯特·波义耳的施政谋略
　　　225—227
罗伯特·库贝卡　97
罗伯特·马查多　262
罗伯特·麦克盖尔　19—20
罗伯特·摩根陶　79
罗伯特·萨索　121

罗伯特·瓦格纳　106
罗伯特·西尼德　151
罗科·威图里　103—104
罗克齐运输　164—165
罗纳德·瑞沃拉　164
罗萨里奥·罗斯·刚吉　190
罗易德·康斯坦丁　225
马克·戴维道夫　200—201
马克·格林　96
马克·斯图尔特
马里奥·吉甘特
马立奥·科奥默
　　与建筑行业　115
　　与贾维茨中心　81
马休·艾安尼劳　38
　　对马休·艾安尼劳的刑事起诉　96
马休·伊森　31
玛丽·乔·怀特　232
码头风云　14
迈克·布尔嘎尔　121
迈克尔·鲍茨　219—220
迈克尔·波塔　216
迈克尔·荷兰德　199
迈克尔·拉贝特　78
　　对迈克尔·拉贝特的指控　217—221
　　与卡车司机工会807分会　91—93
迈克尔·莫罗内　203
迈克尔·切尔多夫　116—117
迈克尔·切尔卡斯基　97
迈克尔·斯拉特瑞　19
迈克尔·托宾

迈克尔·伍奥罗　173
麦克莱伦委员会听证会　59
曼哈顿区检察官办公室
　　卧底行动　164—165
梅耶尔·兰斯基　9
每日妇女着装(杂志)　29
美国大师卡车司机工会　28
　　针对美国大师卡车司机工会的指控　37—38
　　和国际女装工人工会102分会　29
美国废品服务公司　246—247
美国劳工联合会—产业工会联合会剧场与州雇员国际联盟　92
美国司法部
　　针对货运卡特尔的反托拉斯诉讼　34—36
　　联邦检察官办公室　4
美国诉359分会案　178—179
　　双方同意的裁定　179—180
美国诉国际卡车司机兄弟工会案　60
美国诉罗曼诺案　41
美国诉思考内—瓦克姆石油公司案　34
弥尔顿·鲍拉克　230
民事性违反"反受勒索影响和腐败组织法"诉讼　275
　　针对木工工会　78
　　针对清运卡特尔　231—236
　　与刑事起诉　274—275
　　针对海产品工人工会359分会　43
　　针对运输工人工会　60
木工工会257分会　87

索　引

木工工会 608 分会　255—259
木工工会
　　针对木工工会的民事性"反受勒索影
　　　响和腐败组织法"起诉　78
　　与科萨·诺斯特拉　87—88
　　木工工会的反击　226—227
　　区委员会
　　对区委员会的托管　116—117
　　对木工工会的调查　213—215
　　木工工会与贾维茨中心　86—89
　　257 分会　88
　　608 分会
　　对木工工会的刑事起诉　257—258
　　纽约市及周边地区区委员会　123
　　购买纽约大体育场的计划　227
　　木工工会的改革　226
穆斯塔法·阿里　255
拿骚/萨福克私营卫生清洁产业联合
　　会　100
那塔立·艾沃拉　21
南街海港公司　56
尼古拉斯·费尔兰特　235
尼古拉斯·弗拉斯扎西　16
泥水工 530 分会　124
泥水工 530 分会　124
纽约和新泽西港务局　61
纽约和新泽西码头委员会　14
纽约联邦法院　5
纽约码头
　　黑帮控制　14—16
纽约市　2—8

五个行政区　2
　　经济　2
　　政府　3
　　意大利裔美国人有组织犯罪　9—10
　　执法机构　4—8
　　许可权　36—37
　　政治　2—3
　　租金收入
　　与富尔顿鱼市　43
纽约市的民主党　3
纽约市房管局　133
纽约市经济　2
　　与富尔顿鱼市　43
　　与服装业　20—21
　　与肯尼迪机场　74—75
纽约市警察局　7
　　海洋调查行动　43
　　克利弗兰计划　19
纽约市警察局有组织犯罪部门　6
纽约市利益集团　3
纽约市清运卡特尔　96—97
纽约市区检察官　5—6
纽约市执法机构　4—8
　　早期胜利　154—156
　　无能力　156
纽约鱼类经销商协会　46
　　租金协议　190
纽约州内部控制法　222
努兹奥·兰扎　49
欧歌内·H.尼克尔森　60
欧歌内·R.安德森　115,264,278

欧歌内·高尔德 96
欧文·施夫 81
帕垂克·戴罗·鲁索 208
帕斯卡尔·迈克奎尼斯 86
帕提塞·卡拉帕扎诺 120
披萨连线案 8
钱伯斯纸纤维公司 236—237
乔·皮斯透内 141
乔纳森·奎特尼 15
乔治·达利 123—124
乔治·帕塔基 79
 与贾维茨会议中心改革 79
切斯特·卡拉马里 210
倾倒伎俩 16—17
清运卡特尔
 操纵投标 108—109
 民事性违反"反受贿赂和腐败组织法" 213—236
 改革尝试 103—104
 调查清运卡特尔 110—111
 长岛 97—98
 纽约市 96—97
 掌控卡特尔,同业工会 98—100
 温彻斯特县 98
全国空运协会 59
让·迪皮垂斯 61
人民诉嘎姆比诺案 165—169
萨尔瓦多·马让扎诺 8—9
萨勒姆卫生清洁清运公司 98
萨缪尔·H.霍夫施塔特 36
塞巴斯蒂安·皮皮东尼 222

塞尔瓦托·阿威利诺 97—99, 101—102, 230
 对科萨·诺斯特拉的影响 114
 对塞尔瓦托·阿威利诺的刑事起诉 104, 111—113, 231
塞尔瓦托·卡瓦里瑞 121
塞尔瓦托·米西奥塔 88
莎隆·莫斯克维茨 205
商业废物委员会 96
商业服务部
 与富尔顿鱼市 187—189
圣诞节付款 52
圣扎迦利·卡特 97
圣哲纳罗节 15—16
石膏板卡特尔 131—133
 铲除石膏板卡特尔 255—259
 对石膏板卡特尔的刑事起诉 114—115
 工会与石膏板卡特尔 125
时尚之页 34
首席代理
 在货物转运公司 67
 调查 207
水泥和混凝土工人6A分会 115
 对水泥和混凝土工人6A分会的监管 256—257
 对水泥和混凝土工人6A分会的刑事起诉 115
 对水泥和混凝土工人6A分会的改革 264
水暖工工会

索 引

1 分会 261
2 分会 125
    改革 267
    与锅炉装配工 638 分会 124
水暖工工会 2 分会 125—126
    与 1 分会合并 261
    对 2 分会的刑事起诉 260
    改革 267
水暖工工会 638 分会 124
水暖工工会锅炉装配工 638 分会 124
私营部门调查公司 280
斯奥多尔·马里塔斯 124
    针对斯奥多尔·马里塔斯的刑事起诉 114
斯蒂芬·哈玛德 264
斯蒂芬·马克耐尔 121
索尔·C. 柴京 29
坦慕尼协会 3
唐纳德·巴斯托 104, 112
统一货运 164—165
托管
    被托管人的背景 276—277
    终结 279
    经费 278—279
    对木工工会区委员会的托管 116
    对卡车司机工会分会的托管 60—61
托马斯·C. T. 克莱恩 50
托马斯·D. 撒切尔 115
托马斯·E. 杜威 21
托马斯·毕罗提 123
托马斯·嘎里甘 169
托马斯·嘎姆比诺 21—24
    职业 145
    与保罗·卡斯戴拉诺的通话 31—32
    个人财物 164
    对托马斯·嘎姆比诺的刑事起诉 165—168
    对托马斯·嘎姆比诺的量刑 20
托马斯·刚吉 190
托马斯·格瑞萨 179—180
托马斯·鲁齐斯 32—33
托马斯·麦克格温 125
托马斯·帕西奥 60
托马斯·佩垂佐 215
托马斯·斯皮内里 241
威廉·A. 弗查克 200
威廉·阿然瓦尔特 37
威廉·杜瓦尔 265
威廉·斯戴恩 81
威廉·韦博斯特 11
威廉·哲诺厄斯 200
威廉姆斯·欧杜耶 21
威廉姆斯·沃尔
威托瑞奥·阿慕索 33, 258—260
维克多·里塞尔
维内罗·曼嘎诺 259
维托·哲诺维斯 8
卫生清洁部 97
委员会案 253
温森特·吉甘特 121
    对温森特·吉甘特的刑事起诉 259—260

文森特·艾姆佩里特瑞 151
文森特·布罗德里克 264
文森特·迪纳波里 114
    对文森特·迪纳波里的刑事起诉 255—257
文森特·卡法罗 84, 257
文森特·罗曼诺 42
文森特·斯圭兰特 95
沃尔特·M.沙克曼 240
沃尔特·马克,第六章页下注
卧底行动
    在富尔顿鱼市 184
    凯特网 210
    曼哈顿区检察官办公室 164—165
    克利弗兰计划 19
    在废物清运行业 237—238
西57街混凝土公司 254
西切斯特县的清运卡特尔 98
西西里社会 8
    与意大利裔美国人有组织犯罪 8
消费者事务部
消费者事务部 106—109
小吉米·霍法
小路易斯·莫斯卡戴罗 137
小罗伯特·拉贝特 91
小迈克尔·拉巴贝拉 122
卸货公司
    富尔顿鱼市 45
    清除卡特尔 190—191
    针对卸货公司的听证 186
    许可与管理 188

惩罚 184—185
刑事起诉 274—275
    空运行业 58—76
    建筑行业 114—138
    会议中心 77—94
    在行业有组织性勒索中的合作 141
    科萨·诺斯特拉的特征界定 152—153
    服装业 18—40
    打击行动 274—275
    范围 145—146
    海产品业 41—57
    易感染性 150
    目标 13
    及时性因素 149—150
    与工会 146—147
    受害人 148
    废物清运业 95—113
许可
    对清运公司 243
    对建筑公司 271—272
    对会议中心工人 227—228
    对食品供应商 195—196
    对装货和卸货公司 188
    对货运公司 36—37
    对废物清运公司 106
学校建筑局 115—116
牙买加垃圾 98
雅科布·沙皮罗 18
亚伯拉罕·毕默 110
亚瑟·艾森博格 216

索　引

伊丽莎白·霍尔茨曼　271
意大利黑手党与美国科萨·诺斯特　8
意大利裔美国人有组织犯罪
　　起源　8
　　理论　8
意大利裔美国人有组织犯罪之本土论　8
意大利裔美国人有组织犯罪之移植论　8
幽灵雇员　92—93
犹太裔有组织犯罪　9
油漆工工会
　　第9区委员会　125
　　1486分会　266
　　改革　266—267
油漆工卡特尔　136
　　清除油漆工卡特尔　260
　　对油漆工卡特尔的刑事起诉　116
　　工会与油漆工卡特尔　125
有组织犯罪　12
有组织犯罪控制
有组织犯罪控制法　165
有组织犯罪控制
　　支出　235
　　演进　156—162
　　与联邦调查局　158—159
　　革新　274
有组织犯罪
　　与劳工运动　3
　　与政治　57
雨林行动　43
约翰·C.萨贝塔　16
约翰·C.赞科齐奥　216

约翰·F.肯尼迪机场　58—76
　　货物盗窃　58—59
　　科萨·诺斯特拉的控制　62—63
　　黑帮控制的经济影响　74—75
　　政府调查　59—60
　　从黑帮影响中的解放　98—210
　　运营　61—65
　　货运卡特尔　64—65
约翰·J.欧尔克　66
约翰·L.麦克莱伦　66
约翰·阿尔法罗内　265
约翰·迪奥瓜第　21
　　与建筑工会　120
　　与杰米·霍法　66
约翰·迪萨尔沃　166
约翰·哥第　59
约翰·考第　120—121
约翰·夸得罗兹　255
约翰·林德塞　79
约翰·罗舍茨基　121
约翰·迈克纳姆　218
约翰·麦克那马拉　58
约翰·米切尔　59
约翰·莫瑞斯
约翰·苏利文　218
约翰·旺贡　111
约翰尼·布朗　218，263
约瑟夫·N.嘎罗　19
约瑟夫·波拿诺　10
约瑟夫·垂罗托拉　120
约瑟夫·德非得　20

约瑟夫·法拉奇 8
约瑟夫·弗艾 242
约瑟夫·弗兰克里诺 240—242
约瑟夫·嘎姆比诺 21—24
 针对约瑟夫·嘎姆比诺的刑事起诉 96
 与废物清运业 101
约瑟夫·嘎托 173
约瑟夫·兰德斯克 139
约瑟夫·兰扎 40—41
约瑟夫·罗森 21
约瑟夫·马卡里奥 192—193
约瑟夫·马塞里亚 8—9
约瑟夫·帕嘎诺 122
约瑟夫·斯科普 121
约瑟夫·维塔瑞里
詹姆斯·阿巴提罗 122
詹姆斯·艾达 16
詹姆斯·费拉 100—101
 对詹姆斯·费拉的刑事起诉 95
詹姆斯·寇瑞甘 111
詹姆斯·马奎斯 151—152
展览会雇员工会 829 分会 79
 对 829 分会的指控 218—219
展览会雇员工会
 针对展览会雇员工会的指控 218—219
 与贾维茨会议中心 83
 针对展览会雇员工会的刑事起诉 78—79
哲罗货运公司 37

哲诺维斯犯罪家族
 与木工工会 215
 与建筑业 115
 与富尔顿鱼市 41—42
 与服装业 32
 与贾维茨会议中心 78
 对哲诺维斯犯罪家族的刑事起诉 178—180
 与圣哲纳罗节 15—16
 与废物清运业 98
拯救富尔顿鱼市委员 187
证人保护项目 158—159
政治
 与科萨·诺斯特拉 9
 纽约市 2—3
 有组织犯罪 57
中国城的血汗工厂,见中国城服装承包商
中国城服装承包商 24—25
 对服装承包商的控制 29—30
 与设计商之间的强制婚姻 26—27
 对服装承包商的监管项目 172
 服装承包商与货运卡特尔 25—27
州际服装运输者 31
朱利叶斯·拿索混凝土公司 77
砖瓦工工会区委员会 123
砖瓦工行业 123—124
综合犯罪控制和安全街道法 157
族裔同一性
 与有组织犯罪 9
 废物清运业中 99

译后记

一

詹姆斯·B.杰克布斯（James B. Jacobs）教授是美国知名的犯罪学家、刑事法学者，现任纽约大学刑事司法研究中心主任。1973年他在芝加哥大学获得法律博士学位（J. D.），1975年在该大学获得社会学博士学位（Ph. D.）。他的博士论文《斯代特维勒：大众社会里的监狱》，是监狱学领域里的经典，至今仍是美国法学院课堂教学的指定读物。在康奈尔大学法学院任教7年后，他转入纽约大学法学院，并被任命为刑事司法研究中心主任。杰克布斯教授先后出版过14本专著，发表过百余篇文章，题目涉及监狱、醉酒、腐败及控制、毒品、枪支管制、有组织犯罪等。他教授的课程包括刑法、刑事程序、美国联邦刑法、青少年司法，以及举办刑事司法的私人化、犯罪记录问题、劳工有组织性勒索、枪支管制、量刑、腐败控制、罪犯权利、受害人与刑事程序，反毒战争等专题讲座。

以上是"维基百科"等网站上有关杰克布斯教授简历的摘录。从他的个人经历以及研究视野，可以很容易的发现，作为一个犯罪学家，他所关注和研究的课题都是目前美国刑事法制中最为热门也最为棘手的问题,而在这些问题当中,有的更是世界范围的犯罪控制难题。可以说,他的研究视野始终着眼于前沿,并能细致入微地研究这些犯罪现象,同时又把每个现象置于大的社会、政治、经济、文化背景当中,因而他的分析总是令人惊讶地具有说服力,其研究成果又总能让人感到耳目一新。

杰克布斯教授是一位博学而又绝对专业的学者,为人活泼而风趣,没有学究气。作为犯罪学家,他对美国社会的方方面面都有着全面而细致的观察与了解,对法学、社会学以外等很多学科都有着深入把握,从他的言谈中,可以明显地体会到这一点。同时,他又是绝对专业的学者,他能够对一个问题进行长达十多年的持续关注和研究。作为一名教授,他的授课总是令人愉悦的;"枯燥"、"乏味"永远和他的课堂无关。他是那种以诱导和启发为授课模式的教授,用中国成语形容就是"循循善诱"。

杰克布斯教授还是一个出色的学术交流的组织者。每周他都会邀请一位刑事法学者或者检察官、法官、律师、非政府组织的官员进行演讲,每个月他都会召集纽约市及周边地区的知名学者、律师、检察官、法官聚会,并举行学术讲座。这样的交流,对于每个参与者来讲都是十分有益又令人愉快的。

第一次见杰克布斯教授是在2004年,当时纽约大学的中国法专家柯恩(Jerome Cohen)教授率领几位美国刑事法学者到中国人民大学刑事法律科学研究中心访问,其中就有杰克布斯教授。不过,真正与他接触、相识,是我在2006年秋去纽约大学法学院做访问学者时才开始的。我自认为,他是我在美国刑事法方面的启蒙者,对美国刑事法乃至整个美国法制的兴趣也源自于他。坦白地说,此前,我对美国刑法(实体法)是有点不以为然的。时隔两年多,在写这篇译后记时,我仍能想象他上课、演讲、参与讨论时的生动情景。对于从事学术研究的人来说,在前进路上能遇到好的指引者,是学术生涯的莫大荣幸(也是机遇);杰克布斯教授正是这样的指引者,一个真正的好老师。

译后记

二

《被解缚的哥特城——纽约黑帮兴衰史》一书,是杰克布斯教授的代表作之一,从一些权威教材的引注中就可略见一斑。这本书是杰克布斯教授长期研究美国(主要是纽约市)有组织犯罪的成果。本书分为两大部分:第一部分对纽约市意大利裔有组织犯罪进行了介绍和解析,并集中于科萨·诺斯特拉对经济领域中六个重要行业的渗透和控制展开论述。第二部分对美国联邦和纽约州、纽约市执法机构打击科萨·诺斯特拉的情况进行了详细介绍,并分析了此间的得失和对今后的影响。

美国的有组织犯罪,尤其意大利裔黑帮的情况,对于地球这边的中国人并不陌生。这个问题,伴随美国好莱坞电影的大量涌入而为人所知,甚至着迷。像早期的《码头风云》、70 年代的《教父》,80 年代的《美国往事》,90 年代的《好家伙》以及本世纪以来的《纽约黑帮》等等,这些红极一时的黑帮电影,令我们不禁好奇,纽约这个号称"世界之都"、令西方人、东方人趋之若鹜的最为国际化的城市,黑帮为何大行其道,权势遮天呢? 90 年代,朱立安尼的名字也为我们所知,他在纽约进行的"严打"也让国内一些青睐"严打"的人有了很好的支持论据。而朱立安尼以及其他执法机构,如何组织这场"严打",如何有效地调动这种力量来清除黑帮的势力基础? 对此,我们多是看到了"拳头",却大多没有体会到策略和智慧。杰克布斯教授这本书,可以说,非常清晰而深入地澄清了这两方面的疑问。他不仅告诉读者,黑帮是如何进入到合法行业,又如何形成盘踞力量的,而且也十分清晰地交代了上个世纪80、90 年代在打击黑帮方面的具体策略和手段。读者可以发现,对于黑帮的强力打击,最有效的并非"身体性"的惩罚,就是把黑帮分子关进监狱,而是进行全面而必要的行政规制,用法律的手段加强对黑帮容易渗入的薄弱环节的监控。

《被解缚的哥特城》首先是一本学术著作,也是一本畅销书。"柯尔克斯评论"(Kirkus Reviews)对本书的评价是"简明的,戏剧性的……让学者和普通读者都会产生兴趣。这部严肃但又具有高度可读性的书,与近来有关研究著作相比,更加简洁而又清晰地描述了现实中的黑手党。"确实,这部书充满了曲折动人的情节,然而在准确注释和充分论证的支持下,它呈现给读者的是,一副完整而清晰的纽约黑帮的图景,以及详细而明快的打击黑帮的画面。这不是一部容易翻译的著作。这并非它的语言晦涩、歧义难懂,恰恰相反,它的内容很容易为读者所把握;言其难以翻译,是因为作者的语言简练、活泼生动,保持其语言风格并使其能够为汉语读者所接受,确实是很不容易的事。对此,译者也只能勉强为之了。

有一次,杰克布斯教授和我聊天,他提到,在中国访问时,他曾听说,有人喜欢看不懂的文章,他表示很难理解,对他而言,看不懂的文章应该不是好文章。这本书,对于读者来讲,读起来应该不会太困难,而且读完第一章之后,会很容易进入到作者所描绘的场景中去的。而且,当读完这本书后,会很容易联想到中国今天正在发生的很多事情。

三

如果说这本书有什么不易理解的问题,就是关于《反受勒索影响和腐败组织法》(Racketeer Influenced and Corrupt Organization Act,缩写为 RICO,《美国法典》第 18 章第 1961—1968 条)以及相关法律名词的理解问题,如有组织性勒索(racketeering)、企业(enterprise)、民事性违反"反受勒索影响和腐败组织法"(civil RICO)等等。

RICO,是 Racketeer Influenced and Corrupt Organization Act 的缩写,被编纂到《美国法典》中,为第 18 章第 1961—1968 条。对 RICO 最好的译法,可能就是不翻译[1]。不过,对于本书的翻译而言,这么做,多少有点不负责任。《元照英美法词典》将 RICO 译为"反勒索与受贿组织法"[2]。译者开

---

[1] 例如,台湾学者王兆鹏教授就采取这种方式。见王兆鹏著:《美国刑事诉讼法》,元照出版公司 2007 年版,第 802 页以下。

[2] 《元照英美法词典》,法律出版社 2003 年版,第 1199 页。

始时也用这一译法,不过后来感觉不够准确,因为 corrupt 或 corruption 这个词在英语使用中确实多指受贿,但是从 RICO 法的内容看,corrupt 的意思要更为宽泛,包括像贪污、挪用等,而且作为形容词,corrupt 是指组织的腐败。此外,该译法将 influenced 的意思给忽略了,而实际上这里应指被有组织性勒索行为所影响的组织。所以,译者将 RICO 译为"反受勒索影响和腐败组织法"。

Racketeering,多译为诈骗、勒索行为。《元照英美法词典》将其翻译为:"(1)有组织敲诈勒索罪,指以恐吓、暴力或其他非法手段向合法企业强索钱财。(2)犯罪组织非法行为,指由从事非法活动的企业如犯罪辛迪加从事的一系列非法活动,如贿赂、勒索、诈骗以及谋杀等。"[3]台湾学者王兆鹏教授将之译为"恐吓诈财"[4]。考虑到中国刑法中的敲诈勒索罪,以及中文用语的特殊含义,译者把"racketeering"译为有组织勒索。理由有三:(1)这个词在《反受勒索影响和腐败组织法》中有特殊含义,并不仅仅包括诸如诈骗、敲诈勒索等行为,而且还涉及杀人、抢劫、绑架、赌博、纵火、抢劫、贿赂等 9 个属于州规定的犯罪,38 个联邦规定的犯罪。[5]所以,用敲诈或者勒索等词语直译,反倒引起歧义。(2)本书在使用 racketeering 这个词的时候,都是指黑帮分子利用各种手段向工商企业等勒索钱财的行为,表现出明显的组织性。(3)本书中还有一个近似的词"extortion",多译为勒索或者勒索罪。这个词与我国刑法中敲诈勒索罪的内涵非常接近。为示区别,译者将"extortion"译为敲诈,而将 racketeering 译为有组织性勒索。

本书中提及一些刑事诉讼或民事诉讼中将一些工会分会、有组织犯罪家族作为 enterprise 来起诉,显然 enterprise 并非中文语境下工商企业中"企业"的意思。Enterprise,按照《美国法典》第 18 章第 1961 条第 1 项的规定,包括"任何个人、合作、公司、协会和其他法人,和不具有法人资格的、多数人事实上聚合在一起的会众或团体"。Enterprise 一词,一般被译为"企业、

---

[3] 同上注,第 1143 页。
[4] 王兆鹏著:《美国刑事诉讼法》,元照出版公司 2007 年版,第 804 页。
[5] 见美国法典第 18 章第 1961 条。

事业",而汉语中的"企业"、"事业"的意思是较为特定的,不足以涵盖这一法律名词的所指。不过,在没有找到更好的中文对应词汇之前,用"企业"一词来翻译,仍是可取的选择,只是在阅读过程中,对"企业"要做广义的理解。

Civil RICO,实际上是指《反受勒索影响与腐败组织法》中有关民事赔偿规定的条款(《美国法典》第 18 章第 1964 条),也就是说,如果行为人违反该法而导致他人受损害的,受害人可以请求相当于损害金额 3 倍的赔偿,并请求诉讼费用和合理的律师费用。这一条款设计的精妙之处,就在于,将高额的民事赔偿作为一种打击有组织犯罪的手段。正如我们所知,民事案件的证明标准(优势证明标准)要低于刑事案件的证明标准(排除一切合理怀疑标准),因而提起民事赔偿诉讼,对于受害人而言,乃至对于有权提起诉讼的检察官而言,其证明责任负担要轻得多,而且能获得更高的财产补偿。在 1980 年以前,《反受勒索影响与腐败组织法》几乎完全被用于刑事案件的追诉处罚,后来注意到 Civil RICO 的优势和便利,因而利用该条款请求商事诈欺、证券违规、反垄断等民事赔偿的案件比较普遍。将 Civil RICO 译为"民事性违反'反受勒索影响和腐败组织法'"确实是一个很笨拙的译法,不过,考虑表达意思准确起见,译者目前还是倾向于这种译法。

《反受勒索影响和腐败组织法》是美国国会于 1970 年出台的一部专门有组织犯罪对美国经济的影响力的法律,可以说是对美国诸如科萨·诺斯特拉这样的有组织犯罪集团量身定做的一部联邦法律。被美国学者称为对抗有组织犯罪的利器,是"一部不同寻常的、革新性和适应性的立法策略"[6]。本书基本上可以视为这部法律和它的纽约州版本《有组织犯罪控制法》的案例教材。

---

[6] 〔美〕Norman Abrams、Sara Sun Beale 著:《联邦刑法》(第四版),Thomson & West2006 版,第 476 页。

四

　　本书描述的虽然是纽约的事情,不过,读者会非常自然地联想到我国正在发生和将要发生的事情。毫无疑问,我国社会中不仅已经具有了典型的黑社会组织(不仅仅是黑社会性质的组织)[7],而且其影响不限于街头和地下,其向合法领域的渗透无疑是巨大而明显的。加之腐败等问题至今无法有效控制,进而为黑社会组织的发展提供了土壤和保护伞。最近发生重庆的"打黑风暴"即是一个典型事例,而对重庆黑社会组织的形成进行分析,会发现与本书的主角具有诸多相似之处:对合法经济领域的不断渗透;对合法工商企业进行勒索乃至控制;腐败官员的庇护,乃至直接在黑社会组织中"领衔主演"。重庆市黑社会力量控制的行业,集中于房地产开发、食品批发、娱乐业、赌博等,这与本书所介绍的主角所渗透的行业也具有相似性。至于对合法经济的损害,重庆发生的故事丝毫不逊色于地球那一端发生的故事,仅高利贷一项即逾300亿元,规模已占到重庆全年财政收入的1/3强。[8] 然而,重庆黑社会的发展史充其量也不过一两个年代。这样的故事在中国其他地区肯定也在发生着,而这些地区是否会刮起同样的"打黑风暴",我们将拭目以待。

　　与本书论述科萨·诺斯特拉有组织犯罪相比较,我国目前的黑社会组织犯罪的规模、形式可能还处于初级阶段,而且两者在发生规律上有很大差异。前者与移民、族裔、工会等因素联系起来,后者则与家族、地域、官员腐败密不可分。不过,这种差异只是表面性的,如果挖掘两者的发生机制,会发现惊人的相似之处,就是社会结构和社会控制上的原因。无论是移民、族裔因素,还是家族、地域因素,都与社会结构有关,而科萨·诺斯特拉与工会的紧密联系,我国黑社会组织与官员腐败的联系,实际上可以看出

---

[7] 参见康树华:《我国有组织犯罪的现状及其治理》,载《法学家》2008年第3期。
[8] 经济参考报:《重庆打黑挖出黑链　高利贷达当地财政收入1/3》,引自人民网http://society.people.com.cn/GB/42735/9911683.html,2009年9月9日访问。

社会控制层面的问题。从某种意义上讲,有组织犯罪(或者我们常用的黑社会犯罪)是特定社会的社会文化现象,每个社会里的这类犯罪都有其自身的发展规律,意大利黑手党、日本的山口组、香港的"三合会"、俄罗斯的黑手党等等,都有其自身的生成机制,甚至有着其特有的外在形象,从某种意义上说,文学、电影等促进或者强化了这种形象给人们的印象。不过,归根结底,都可以追溯到其所在的特定社会结构来解构其形象特征,从特定社会的控制模式来研究其发展规律。将有组织犯罪,用社会结构特征和社会控制模式作为基本点来解释,似乎有点过于简单,不过,这有利于较为宏观地看待问题本身,而且也有利于提出较为完整的抗制策略。

打击有组织犯罪,各个政府有其不同的策略和方式,也有着不同经验和教训。打击黑社会组织犯罪的难点,主要在于如何在法治的基本框架下,如何利用法律的手段来打击。如果采用"宁可错杀一千,不可使一人落网"的思路,打击黑社会组织犯罪应该不是难事。不过,显然这种思路在今天是绝对要予以摒弃的。所以说,如何遵循法治精神、沿着法制轨道来惩治与预防有组织犯罪,才是最为关键、最为复杂的问题。反观美国的经验,总体来说,其是遵循法治原则来反有组织犯罪的,当然美国的实用主义传统在这一过程中还是表现得十分充分。但是,无论怎样,从总体上,并没有违背法治原则。

本书所提供的打击有组织犯罪的策略和手段,对于我们来讲,一些是很难直接运用的。比如,对工会和同业公会进行托管,因为我国目前并不存在这样的问题,自然也就没有必要采取这样的手段来应对。但是,有一些手段可能是我们没有想到,却可以适当借鉴的,比如对可能受黑社会组织或者黑社会性质组织影响的工商企业,在执照许可、行业监督方面给予必要的审查。更为重要的是,如何合理吸纳美国政府在抗制有组织犯罪方面的基本思路。这一思路其实不难理解,套我们常说的话就是:抓住薄弱环节,强化基层管理。不过,思路明确了,如何落实却远非易事。杰克布斯教授常说,美国刑事司法最大的特色是"very, very strong law enforcement(强有力的执法)"。而我国法制中最大的问题,却是执法不力、执法不严的问

译后记

题,由此也损害了法制的权威性。重庆的"打黑"经验,需要我们认真总结和分析。值得我们深思的是,面对有组织犯罪汹涌来袭之势,如何强化预防,形成有效的监控机制,如何将暴风骤雨式的"严打"模式转变为常态下的管理控制模式,是惩治黑社会犯罪中亟需研究的课题。

五

从杰克布斯教授那里拿到这本书并准备翻译,是在2006年的9月,如今已经过了3年。当时,刚到美国一周多的我,才得知妻子怀孕的消息,而今儿子已经2岁多了。

当翻译初稿完成时,恰好是2006年12月30日,第二天晚上就从住的地方走到时报广场迎接2007年。虽然到得很早,但是站在38街的我,却没有看清楚零点时42街的焰火和滚落的彩球。当时周围的人两两拥抱在一起,其中还有一对胖胖的男子。我独自一人看着散去的人群,心里却充满了快乐:新的一年将迎来新的生命,而我也要"升级换代"了。如今,当完成这篇译后记的时候,脑海里总是儿子"坏"笑的样子,虽然他此刻不在身边,但是耳边总是他的笑声。我知道,他是我的希望,而所有的孩子们就是我们的希望。这份希望,促使我们为他们营造一个更好的世界,而我们今天所做的一切,都是为了这份希望,当然不仅仅为了他们,也为了我们。

2007年5月,我提前从美国回来,为的是能够陪妻子渡过那份煎熬,尽可能弥补她怀孕期间没有照料她的愧疚,可是这小家伙偏偏提前报到,当我回到家时,小家伙已经躺在床上,睁着眼睛等我回来。当时感觉,所有故事里发生的事情,似乎都在我身上发生了。而今生活平淡如水,做着每天该做和能做的事情。热情、激情似乎都少了很多。

此时想起在纽约时"诌"的一首小诗。当时是圣诞前夜的白天(北京已经在过圣诞了),走在纽约东河河边,阳光很好,照在身上很舒服。

我望着/栈桥上那第一百只海鸟/
不晓得她的名字/只是心随她一起慵懒

我的脚步/在两座桥间游荡/看着/
不时挥去的鱼竿/和钓上的一轮海水
我的心思/仍在布鲁克林桥/仿佛中/
看见身后的岛/光影婆娑/却无法拥抱

六

由衷地感谢北京大学出版社第五图书事业部的蒋浩先生。这本书的出版,还得到杨剑虹、姜雅楠编辑和其他同仁的大力支持,在此一并表示最诚挚的感谢。

译　者
2009 年 9 月

北京市版权局著作权合同登记号　图字：01-2009-2929
图书在版编目(CIP)数据

被解缚的哥特城：纽约黑帮兴衰史/（美）杰克布斯,（美）弗里尔,（美）拉迪克著；时延安译.—北京：北京大学出版社,2009.11
ISBN 978-7-301-15435-9

Ⅰ.被…　Ⅱ.①杰…②弗…③拉…④时…　Ⅲ.犯罪集团-研究-美国　Ⅳ.D771.288

中国版本图书馆 CIP 数据核字（2009）第 111578 号

Gotham Unbound: How New York City was Liberated from the Grip of Organized Crime
by James B. Jacobs, with Coleen Friel and Robert Radick
Copyright © 1999 by New York University
Published by New York University Press
Simplified Chinese translation copyright © 2009 by Peking University Press
ALL RIGHTS RESERVED

书　　　名：	被解缚的哥特城——纽约黑帮兴衰史
著作责任者：	〔美〕詹姆斯·B.杰克布斯　科林·弗里尔　罗伯特·拉迪克　著 时延安　译
责 任 编 辑：	杨剑虹　姜雅楠
标 准 书 号：	ISBN 978-7-301-15435-9/D·2343
出 版 发 行：	北京大学出版社
地　　　址：	北京市海淀区成府路 205 号　100871
网　　　址：	http://www.yandayuanzhao.com
电　　　话：	邮购部 62752015　发行部 62750672　编辑部 62117788 出版部 62754962
电 子 邮 箱：	law@pup.pku.edu.cn
印　刷　者：	北京山润国际印务有限公司
经　销　者：	新华书店
	650mm×980mm　16 开本　21.5 印张　297 千字 2009 年 11 月第 1 版　2009 年 11 月第 1 次印刷
定　　　价：	38.00 元

未经许可，不得以任何方式复制或抄袭本书之部分或全部内容。
版权所有，侵权必究
举报电话：010-62752024　电子邮箱：fd@pup.pku.edu.cn